THE TOTAL BIKE MAINTENANCE BOOK

适用于山地车、公路车、混合动力自行车

自行车维修与保养全书

（全彩图解版）

[英] 梅尔·奥伍德（Mel Allwood） 著　张明　何生兵　译

人民邮电出版社

北　京

图书在版编目（CIP）数据

自行车维修与保养全书：全彩图解版 /（英）梅尔
·奥伍德（Mel Allwood）著；张明，何生兵译. -- 北
京：人民邮电出版社，2018.3
ISBN 978-7-115-47549-7

Ⅰ. ①自… Ⅱ. ①梅… ②张… ③何… Ⅲ. ①自行车
－维修－图解②自行车－保养－图解 Ⅳ.
①U484.07-64

中国版本图书馆CIP数据核字(2017)第315575号

版权声明

免责声明

作者和出版商都已尽可能确保本书技术上的准确性以及合理性，并特别声明，不会承担由于使用本出版物中的材料而遭受的任何损伤所直接或间接产生的与个人或团体相关的一切责任、损失或风险。

内 容 提 要

　　这是一本全方位讲解自行车维修保养知识、让自行车保持上佳状态不可或缺的自行车全书。本书从自行车的装备、设置、基本工具及维修、刹车、传动、车轮、减震器、中轴和车头碗组、零件等方面系统介绍了自行车维修保养知识，用 700 多幅图片按步骤细致讲解维修保养全过程。无论你是刚刚接触自行车运动的新人，还是具有一定经验的骑行爱好者，只要想获得一些不同种类自行车的维护建议，本书都能实现你的目标并使你更加享受自行车骑行运动。

◆ 著　　　[英] 梅尔·奥伍德（Mel Allwood）
　　译　　　张　明　何生兵
　　责任编辑　寇佳音
　　责任印制　周昇亮

◆ 人民邮电出版社出版发行　　北京市丰台区成寿寺路 11 号
　　邮编　100164　　电子邮件　315@ptpress.com.cn
　　网址　http://www.ptpress.com.cn
　　北京天宇星印刷厂印刷

◆ 开本：787×1092　1/16
　　印张：18.5　　　　　　　　　2018 年 3 月第 1 版
　　字数：668 千字　　　　　　　2025 年 9 月北京第 23 次印刷
　　　　　著作权合同登记号　图字：01-2016-3090 号

定价：128.00 元
读者服务热线：(010)81055296　印装质量热线：(010)81055316
反盗版热线：(010)81055315

自行车维修与保养全书

目 录

前言

选择自行车这种出行方式的好处有很多。除了能够给骑行人自身带来各种益处，还有助于净化空气以及更好地保护我们所生活的星球。所有这些理念都有很高的价值，毫无疑问，这些理念能够让更多的人从汽车中走出来，重新回到这种两个轮子的人力交通工具上。我相信很多人都会怀有和我一样的小心思，不选择自行车是因为我们要提高工作效率，而选择自行车出行却能为我们带来更多快乐。

当初之所以选择成为一名骑行爱好者，是因为我所在的城市非常拥挤，而自己又不是一个很有耐心的旅行者。在旅行过程中，骑自行车是最快的移动方式，因为旅行的节奏完全由你自己掌握。我无法使自己长时间地待在那些像盒子一样的交通工具中，或者傻傻地等待其他可能根本不存在的公共交通工具到来。我喜欢出行，喜欢在自己高兴时能够随时停下来，然后再开始下一段旅行，也喜欢近距离感受这个城市在不同季节发生的变化。

即使在潮湿或者其他让人郁闷的天气中，自行车也是值得选择的出行工具，因为我知道它带来的那种很棒的感觉足以抵消这些不利因素，例如春天到来时的那种骑行感觉或者秋天一路顺风地骑回自己家中。坐在开着暖风且车窗紧闭的汽车中时，你处于一个与外界完全隔离的状态。这时，所有旅行也就变得千篇一律、毫无新意了。

一旦选择了自行车这种出行工具，很快你就会发现，如果了解了它的工作原理，那么会给自己带来更多的乐趣。一点点相关的知识能够使你变得更能自给自足，在骑行过程中或者准备开始一段骑行时，你可以自己解决所出现的问题并继续前行。尽管紧急情况并不会一直出现，但是如果你准备一些工具并花点时间对自行车进行适当的调整，就会获得更加舒适的骑行感受。最后，了解自行车的工作原理并不意味着只是在出现问题时才对其进行修理。如果能花点时间保持自行车清洁并使其处于良好的工作状态，则会延长自行车部件的使用寿命，进而节省时间和金钱。一般来说，相对于偶尔进行一次较大规模的保养，日常的维护和关注更加有效，成本也更低。

本书涉及的机械原理部分并不复杂，但这不代表你在毫无经验的基础上就能轻松掌握这些原理。无论你多么认真地按照书中的说明进行操作，首次操作时总会花费比预想更长的时间。但以后你每次进行这些操作时就会变得更熟练，鉴于城市中的道路经常会出现轮胎被扎的情况——你会逐渐更加快速轻松地应对这些情况。开始时，你会发现自己必须尽快采购一些工具——每次进行一项维护任务时，你都需要一两件小工具。不要过于担心这种情况，因为对工具的采购频率会在一段时间后开始下降，你也会发现只依靠较少的工具也能应付绝大多数问题。

我喜欢自行车的部分原因在于它的简单性。自行车只需要骑行者自身的力量就能移动，因此越轻便越好。由此导致我们对那些无关紧要的部件产生了零容忍的态度——自行车并非"万花筒"式的交通工具。尽管这种简单性满足了审美角度的要求，但同时也会产生一些劣势。如果每个部件都是最基本的，那么在骑行过程中任何部件出现问题，都将使骑行者无法继续前进。这就是你应该学会在出现紧急情况时如何解决问题的原因。还有另一个益处是，因为大多数自行车的工作原理都是类似的，因此如果你能维修自己的坐骑，那么当别人的自行车出现问题时，你也有机会伸出援手。

面对如此众多的自行车机械原理知识，为了让自行车处于良好的状态，我所学会的绝大多数都是通过将各个部件拆开后再重新组合的方式获得的。自行车维护基本不需要复杂或者昂贵的工具，及时的检查和持续的关注是非常好的方法——相对于不按时维护来说，精心维护的自行车具有更好的工作状态，即使前者的价格可能是后者的两倍也是如此。很幸运，我曾在伦敦南部的布里克斯顿自行车公司（Brixton Cycles Co-op）工作过一段时间，我非常喜爱那份工作。在那段时间里，我为路上行驶的众多种类的自行车进行维修与保养并获得了相应的收入，本书中的所有内容几乎都是在那段时间里积累的。

本书特别适合那些刚刚接触自行车、想近距离骑行的人以及山地自行车爱好者，虽然本书中介绍的原理适用于所有类型的自行车，但书中着重关注的是对山地自行车的维修与保养，它也是自行车世界中一个非常注重维护保养的种类。自行车机械原理数量众多，从如何应对扎胎和对传动装置的维护，一直到如何维护减震部件和构建富有特色的车轮。对于那些已经具备了一定自行车维护经验，并想加深自身技能的骑行者来说，也希望他们能够从本书中获得一些有用的建议。总而言之，我希望你可以通过阅读本书，更好地了解自行车，并在自行车的维护和保养方面收获更多的信心。

无论你是刚刚接触自行车运动的新人，还是具有一定经验的骑行爱好者，并希望获得一些不同种类自行车的维护建议，本书都能帮你实现目标并使你更加享受自行车骑行这项运动。骑行能够使你以不同的方式观察这个世界，这也是我喜欢这项运动的原因之一。通过这种方式，可能没那么快速，但是却能让你更加清晰地感受这个世界。

Mel Allwood

第1章　骑行装备

如果选择在阳光和煦的温暖天气里进行短距离的骑行，那么只需要很少的装备就可以享受骑行带来的乐趣。你可以穿着日常的服饰，肩上再挎一个包就能出发了。但要注意，不要让坏天气破坏自己的心情，这时选择穿着适合的防护性装备能使你保持温暖和干燥，不惧任何狂风暴雨。也无须担心装备方面昂贵的支出，因为完全不需要一次性采购本章中介绍的所有装备——只在必要时购买所需的装备即可。

夹克

雨衣是应对恶劣天气的第一道防线。除非你所在的地方常年阳光明媚，否则就需要一些能使自己远离寒冷和潮湿等恶劣天气的装备。如果不是出于乐趣在某个地方绕圈，而是在整个城市里骑行，那么需要对骑行服饰有更多的要求，因为你通常除了骑行之外还可能会去其他一些地方。

也就是说你必须考虑自己不骑行时需要穿着什么样的夹克——虽然亮黄色的紧身服饰能提高骑行的效率，但是却不适合在傍晚出入酒吧这样的场合。夹克具有三个功能，下雨时能使你保持干燥以及刮风或者寒冷的天气里能使你保持温暖，此外，一些特制的骑行夹克还会在潮湿的天气里充当外层服饰的角色，这些夹克一般具有反光条或者标签。这在下雨的天气里非常有用，因为路上开车的司机能通过这些反光条或者标签注意到骑行者的存在。

任何夹克能为你提供一定程度上的保护，但是那些专为骑行者制作的夹克具有更好的保护效果，原因很简单，那就是这些服饰是专业的。选择夹克时，需要关注以下几个功能。

裁剪

由于骑行服饰注重的是人坐在自行车上时的匹配性，因此处于站立状态时，这些服饰通常会看上去怪怪的。骑行夹克具有较长的背部，目的是使骑行者的肾脏部位远离寒冷和潮湿。如果自行车没有装备挡泥板，那么这种夹克设计还能防止臀部位置受到飞溅的水滴的侵袭。由于骑行时手臂需要向前伸展紧握车把，因此袖子比正常的夹克稍微长一些。如果选择正常长度的袖子，那么骑行时手腕很快就会受到寒冷和潮湿的侵袭。而夹克的前部则要裁剪得短一些，这样可以使双腿自由地移动。如果夹克的前部一直向下延伸到大腿位置，那么每次蹬脚踏板时腿部就会向上支起夹克，进而冷空气也会随之进入夹克内部。

密封性

颈部、手腕以及腰部位置应该选择防风设计。最好全部使用套锁扣，这样可以只用一只手就能完成拉紧或者释放动作，进而在通风和保暖两种状态之间适时进行切换。

口袋

选择服饰的口袋时会遇到一点矛盾。处于非骑行状态的日常移动时，一定会希望口袋位于夹克的前面，这样可以将钥匙放进去或者将手插进口袋来保暖。但是处于骑行状态时，前置口袋会带来麻烦，放在口袋中的物品会使夹克的前部向下沉，使其产生变形并在夹克内部形成一个空心部位，进而无法使夹克很好地起到贴身保暖的作用。你还会发现，选择前置口袋时，骑行过程中贵重的物品会从口袋中掉落。一个很好的解决办法就是将口袋置于夹克的后部。你的第一感觉可能会认为这种布局并不合理，但实际上采用这种布局时，放在口袋中的任何物品都不会在骑行时掉下来。

功能

口袋、防风披胸、额外的拉链以及兜帽这些都是很好的功能，但任意一种功能都会增加夹克自身的体积。如果确定会下雨，那么你一定会毫不犹豫地带上具备这些功能的夹克。问题是还存在一些不确定的天气。人们通常更喜欢选择功能较少的夹克，因为这样可以节省背包的体积，而出于侥幸心理，更愿意将体积较大的夹克留在家里，这种侥幸心理对所有人来说都是不可取的。

相对于虚荣心来说，安全性更加重要：在光线不好的天气里，选择颜色明亮的服饰是一个基本要求，因为这能使你在骑行过程中更加醒目；反光条或者反光标签在夜晚也很有用，因为它们能反射汽车的灯光，进而引起司机的注意

颜色

如果选择在城市中骑行，那么任何能引起汽车司机注意的服饰都是一个好选择。在这方面，明亮的黄色无疑是最好的选择，尽管有些人认为选择这种颜色时，自己看上去就像是一个快速移动的香蕉。骑行或者不处于骑行状态时，应该选择具备相应功能的夹克，从使骑行者更加醒目这个方面来说，有时候则意味着可以选择一种折中的颜色。

材质

市面上存在各种让人眼花缭乱的材质。总的来说，每一种材质都声称自己是最好的。进行选择时应该关注下面几个方面。防水级别通常是其中的决定性因素。存在两种不同的类型，即防水（waterproof）和抗水（water-resistant）。抗水的材质能使你免受雨淋。完全防水的材质价格较高，但能让你长时间地保持干燥。事实上，比较好的材质，比如戈尔特斯（Gore-Tex），能使你一整天都保持干燥。抗水的夹克只有在较短的旅程中能使你保持干燥——普通降雨时最长大约40分钟，暴雨时最长大约20分钟，超出这个时间，雨水就会开始逐渐渗透，渗透的位置通常由夹克的接缝处开始。如果平均骑行时间为20分钟左右，那么抗水夹克就非常合适了，因为它能为你节省很大一笔开销。还有一个基本要求，那就是必须选择能呼吸的材质，这样自身产生的湿气才会通过夹克散发出去，使你避免在一段时间的骑行后像是刚从游泳池出来一样。

防风

防风功能的重要性要大于它的字面意义。骑行者始终在空气中移动，快速的骑行总会产生风。在较热的天气里，这能使你保持凉爽；但是如果遇到寒冷潮湿的天气，人会很快感觉到寒冷，骑行速度越快，就会变得越冷，尤其是在进行长时间的下坡骑行而你又没有做好足够的保暖措施时。幸运的是，防风材质的布料很薄很轻。可以在寒冷的天气中随时穿上，放在包里也不会占用很大的空间，甚至可以放在衣服口袋里。

兜帽

一般来说，骑行夹克上很少配备兜帽，因为人们都会戴头盔。相对于兜帽来说，独立的帽子是一种比较好的选择，因为它可以随着骑行者的头部转动。如果选择兜帽，骑行者在做惊险动作前回头向后观察时，兜帽会遮挡他们的视线，正是因为这种体验，所有人们才会果断地放弃兜帽。

下半身装备

对坏天气的防护取决于旅程的长短和气候。在温和的天气中，只需要穿着日常的服饰就可以开始骑行了——即使高跟鞋的稳固性较差并且牛仔裤也很容易使人出汗，但基本上都不会影响骑行。裤腿需要向上挽起来或者使用裤腿夹扎起来以免剐蹭到链条油。但是遇到炎热、寒冷或者潮湿的天气时，就需要认真地考虑自己的下半身装备了。

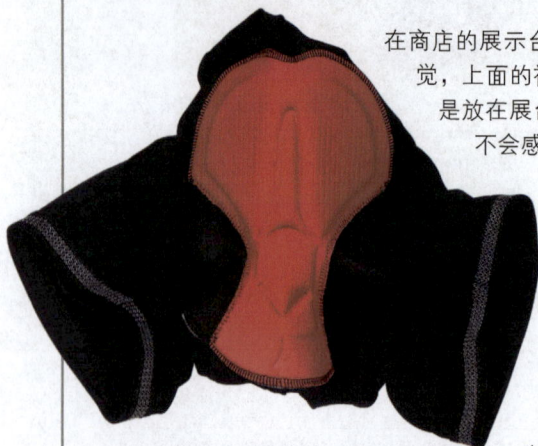

▲ 尺寸合适的无缝软皮材质能使你在骑行时更加舒适

在商店的展示台上看到或者第一次穿上骑行短裤时，会产生一种有点怪怪的感觉，上面的衬垫让自己感觉就像穿了纸尿裤一样。这种短裤的设计初衷可不是放在展台里或者穿着站立不动的，穿上它并愉快地骑行并在骑行结束后不会感到不舒服时，才能体会到这种设计的真正意义所在。如果愿意进行更多的投入，也可以购买那种专门针对男女不同生理结构而设计的短裤，虽然骑行时的舒适度基本是由车座的舒适度决定的，但不同的短裤也会起到一定的作用。因此，选择让自己感到舒服的车座至关重要。不要听信别人的说法，他们可能会说"新车座需要磨合一段时间"或者"你会慢慢适应的"诸如此类。如果感到不舒服，那就选择合适的骑行短裤或者更换车座，或者将两者全部更换。

选择短裤时可能会非常迷惑。因为价格较高和价格更低的短裤看上去几乎是一样的，很难理解自己多花的那部分钱到底用在哪里。价格不同的短裤之间的一个主要区别就是它们的材质——价格较高的短裤一般是使用呼吸能力更强的材质制作的，例如Coolmax，能使你一直保持凉爽和干燥。此外，这些短裤通常还是由更多并且面积更小的布块构成的，因此在骑行时短裤的形状会随着身体的变化而变化。对于价格较高的短裤来说，上面的衬垫也更为复杂，能在保持较薄材质的基础上提供更多的支撑和舒适度。

如果选择在炎热的天气中骑自行车上下班，那么在到达公司后可能会想换一条短裤。与同事分享上班骑行路上遇到的那些精彩瞬间是一件很好的事情，但是也不能忽视自己的健康而穿着湿漉漉的短裤上班。而且除非你在一个特别随意的环境中工作，否则最好换掉短裤，因为骑行短裤会给人一种并不职业的形象。开明的老板通常会提供淋浴、隔断以及其他更衣设施，但是如果没有，也可以在洗手间完成这些事情。

▲ 腿部末端的钩扣设计能防止裤腿向上拱起

◀ 运动大裤衩更受人们的喜爱

较好较舒适的短裤通常是由莱卡（Lycra）、Coolmax或者其他弹性较好的材料制成的。这种特点很适合骑行，但是大多数人并不是特别喜欢这种材质，因为它能将身体的每一处曲线都展示出来，而我们中的大多数人并不想要这样的效果。实际上，采取什么样的穿着并不是绝对的，更没有相关的法律限制，完全可以在骑行短裤外面穿着其他的服饰，例如运动宽松短裤、裙子或者其他任何你喜欢的服饰。

没有人需要知道你里面穿的是紧身内裤，因此大可以在骑行短裤外面再穿一条运动宽松短裤用于遮挡。关于骑行短裤，它们的设计初衷就是贴身穿的。

寒冷的天气

从某种程度上来说，相对于模棱两可的天气，极度寒冷的天气反倒容易对付，因为只需要尽可能地多穿并在骑行时保持最快的速度，这样就能使自己保持温暖。

紧身裤应该穿在短裤外面，而不是像超人那样内裤外穿。紧身裤的中间通常会有一条缝合线，你一定不希望在骑行时这里崩开，而短裤恰好能将这个部位遮挡住。

如果遇到更加寒冷的天气，就应选择具有毛绒衬里的紧身裤。这种紧身裤能将骑行产生的热量很好地保存住并且更加贴合身体。一定要选择具有足够长度的紧身裤，这样即使腿部弯曲时，也不会将脚踝暴露出来。至于手腕，这是人体中血液距皮肤较近的位置，因此这个部位最能感受到天气的寒冷。另一个类似的部位是腰部，处于骑行状态时，紧身裤的腰部应该足够高并与夹克重叠，这样才不会使皮肤裸露出来并让你很快感到冷了。

膝盖具有复杂的关节结构，需要提供最大程度的保护。骑行运动本身对膝盖并没有坏处，但是如果不能悉心照料，它会受到其他形式的伤害。在寒冷的天气中保持膝盖的温暖能有效阻止这类伤害的发生。如果在寒冷的天气中不做任何防护措施并在不进行热身的情况下就立即进行山地骑行，那么膝盖就会以它自己的方式提出抗议。如果膝盖曾经受过伤，最好穿足够长的裤子来保暖或者选择七分裤保持膝盖部位的温暖。

潮湿的天气

在雨天，腿部穿着什么样的服饰并不是一个非常容易决定的事情。腿部是身体的一部分并且承担着最繁重的任务，即使在潮湿的天气中，大量的运动也基本能保持腿部的温暖。因此，腿部变得潮湿所产生的问题并不会像不合适的夹克所产生的问题那样严重。如果裤子裁剪合适，就不会出现什么问题，但是如宽松肥大，那么腿部会一整天在裤管里晃来晃去，因此无论采用多大的运动量，也永远不会使腿部变得暖和起来。防水裤能有效防止里面的裤子变湿，但是一定要选择呼吸能力较好的防水裤，否则腿部就会变得非常潮湿并且难受，你也会后悔自己还不如不采取这种防潮措施。将防水裤穿在骑行短裤外面看上去似乎是一种奇怪的组合，但是到达目的地并想要换掉短裤时，就会明白这种组合的效果会比你想象的要好得多。

应该选择带有反光条的防水裤，因为寒冷的天气有很大概率是发生在潮湿的天气以及夜晚的。防水裤还应该足够宽松，能提供膝盖弯曲的空间，进而可以在骑行过程中使裤腿能覆盖住鞋子——如果鞋子被淋湿并且不得不脱掉时，很可能你的脚要踩到泥浆中，这样就会使防水裤的防水功能失去意义。裤子上的拉链最好能一直向上延伸到你的小腿部位，或者选择腿部具有较宽的褶皱的裤子，配合使用尼龙搭扣（Velcro）能取得很好的密封效果，更能使你在无须脱掉手套的情况下就能打开和合上搭扣。

最外层的裤子应该足够宽大，能与鞋子紧密搭配：但是一定要选择呼吸能力较好的裤子，否则腿部会由于出汗而变湿，这是很让人难受的事情 ▶

骑行鞋

很多将自行车作为主要交通工具的人更喜欢尽可能只穿日常的服饰。这样，他们在出发或者到达目的地时就不需要准备或者脱掉各种专业服饰和装备了。

尽管如此，骑行的专业程度往往能从骑行鞋上看出来，越来越多重视骑行运动的人也更愿意通过骑行鞋来体现自己的专业。骑行者每次用力蹬脚踏板时也会对鞋底造成磨损。因此，发现专业的骑行鞋能比软底运动鞋具有更长的使用寿命后，你也会意识到其实专业骑行鞋的使用成本更低。

选择骑行鞋的另一个原因是这种鞋是专门为骑行运动所设计的，具有比普通鞋更硬的鞋底，而这会提高骑行效率。骑行鞋能使你将所有力量都用在对脚踏的发力上，不会因为软底的变形消耗掉一些宝贵的能量。骑行鞋还会对整个脚底有比较好的支撑，这样位于脚踏板的部位不会产生酸痛的感觉。骑行鞋并不会使你看上去像是穿着一个膨胀的塑料袋一样，因为很多骑行鞋的外观与软底鞋并没有什么区别，穿上时并不会显得过于臃肿。

遇到非常炎热或者寒冷的天气时，硬底鞋的另一个真正优势就会显现出来。如果整个脚底都获得了良好的支撑，那么脚就会更加的活动自如。在寒冷的天气中意味着血液可以一直顺畅地流动到脚尖部位，带来更好的保暖效果。而在炎热的天气中，硬底鞋具有更好的空气流动效果，会使双脚感觉更加凉爽。

▲ 制作精良骑行鞋具有很好的外观

自锁脚踏

自锁脚踏能与鞋上的防滑钉紧密地锁定在一起，而在你的脚跟向外扭开时会立即释放。防滑钉由金属制成，能与脚踏的释放机构紧密配合。防滑钉仅适用于某些专业的骑行鞋的鞋底，无法安装在普通的鞋上。幸运的是，存在一些类似于通用标准的配件，它们能将防滑钉装在骑行鞋上，因此不必选择同一个品牌的脚踏、骑行鞋和防滑钉。最常见的组合是禧玛诺（Shimano），其中包含两个深深嵌入鞋底的螺栓孔。一些制造商生产的脚踏和防滑钉能很好地配合这种骑行鞋模式。

通用标准仅适用于鞋/防滑钉组合，并不适用于脚踏/防滑钉组合。有些自锁脚踏品牌也会生产自己的防滑钉，这种脚踏只能与相应的防滑钉配合使用。这就意味着将防滑钉装入鞋底后，可能无法使用别人的自行车和他们的自锁脚踏，除非你们的脚踏出自同一个品牌，甚至有时候还需要是同一个型号。

选择骑行鞋时一定要多尝试一些品牌，尤其已经或打算使用自锁脚踏时。所选的骑行鞋应该能与你的脚非常匹配，脚在鞋子里不能扭动，否则在骑行时想通过扭动鞋子将鞋从脚踏上释放时，会发现取而代之的是脚在鞋子内部变扭曲了。

目前为止，使用最为普遍的是SPD样式的自锁脚踏。这种样式的脚踏的最大优势在于能将防滑钉嵌入到鞋底中，因此不会影响步行效果。还存在另外一种样式的脚踏，通常用于竞速自行车领域。这种脚踏的防滑钉体积更大，并且会从鞋底突出来。但这种样式的脚踏板并不适合在城市中骑行，因为在步行时这种鞋会非常滑，尤其是在潮湿的天气里。

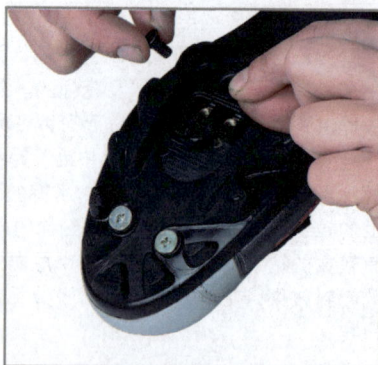

▲ 专业的远足鞋

▲ 必须将防滑钉装入鞋底的螺栓孔中

套鞋和手套

在寒冷的天气里，需要对脚部提供更多的保护，因为脚处于身体的最末端，温度骤降时，脚是最容易受到影响的部位。而在骑行时，脚部也会随着脚踏的转动而转动，这会产生更多的风冷效果。

效果最显著的解决办法就是使用套鞋。套鞋是由氯丁橡胶、戈尔特斯或者尼龙制成的靴子，穿着在鞋子的外面。套鞋的底部有一个裁剪孔，骑行鞋可以通过这个孔紧蹬脚踏，如果使用自锁脚踏，防滑钉可以通过裁剪孔中伸出。可以通过尼龙搭扣将套鞋紧紧地绑在骑行鞋上，套鞋的背部通常会具有复古式的反光带。

套鞋能使你的双脚免受寒风和雨水的侵袭，还具有能保持骑行鞋干燥的优势，尤其是当你一整天都处于骑行状态的时候。套鞋看上去似乎有一点儿臃肿，但是为了使脚趾处于舒适的状态，这点代价是微不足道的。从自行车上下来时，应该立即脱掉套鞋。如果穿着套鞋步行，它们会快速磨损并且无法与脚很好地配合。

如果自行车没有安装前挡泥板，套鞋的作用就会更为明显。前轮激起的路面上的水花会随着轮胎的旋转而向上飞溅，达到一定速度时，会飞溅到轮胎的后面将双脚打湿。

如果真的无法忍受自己穿上套鞋时的样子，可以选择防水袜子。目前有很多品牌的防水袜，但是最好的是由SealSkinz公司制造的。相对于普通袜子来说，防水袜会更硬一些，所以感觉有一点怪怪的，但这种袜子能使你免受冷风和雨水的侵袭。防水袜也要比普通袜子更厚一些，因此要确保选择穿上足够大的鞋。如果脚部过于拥挤，会阻止温暖的血液向脚部流动，会使你感到寒冷。

▲ 套鞋的前面和后面会装有很多反光带

骑行鞋都具有大量的透气结构。有些甚至是全网状的，这对于炎热的天气来说是非常好的选择，但是在冬天却毫无意义可言。如果骑行环境比较寒冷，那么最好选择网状结构较少或者完全没有的骑行鞋。

手套

从秋初到春末这段时间里，保持手部的温暖是第一要务。选择冬季手套时，应该从几个方面着手。手套的材质一定要能使手部完全与外部隔离。同时，防风功能也是同样重要的方面，因为你的手需要在前面掌握车把，在寒风中处于首当其冲的位置，如果手部变得潮湿，那么风会将手部的热量带走。因此即使手套并不具备防水功能，也至少能防风。完全防水的手套一般价格较高，因为手部的复杂形状意味着手套具有大量接缝，只有对这些接缝进行很好的处理，才能防止雨水从中进入手部。

▲ 全指手套具有很好的保暖效果
▼ 露指手套能在炎热的天气中提供对手掌的保护

材质的厚度也是需要考虑的问题，因为你会发现自己经常会遇到使用钥匙或者手机的情况。如果有一双保暖效果很好的手套，但是每次要做什么事时都要一次又一次地将其脱掉，这并不是一件好事。还要注意选择手套上的衬垫，这些衬垫能吸收一些在骑行时产生的震动。专业的骑行手套在手掌的位置都有衬垫，这种结构就是为了阻止手部免受震动带来的伤害。在计算机前工作了很久后跨上自行车开始骑行时，如果没有手掌部位的衬垫，那么到了晚上，腕部、肘部和肩膀就会感到酸痛。

购买手套时要多尝试几个品牌，因为不同的制造商会将衬垫放在手套的不同位置上并适用于各种不同的人群。舒适程度则是由双手操控车把时的姿态决定的。

保暖、分层服饰

本部分主要介绍如何应对寒冷的天气。比较热的天气通常很容易应对。为了应对非常寒冷的天气，可以选择一些能使自己保暖的服饰，在骑行时使自己穿得像蚕蛹一样温暖。有时候，如果天气确实很冷，骑着自行车经过一辆公共汽车时，会看到上面的人对你流露出非常同情的表情。但实际上如果选择了正确的装备，很大程度上你会比他们更暖和，也很可能会最先到达目的地。

在非常寒冷的天气里，基本问题在于你需要能快速不断地更换大量的保暖服饰。在一个寒冷的天气中迈出大门的第一步，在蹬上自行车并开始骑行前的这段时间里需要穿上足够的服饰来使自己保持温暖。途中经过上坡路段，尤其是比较陡的上坡时，你会变得很热很不舒服，在这之后，遇到第一个下坡路段时，就能检验出自己穿着的服饰是否正确了。开始一段不用发力蹬脚踏的下坡骑行时，因为不需要进行大强度的运动，也就不会产生能使自己保持温暖的热量，但是由于移动速度很快，因此风会迎面向你扑来，刚才在上坡路段产生的汗水会快速降低皮肤的温度，这才是你真正感觉到寒冷的时候！

解决这个问题的办法是穿着分层服饰。选择分层服饰的原因有两个，第一个原因是可以将其中一层脱掉或换上更薄的服饰，因此可以合适地控制自己的温度，在上坡路段不会使自己感觉太热；第二个原因是在寒冷的天气里，每一种分层服饰都具有不同的作用。

底层服饰

底层服饰就是直接穿在皮肤外面并能使你感到舒适的衣物。底层服饰的重要任务就是将皮肤表面的湿气排除出去，使皮肤保持干燥和舒适。除非是特别随意放松的骑行，否则不应该选择纯棉的T恤。纯棉T恤会吸收并保留汗水，意味着与皮肤接触的衣物一直会处于潮湿状态。一旦遇到空气流动，潮湿的纯棉材质就会立即使你感到寒冷。现代材质（例如Coolmax）能将湿气从皮肤表面排出，使你一直保持温暖和干燥。Coolmax夏季针织衫就是很好的贴身衣物。不需要针对冬季购买全新的衣物——只需要很好地利用已有的服饰就可以了。

另外一种比较好的材质是美利奴羊毛，这种材质曾经一度被认为样式过于老式，但现在又重新焕发新生。羊毛还有另外一种优点——经过数百万年的进化，它能抑制那些能产生难闻气味细菌的滋生并以此来保护绵羊，也具备合成材质那样快速释放难闻气味的功能。没人希望在到达办公室时，通过身上发出的气味来告知所有同事自己是骑车来上班的。但是这些并不意味着羊毛材质不要清洗。美利奴骑行服上经常会印有一些富有冒险精神的探险家的事迹，这些人会炫耀地声称自己在丛林、极地以及海洋中生存数月，从来没有换过T恤。相对于莱卡，美利奴产生的气味更少，但同事们可不会欣赏这种类型的炫耀。现代的羊毛服饰并不需要额外的洗护措施——只需要使用常规的40℃机洗就可以了。

中间层服饰

中间层服饰的唯一作用就是保暖。如果气温降低到零下，选择羊毛材质的服饰是一个很好的主意，因为这种服饰不会使你看上去过于臃肿。在模棱两可的天气中，将长袖的针织衫——Coolmax或者类似材质的服饰——穿在底层衣服外面是一个比较好的选择。中间层服饰并不一定非要选择专业的骑行服饰，任何具有呼吸功能材质的服饰都能胜任。一定要确保选择尺寸较大的中间层服饰，这样处于骑行状态时，就不会使手腕和腰部位置裸露出来了。

全拉链的设计要比短拉链或者没有拉链更可取，因为骑行时可以轻松拉开以便达到短暂通风的目的。同样，纯棉材质并不适合充当中间层服饰，它们会使你变得潮湿，然后感觉寒冷。纯棉材质的服饰最好在像家里那样温暖干燥的

◀ **排湿材质的底层服饰能使你保持干燥**

环境中穿着。相对于只穿一件较厚的衣物来说，同时穿几件更薄的衣物是更好的选择，这样就可以更加轻松地调整自己的温度。

　　在寒冷的天气中骑行，一个比较郁闷的问题是发力超过一辆公共汽车或者通过某个上坡路段后，必须要花费很长时间来使自己冷却下来。而全拉链的设计能轻松地获得暂时通风的效果。只要各个方面合适，不需要购买专业的中间层服饰。如果已经购买了适用于其他运动类型的服饰，那么就可以用它来充当骑行的中间层服饰——只要它的材质具有呼吸功能就可以了。

外层服饰

最外层的服饰完全是针对天气情况来选择的。外层服饰能使你的身体免受寒风和雨水的侵袭。与中间层服饰一样，具有全拉链设计的夹克是最佳选择，能使你在需要时获得快速通风的效果。夹克同时也是放置钥匙、钱包以及其他随身物品的主要衣服，因此最好选择带口袋的夹克。夹克上的口袋通常置于后部，目的是防止里面物品的重力使夹克下沉。由于通常会戴头盔或者其他形式的帽子，因此兜帽也并非是常见的配置。同时，无论多么精良的设计，兜帽都很难掌控，它们很容易在你转头时影响视线。

　　选择夹克时，最好能实地在自行车上尝试一下。如果条件不允许，就尽量在原地模拟骑行姿态进行拉伸。确保手臂部位足够长并能覆盖手腕位置，肩膀部位的材质在拉伸时也不能太紧。夹克的后部也应该足够长，避免肾脏部位暴露出来。但是夹克的前部不能过于向下，如果前部过长，就会产生较大的空间，冷风也会从底下进入到夹克内部，使你不断遭受冷风的侵袭。

　　寒冷的天气并不会一直存在，因此也不需要始终穿着夹克骑行。在秋天和春天这一段时间之中，只需要穿着无袖马甲就可以了，它能在保证躯干保持温暖的前提下解放胳膊。马甲的前部通常会配有防风布，后面则会配置比较薄的材质或者使用网状结构——还可能会带有反光标签和口袋。

▲ 底层服饰能使你的皮肤保持干燥，中间层服饰则能使你与外界隔离，而外层服饰则能使你免受天气因素的侵袭。如果想使自己保持温暖干燥并不被自己的汗水侵蚀，那么就需要谨慎明智地选择这些分层服饰

分层服饰兼容性

各层服饰只有在彼此匹配的情况下才会获得很好的效果。如果里面穿着的温暖的羊毛织物从夹克的后面探出来，就会像灯芯那样，将外部的湿冷空气吸收进来并一直向上带到身体和夹克中间的保暖层。如果袖子从夹克中探出来也会产生相同的情况。过于臃肿的分层服饰无法与其外面的服饰相匹配，这会限制你的移动并使你感到更加寒冷。

　　只有在里面所有分层服饰都具有呼吸功能的前提下，具有呼吸功能的夹克才会发挥它的作用。骑行夹克所使用的专业材质能通过内层表面将湿气传送到空气中，但是只有在湿气到达夹克的内层表面时才会发挥作用，这也是一个需要考虑的问题。

头盔：确保安全

对于是否使用安全装备这个问题，一直存在赞同和反对这两种不同论调。有一种观点认为从任何角度讲骑行都是有益的，偶尔出现的意外也并无大碍。但是如果意外地从自行车上掉下来，那么这种说法就变得非常没有说服力了，因此要确保骑行时的安全。

可以认真考虑一下自己对这一问题的选择，但是不要过分拘泥于骑行是一种危险的运动这一想法，不要将自己的骑行看成极限运动。本质上讲，骑行只是一种移动方式而已。头盔应该是专业骑行安全设备中最具有代表性的一个。很多具有说服力的论点都支持骑行时要佩戴头盔，头盔会在某些碰撞出现时对头部提供保护。在很多国家，法规规定骑行时必须佩戴头盔。即使在某些没有相关法律的国家中，儿童骑行时也应该始终佩戴头盔，因为他们的头骨较软并且通常在意外发生时无法做出富有经验的判断。尽管如此，需要记住的一点是，头盔本身无法阻止意外事件的发生。

对于那些曾经不赞同使用头盔的人来说，他们反对的一个原因是头盔重量太大、容易使人出汗以及不具备很好的舒适性。这种情况现在已经不存在了。现代头盔都具有足够轻的重量，人戴上后几乎感觉不到它们的存在，同时头盔上还具有足够大的通风孔，提供很好的通风效果。因此舒适性现在已经无法成为不戴头盔的理由了。购买头盔前，有必要在商店尝试一些不同类型的头盔，因为人的头部形状各有区别，有些人的头部很圆，而另一些人的头部则更加呈椭圆形。要找到适合自己的头盔，只知道自己头部较小、中间型号或者较大是不够的。每一种型号的头盔，它的大小都可以进行一定的调整，但是如果基本形状与你的头部不匹配，那么就要换一个。

头盔上较大的通风孔会极大地增加舒适度，但是也会使头部的大部分热量散发出去，而没有通风孔的头盔则不会出现这种情况。

如果你的头部特别大或者特别小，那么在选择头盔时就会面临更多的限制，也会产生更高的费用。价格比较低的头盔一般都是中间型号的。Giro提供众多型号的头盔，针对成人的尺寸范围为51~63厘米（20~25英寸），基本能符合绝大多数人的头部尺寸。

首次使用一个新头盔前，应该花点时间进行调整它，以便更好地适合自己。头盔的下巴下方有个带子，它能分解成4个部分——每侧各两个，一个在前一个在后。每个带子都需要具有均匀的拉伸度，这样才能确保头盔稳定地佩戴在头上。站在镜子前检查头盔的调整是否合适时，普遍存在的错误是让头盔的位置过于靠近头后部。这种做法会使头盔失去它作为安全装备的意义——撞到比较坚硬的物体时，头盔会被推向后部，只剩下下巴的带子还缠绕在脖子上。同样，为了获得更好的效果，下巴下方的带子也需要具有适当的松紧度，张开嘴时，应该能感觉到头盔向下对头顶施压。首次进行这样的尝试时，可能会感觉佩戴头盔时很不舒服。但开始骑行后，你会发现自己会经常向前和向上看，这种动作会将下巴下方的带子拉伸到一个合适的位置并逐渐变得舒适起来。头盔上的带子有一点点复杂，但只需要在第一次使用时进行设定，之后只需在这些带子变松时对其进行调整即可。对头盔进行合理的设定非常重要，如果设定不当，头盔会在出现碰撞时脱离头部，进而无法提供很好的保护。

如果不想在骑行时佩戴散发着异味的头盔，那么有必要了解头盔内部的衬垫一般都是通过尼龙搭扣绑定的。这就意味着可以将衬垫拆下来并放在洗衣机中进行清洗。也可以替换衬垫配置使其更好地匹配头盔。

配戴头盔还能极大地增加自己的显眼度，因此应该选择具有明亮颜色的头盔 ▶

安全装备：确保安全，提高显眼度

显眼度装备是能真正给你贴上骑行者标签的事物之一。身体上或者自行车的反光条会将汽车前灯发出的光线反射回到司机的眼中。这样在任何时候，出现指向你的光源时，别人就能注意到你的存在。

反光带或者反光条并不需要使用电池，通常也不存在被偷盗的可能。穿戴在身上的反光条能显示出你的轮廓，可让别人意识到你的存在。即使对那些离你较近并且不能清楚地意识到你的存在的汽车司机来说，也具有一定的作用。如果在自己的自行车上贴上反光条或者反光贴纸，那么记得时常对其进行擦拭，因为如果它们变脏，就无法反射光线了。具有反光效果的裤子夹具有特别好的后部反光效果，因为它们在你骑行时会随着你的小腿上下摆动，进而极大程度地增加你的显眼度。

没有什么比山姆·布朗（Sam Browne）反光带更能让别人意识到骑行者的存在了。别人会通过它确定骑行者的存在。由于反光材料具有较高的成本，因此山姆·布朗反光带的价格也会比你想象得要高。山姆·布朗带和背包并不是一对很好的组合，因为背包会将反光带遮住。如果想携带背包，就需要确保背包自身具有反光条或者反光标签。更好的选择是背包罩，然后自己在背包罩上贴上反光条。背包罩就像防雨罩一样，能有效地阻止雨水的侵袭。

遇到交通压力较大的情况时，头盔是提供更多显眼度的最佳位置。因为头部的高度处于大多数车辆之上，因此如果头部位置足够明亮，人们更容易看到在静止车辆之间穿行的你。相对于较暗的颜色，亮色的头盔更容易识别，那些专门为城市中骑行而设计的头盔还配有银色的反光贴纸或者品牌标识。还可以通过在头盔上较宽的位置添加反光带来对其进行补充，Respro就提供相关的产品。要获得更多的显眼度，还可以选择一些体积足够小的LED灯，可以将这些LED灯绑定到头盔上，它们的重量较小，因而不会从头盔上掉下来。

上面列举的是一些常见的防护性装备，也可能是你最想要的，但还有一些不常见却更有用的装备。除了能使手部保持温暖和干燥，手套还能在你摔倒时提供对手掌的保护。一片布料就能带来这么大的帮助，这确实很令人惊奇。对于户外活动来说，防晒霜现在被越来越多的人所接受，但是处于骑行状态时，被晒伤的经常是一些比较奇怪的部位。大腿的顶部和小腿的后部暴露在太阳下的概率要比你想象的更大，还有手背部位，这也是需要穿戴露指手套的一个具有说服力的原因。如果不带头盔，需要更多地关注对头顶、脖子后面以及耳朵的保护。

运动眼镜佩戴者（以及很多其他骑行者）会发现对眼睛进行一点点保护就能阻止沙砾等物质进入到眼睛中，尤其是在有风的天气中。在夏天佩戴太阳镜能获得很好的防护效果，但是在冬天却显得有点昏暗。可以尝试选择增光镜片来代替。这种镜片与太阳镜类似，但是在昏暗的天气、光线不强的傍晚和清晨能提高所有物体的亮度。

▲ 山姆·布朗反光带的反光会让别人意识到你的存在

▲ 能降低光线强度的眼镜

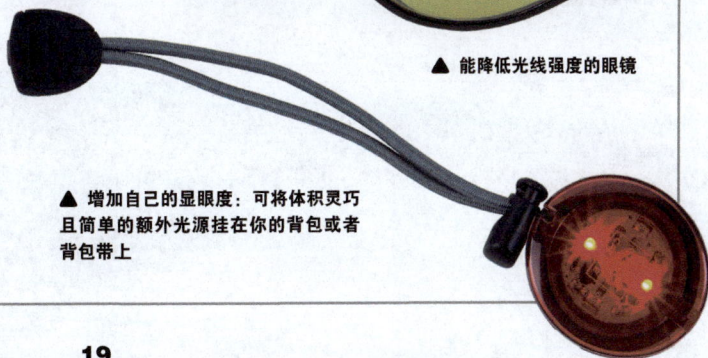

▲ 增加自己的显眼度：可将体积灵巧且简单的额外光源挂在你的背包或者背包带上

第2章　设置

本章介绍如何对自行车进行调整和设置，从而在骑行时更舒适并使各项配置更加完备。骑行是一项非常有趣的运动，能带来很好的体验。但是如果坐在自行车上让你感到很不舒服，很快你就会以此为借口放弃骑行。每个人都是不同的，因此需要花点时间对自己的坐骑进行相应的设置，以便更好地满足自己的需求。你可能需要更换车座、脚踏或者车把，或者添置一些有用的配件。

选择车座

导致人们骑行时间减少的一个原因就是车座无法提供很好的舒适性。如果车座不舒适，那么不采取相应的措施，车座本身不会立即让你适应它，你也就无法体会到骑行带来的乐趣了，最终就会放弃骑行。

车座不舒适，解决办法就是更换一个适合自己身体结构的车座。如果购买一辆新车，需要知道的是商店里摆放的自行车为了看上去更有吸引力，会有针对性地选择特定的车座。自行车的制造商会尽量使自行车看上去更轻便，会添加一些硬塑条等配件，让自行车的外观更具动感并最大限度减轻自行车的质量。如果制造商的目标定位是休闲市场，那么会为车座选择比较松软的坐垫，用拇指就能将坐垫按下去。如果只用手去测试这些车座，会获得比较不错的手感，但臀部的结构与拇指完全不同——拇指可能感觉很舒服，但对于臀部来说则过于松软，就像床垫一样，进而无法支撑骑行动作。不要相信任何感官上的判断，而应亲自坐到自行车上去感受车座。实际上，外观并不重要——骑行时没有人会过多地关注车座。如果去自行车店时发现某个适合自己的车座，就应该毫不犹豫地把它买下来。

男式车座和女式车座

男人和女人的骨盆拥有不同的形状，因此，尤其是热爱骑行的女士，一定要选择适合自己的车座。全新的自行车一般会按照男人的标准配备车座。购买新自行车时，只要提出要求，任何具有常识的自行车商店都会为你更换女式车座。相对于男式车座来说，女式车座要更宽和更短一些。由于女人的"坐骨"更宽，因此这种额外的宽度是很有必要的。

▲ 布鲁克斯（Brooks）皮革车座

车座的坐垫应该有足够的厚度，能减轻骑行时产生的震动，但同时又不能太软，使臀部凹陷下去并导致左右晃动。这是一个非常个体化的选择，还取决于骑行距离、身体位置以及身型。较软的车座比较适合短距离骑行。如果骑行时身体比较直，也可能需要选择比较软的车座，同时还可能需要购买避震座杆，这是因为臀部会承担大部分身体重力。比较好的车座会在坐骨下方添加凝胶坐垫，在最需要的位置提供精准的支撑作用。

采用更加伸展的骑行姿势时，身体重量会均匀地分布在车把、车座和脚踏上，因此应该在保证舒适性的前提下选择比较硬的车座。具有一层较薄凝胶的车座能减少骑行时的震动，较窄的形状能提高骑行效率并能防止大腿根部相互摩擦情况的出现。

选择中空或者钛材质的座弓能带来更高的舒适性。这些富有弹性的设计和材质能提供更多的避震功能。相对于标准的合成材料，皮革表面的车座价格更高，但是也具有更好的呼吸功能，天气炎热或者骑行艰难时你就会感受到它的优越性。

目前，几乎所有人都会使用泡沫或者凝胶表面的车座，但有些人却对老式的皮革车座情有独钟。这种车座在刚开始时比较坚硬，但使用几百千米后，皮革会被塑造成非常适合你的形状。相对于常规车座来说，皮革车座需要更多的维护工作，但是却可拥有几年，甚至十几年的使用寿命。

▼ 男式车座

▼ 女式车座

车座位置

只要花点时间使车座处于最合适的位置，那么它的舒适性至少能提高一倍。需要从三个方面进行不同的调整——高度、角度以及车把到车座前端的长度。尽量每次只对一个方面进行调整，而不是同时调整三个方面，这样你才能精准地对其进行调整，从而获得更好的舒适性。

车座高度

你应该能想到，调整车座高度是每个人最先要做的事情，但大街上满是骑着自行车左右摇晃的人，就像踩在高跷上一样，或者在骑行时头部处于很低的位置，膝盖几乎与耳朵平行。这种骑行姿势是完全不可取的，与正常的骑行姿势相比，它会降低整个骑行旅途的舒适性。

要检查车座高度，可找一个能使你采取正常骑行姿势坐在自行车上但又能保持静止的地方，比如可以倚靠在墙上。向下看你的脚，正常骑行时，你会发现最高效的姿势是将脚掌置于踏板轴的正上方。但现在的目的只是为了调整，用脚后跟代替脚掌，将其置于踏板轴正上方。如果车座处于理想的高度上，那么腿应该几乎呈竖直状态——没有弯曲，只是自然的舒展。

调整车座高度时，可以使用内六角扳手（4毫米口径、5毫米口径或者6毫米口径）调整座杆的底部，或者使用快拆杆，释放到一定程度时，就可以随意移动车座杆的高度了。

纵向位置调整

针对纵向位置的调整非常巧妙，可能需要大量的尝试才能找到合适的位置。车座的纵向位置决定了车座与车把之间的长度，以及握住车把时身体的竖直程度。

朝前移动车座可以在骑行时让身体处于更加竖直的状态，从很大程度上讲，它的效果等同于提升车把的高度。铁人三项运动员通常会喜欢这种前向位置——这种位置上的肌肉发力方式与跑步类似，因此能使两个项目的衔接更加平顺。女士通常也更加喜欢前向车座的位置，这种位置能使骨盆更加垂直地处于脚踏上方。车座比较向后的位置会拉伸你在骑行时的身姿，在长途骑行中，这种位置能提供更好的舒适性。要改变车座的位置，可以松开车座上的紧固螺栓，直到能自由移动座弓并将其沿着紧固夹子进行滑动。调整结束后，拧紧紧固螺栓。你会发现，对车座位置进行很小的调整就能带来非常不同的骑行体验，因此每次最好只做一点调整。

车座角度分析

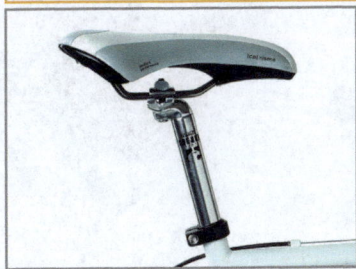

第1步：在大多数情况下，最舒适的车座角度是车座两端呈水平或者非常接近水平的角度。

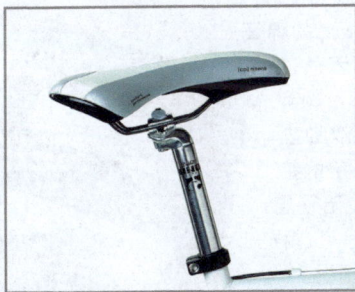

第2步：如果车座向后倾，那么每次用力蹬脚踏时都需要通过手臂向前拉动身体，以便抵消身体向后滑动的惯性。这会导致肩膀酸痛。

第3步：很多时候，向下调整车座的前端能缓解那些令人不快的压力，但过于夸张的角度意味着车座形状不合适或者自行车体积过长或过大。如果车座太过于前倾，那么骑行时必须不断通过双脚向上和向后推动身体。如果骑行距离很长，会让你感到比正常位置更加疲劳。

选择脚踏

考虑自行车的舒适性时，脚踏通常是最容易被人忽视的部分，但需要牢记的是，与双手和臀部一样，双脚也是始终与自行车接触的部位。由于脚踏执行的是两种互相对立的功能，因此在选择脚踏时一定要谨慎。

大多数时候，脚踏必须能紧紧地抓牢双脚，这样才能使你不会从自行车上掉下来。如果在上坡骑行时身体呈站立姿势用力蹬脚踏，但是发生脚底打滑的现象，那么你很有可能会因此受伤。在一片漆黑的路段骑行并想摆脱这种情况时，需要加速并追上前面的车流。但相反的情况是当你需要停下来时，又需要将脚从脚踏上移动下来并置于地面上，以便支撑自行车。

要解决这种矛盾，传统上通常使用两种方法。如果要从自行车上下来，那么安全性是最重要的，因为这时你要将脚从紧紧抓牢的塑料或者橡胶脚踏上移下来，但前提是不会做预料之外的事情或者从车上蹦下来，那么双脚从脚踏上滑落的概率就比较低。如果想提高骑行效率或者只是骑车到处游览，并且在旅途中不想进行过多的上车和下车动作，那么可以将脚卡在或者绑在脚踏上。这种方式能让双脚牢牢地踏住自行车脚踏，但是想要下车时需要提前做好准备，以便在减速时能让双脚解放出来。

对于上下班的通勤骑行来说，这两种都不是理想的方法，因为你需要不时地将脚从脚踏上移开并重新放上去，前提是知道自己何时将脚放上去和从脚踏上移开。但实际情况是你并不能一直预料到停车的时间，这就意味着针对各种不同的骑行类型，必须找到一些其他的解决方法。

BMX（自行车越野）类型的脚踏是通勤用脚踏的终极版本——即使当你处于6英尺高的地方并进行翻转动作时，仍旧需要脚踏与鞋紧密地绑在一起；但是当你意识到这种空中翻转动作并不如你想象的那样成功时，又需要能快速地将双脚解放出来。这种脚踏具有比较宽的平面，因此只要脚位于其上，就能紧紧地踏牢脚踏。这种脚踏上还有向上的螺栓柱或者大头钉，能防止脚向侧面滑动。从理论上讲，这种设计对通勤骑行来说是完美的，但实际上简化版本的BMX脚踏是通勤骑行者更好的选择，因为前者的表面太坚硬，如果不小心将小腿刮到脚踏上，很容易受伤（BMX爱好者并不会在意这一点，因为他们通常会装备护腿），但是它的坚硬特点也会导致鞋子快速磨损（BMX爱好者似乎也不在意这点，因为没人希望总是穿着旧鞋子）。现在，市面上也可以买到各类较宽较平的BMX类型脚踏。

脚踏设计还借鉴了山地自行车的经验。自锁脚踏（卡式脚踏）最早出现在公路自行车比赛中，这种比赛的特点是，在结束前骑行者不需要从车上下来，因此在脚踏的设计上也就没理由考虑到步行的需要。山地自行车提出了新的需求，人们不想双脚从脚踏上滑落，但又想自己随时能从自行车上下来步行、跑步或者抬起自行车，以便越过那些无法骑行越过的障碍。正是这种需求促进了自锁脚踏的发展，将防滑钉缩回到鞋底内部后就可以安全地行走了。鞋底的防滑钉锁定在脚踏上的弹簧机构中，但是其特殊的构造允许骑行者通过向侧面扭动双脚快速将防滑钉从脚踏上解锁出来。这种解锁方式很容易，只需要双脚自然扭动就可以实现，但是仍然需要一定的练习后才能掌握。掌握其中的诀窍后，无须思考就能自然地完成该动作，但是在练习过程中，很可能遇到双脚无法及时解锁的情况。

BMX样式的脚踏 ▶
脚踏一面采用常规设计，另一面装有卡锁使其
成为城市骑行的完美选择 ▶▶

学习使用自锁脚踏

学习使用自锁脚踏能使你重温最初学习骑自行车时的情形。掌握这种技能前，难以想象自己能成功，不过一旦掌握了，你会感叹如此简单的事为什么以前自己不会呢。

首先需要安装新的脚踏。左右两边的脚踏是不同的，分别标注有"L"和"R"标记。左边的脚踏具有反向螺纹，顺时针方向是解锁，逆时针方向为重新锁定；右边脚踏则采用常规的螺纹形式。将两只脚踏牢固地拧到曲柄上。脚踏扳手要比常规扳手更薄一些，目的是能伸到曲柄和脚踏之间的缝隙中，同时也会更长，以便更好地利用杠杆原理轻松地紧固脚踏。

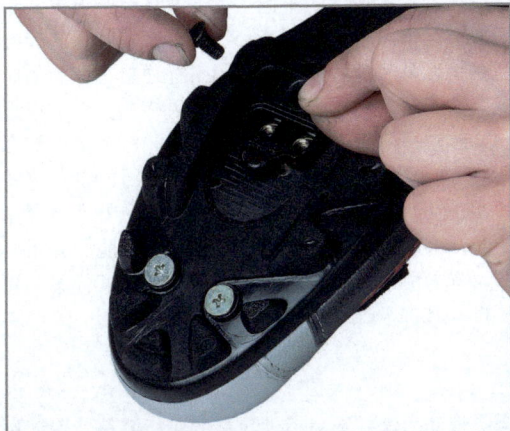

由于必须与大小合适的鞋匹配使用，因此在购买自锁脚踏前要做好这方面的准备。你需要同时准备正确号码的鞋和一副自锁脚踏。自锁脚踏附带防滑钉，需要将这些防滑钉安装到鞋底上——大多数情况下使用4毫米口径内六角扳手。

新鞋的安装孔通常（但并不绝对）会被覆盖住。幸运的话，揭开这些覆盖物会发现一些附送的内六角扳手。大多数情况下，你必须用刀具使鞋底的安装孔显露出来。这个步骤需要一点技巧——需要谨慎的心态，因为需要用一把锋利的刀将橡胶切开，因此很容易伤到手部。将鞋翻转过来时，就会看到孔上覆盖的橡胶垫。使用锋利的刀将边缘整洁地切除掉，然后拿掉上面的橡胶垫。

▲ 确保螺栓具有很好的顺滑效果并牢牢拧紧

接下来需要确定防滑钉的位置。需要花点时间仔细确定防滑钉的位置。如果在骑行过程中双脚的防滑钉位置无法很好地匹配，就会对膝盖部位产生不利影响。对于参与某些类型的运动，特别是足球运动的人来说，这个问题尤为明显，因为这些人对膝盖的使用频率非常高。如果安装防滑钉后发现膝盖部位感到疼痛，那么应该返回到自行车商店并咨询一些防滑钉安装方面的建议。最好用充足的时间进行测试和调整防滑钉——不要在进行长途骑行前才开始安装。

防滑钉应该位于脚掌的正下方或稍靠后的位置。在鞋底确定这个位置是一项比较精细的任务，因此最好穿上鞋并走走，确定脚在鞋子里的感觉。使用胶带在鞋子上方脚掌中间的位置做标记，然后使防滑钉的中间位置向上与胶带对齐。你可以沿着鞋底向后或者向前移动安装板来找到正确的位置。

确保防滑钉安装方向正确无误，这很重要。可以坐在桌子边上，使小腿垂直悬空，双脚在空中与地面呈一定角度。仔细观察双脚悬空的角度，两只脚的悬空角度可能并不相同。安装时，一个比较好的开始点是先确定防滑钉的方向，这样在骑行时双脚的角度才能与自然悬空时的角度相同。

确定合适的安装角度后，将防滑钉与随包装附带的垫圈穿进螺栓孔并拧紧。因为必须先测试防滑钉的位置，因此你可能想暂时松开螺栓孔一些，但不要这么做，因为如果没有将防滑钉正确地固定在鞋底上，那么释放双脚时就会对防滑钉产生很大的磨损。

然后开始执行比较困难的步骤——必须让双脚学会控制防滑钉的进出动作。在开始前仔细观察防滑钉和脚踏的构造，让自己了解它们的工作原理。骑上自行车并靠在墙面上，然后每次用一只脚进行尝试。开始时，可能会花很多时间来找到双脚的正确位置——必须通过揣摩，先让防滑钉的前部就位，然后再用力向下蹬，以便后部就位。锁定后，向外扭曲脚后跟来执行释放动作。获得充分的自信前，分别用双脚进行这种练习。你必须使自己达到无须观察或者思考就能释放双脚的程度。获得足够的信心后，可以到公园中练习解锁及停车等动作。能执行在紧急情况下停车并且每次都能成功释放双脚前，不要去交通流量较大的路上练习。练习时，你可能需要对防滑钉的位置进行调整。刚开始进行练习时，可以随身携带一个内六角扳手并记得每次都要拧紧防滑钉。这个过程看上去需要很长的时间，不过一旦你找到正确的感觉，它会成为你一辈子都不会忘记的技能。

车把

选择形状和高度都合适的车把对于骑行舒适性来说至关重要。如果无法采取适合自己身体特点的坐姿，很快你就会感到脖子、肩膀、手腕以及后背无比酸痛。

通常需要花些时间对车座、把立以及车把进行调整，以便找出其中不合适的地方。调整车把的角度和高度非常容易，但是如果仍然无法提供很好的舒适性，可能需要更换一副其他形状的车把了，注意只有亲自尝试新车把后才能确定是否合适。对于车把的位置，其中一个方面其实是审美要求。制造和销售自行车的人一般会对自行车的外观有着自己特定的认识，他们会使用诸如"圆润"以及"流线型"这类词来描述自行车。因此他们会生产比较平直的车把，使其看上去符合你的购买意愿，却不一定是最适合你的骑行风格的类型。车把的形状和位置同样重要，实际上这两者也是息息相关的。如果你想采用背部相对直立的竖直骑行姿势，那么最舒适的车把形状通常是握把向后倾斜30度~45度。这意味着你可以在不需要将肘部向外伸出的情况下就能舒适地紧握车把。平直车把似乎是比较理想的选择，但其实手部与身体呈一定的角度时才能更好地紧握车把。要清楚我的意思，可以找一个平直棍子，直径与真实的车把类似但是比手更宽。在身前伸出胳膊并用一只手握紧棍子。你会发现当胳膊与棍子呈90度角时并不舒服，只有胳膊与身体呈一定角度时才会使你感到更加自然。因此需要稍稍向后倾斜并使手掌以自然方式握住的车把。

▲ 平直车把能使你在车流中更加精确地控制自行车，也更加符合空气动力学原理

平直车把

如果想选择更符合空气动力学并更具运动风格的骑行姿势，可以更多地了解一下位置更靠前并且握把时手臂稍微弯曲的车把，这样能吸收更多的震动。这种车把的角度使你在骑行时手掌稍稍朝向内侧，因此较为平直的车把是比较舒适的选择。轻微的车把角度变化（在3度到6度之间）都会带来完全不同的骑行感受。车把的角度至关重要。曾经有一段时间，车把指向下方风靡一时。先不谈这种风格会不会使骑行者看上去更酷，但它肯定会让骑行者感到很不舒服。对于相对平直的车把来说，仔细观察它的角度，这种车把略微向上和向后倾斜，因此握把的角度与手掌的角度基本一致。

城市车车把

对于在城市中随意骑行的人来说，是否符合空气动力学是最不关心的一个方面，而更好的视野以及让别人更容易看见自己才是更加关心的问题。这时，城市车把弯曲并向后掠的造型是非常理想的选择，握把向上和向后，这样迫使你采取更加竖直的坐姿。这种造型也能让你更加轻松地转头并向后观察。还能增加骑行高度，这样当你在车流中穿行时，更容易被汽车司机看到。

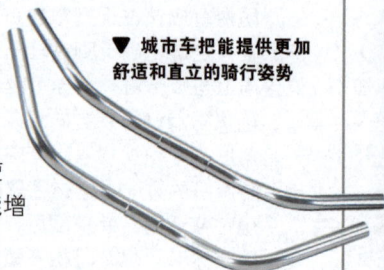

▼ 城市车把能提供更加舒适和直立的骑行姿势

下沉式弯把

采取更加伸展和更低的骑行姿势具有自身的优势。这种姿势能减少风阻，因此更节省体力。从舒适性方面来说，这种姿势能更均匀地分配骑行者的身体重量，不会将重量集中在臀部位置，而是均匀地分配在车把、车座以及脚踏上。

找到正确的位置需要一些必要的调整，因为刹车握把的位置至关重要。很多人在调整车把时，会先进行一些测试性的骑行，然后再找机会对车把的角度和高度进行调整。

下沉式弯把特定的手部位置更符合空气动力学原理，同时还能减少风阻 ▶

不同的车锁

鉴于安全的重要性，你应该选择牢固的重型锁作为自行车的主锁。可以在比较常见的U形锁以及更为粗壮的摩托车用链条锁这两种基本类型之间进行选择。无论哪个价位，这两种类型的锁提供的安全级别基本相同，并且各有优缺点。

链条锁能比较轻松地穿过街上各种形状的固定物；U形锁则更适用于自行车的框架并且通常会提供配套使用的托架。有些人更喜欢用U形锁，因为另一种类型的锁需要自身携带并且比较重，而U形锁则可以放在自行车上携带。一些骑行爱好者还担心将较大的链条锁绑在腰上时，如果他们从自行车上摔下来还有可能会伤到自己。尽管如此，选择哪种类型的锁应该根据自身的喜好来决定。

购买U形锁时，最好选择一些较大的品牌——例如Kryptonite、Abus、Trelock或者Squire。每种锁的制造商都有自己的测试标准，但并没有适用于各个品牌的通用测试标准。如果你打算投保，那么在购买车锁前应该确认保险公司是否会对某些特别的锁制定相应的规定——某种锁可能非常完美而且很牢固，但是如果并不在保险公司的保单列表中，那么保险公司可能会拒绝进行相关的赔付。如果保险公司为某种类型的锁提供保险，你应该在购买时保留好发票，以便证明所购买的锁处于保险范围之内。与自行车相比，任何比较好的锁都比较重，这也是骑行生活中一个比较令人郁闷的问题。

你选择的主锁（无论形状如何）都只能锁住自行车的车架和一个车轮。这就使另一个车轮处于被盗的危险之中，因此再选择一个副锁是比较好的想法。快拆式车轮最容易被盗，而老式车轮都带有螺母，意味着要使用扳手才能卸掉车轮。不过要获得扳手并不是一件难事，因此从某种程度上说，快拆车轮反倒是一种优势，那就是它让你在锁车时更加谨慎，不会出现麻痹大意的情况。构造简单的线缆通常就能胜任副锁的职责。最简单的方式就是使用两段带圆环的延长线缆，主锁锁住车架和一个车轮，再用延长线缆缠绕另一个车轮，合上U形锁前，将延长线缆的圆环穿进U形锁。如果延长线缆的长度足够，你还可以同时使用它来确保车座是安全的。将延长线缆穿过座弓，然后将延长线缆的一端穿过另一端的圆环。穿过所有部位后，现在开始上锁，将活动的一端穿过后轮，然后向前拉伸。将U形锁穿过车架、前轮以及街上某些结实的固定物，然后将延长线缆活动的一端穿在U形锁上，最后合上U形锁。需要解锁时，从后轮解开延长线缆，但是仍让它缠绕在座弓上——使用趾夹带或者尼龙搭扣将其固定，防止它在骑行过程中向下垂到后轮上；或者将其缠绕在座杆上。还可以使用线圈锁作为第二种安全保障，用它来代替延长锁。如果不希望同时保管两把钥匙，那么可以选择密码锁类型的线圈锁。

▲ 你可以很容易地就将U形锁锁在车架上，减少车辆被盗的风险

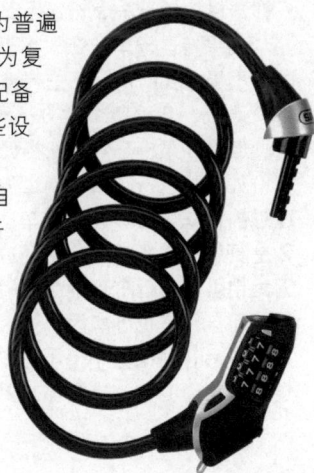

显而易见，为了使自己的自行车更安全，有众多可供选择的小装备。最为普遍的就是购买车轮上用的安全叉。这种配件只能通过内六角扳手才能打开。更为复杂的系统还会使用定制形状和尺寸的内六角扳手，因此只有使用随系统一起配备的特殊扳手才能打开。这些都是非常理想的选择，但一定要很好地固定住这些设备，因为据我所知，很多人会在骑行时出现安全叉不稳固的情况。

很多新自行车上都会装有快拆杆，可以使用它调整车座高度。这在山地自行车上尤为普遍，能帮助骑行者快速改变车座的高度。例如，从陡坡向下骑行或从高处跃下时，可能想降低车座的高度。但是在城市中骑行时，很少遇到需要改变车座高度的情况。如果新购买的自行车装有快拆座杆，可以将其更换成使用内六角扳手的座杆。

这种措施并不能绝对防止车座或者座杆被盗，但是至少会增加一些盗窃难度。

密码锁具有快速易用的特点并且不需要使用钥匙 ▶

安全地给自行车上锁：地点和方式

你可以购买世界上所有类型的车锁和安全设备，但是在锁车的地点和时间上多下点功夫是更为可取的方法。使用车锁时，只有确保每次都不会忘记锁车才能获得较好的防盗效果。否则，反倒是为偷盗者提供了一个快速逃跑的工具，而自己不得不拼命在后面追赶。即使你跑得足够快并追上了骑着自行车飞奔的人，捉到他们后采取哪种措施也都是不确定的。

▲ **数量保障：** 将自行车停放在人员和车辆众多的地方

你应该将车锁在结实的固定物上。仅仅锁上车锁的自行车虽然无法骑行，携带也很困难，但是将其吊起并放到货车上可能只需要一秒钟的时间，然后货车就会扬长而去。选择锁车的路标杆时也需要仔细一点，对于比较低矮的路标杆来说，偷盗者可以轻松将锁着的车举起，从路标上方将车盗走。因此锁车时应该选择一些比较高并且上方指示牌较大的路标杆。

对于自行车独立上锁或者完全没上锁时发生的偷盗，偷盗者都是机会主义者，他们可不会拒绝这么轻易就能到手的东西。如果离开自行车的时间比较长，就需要考虑为自行车配备更专业的防盗设备。如果每天都骑自行车通勤，就有必要再购买一个副锁。使用两个锁能增加自行车的重量并且使其看上去更笨重，能使其看上去没那么吸引人。平时骑行时可以将较重的锁放起来，只有在到达工作地点后才拿出来使用。更好的方法是想办法将自行车放到工作场所——很多人都选择骑自行车上班，因此你们可以一同向雇主索求一个用于放置自行车的安全场所。

如果将自行车放在大街上，那么人多的地方比人稀少的地方更可取，因为如果周围的人少，偷盗者则可以在不受干扰的情况下进行盗窃。

最近，几乎每个地方都开始安装监控设备，但是这似乎对防止盗窃自行车的行为并没有起到多大的作用。但是如果将车停放在摄像头的监控范围内，至少能获得心理上的安慰。

如果将自行车锁在街上的护栏上，应该考虑一下哪里才是最佳地点。在人员较多的路上，护栏外通常是理想的锁车地点。任何以车锁或者自行车作为目标的偷盗者都会面对被他人撞到的风险。将车停在中央分道区是更好的选择。这些是开放地点，处于路过的行人和司机的视线范围内。不要将车锁在狭窄的过道位置，因为锁着的自行车可能会阻碍推着婴儿车或者拿着很多商品的行人，这样会让他人不便，这是应该避免的行为，而自行车也可能因为别人在通过时的动作而被损坏。

最后，如果你不得不将车锁在比较偏僻的地方，可将车停放在其他外观更时尚的车旁边，这样偷盗者可能会忽略你的车，转向那些更吸引人的目标。

行李：挂包选择

挂包的出现使自行车的使用量几乎增加了两倍。它们的突然出现给骑行带来了极大的方便——挂包可以放置你的行李和随身物品。背包和挎包也很有用，但是对于骑行来说并不是理想的选择，能使你出现背痛和肩痛的情况，并在身体的相关位置出现较大的汗渍。

挂包能防止物品被盗并牢固地置于自行车上。质量较好的挂包一般抓手都非常坚硬，因此不像挂在车把上的塑料袋那样，在你骑行时会刮到辐条上。

当然，挂包的价格多种多样。选择哪种挂包取决于旅程的距离和携带物品的数量。结构简单且价格便宜的尼龙挂包适合短途旅行，由于价格足够便宜，因此如果某次大采购时弄坏了挂包，也可以再更换一个。天气也会对你的选择带来一定的影响，如果在雨中骑行并且携带的是纸张、文件或笔记本电脑等物品，就需要使用防水挂包——使用塑料袋来包裹物品似乎也可以，但实际上起不到任何作用。如果包中的物品比较贵重，那么安全配置也很重要，比较复杂的挂包上会配有锁夹，而不是一个能与行李架相连的简单挂钩。

如果在旅途出发或者到达时必须随身携带挂包，就有必要购买配备肩带的挂包。放在自行车上时，最好配备一对挂包，但与此同时，需要离开自行车时，必须每只手各拿一个挂包，这就意味着你无法再携带其他东西或者没办法进行用钥匙开门这样的动作。可以选择背部或者侧面有反光条的挂包类型，这样能更加有效地反射汽车灯光。如果打算去野营，那么配备有多个不同尺寸和形状的小口袋的、更为传统的挂包更适合分别放置各种物品。明亮欢快的颜色能使你在车流中更加醒目，而包内使用亮色材质能使你在翻找物品时更轻松。

挂包的一个不足就是长久以来给人形成的一种呆板的感觉，就像是一张简单的A4纸一样。它们有着巨大的储物能力，看上去就像校车上刚刚装满家庭作业的学生背包。如果这种类型的包不能突出你的工作风格，可以考虑将其中一个挂包换成公文包或办公室风格的包，这样既能很好地存储物品，同时还能体现更多的行政风格。作为挂包组合，将普通挂包放在自行车的一侧——用于放置衣物、午饭或者其他任何物品，将公文包放在自行车的另一侧以保持平衡，可以放置智能设备，使其远离潮湿以及其他杂乱的物品。可以将笔记本电脑放在包的隔层中。

（1）安全挂包钩还会额外配有一个拉环，可以将其锁在下方行李架的铁管上。

（2）反光条或反光块让从你身后方向开过来的汽车更容易发现你。

（3）包里装满东西时非常笨重，这时手拎带就变得非常必要。

（4）挂包底部的挂钩允许你通过肩带来整理包内的物品，使其不会变得松散，进而保持骑行者的平衡。

（5）结实防水的挂包使用防水材质以及焊缝工艺。

（6）水密关闭。如果雨水从开口处渗透进包内，那么防水材质就失去了存在的意义。在这种情况下，辊式工艺的介入使你即使将包扔到海水里，包内的物品也不会变湿。

（7）较宽的方形设计提供了较大的容量。

（8）用于连接肩背带的置换环——使用两个挂包时非常必要。

行李架

要使用挂包，首先需要在自行车上安装行李架，行李架对于偶尔需要捆绑在自行车上的物品来说也是非常方便的。通过束线带将旧购物筐或者水果箱绑在行李架上可以起到简单的防盗作用。行李架对于购物来说非常方便，同时，安装行李架后，也会让自行车对偷盗者没有那么大的吸引力。

目前市面上有很多不同类型的行李架，幸运的是，大多数的工作原理都是相同的。行李架两侧各有一个连接到车架上的腿，安装在后轮轮轴的上方，还有一对金属臂——从行李架前部向前延伸并以螺栓的方式与后上叉的顶部连接。

几乎所有现代生产的自行车上都有用于连接行李架和挡泥板的安装柄或者安装孔。这些柄或者孔以两种形式存在：在车架上钻孔并采用螺纹工艺，因此你可以将螺栓拧到孔中；还有一种就是车架上带有一个额外的小金属片，上面有一个螺纹孔，可以将行李架更加轻松牢固地安装到这些安装柄上。有时，自行车上可能没有用于安装行李架的安装柄，这可能是自行车型号太老，或者是专门用于比赛的公路自行车，这种自行车的制造商认为没必要安装行李架。不要绝望，因为可以在本地自行车商店中购买特制的行李架支架，将这些支架连接到车架上以此来代替安装柄。如果只是用于搭载商品或挂包，那么这种支架能起到很好的作用，但是如果打算在行李架上面安装儿童座椅，可能无法提供足够的安全保障。此时，必须考虑购买一个能直接与车架连接的儿童座椅或者使用其他类型的自行车搭载儿童。

随着时间的推移，行李架（以及挡泥板）的连接螺栓可能出现松动，要定期对其进行检查，尤其是在开始一段长途骑行前。如果发现螺栓经常松动，可以在安装螺栓前在上面滴一滴松胶，不要用得太多——螺栓非常小，因此一小滴松胶就可以获得想要的效果。如果无法获得松胶，指甲油也是一种很好的替代材料。同时，一定要在每个螺钉头下方放置一个垫圈，否则螺栓很快就会变松。由于行李架大多采用较软的铝材，因此在不使用垫圈的情况下如果螺栓拧得太紧，会损坏螺栓孔周围的铝材。

购买行李架时，可以选择一些用于安装的零件。众所周知，螺母和螺栓工作时间久了容易松动，因此一般会采用防振螺母。这种螺母与普通的螺母外观基本相同，但在螺纹上会带有一个薄薄的塑料环。塑料环的内部比螺栓的直径要小一些，因此在紧固螺栓时，塑料环就能增强紧固性。尝试安装螺母时可能会感到有些迷惑，将螺栓拧到螺母上时，开始会非常容易，然后就变得越来越紧，这时可能会认为自己使用了错误的型号。不要担心，这是一种正常现象，但是安装螺栓时必须使用扳手将螺母固定住。

如果打算使用行李架搭载挂包，应该选择"狗腿式"的行李架。这种行李架的后腿向后弯曲，能防止挂包的底部在骑行过程中卷入自行车后轮。同时，还需要将行李架尽量向上安装，使顶部处于较平的姿态，这样能使其尽量靠后，进而确保你在用力蹬脚踏时，脚后跟不会碰撞到挂包的前部。

有时会发现用于紧固行李架螺栓的螺纹被油漆阻塞，无法将螺栓拧到里面去。这时，需要使用一个称为tap的小工具对螺纹进行清理。这种工具看上去与螺栓类似，但具有比较锋利的螺纹。你可以选择去自行车商店中进行这个工作。不要强行将螺栓安装到螺纹中，否则可能会将被阻塞的螺纹弄断，再想将其卸下时可能会对车架造成损害。

▲ "狗腿式"行李架支架能防止在骑行时挂包卷入自行车后轮

挎包和背包

对于较短的骑行旅程，需要经常停下以及重新上路，并且必须随时拿取包中的钥匙、钱包或者其他物品，挎包能完美地满足这种需求。你可以将挎包绕着身体转动并轻松取出其中的物品。挎包的这种特点也使其成为邮差的完美装备。

对我们大多数人来说，肩膀上挎一个很重的包时，容易使背部感到疲劳。挎包使用起来非常方便，因为它上面带有很多小口袋以及各种包盖、锁夹和标签，因此能轻松地管理其中的物品，但在使用挎包时，身体还是承担了不必要的负重。如果坚持使用挎包，就要选择舒适并且肩带上带衬垫的挎包，同时不要在挎包内装入太多的东西。

理想的解决方法始终是挂包——为什么买了自行车后还要使自己承担负重带来的痛苦呢？如果携带的物品不太重，那么背包是更加方便的选择，因为从自行车上下来时，背包也会跟随你从车上下来，并且不需要用手携带它。设计精良的背包能将重量均匀地分配到肩膀上，较好的背包两侧还有填充区域。这些设计能减少脊柱的承压，并且让空气在背包和后背之间很好地流通，进而不会出现那种湿湿黏黏的流汗感觉。

如果经常在骑行时使用背包，可以选择一些专为骑行设计的背包类型。Camelbak、Karrimor和Deuter（下图所示）等品牌都会生产各种骑行背包。这些背包通常会配有腰带，相对步行来说，这种腰带更适用于骑行。在自行车上伸展身体骑行时，腰带能防止背包在背部横向移动，还能将重量更加均匀地分配到肩膀和腰部上。

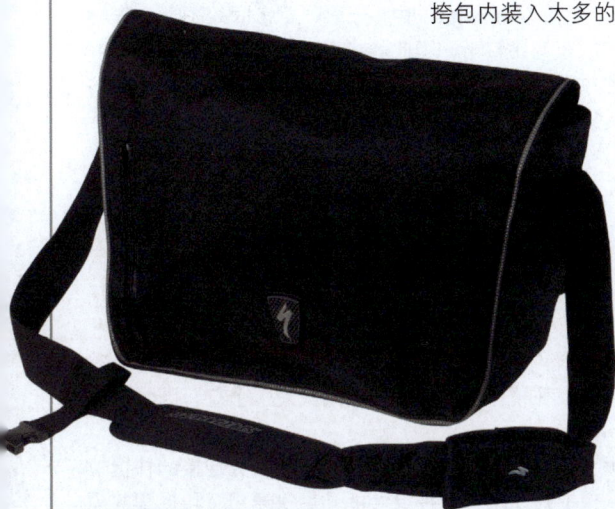

▲ 短途旅行时，挎包非常方便

另一个常见的有用功能是织带环，你可以将额外的后背灯安装在上面。将灯安装在背包上时，总会感觉安装位置太低，但是处于骑行状态时，你会发现越低越好，因为骑行时身体会向前倾，这时灯正好指向后方。防水罩也很有用，尤其是颜色明亮且具有反光带的类型，非常适合在恶劣的天气中使用，因为即使背包本身使用的是防水材质，但雨水还是会通过缝隙和拉链渗透进去。较好的背包通常会有一个与其他部位隔离的小口袋，用于存放防雨罩，这样到达目的地时，可以将防雨罩单独放在这个特质的小口袋里，不会弄湿其他物品。

大多数骑行背包都采用专门的设计，使其能适用于野外骑行。专业骑行背包的理念也是受到山地自行车爱好者的影响而出现的。他们一开始将一个底部带管的柔软塑料水袋安装在嘴附近的背包带上。后来这种包快速风靡全球并被称为水囊（bladder），其中的理念开始逐渐变得流行起来。在较长的骑行过程中，你无须要停下也能经常小口喝水，这样就能鼓励骑行者多喝水，防止脱水现象的发生。

对于整日的长途骑行来说，这是一种非常好的理念，但是对于简单的通勤来说则显得有点夸张，因为如果在通勤路上突然感到口渴，可以跑到商店里购买一些饮品。现在的骑行背包一般都会有水囊，如果没有，也会在背包的后面有个隔断，你可以将水囊放到隔断里。

如果经常在城市中骑行，应该选择尺寸合适的水囊隔断，形状以适合放进一张折叠的报纸为宜。

背包能将重量均匀地分布到背部 ▶

拖车

在日常的骑行中，对于那些你必须随身携带的基本物品来说，挂包、背包以及类似的装备能更好地满足你的要求。但有时，你需要搬运一些体积和重量非常大，或者是一些形状很不规则的物品，这时，无论是挂包还是背包都不适合。

自己背重物不是好的方法——那是自行车应该干的事情。有些需要运输的物品并不重，只是体积要比挂包大一些。水果和蔬菜就是非常明显的例子，这些物品并不重，但是如果将它强行塞进挂包里并直接骑行上路，那些位于底部的物品就会受到损害。

需要运输的物品比较重时，拖车是非常好的选择，它们可以将物品的重量分配到更多的轮子上。而装入挂包中太多的物品很容易让车轮和轮胎过早老化。拖车的车轮比较小，因此能搭载更多的物品而不发生变形。拖车具有较大较宽的平面，因此可以将物品更分散地放在上面，这样就不会让柔软和较脆的物品受到挤压。拖车的重心也比较低，因此上坡采用离开车座的骑行姿势时，上面搭载的物品也不会剧烈摇晃。

人们经常担心在骑行路过拐角时拖车会被卡住。如果拖车没有超重并且物品放得很稳固，实际上很难出现这样的情形。真正的问题是你可能会忘记拖车的存在，因为习惯了自行车后面拉着一个拖车后，如果拖车不是很重，你会忽视它的存在。一般情况下还好，但是当你试图从两个柱子之间穿过时，可能拖车会被卡住。如果人行道上的行人很多，需要注意那些等待过马路的行人，他们可能会在你和自行车通过后踩踏到后面的拖车。可以在车把上安装一个车铃，行人较多时要经常使用车铃来提醒那些走神的行人，让他们能真正看到你。

夜晚骑行时要更谨慎地使用拖车，因为它们处于比司机预料得更低的位置，因此尽可能多地在拖车上安装一些灯。很多人会在一个较细的杆上安装一个小旗子——夜晚骑行时，在旗杆顶端安装一个灯，因为在夜晚人们很难看到旗子。

独轮拖车是体积最小的拖车，最为著名的品牌是BOB。这种拖车会附带一个与自行车后轮连接的快拆拉杆。拖车前部两侧各有一个臂杆，能挂在特制拉杆上的狭槽中并锁定。这种设计能满足快速安装和拆卸的需要。单轮拖车有很好的移动性，比较窄的宽度也意味着你可以比较自由地在车流中穿行。一般来说，独轮拖车的宽度不会大于车把的宽度，因此拖车能随着你穿过任何空隙。如果越野骑行，那么独轮拖车是唯一的选择，因为双轮拖车都太宽了。

双轮拖车在骑行时具有很好的稳定性，装载和卸载上面的物品也更容易。但它们会占用更多的空间，如果你的家并不大，就需要考虑这个问题。折叠版的双轮拖车很好地考虑了这个问题，最好的折叠品牌几秒钟就能完成折叠工作。Burley公司生产了一种很好的货运拖车，这种拖车能在几分钟内就从自行车上卸载下来并完成折叠过程。拖车的使用率正在逐步降低，因为相对于一对挂包来说，比较好的拖车会花费更多的资金，除非你需要经常运输较重的物品，否则并不会经常用到拖车。如果能与别人共用拖车，这是一个非常好的解决办法。

▼ 拖车能搭载比挂包更多的物品。由于搭载的物品离地距离较小，因此也更加稳固

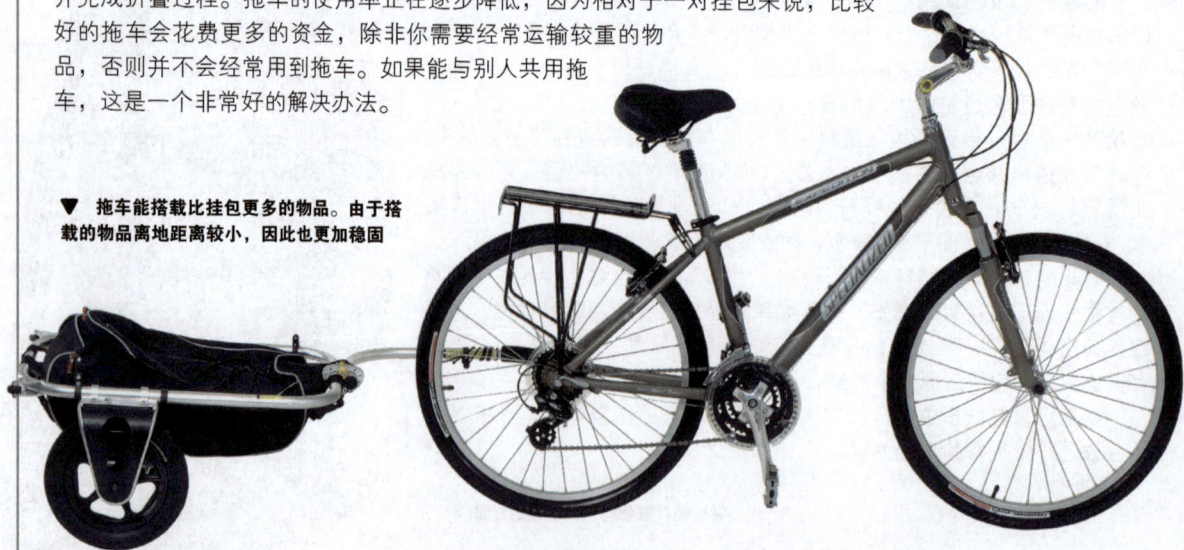

车筐、车把包和工具包

挂包、公文包以及背包都是很好的装备，能解决大多数运输问题，但有时有些物品需要更专业一些的运输设备。

在有效防盗设备清单上，车筐与价格较高的U形锁处于并列的位置。车筐能起到伪装的作用，使坐骑看上去没有太大的吸引力。在这方面，竖条版本的车筐能起到特别好的作用，而网状结构的车筐也不错。

车筐还非常适合较短的购物旅途，你可以将各种奇怪形状的包装放到车筐中，并且想获取每件物品时，无须一次次打开后再合上某个行李。体积较大的车筐（深度大约达到35厘米）需要从下面为其提供一定的支撑，这样能防止车筐下沉到前轮的位置。前置行李架能完美地胜任这个任务，但同时你需要在前轮两侧为车筐提供特殊的支撑。体积较小的车筐一般不能装载较重的物品，可以夹在车把上。图中所示的是Bush & Muller品牌的车筐，它有一个快拆装置，可以非常轻松地在自行车上进行安装和拆卸。

工具包

应急工具包和打气筒让你能在遇到紧急情况时实现自给自足，但在不使用时，这些物品就显得非常繁重并且会影响挂包的整洁性。这些工具一般也比较脏，因此需要与包中的其他物品分开放置，例如纸张类的物品和三明治等。

如果足够幸运，可以找到一个安全的自行车存放场所，不需要一直保持自行车处于上锁状态，那么座包是最佳的选择，座包置于车座的下方，可以将所有工具集中放在一起并且不需要经常移动，进而不必在每次离开家时都必须记得带上工具包。放在车座下的工具包只需放在自行车上即可，不需要占用背包空间，如果不幸地从自行车上摔下来，由于锋利的工具都放在车座下方，因此也会避免与其发生碰撞。座包的尺寸非常适合放置工具和打气筒，并能保持每个物品的整洁，你还可以在到家时将工具包拿下来，并在需要时再将所有的工具放到里面去。

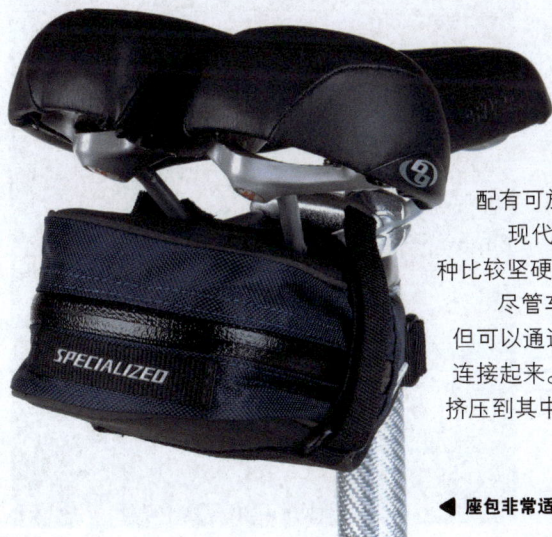

▲ 车筐可以让购物旅途变得非常轻松，还可以使每个物品都处于你的视线范围内

车把包

长久以来，车把包曾被那些高度注重组织性和勇敢精神的长途骑行者广泛使用，在城市骑行中使用则需要进行一些改造工作。车把包比挂包更小，非常适合放置生活的基本物品，例如电话和大门钥匙等。

车把包通常放在正前方，你能轻松看到它，顶部还配有可放置地图的地方，你可以将旅行地图放到上面。

现代的车把包会配有一个简单的单手快拆支架，而不是那种比较坚硬的皮革带和肩带，能将你的一只手解放出来。

尽管车把包通常与具有下沉式弯把的公路自行车配合使用，但可以通过支架将车把包与更普通的平直或者后掠车把（燕把）连接起来。车把包还会采用盒形设计，因此竖直的侧面可以防止挤压到其中的糕点类物品。

◀ 座包非常适合携带工具以及备用打气筒

前置行李架

对于一般数量的行李来说，后置行李架已经足够了。你可以在上面放两个足够大的挂包，除非你要携带超常规数量的物品，否则它们提供的空间足够放置物品了。与步行相比，通过自行车上的这些设备能携带更多的物品。但有些情况需要你采取其他一些不同的方式。

有时需要一个前置行李架，这是因为只使用后置行李架无法提供足够的载物空间，或者自行车上无法提供安装后置行李架的位置。如果在上班的途中需要将孩子先送到学校，那么儿童座椅就会占据放挂包的空间。你也无法在后背携带双肩背包或挎包，这样会占据孩子头部与你背部的间隙。这时，前置行李架也许是最佳的选择，孩子坐在车后面时，前置行李架还有助于保持自行车的平衡。

如果只是骑自行车去旅行（而不是日常的工作通勤）并且需要骑行几天的时间，就需要携带帐篷、睡袋、保暖衣物以及食物等，这时你会发现后置挂包无法提供足够的空间。前置挂包能将重量均匀地分布在整个自行车上，进而使你在骑行时感觉更稳，转弯也变得更容易。

无论何时，挂包的重心最好尽可能靠近自行车前轮的轮轴。相对于后轮来说，重心靠近前轮更为重要，因为自行车的前轮能轻松地从一侧向另一侧移动。较大幅度的移动——例如绕着某个物体骑行时这种现象表现得最为明显，当你用力蹬脚踏时，自行车的前轮需要持续从一侧向另一侧移动。如果很重的挂包挂在高于轮轴很多的地方，那么车轮很容易从一侧向另一侧倾斜。开始朝一个方向移动时，需要扶正自行车，自行车自身无法纠正方向。

这意味着比较好的前置行李架设计会与后置行李架有所不同，前置行李架的顶部并没有平台设计，而是一个更为简单的支架结构，能使挂包在两侧远离车轮。将挂包上的挂钩安装到行李架的顶部并使用较小的手柄防止挂包向前或者向后滑动。这种类型的行李架被称为"low rider"。

由于前置行李架距地面的高度较低，因此其体积要比后置行李架更小一些，这是一种很好的设计，因为这样可防止在前置行李架中添加过多的负重，无论平衡效果有多好，过多的负重都会让骑行时的操控变得更加费力。骑行去野营时，较小的行李架也能起到很好的作用——可以将一些常用的基本物品放在这些行李架上，这样在需要时就能快速找到它们，不需要在各种行李中搜寻了。

目前有两种类型的前置挂包。最稳固的类型称为"定制（custom）"。这种挂包可以直接通过螺栓固定到前叉腿上，前提是前叉腿上有合适的行李架安装部件。在前叉腿靠近中间的位置有一个螺纹孔，勾爪两侧前叉腿底部的前后各有一个小孔。一侧有一个方形的环状支架，支架上有一个独立用于与轮胎上方两个支架的前部相连接的拉紧环。如果自行车上没有这些螺纹结构，没关系——只要每个勾爪附近有一个小孔就可以，可以采用相对比较烦琐的结构也能获得相同的效果，在每个前叉腿上使用带螺纹的U形螺栓将行李架固定在前叉腿上。

安装好行李架后，需要调整挂包钩的位置，尽可能让挂包均匀稳定地固定在支架上并且挂包钩不会向侧面滑动。向上拉紧任何松散的绑带，相信骑行中你最不希望看到的就是绑带被绞进车轮中。

可以将所有需要的东西都带上 ▶

前灯

车灯经常被认为是一种可有可无的装备，但我认为没有人买了自行车后只在白天才骑行。前灯主要有两个作用，太阳落山后，这两种作用具有同等重要的意义。前灯能使你在没有光线的道路上看清自己的路，另一个作用就是能让路上的其他人在黑暗中注意到你。

在比较繁忙的城市街道上，前灯的第二个作用更为明显。一般来说，街上的路灯能使你看清自己周围的情况以及自己的前进方向，但在同一道路上还有其他注意力不集中的司机，这时，较明亮的灯光就显得非常重要，因为这能让他们注意到你。从法律法规上讲，闪灯有一段比较曲折的历史，但是这种灯能使你在繁忙的街道上轻松引起汽车司机的注意，因为他们很熟悉这种灯光并知道其含义。很难确定闪灯和稳定光源的灯哪种更好，但是如果你也处于这种疑惑中，可以两种都购买——虽然你不能同时使用多个灯，但是当其他灯光无法使用时，每个灯都能成为你的备用光源。

一般的自行车商店都会出售各种类型的灯。如果只是偶尔使用，那么基本的电池灯是最佳选择，这种类型的灯价格相对便宜，并且经常会附带能快速拆装的支架，这是基本的要求，因为不同类型的灯可能需要配合使用不同的支架。如果你有多辆自行车，可以同时保留一个备用的支架，但遗憾的是过段时间后，你通常会忘记备用支架的存在。

如果在夜晚使用自行车的时间比较多，有必要考虑购买充电电池。一次性电池的使用成本非常高。最好的充电电池会自带充电插头，这样只需要将灯插上电源就可以了，而不用将电池取出来。这看上去并不是什么大问题，在通常情况下，如果没有忘记，一般会到家后就给电池充电。但在冬天，从寒冷的室外进入室内时，通常会有很多事情要做，因此会忘记充电，再次出门时，只能携带只有一半电量的电池并在使用过程中遇到没电的麻烦。

对于比较严谨的通勤骑行者以及长时间在没有灯光的道路上骑行的人来说，可以选择山地自行车手在越野骑行时喜欢使用的夜用灯。虽然这种灯比标准自行车灯要贵很多（价格通常是后者的3到4倍），但这种灯有独立的电池装置，可以将其固定在车架或者把立上，还配有一个一直延伸到车把上的简洁小灯。独立的部件意味着在自行车上拆装这种灯时会需要更多的时间，也会增加自行车的负重，但同时也会为你提供更多的光源，让路上的司机更容易注意到你的存在，足够的电池电量也能轻松坚持到让你回家。进入没有路灯的道路时，额外的光源意味着可以提前看到路上的坑洼以及不平整的路面。骑行速度越快，灯光的亮度应该越高。

由于可充电电池的制造工艺不同，所以有些类型的电池只有在电量完全耗尽后才进行充电，还有些灯在灯光变暗后就需要关掉电源。对于新购买的车灯，一般会附带电池维护说明，其中介绍的方法能有效地延长电池的使用寿命。如果通勤路线通常交通流量比较大，可以考虑购买一个头盔灯。头盔位置通常比轿车要高，因此能让司机很容易看到。需要确保自己能被从侧面超车的司机注意到时，头盔灯非常有用。如果骑行路段灯光比较昏暗，头盔灯可以在你到达某个角落前将其照亮。LED类型的头盔灯能提供强大的光源，让你看清自己的前进方向，同时还能节省电量，较小的质量使你长时间佩戴也不会感到头痛。

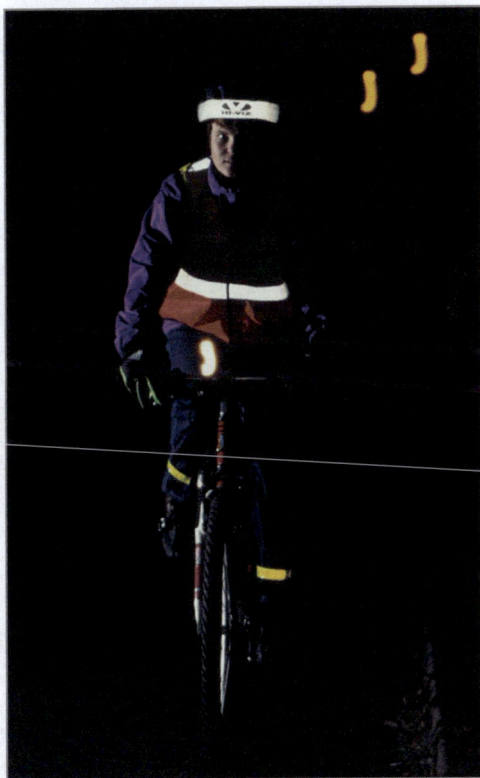

在夜晚让自己被别人看到▶

尾灯和行车电脑

与前灯相比，朝后的尾灯所起的作用就简单得多了——只是防止别人从后面撞到你。与前灯的选择一样，考虑选择闪灯还是稳定光源的灯时，最佳答案就是两种都购买，何况原本尾灯种类就不多。

使用两个单尾后灯的另一个优势在于：骑行过程中无法看到这些灯，因此当其中的一个灯的电量耗尽、脱落或者不小心关掉时，另一个灯能起到保险的作用。

携带挂包并使用尾灯时，通常需要一种巧妙的配置，因为它们之间会彼此遮挡住对方。让别人站在你的身后并告诉你他是否能从后面看到尾灯——如果挂包的顶部将灯遮住，就需要将灯向上或者向后移动。有时还需要一点创造性，可以向自行车商店寻求帮助，他们可能会提供一些特殊类型的支架，能延伸常规车灯安装装置。有些挂包也会提供用于放置车灯且方向朝后的口袋，上面会有一个透明的塑料面板，灯光可以从中穿过。这些都能很好地解决支架所带来的麻烦问题。

双肩背包或挎包上的灯具有自身的优势和劣势。优势在于位置比较固定，你不需要每次离开时都将其从自行车上拆下来。但它们的位置通常需要一定的处理技巧——很多人在兴高采烈的骑行过程中，根本不知道他们的明亮的红色尾灯正指向天空，如果不是为飞机发射紧急信号，那这种位置就是毫无意义的。如果想选择这种配置，可以让别人站在你的身后并检查灯光的指向。背包和挎包上通常会提供用于放置车灯的网状结构，经常（但不总是）能指向正确的方向。

需要定期检查并更换尾灯的电池，因为对于从后面驶来的且带有困意的司机来说，车座下方微弱的灯光并不足以引起他们的注意。较脏的灯头同样无法获得很好的效果——需要经常对其进行清洁。

自行车商店会出售大量不同类型的尾灯，所有类型的尾灯看上去都非常相似，但价格却千差万别。价格较高的灯会包含更多的LED灯，因此能让骑行者在更远的距离处被他人注意到，从这一点来说，较高的价钱还是很值得的。选择后灯时，还应选择那些比较结实且具有更好防水功能的类型。

▲ 较明亮的灯能使机动车司机及时注意到你的存在

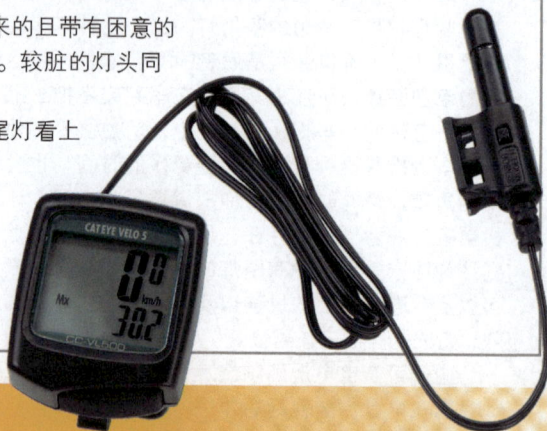

行车电脑

很多骑行者都认为行车电脑离自己很远，但如果掌握骑行速度和距离对于骑行者来说很重要的话，那么行车电脑就是非常方便的小部件。如果你用骑行距离作为运动支出的标准，那么行车电脑是最有用的；用作长途骑行时的导航设备时，行车电脑同样非常方便。如果从地图上知道自己将在5英里（约8千米）后遇到岔路，也可以通过行车电脑来掌握何时开始注意这种岔路。

要计算你的骑行距离，行车电脑需要计算安装在轮辐上的小磁铁通过前叉上的传感器的次数并将其与车轮通过的距离相乘。这就意味着电脑需要知道车轮的尺寸，因此新购入一个行车电脑时，通常必须花点时间对其进行设定和校准。首次完成该工作后，以后就没有这种麻烦了。

有些行车电脑会有一些特别新奇的功能，例如海拔高度测量、心率监测以及其他类似功能。在愉快地享受骑行带来的快乐的同时，掌握自己的骑行距离很有必要。一般来说，行车电脑的安装比较轻松，尽管刚开始时的校准容易让人感到迷惑。按照说明书进行操作即可——每类行车电脑都需要采用特别的校准方式。无线类型的电脑能将无线电信号发送给电脑。此类行车电脑的价格比较高，但也更容易安装使用，也更为简洁，同时也不必担心烦琐的线缆所带来的众多问题。

发电机

发电机是一个被严重忽视的部件。太多的人对自行车发电机的理解还停留在那些古老的古董上，例如20世纪70年代那种笨重的购物自行车，在路上行驶时只能发出微弱的不稳定的光，同时还会增加轮胎的阻力，严重影响移动速度。

实际情况并不是这样的！比较好的现代发电机只会占用你很少的体力（有些类型只需要0.5%的体力）就足够照亮前面的道路，比一些电池车灯的效果还好。这些发电机还有其他优势：由于大电机会一直安装在自行车上，因此你永远也不会遇到在外面待到很晚，然后车灯没电的情况；你永远也不会遇到将发电机忘在酒吧桌子上的窘境；如果希望为环保出一份力，那么任何能减少电池使用的做法都是很好的，因此可充电电池比一次性电池更好，但完全不用电池比前两者更可取；最后，一个人夜晚在安静的街上骑行时，发电机发出的嗡嗡声也不失为一种缓解寂寞的方式。

目前有两种自行车发电机类型。侧壁发电机固定在自行车上，例如可以固定在后面的车架或者前面的前叉上。此类型发电机几乎可以安装在任何种类的自行车上，尽管安装在折叠自行车以及减震自行车上时需要一点点创造性的措施。这种发电机的优势在于其使用简便，能在不同自行车之间轮换使用。由于发电机的机头会对自行车的轮胎缓慢地造成磨损，因此一定要不时地留意自行车轮胎的侧壁。每隔几个月将前后轮胎调换一下，或者直接更换轮胎。

另一种可以选择的发电机的构造比较复杂一些。一些制造商，包括施密特（Schmidt）和禧玛诺，还会生产花鼓发电机。使用花鼓发电机来取代前面的花鼓，进而在骑行过程中持续产生电流。对于白天不需要灯光时，这看上去似乎是一种体力上的浪费，但实际上它们只占用很少的体力，你在骑行时通常并不会感到发电机的存在。缺点在于花鼓与自行车的前轮是结合在一起的——因此你不能将发电机组件固定到自行车上。选择使用花鼓发电机的最佳时机是需要更换新的前轮时，这样能在一定程度上降低单独购买发电机的开销。

无论选择哪类发电机，将其安装到自行车上后，就要考虑选择电灯泡组件并将这些设备全部连接在一起。如果经常需要在夜间骑行，有必要考虑购买那种能存储一定电量的灯泡组件，这样不骑行时，车灯还可以继续点亮几分钟。等待交通信号灯或者从路中转弯穿过车流时，这种类型的组件非常有用。

为发电机的灯准备一个备用灯泡也很有必要。因为前部和后部的车灯通常使用不同的电压，同时安装结构也不尽相同，因此准备一个备用灯泡并在车灯坏掉时随手更换。如果不采取这种做法，那么两个灯所使用的电流就会同时通过剩余的那个灯泡，最后这个灯泡也会坏掉。

接地

此处的内容对于一个介绍自行车机械类知识的书来说似乎有点多余，但如果我们要讨论发电机，就必须花点时间来介绍线路方面的内容。完整的发电机线路是一个比较复杂的结构，至少需要具有专业知识的人员才能看懂。但实际上也并没有想象得那么难。发电机产生电流后，必须向外流向灯泡，然后再返回到发电机。电流流回的部件非常重要——如果没有一个完整的电路，电流就无法流动。从发电机出来流向灯泡的线路称为"火线"，从灯泡流回到发电机的线路称为"地线"。火线部分必须始终由电线来充当，很多时候，人们并不会专门使用一个地线，而是使用自行车的车架作为地线来使用，因为车架也是由金属制成的，同样具有导电功能。灯泡的后面与车架或者挡泥板上的金属相连，发电机也是如此。从理论上讲，这种做法能获得非常完美的效果，但是仍然不如单独使用电线可靠。使用独立的地线意味着需要在车架上放更多的电线，但只要你妥善整理，它并不会占用额外的空间。如果同时安装了前灯和后灯，那么它们要分别有从发电机到灯泡和后部的线路。要了解关于在自行车上安装发电机的详细信息，可以参考本书第9章的内容。

前灯、发电机和尾灯——在黑暗中实现自我发亮 ▶

挡泥板

对于那些长久以来就将自行车作为一种交通工具以及那些经常下雨的国家来说，挡泥板似乎并不会影响自行车的外观。尽管如此，在世界上的很多地方，一直默默无闻奉献自己的挡泥板却被认为是近乎丑陋的配件。

尽管如此，如果想在到达目的地时让自己干净整洁，或者外面下雨的概率比较大，那么最好装上完整的挡泥板。将挡泥板安装到车上后，无须再对其进行维护，因为挡泥板不需要调整，也不会产生磨损，进而能使用很长的时间。如果认为挡泥板比较丑陋，那么想要盗走你自行车的人也会这么认为，这也是挡泥板带来的额外好处。

不要随意拆掉前挡泥板。在下雨的天气里，自行车的前轮会在移动过程中将地面上的雨水向上带。当你加速时，雨水会顺着轮胎的花纹向后飞溅，直接打到你的鞋子上。前挡泥板会使脚尖保持干燥，也能最大限度地保持鞋子干燥。

挡泥板的螺栓会随着时间的推移变松，进而离开原来的位置（连接挡泥板和车架的小细管），遇到大风时可能被吹进车辐条中。将这些松散的地方固定住。确保所有螺栓的头下方都有一个软垫并且在安装前先在螺纹上滴一滴松胶。如果工具箱中没有松胶，指甲油也是一种有效替代物，前提是能忍受指甲油本身的颜色。

▲ 挡泥板应该安装在离轮胎较近的位置

如果真的无法忍受常规的挡泥板的外观，但仍然想要在潮湿的季节里骑行，可以选择塑料的卡式挡泥板，这种挡泥板也能起到比较好的效果，至少比完全不用强。卡式挡泥板并不像常规挡泥板那样长，也不会安装在离轮胎很近的位置，但是你可以根据天气预报来决定是安装它还是将其从车上拆下来。当然，如果将挡泥板拆下来，那么下次遇到雨天时很可能已经不记得将挡泥板放在哪里了……如果将山地车作为日常通勤工具，但也会在某些时候进行越野骑行，那么卡式挡泥板就会立即成为你明智的选择。山地自行车可能没有可固定挡泥板的带螺栓小孔，因此你能选择卡式挡泥板，这时，应该选择那种安装后尽可能离车轮比较近的挡泥板类型。

对于公路自行车来说，由于车架和前叉之间的间隙比较小，这时，可以选择那种特制且较窄的挡泥板。对于这种挡泥板来说，它们通过两个小塑料块固定到自行车上，每侧各用一个小塑料块。可以使用小橡皮筋将小塑料块固定住，这样可以避免其在高速骑行过程中脱落。如果要长时间使用挡泥板，可以使用束扎绳将其固定，这样可以减少恼人的脱落问题。

需要对前挡泥板给予特殊的关照。人们太容易忽略这个部件了，毕竟它们只是价格低廉的塑料制品。

但它们可能离前轮非常近并且可能会带来一定的危险。如果前挡泥板松动，有可能卡在轮胎和前叉之间的位置，进而让你在骑行中突然停下来并且还有可能使你从自行车上摔下来。无论前挡泥板的价格多么低廉，也无论它让自行车看上去多么丑陋，务必都要保证它是安全的。握住挡泥板并摇晃——如果它的一端能触碰到轮胎，就有可能会出现卡住的现象。在骑行前做这种检查看看它是否安全，如果不安全，需要将挡泥板从自行车上拆下来。

◀ 快拆装置

将自行车存放在室内

如果你经常骑车，就必须找到几种方法尽可能轻松地随时用车。如果发现自己必须尽快到达目的地，当然就要寻求使用其他的交通方式了。但是，尽量让自己能随时使用自行车无疑是一个关键的方面。

对于住在一层的人来说，可以很方便地将车放在比较大的走廊中，在需要出行时可以快速取车。但是如果住在高层或者没有足够大的走廊来放置自行车，则需要进行一些规划和一些投入了。

一般来说，向楼上运送自行车并不困难，对于比较老式的过道设计来说，都专门设计有轮椅通道，只要轮椅能到达的位置，自行车也能到达。此时，必须依靠自行车的后轮转动来向上运输，以此来保持自行车在竖直位置保持平衡——这听上去有一点奇怪，自行车到达预定位置时，只需要使用后轮的刹车来防止其向下滑动就可以了。

对于居住在较旧单元楼的骑行者来说，可以查看地面上是否有闲置的屋子，如果有，可以将其作为放置自行车的地方。这通常需要一些必要的交涉。对于大多数成功达到目的人来说，他们会尝试接触单元楼内其他骑行者并与物业主人进行交涉——也许你需要为老式的锅炉房安装一把新锁，并将钥匙同时交给物业主人，以此来换取自行车存放机会。

对于共用的较窄廊道来说，存放自行车可能会出现一些问题，自行车会快速占据这些仅有的空间，同时还有火灾隐患的问题。自行车的脚踏和车把也会向外伸出，对那些没有留意的过路者造成伤害。这时，最好的办法就是将自行车放在地面上方的位置，这样就不会碰撞到过路者的脚踝或者将其绊倒了。只需在墙上安装一个造型简单的挂钩就可以解决问题，但是还要取决于老廊的形状。以下介绍一些可以参考的着手点。

如果有人员出入较少的角落，可以将自行车竖直挂在墙上。可以在墙上安装一个简单的挂钩，一般在肩膀的高度就可以，挂钩指向外侧，因此可以将自行车的前轮抬起并挂在挂钩的末端。自行车被挂在上面时，会直接立在墙上，看上去就像是你在墙上骑行一样。可以从自行车商店或者五金商店购买这种挂钩，注意要选择足够大的挂钩，保证能将前轮轻松挂到上面。

通过在墙上安装支架来存放自行车，可以使自行车无须占用过道的空间。是否能成功安装支架，要取决于墙面的材质以及其是否能很好地承担自行车自身的重量。购买储物支架和挂钩时，通常会随商品附带一些固定螺栓或者螺钉等配件，但并不能保证这些配件能满足安装需要，有时，相对于墙面材质来说，这些配件可能会太大了。如果墙面并不是十分结实，可以换成长度更大或者更适合建筑物材质的螺丝配件。

对于较窄的过道来说，将自行车挂起来并没有什么意义，因为如果自行车与墙面平行，那么车把仍然会向外伸出，进而占据过道的空间。此时，可以选择一种能在脚踏位置固定自行车、类似于登山壁架的设备——保持脚踏紧贴墙意味着自行车在悬挂时会与墙面形成一定的角度。同时，车轮也紧靠墙面，而车把向外伸出，将整个自行车挂在足够高的位置时，车把能悬在路人的头部上方。

无论选择哪类存放方式，都应该考虑安全性问题。将自行车放在过道上，通常会为那些随机作案的偷盗者带来机会。可以将自行车锁在比较坚固的物体上来防止车辆被盗。

通过挂钩将自行车挂在墙上能解决存放问题 ▶

第3章　基本工具及维修

现代自行车的一个优势就是大部分的安装、调试以及部件的更换都只需较少的工具就可以完成。要达到在骑行过程中自给自足，不需要进行大量的投入，自己掌握一些基本的维修技能同样可以实现。本章介绍一些比较常用的维修工具，讲解这些工具的作用、何时使用这些工具以及骑行者应该了解的一些基本维修知识。

CR-V 6mm

-V 5mm

26

自行车部件名称汇总

骑行爱好者在谈论有关自行车的事情时，其他人听上去就像他们说的是另外一种语言。他们所说的一些词汇对于一些人来说显得深不可测并且很奇怪，有些词汇听上去有点熟悉，但是实际上所表达的是与你想象的完全不同的东西。虽然自行车领域使用的语言并不局限于某个小团体，但是了解特定部件的名称仍然是非常必要的。

碟刹卡钳：这个组件安装在自行车的车架和前叉上，拉动车把上的刹车杆则会夹紧位于较薄金属支撑的刹车垫之间的碟刹盘片。刹车时依靠强大但富有弹性的力量传输机制来获得制动效果，这看上去很费力气，但是由于液压系统的介入，实际上制动效果非常轻松高效。机械版本则使用线缆和V形碟刹杆，而不是液压软管。

线缆和软管：这些部件用于将刹车杆与刹车卡钳或V刹连接起来，它们需要始终处于较好的工作状态，以便能精准地执行传输任务。速度控制力以及刹车力量都是非常重要的。钢制的线缆通过外面的护套将刹车杆与V刹连接。软管则使用结实的塑料管，能将刹车液从液压刹车杆传输到卡钳。

后变速器（后拨）：该部件会让链条围绕飞轮逐步进行移动。不同尺寸的飞轮能带来不同的传动比，因此骑行者可以在保持骑行踏频不变的情况下选择各种不同的骑行速度。后变速器的移动由位于车把右侧的变速器线缆来控制。正确的调整会让速度变换更加平顺，而且能确保最大限度延长链条、牙盘以及飞轮的使用寿命。

牙盘组：该部件包含两个或者三个连接在一起的盘片。与飞轮一样，选择不同尺寸的盘片能获得不同的传动比。较大的盘片能产生较高的传动比，比较费力，但是每次蹬脚踏一圈会让自行车移动更远的距离；较小的盘片则产生较小的传动比，适合在爬陡坡时使用。盘片会随着时间的推移而不断磨损，盘齿会被磨损变小或者弯曲，进而在骑行过程中不断滑动，无法很好地咬合。

飞轮和后轴：飞轮由一些连在一起的不同尺寸的小圆齿轮组成。目前使用最普遍的是9速飞轮，与牙盘上的3个盘片结合使用，最多能产生27种速度。较小的飞轮能实现更高（更费力）的传动比，即能获得最大的速度；而较大的飞轮则能提供较低（较轻松）的传动比，因此可以在爬坡时使用。飞轮安装于自行车后轮的轮轴上。

链条：链条用于连接牙盘与飞轮，骑行者蹬脚踏时，会让后轮旋转并产生驱动力。链条需要足够结实，这样在骑行时就能避免突然断掉的情况，但同时也需要具有足够的灵活性，以便能顺利在飞轮之间横向切换。链条宽度需要与飞轮相匹配。例如，与8速飞轮相比，9速飞轮更窄而且彼此之间的距离更小，因此骑行者需要选择较窄的9速链条。

车头碗组：该部件是自行车前部的一个主要轴承，车头碗组用于连接前叉和车架。由于其大部分部件都被隐藏在车架中，因此这是一个经常被人忽视的部件。必须对这个轴承进行适当的调整——任何松动或者过紧的情况都会影响对自行车的操控。目前有两种类型的碗组：无螺纹碗组，或者称为无牙车头碗组，这是绝大多数自行车上使用的碗组类型；另一种则是比较传统的螺纹碗组。定期对这个部件进行维护能保证其实现平顺的操控效果，并能延长它的使用寿命。

中轴：中轴也是一个容易被人忽视的部件。中轴的轴承穿过车架将两个曲柄连接在一起。如果出现磨损或者松动的情况，中轴能导致前部变速不顺畅的问题并加快链条的磨损速度。如果曲柄从一侧向另一侧倾斜，就说明中轴磨损严重。由于这个部件通常是一个密封的单元，因此出现磨损或运行不顺畅时必须进行更换。更换中轴需要一些专用的工具，但是这些工具价格并不高。

车轮：组装车轮看上去似乎是一项非常艰巨的任务，但是当你骑行在由自己组装的车轮上时获得的那种成就感是无与伦比的。车轮的组装分为两个步骤：将辐条组装在一起，进而将花鼓和车圈连接起来，以及将每一根辐条拉紧以便使车圈达到最平最圆的程度。车轮夹具对于这个任务来说是非常基本的工具，它能起到固定车轮的作用，同时其上带有的指示装置能帮助你决定哪个辐条需要调整以及需要调整的程度。

花鼓： 目前有两种类型的花鼓轴承：散珠式花鼓以及封闭式花鼓。封闭式花鼓具有一个封闭单元，里面包含轴承转子以及轴承滚珠，可以一直使用，直到彻底磨损然后进行更换。散珠式花鼓系统则需要定期维护并进行清洁及润滑，这样能保证它平顺运行并最大程度延长使用寿命。

减震器： 减震器能增加骑行的平顺性和舒适性。几乎所有全新的山地自行车都会配减震前叉，对于全减震自行车（同时具备后减震单元）来说，可供选择的范围更为广泛，从4英寸（约10厘米）行程的短距离XC越野自行车一直到10英寸（约25厘米）行程的速降自行车。减震前叉能吸收道路带来的冲击力，使骑行更加舒适的同时增加骑行者对自行车的控制。与普通自行车相比，减震自行车能提高骑行速度，同时你可以根据自己的体重以及骑行方式对减震器进行相应的设置，进而发挥出更多的功能。

脚踏： 由于公路自行车的推动，自锁脚踏现在已经取代了传统的脚踏夹或者绑带。防滑钉是一种较小的金属部件，能固定在专用鞋子的底部，进而卡在脚踏板的固定面上。刚开始接触自锁脚踏时，很难顺利地掌握其中的技巧，每个人在学习使用的过程中都会经历从车上摔下来的情况。但是一旦习惯了自锁脚踏的释放机制并能合理掌握所需的力量后，你就能获得更多的安全保障。除此之外，也可以选择比较平直的脚踏，这种脚踏通常具有比较锋利的钉子，能抓住骑行者的鞋底。使用这种脚踏时骑行者应该选择鞋底较平且比较柔软的骑行鞋，而不是那些专门为自锁脚踏设计的比较硬且光滑的骑行鞋。

变速手柄

座杆

车座

后拨挂钩

飞轮

碟刹卡钳

碟刹盘片

气嘴

车胎

车圈

把立

把立顶帽

车头碗组

减震前叉

前花鼓

快拆

脚踏

牙盘组

链条

勾爪

后变速器

辐条

工具和设备

同学习其他技能一样，在维修自行车时我们都要从基本的工具着手。但是随着维修技能的不断提高，经验的逐渐累积，你会发现自己还需要使用其他各种不同的工具。需要使用的工具不断增多，最后达到不需要再进行投入你就可以进行比较复杂的维修任务。

不断进化的工具箱

有些修车工具是通用的，比如螺丝刀，而其他一些工具则具有很高的专业性，并且只能执行某一项任务，或者只适用于某一种品牌或者型号的配件。18岁的时候，为了给我的大众甲壳虫汽车换油，我专门买了一个套管。几年后，我将车卖了，但是忘记了套管还一直放在工具箱中。有一天，当我清理工具箱时发现了它，并意识到自己已经15年没有使用它了——现在它摇身一变，成了家里走廊中的漂亮的烛台。对于那些旧工具来说，总能赋予它们新的使命，所以不要随便丢弃。

本章介绍的第一个工具列表非常适用于新手，使用这些工具即可处理所有简单的维修任务。后面的补充工具列表中介绍的则是用于专业维修任务的工具，即本书第47~49页中介绍的工具——维修工作不断深入时，需要购买这些工具。对于各种油类以及清洁液体之类的物品来说同样如此，首先购买那些必要的种类，然后随着维修工作的不断深入再添加其他种类。

随着工具的不断增多，需要对随身携带的工具以及存放在维修间的工具进行明确的区分。随身工具具有小巧轻便的特点，最好能折叠起来，这样当你从自行车上摔下来时能避免被工具戳到。对于维修间工具来说，则是越大越厚重越好，第一个原因是这种特性会让维修任务更为轻松，另外一个原因就是它们更能抗磨损，因而具有更长的使用寿命。如果在维修间中频繁使用灵巧轻便的小工具，那么它们的磨损速度会变得很快。

使用手册和产品说明同样是工具

所有全新的自行车和配件都会附带使用手册或产品说明。出于某些原因，人们经常在没有阅读这些材料的前提下就会将其丢弃。我不知道这是为什么，但是确实不应该这么做。应该将所有的手册和说明归纳在一起存放好，因为它们也是维修工具的一部分。对于减震配件来说，保留原始的使用手册尤为重要，因为这些配件的安装和调试说明会根据不同的品牌、型号和出厂年份而有所区别。

随着维修知识的不断增加，使用这些手册时，可以将自己的维修说明和图纸记录在手册上。

简单的工具

我开始编写本书的这一部分时，会利用清晨这段最清醒的时间不断编写和修改，添加和删除各个方面的内容，直到获得让自己满意的结果。然后一个朋友来看我，我们一起对这些工具的总花销进行了计算，结果竟然比她的自行车还贵！于是我又重新开始编写。最后的结果分为两个列表，第一个是必要工具列表，另一个是在获得更多经验和信心后需要购买的工具列表。

为了与本书中的章节内容相匹配，我在编写时对第二个工具列表进行了拆分，你可以自己在修理过程中根据需要购买这些工具。有些工具是自行车专用的，有些则可以从五金商店或者工具店购买。好的工具有比较长的使用寿命，同时价格也比较高。便宜的工具可能在你需要使用时出现令人沮丧的情况，还可能会对需要维修的配件造成损害。塑料工具箱的投入并不多，但是却可以将各种工具归纳在一起并防止工具被损坏。

不要将自己的工具借给其他任何人使用，这听上去似乎有点不近人情，如果你确实与某个人关系很好并且想帮助他，那么可以自己亲自为他进行自行车的维修。对于某个专业的工具来说，仍然可以在好朋友之间进行共享，以此来组建一个"工具共享库"。对于有些工具来说，例如车头碗组安装工具、专业的中轴工具以及轴承替换工具组件，价格都比较贵而且很必要，但是在日常的维修工作中又不会经常用到。在朋友之间分摊工具投入成本意味着大家都能从中获益，但前提是每个人之间具有足够的信任度，这样才不会出现工具在某个人的维修间中丢失的情况。

◀ 自行车、配件甚至维修工具都会附带使用手册，不要将其丢弃，这些都是非常重要的资源

◆ **内六角（艾伦）扳手**。对于新手来说，最好选择那种可以折叠的公制扳手，包括2毫米、2.5毫米、3毫米、4毫米、5毫米以及6毫米口径的型号。使用时可以将扳手的把作为手柄向下发力，这样能避免手部被擦伤。与螺丝刀相比，我个人更喜欢选择具有多个扳手型号的组合工具，这些工具一般可以随身携带。随着时间的推移，你可能需要使用独立的内六角扳手，因为这种工具使用起来确实很方便。扳手一端有圆球的类型可以应对具有不规则形状的维修目标。

◆ **梅花扳手**。本质上它就是星形的内六角扳手。最常用的型号是TX25，适用于碟刹盘螺栓，而TX30则适用于牙盘螺栓。

◆ **长柄8毫米口径内六角扳手**。这是适用于方锥、ISIS（International Spline Interface Standard）花键以及八爪式曲柄螺栓的基本扳手类型。对于外部的中轴来说，还需要使用专门的工具。如果要拆除或者重新安装后轴，则需要使用10毫米口径的长柄内六角扳手。

◆ **螺丝刀**。需要一把一字螺丝刀以及一把十字螺丝刀。

◆ **公制扳手**。6毫米、8毫米、9毫米、10毫米、15毫米和17毫米口径是最常用的型号，如果购买所有6毫米以上口径的公制扳手组件则更为理想。

◆ **较大的可调扳手**。也被称为开口扳手，新手可以选择200毫米长的手柄型号。钳口的开合距离至少为32毫米（约1.25英寸）。执行维修任务时，应该先将钳口紧紧夹住螺母的头部，然后再对扳手手柄施加压力，这样能避免损坏螺母和钳口。

◆ **质量较好的自行车专用剪线钳**——这不是普通的钳子，可以从本地的自行车商店购买。这个工具的价格似乎比较高，但是它能利落整齐地切断内线和外部的线皮。

◆ **链条工具**。再次强调，不同质量的工具能产生不同的效果。如果使用价格低廉的工具，很容易损坏昂贵的链条。

◆ **链条磨损测量工具**。这是一种必要工具，能显示链条的磨损拉伸程度，进而避免损坏传动系统中的其他部件。

◆ **一把锋利的伸缩式弹簧刀**。这种刀能让在你工具箱中搜寻各种扳手时不会将手划伤，可以用于拆包装、切割扎带（线缆或者电线）等物品。

◆ **一副钳子**。

◆ **一把橡胶锤或者塑料锤**。可以从五金商店购买到这种工具。不能使用金属锤来代替。

◆ **补胎工具套件**。适用于标准和/或UST无内胎轮胎。

◆ **便携式充气筒**。迷你型的充气筒可以固定在车架上或在骑行时放到背包中。在家里给轮胎充气时，使用站立式充气筒更快更轻松，对于无内胎轮胎来说更是如此。最好购买那种自带压力计的类型，或者单独购买一个数字压力计。

◆ **笔和笔记本**。将某些部件拆下来并打算稍后再进行安装时，可以使用这两种工具绘制草图或者进行记录。如果需要，也可以用于记录自己骑行时的心率以及胎压等参数。

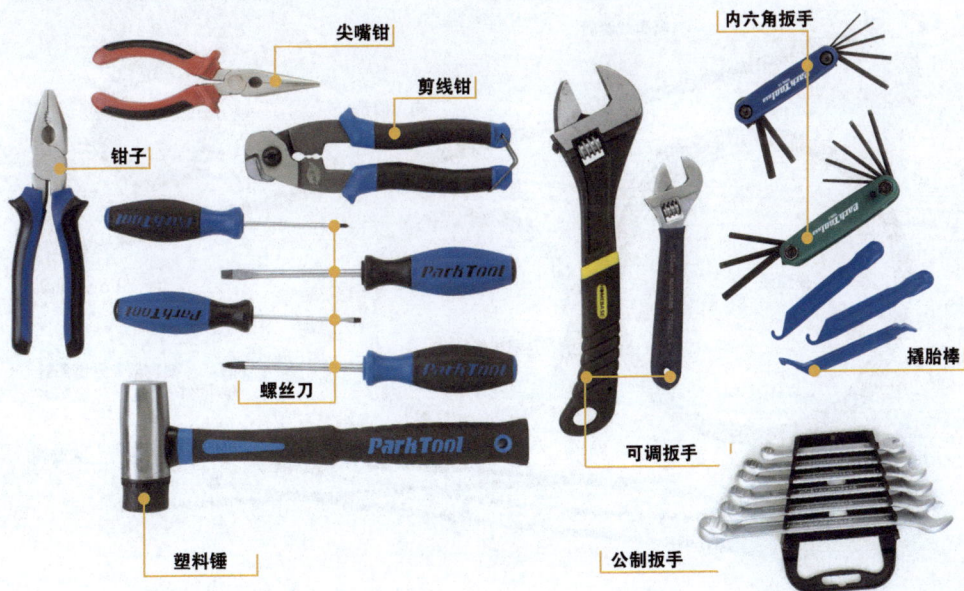

尖嘴钳

剪线钳

内六角扳手

钳子

螺丝刀

可调扳手

撬胎棒

塑料锤

公制扳手

备件箱

你需要准备一箱备件。在家里预备以下一些小部件的话，就不会出现在维修过程中急急忙忙地进行采购的情况。

◆ **两个内胎**：需要选择合适的尺寸并能与自行车车轮相匹配的气嘴。

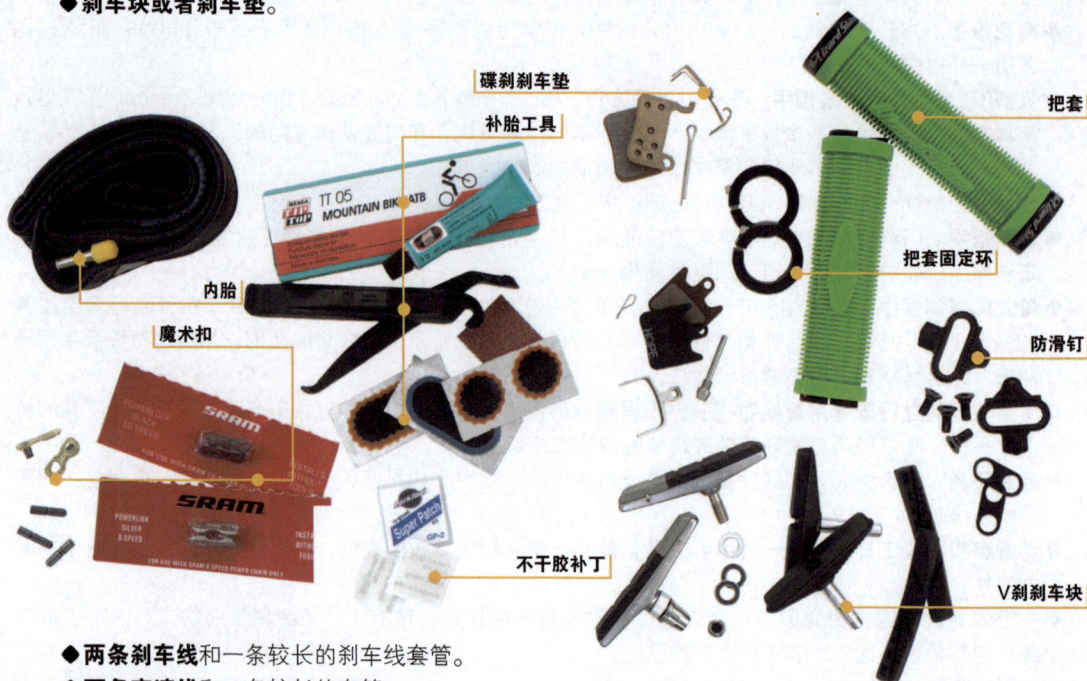

◆ **刹车块或者刹车垫**。

碟刹刹车垫

补胎工具

内胎

魔术扣

把套

把套固定环

防滑钉

不干胶补丁

V刹刹车块

◆ **两条刹车线**和一条较长的刹车线套管。

◆ **两条变速线**和一条较长的套管。

◆ **线管帽**（套管端盖）和端盖（线缆）。

◆ **Powerlink**。用于维修标准链条。

◆ **禧玛诺链条针**。适用于禧玛诺链条。

◆ **扎带**。这种物品可以将任何小物体集中到一起。在扎带出现前，人们使用的是绑带。扎带被发明后，山地车才出现。扎带几乎是任何工具箱中的必备物品。

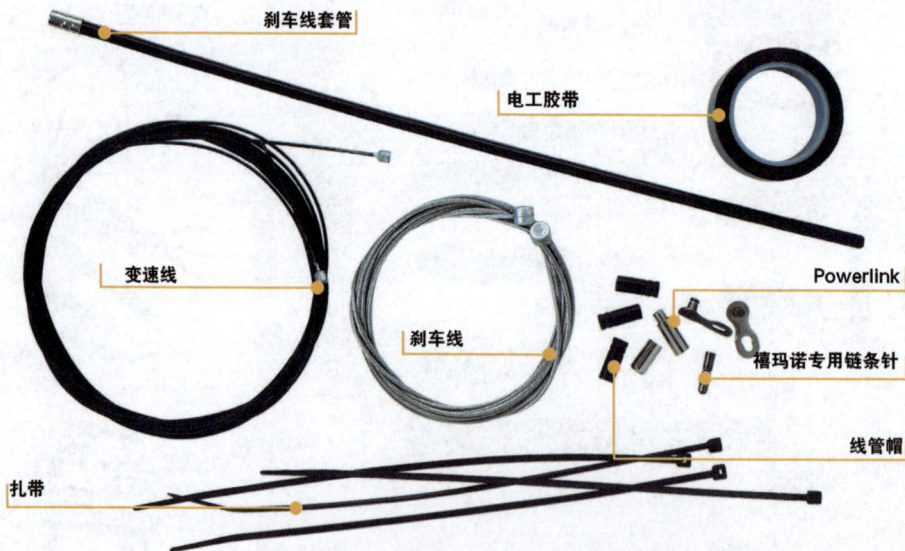

◆ **电工胶带**。

刹车线套管

电工胶带

变速线

刹车线

Powerlink

禧玛诺专用链条针

线管帽

扎带

补充工具

随着维修工作的深入展开，必须对基本工具进行额外的补充（为了与本书的章节内容相匹配，编者对这些工具进行了拆分）。

刹车

如果使用的是碟刹系统，需要用到注油工具。可以使用管子或者塑料瓶充当注油工具，或者为刹车系统购买专用的注油工具。如果以前没有执行过这种工作，那么准备一个注油工具能获得事半功倍的效果。你应该学会使用自己具备的基本工具来解决所有出现的问题。

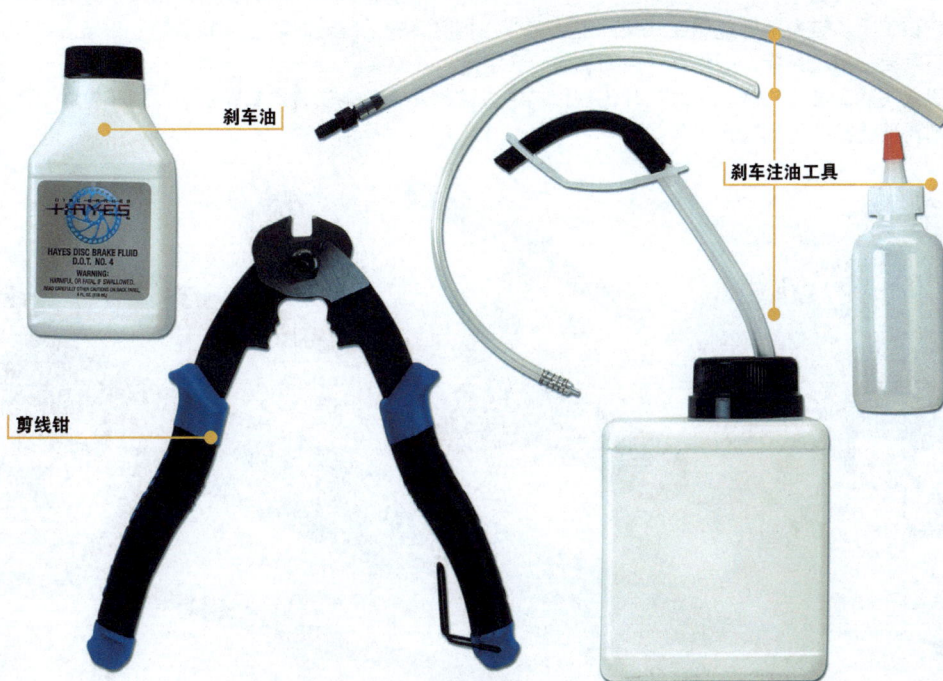

刹车油

刹车注油工具

剪线钳

中轴和碗组扳手

只有传统的螺纹车头碗组才会用到这一类型的工具，它们分为3个型号：32毫米口径（前标准型号）、36毫米口径（称为"超大型"，但实际上是当前的标准型号）以及40毫米口径（进化型号）。对于无螺纹碗组来说，使用内六角扳手就可以了，因此不需要这类扳手。

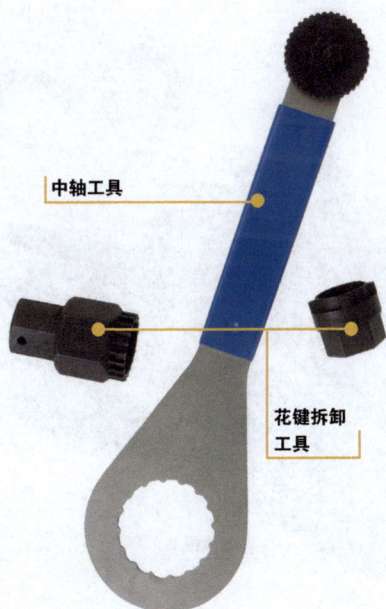

中轴工具

中轴工具

最常用的中轴工具是禧玛诺花键拆卸工具。其中包含一个较大的可调扳手或者一个32毫米口径的碗组扳手。记住，车架右侧使用的是反向螺纹。面向自行车右侧，右碗按照顺时针顺序拆卸。面向自行车左侧时，左碗则按照逆时针顺序拆卸。与传统的方锥设计相比，花键设计更宽，如果你只有传统版本的工具，那么中间的孔可能不够大，无法将花键中轴拆下来，这时则需要购买新的工具。外部中轴需要两种专用工具：一种用于拆除预装的螺母，还需要一个花键环形扳手来拆卸和重新安装左碗和右碗。此处显示的帕克（Park）工具则同时包含这两种功能。

花键拆卸工具

传动

◆ **链条清洁盒**。

◆ **链条清洁刷**。

◆ **曲柄拆卸工具**。用于拆除方锥、ISIS花键以及八爪式曲柄的基本工具，同时它还能伸进中轴中。曲柄拆卸工具牢固地拧进曲柄中时，需要使用扳手向工具的内侧部分施力。重新安装曲柄时，只使用曲柄螺栓就可以了——不需要再次使用曲柄拆卸工具。曲柄拆卸工具分为两种类型：一种适用于比较新的花键轴承，另一种则适用于传统的方锥轴承。可以通过在方锥工具上添加适配器，使其适用于花键轴承，但是花键工具则不能用在方锥轴承上。

◆ **飞轮拆卸工具和链条鞭**。飞轮拆卸工具可以伸到飞轮中央的花键中，然后需要使用一个较大的可调扳手旋转该工具。链条鞭则能绕在飞轮周围，可以在拆除飞轮固定环时防止飞轮转动。重新安装固定环时则不需要使用链条鞭，因为飞轮中间的棘轮会阻止飞轮旋转。

◆ **传统旋式飞轮工具**（在现代卡式飞轮出现以前通过该部件将后轴安装在车轮上）。对于这种类型的飞轮，则需要选择合适的飞轮工具。

截链器

飞轮拆卸工具

牙盘工具

链条清洁盒

链条鞭

长柄内六角扳手

车轮

◆ **椎体扳手**。这是一种适用于杯锥（cup and cone）轴承的工具。椎体扳手非常薄，因此可以插入轴承上狭窄的平面中去。常用的型号包含13毫米、15毫米、17毫米以及22毫米口径扳手，在购买前，最好带着车轮到自行车商店中确定应该购买哪种型号。

◆ **辐条扳手**。用于安装辐条的工具。可以将车轮带到自行车商店中确定合适的型号。型号过小无法使用，型号过大则无法抓紧铜头，这是非常让人烦恼的事情。

◆ **车轮夹具**。这个工具能让你更轻松地对车轮进行修整，同时也是组装车轮时的基本工具。

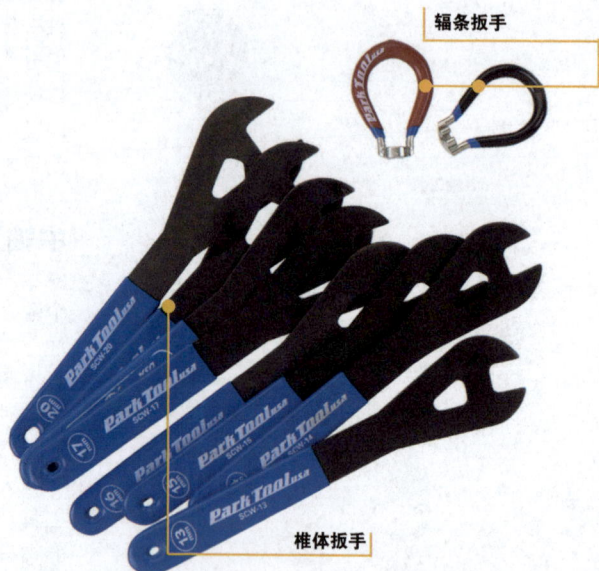

辐条扳手

椎体扳手

减震器

减震器工具

◆ 这类工具会因为减震器品牌和型号的不同而有所区别。可以查看减震器使用手册（你一定已经很好地保存起来了）获取适合的工具类型。如果找不到使用手册，可以在因特网上搜索相关内容。

◆ **空气弹簧前叉需要配合使用充气泵。** 充气泵具有较窄的气管和精准的压力计，能精确控制进入到减震器中的气量。购买全新的空气前叉时，可能会附带充气泵。也可以购买一个便携式充气泵，这样在外出骑行时可以放在口袋里随身携带。

◆ **一个用于测量减震液量的小的塑料量杯或者一个塑料注射器。** 这种物品可用于测量儿童的用药剂量，因此可以从医药商店购买。

充气泵

塑料注射器

减震液

零部件

脚踏扳手

对于大多数的脚踏型号来说，可以使用15毫米口径脚踏扳手进行安装和拆卸。脚踏扳手要比常规的扳手更窄一些，这样才能毫不费力地伸进脚踏主体与曲柄的中间位置。同时脚踏扳手具有较长的手柄以便增加更多的杠杆力，手柄位置也会具有较厚的软垫，这样可以在需要使用大力气时更好地发力。有些脚踏型号没有提供用于扳手施力的抓手，因此必须使用8毫米或6毫米口径的内六角扳手在脚踏轴的后部进行安装以及拆除操作。建议购买那种质量较好且手柄较长的脚踏扳手，延长的手柄可以带来更多的杠杆力。

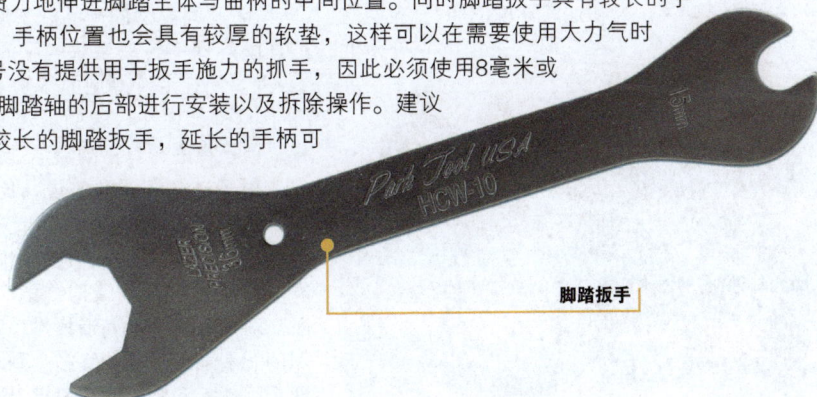

脚踏扳手

油类用品和清洁剂

各种清洁和润滑用品在对自行车的日常维护中是必不可少的。自行车商店通常会出售这类产品。可以征求卖家的建议，因为他们知道对于当地的环境来说哪种产品效果更好。随着维修工作不断深入，可能还需要购买一些更加专业的东西。

清洁用品

应该先使用最温和的产品，然后再不断深入。

◆ **清洁液**。诸如终点线自行车清洗液（Finish Line Bike Wash）以及霍普清洗液（Hope's Shitshifter）这两种产品，都能带来快速的清洁效果。将清洁液喷在自行车上，然后使用刷子进行擦拭，最后使用温水冲洗干净即可。

◆ **去污剂**。这种产品能为自行车上非常脏的链条带来很好的深层清洁效果。将去污剂喷洒在链条上，根据制造商的建议尽可能地让去污剂浸透到链条中，然后使用热水进行清洗。尽管如此，一定要看看产品使用说明，因为有些产品可能会对自行车本身的漆面造成损害。不要在密封部件以及轴承附近使用去污剂，因为在定期对这些部件进行维护前，谁也不想去除上面的润滑油。专业的清洁工具有助于使清洁液或者去污剂发挥最好的效果。

◆ **手部清洁用品**。基本用品之一！大多数维修工作都会有一个比较脏的过程，因此结束后需要进行手部清洁。安装刚使用过润滑油的部件时，如果手比较脏，需要用些时间洗手，在工作结束时同样需要进行手部的清洁工作。大多数五金和汽车配件商店都会出售专门针对油污的手部清洁用品。

◆ **棉抹布**。这也是维修间的基本用品之一。你可以购买擦玻璃用的清洁抹布，或者去本地的慈善商店买一些便宜T恤衫。不要尝试将用过的抹布清洗后再次使用，抹布脏了后最好扔掉并重新购买。

◆ **刷子组件**。购买一套自行车专用的刷子组件会让清洁工作更加轻松。刷子组件中包括用于去除轮胎上的泥土的硬刷，以及用于清洁飞轮、牙盘和其他类似部件的软刷。不要将不同的刷子弄混，较硬的钢毛刷适合去除链条上的油污，但是会对车架的喷漆造成损害。

润滑油和油脂

◆ **链条润滑油**。绝对必要的用品之一。每个人都有自己喜欢的品牌，对我个人来说，我比较喜欢终点线越野系列（Finish Line Cross-Country）。可以询问一下当地自行车商店中的专业技师他们使用哪种类型的产品。不同的气候需要选择不同类型的润滑油。相对炎热干燥的环境，生活在潮湿和泥泞环境的骑行者应该选择与前者不同类型的产品。干燥的气候需要使用干燥的润滑油，这样既能保证传动系统的平滑运转，又能最大限度减少灰尘的吸入。而在泥泞潮湿的气候下，则需要选择比较湿的润滑油，这样即使在极端的条件下，也能起到很好的润滑效果，但是在进行日常的清洁工作时需要更加认真的态度。

对于链条润滑油来说，比较重要的一点是需要将其用于干净的车链上。如果在比较脏的链条上使用润滑油，会形成膏状的黏合物，进而对价格高昂的传动部件造成损害。如果没有时间清洁链条，那么也别花时间为其上油了。对链条进行的润滑操作，同样适用于其他一些比较通用的润滑部件，例如线缆、刹车轴以及变速器轴——任何两个组件相互接触并需要平滑运行的部件。

相比于喷油产品来说，我更喜欢使用滴油类型的产品。喷油不好打理，而且容易造成浪费。同时，还可能由于错误的操作将其喷到车圈和刹车盘上，进而延长制动距离，影响制动效果。

◆**油脂**。很多人都会对如何区分油脂和润滑油产生迷惑。基本上讲，这两种都属于润滑用品，但油脂更固态化，而润滑油则是液体形式。油脂具有较强的黏合性，不能用于暴露在自行车外面的部件上，灰尘等污物会沾在油脂上，形成膏状物体，这样非但不能使部件平滑运行，反而会加快其磨损速度。油脂用于密封部件的内部，例如花鼓。骑行者很难接触这一部分，因此油脂需要具有较长的使用寿命并长期保持清洁。在遇到紧急情况时，可以使用任何类型的油脂，但是因为需要的量比较小，因此最好从当地的自行车商店中购买一些质量比较高的产品。

随着自己的信心不断提高，可以购买一支油脂枪，它能保持双手和油脂包装的清洁。出于干净简单的要求，我比较喜欢那种能固定在油脂管顶部的产品类型。管中的油脂所剩不多时，可以将油脂管从油脂枪上取下，然后将其割开使用。

特殊油液用品

与维修工具类似，最初可以只购买一些基本的耗材，然后随着维修工作的不断深入再购买更多类型的用品。

◆**碟刹油**。只用于刹车系统的油液用品。DOT油是汽车行业的标准用品，这种油一旦开封，很快就会变质，因此可以购买小规格产品并在需要时才开封。

◆**减震油**。具有阻尼的性质。这种产品的黏稠度（单位为wt）是它的关键要素，根据品牌以及自行车减震前叉或者后减震器的型号，需要选择不同黏稠度的产品。减震油被迫通过较小的孔洞时就会起到衰减作用。较轻较稀的减震油（例如5wt）能比较快速地通过孔洞；而较重较浓的减震油（例如15wt）则需要花费更长的时间。特定的减震前叉和后减震器只能使用具有适合黏稠度的减震油，可以查看自行车的使用手册。

◆**碳用油脂**。永远不要将常规的自行车油脂应用在碳材质的部件上，那样不但会让部件变得太滑，还会损坏碳材质的结构，最终使部件报废。相反，应该选择专门用于这种材质的碳用油脂。

◆**防黏剂**（也称为Ti-prep，如果不是在自行车商店而是在五金店购买的话，也可能被称为"铜滑脂[Copperslip]"）。这种产品能阻止活性金属物质相互粘连，尤其对于钛合金组件来说，这种金属无论与其他哪种物质相接，都会产生反应。这种产品能通过较低的扭矩来阻止各个部件黏合在一起。里奇（Ritchey）和起点线（First Line）所生产的松脂产品系列都是不错的选择。不要使皮肤接触到防黏剂，因为这种产品可能会对人体造成损害。

◆**塑料用油脂**。这些部件需要专门的油液用品。速联（SRAM）生产的Twistshifter变速器以及萨克斯（Sachs）生产的Twistgrips变速器必须使用适合的去污剂（例如Finish Line Ecotech）或者温的肥皂水进行清洁，还需要使用专用的塑料润滑油（例如Jonnisnot系列产品）。

◆**乐泰（Loctite）系列产品**。乐泰是最常用的螺纹胶品牌，根据要黏合的部件，可以选择具有不同强度的产品类型。这种产品能防止螺栓松动，还具有防腐蚀的作用。不同的颜色表示不同的黏合强度。Loctite #222的颜色为红色，适用于M6螺纹；而Loctite #242的颜色为蓝色，可以黏合M6或更高等级的螺纹。

减震油

刹车油

塑料专用油脂

零件箱

在维修自行车的过程中最让人恼怒的事情之一，就是由于缺少某个简单但非常特别的零件而不得不中断维修任务。自行车维修店中通常会有很多塑料抽屉，用于放置各种零件，其中的大部分都是某个特定维修工作中必不可少的配件。

零件箱非常重要，但是与堆肥工作一样，需要随着时间的推移不断增加零件，而不能一次性完成！从现在就开始积累吧。每次维修自行车时，就将剩下不用的零件放进零件箱中，某天一个重要的螺栓坏掉而配件商店又关门时，你会发现零件箱能为你解决很大的问题。

零件箱中比较重要的零件包括长度从10毫米到45毫米不等的M5和M6内六角扳手、曲柄螺栓、线管帽和套圈、带标记的无螺纹碗组顶帽、各种分门别类的垫片、气嘴帽、气嘴环、散珠轴承以及每次更换新链条时留下的零星链条等。

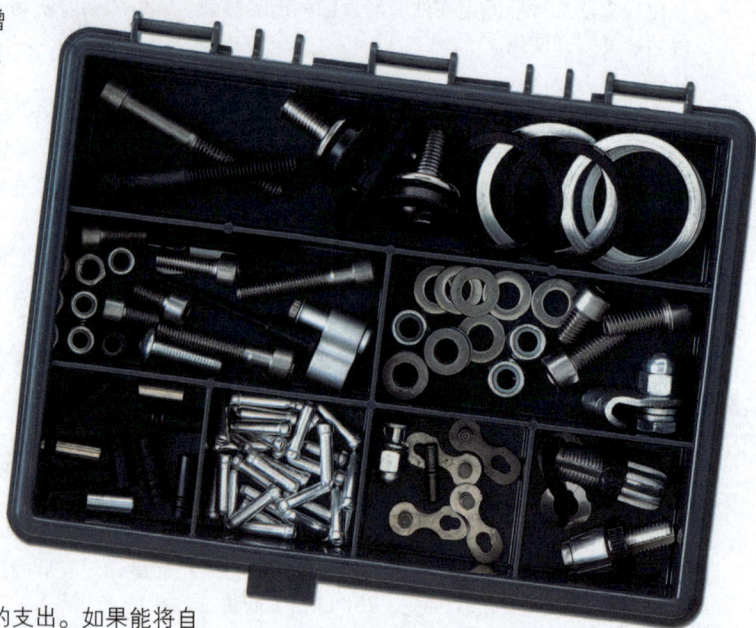

维修间

购买一个合适的工作台可能是最大的支出。如果能将自行车很好地固定在工作台上并使其两个轮子离地，那么本书中介绍的大部分维护任务都会变得更轻松。站立着工作比你蜷缩在地上更加容易。有了工作台，你就可以让脚踏和车轮转动起来，进而所有车上的部件都能模拟运行中的状态。

考虑将车上的哪个部位固定在工作台上时一定要谨慎。最佳的位置是座杆。尽量避免用车架固定——这个部位很薄，很可能会被轻易弄坏，甚至弄弯。在将自行车固定在工作台之前，应该先擦拭工作台上的夹子，这样能避免对车上的喷漆造成损害。如果存储空间有限，可以购买那种能折叠的工作台，在不使用时可以将其折叠起来存放。

相对于一个全面的工作台来说，另一个退而求其次的选择是维修支架，它能让自行车的后轮离地并保持其处于直立状态。维修支架要比工作台便宜一些，如果不打算为工作台进行支出，那么支架也算是一个折中的选择。

如果既没有工作台也没有支架，只是随机地进行维护，那么就应该避免使自行车处于倒立状态——这对自行车而言没有好处。取而代之，可以找一位能配合的朋友，让他竖直扶着自行车并在需要时使其脱离地面。

维护时，需要较好的照明条件，特别是像车轮整修这类需要靠近操作的类型。大多数维护工作都比较脏，如果是在室内进行，那么在维护前先在地板上铺一个垫子，用于承接散落下来的部件并对地板提供保护。

良好的通风也很重要。使用溶剂或者喷雾用品时，都需要保持良好的空气流动，以便将化学气味稀释到对人体无害的程度。任何会让自行车焕然一新的液体产品都可能会对身体造成伤害。

同样，应该尽量避免身体与维修用品进行接触。可以考虑佩戴乳胶或者丁腈橡胶手套。这些既能节省手部清洁的时间，还能防止皮肤对化学产品的吸收。很多维护工作都需要经历先将某个较脏的部件拆下来，然后进行清洁或者更换，最后再重新安装这一过程。在最后的环节上，必须使用干净的双手进行操作——使用已经被弄脏的手去安装某个干净的部件就会失去维护工作的意义。

扭矩

我们使用扭矩一词来衡量安装螺栓时的紧实程度。为此有两种方法：依靠直觉常识以及科学方法。两种方法都具有各自的优势。传统上，配件生产商会通过安装一个合适的螺栓来指示机械部件的紧实程度。

用于特定位置的易损部件通常会附带一些小螺栓。适用于这些小螺栓的扳手很短，因此无法很好地发力，也就能避免对螺栓用力过大。而那些需要较高紧实程度的部件则配备较大的螺栓，因此可以选择较大的扳手并充分发力。这种方法曾经带来很好的效果，但是由于人们不断地追求设备的轻量化，自行车制造商现在设计的部件具有越来越小的容错空间。例如，用铝材质来代替钢制的螺栓能减轻重量，但是铝制螺栓对于用力过大的容错程度要远远低于前者——一旦用力过大，这种螺栓会立即损坏。

过于紧实的螺栓还会对与其配套使用的螺纹造成磨损。这是铝制部件中经常出现的问题。例如，如果用于连接把立和车把的螺栓过于紧实，可能会对把立内部的螺纹造成损坏，这种情况下，螺栓并不会很好地固定车把，而是会无意义地转动。

相反的问题就是螺栓过于松弛，这种情况导致的结果更为明显：你试图固定的任何部件都会发出吱吱声或者处于松弛的工作状态。曲柄螺栓经常会遇到这种问题——左侧曲柄的螺栓需要比人们想象中更高的紧实程度。此处的螺栓变松时，最先出现的信号就是骑行者蹬脚踏时会发出嘎吱的噪声。如果不对其进行重视，曲柄螺栓就会变得更松，进而曲柄会在中轴轴承上来回晃动。这能损坏中轴和曲柄之间的结合面，在这种情况下，即使重新拧紧曲柄螺栓，也不会解决松弛的问题。

基于上述原因，清楚对某个具体螺栓该施加多大的力就变得更为重要。对于减震前叉来说更是如此。在这个部件上，用于将移动部件连接在一起的螺栓需要持续地受到来自前叉的压力（上下运行时）。大部分部件现在都会给出针对每个螺栓具体的紧实扭矩参数。

扭矩参数是一个相对较新的事物，大多数人会使用牛米（N·m）作为单位。与其相对应的度量衡是英寸磅（in-ib）。要将英寸磅转换为牛米，只需将其乘以0.113即可。

尽管如此，知道某个螺栓的紧固参数是一回事，而能精准地使其达到这个参数则是另一回事。有一种在维修车间使用的工具能帮助你做到这一点——扭矩扳手。这种工具的外观类似于棘轮套筒扳手，且工作原理也与其类似。将标准的套筒扳手头安装在扳手上，然后通过旋转手柄末端的小旋钮，设定具体的扭矩参数。然后按照常规方式使用扳手。当到达正确的扭矩时，螺栓的手柄会变松并发出清脆的响声，以此发出结束操作的提示。

这些工具具有简单可靠的特点，越来越受到自行车维修人员的认可。一个装备比较齐全的维修车间通常拥有两个扭矩扳手，一个比较小，其范围为4~20牛米（35~180英寸磅），适用于那些比较脆弱的部件，例如线夹和碟刹盘片固定螺栓；另一个则比较大，其范围在20~50牛米（180~450英寸磅）之间，适用于那些需要更大安装力量的部件，例如曲柄螺栓。这两种型号都是必要的，因为这种工具只有处于中间范围时才能发挥最大的作用。

对于家庭维修间来说，扭矩扳手曾经被认为价格过高，但是现在花费60英镑（1英镑约为人民币8.8元）就可以买到性能比较可靠的产品了。较小的型号（4~20牛米）是特别值得入手的选择。如果自己没有扭矩扳手，但是需要为自行车上的某些螺栓设置合适的扭矩并向他人借用扭矩扳手时，可以感觉一下螺栓的紧实程度。很多机械师会定期使用扭矩扳手为螺栓进行正确的扭矩设定，目的就是让自己记住达到正确扭矩设定时的那种感觉。

借助感觉执行维修任务时，注意需要紧固的螺栓的型号并以此来指导自己的发力程度。较小的螺栓需要使用小扳手（或者较薄的螺丝刀），以便使其获得很好的紧固性同时不会出现用力过大的情况。如果针对某个脆弱的螺栓用力过大，可能会损坏螺纹、折断螺栓头或者对扳手本身造成磨损。对于较大的螺栓以及那些需要使用粗壮的工具进行紧固的部件（例如中轴碗），应该使用较大的力量将其紧固到位。

最好通过购买部件时附带的产品说明获得与扭矩有关的参数，这些说明会提供与特定品牌和型号相对应的正确的扭矩参数。新买的自行车会附带大量的说明书和说明页，内容涵盖了自行车上所有的部件。购买自行车时，务必索要这些说明资料。如果无法找到这些说明资料，可以通过帕克工具（Park Tool）网站获取通用的扭矩参数说明。

使用所有指定的扭矩参数的前提都是螺栓处于较好的润滑状况，这样才能轻松地将其紧固到螺纹中，而螺纹则应该处于清洁和良好的工作状态。相对清洁的螺栓来说，要紧固一个较脏并且损坏的螺栓需要更大的力量，因此其产生的扭矩参数也是不准确的。

紧急维修：如何在维修自行车时实现自给自足

本部分介绍在外面骑行时，如何应对维修状况——当然，你需要有一个工具箱。一定要带上自己的工具箱，即使那些同行的人都带有齐全的装备也是如此。没有人愿意不停穿梭于队友中说："我本以为你带了打气筒。"此外，确保自己工具箱中的每种工具都准备充分，如果某个东西用完了，应该立即更换，例如备用的内胎。

如果以前从来没有进行过下面这些类型的维修工作，那么应该先进行练习：（1）从自行车上拆卸车轮并重新安装；（2）拆卸和重新安装轮胎；（3）拆卸和重新安装链条。在舒适的家中执行上述任务时并不困难，但是如果在寒冷潮湿的环境下首次执行这些工作，则会困难得多。

认真思考一下我们该如何让自行车处于较好的工作状态。自行车本身很少出错，如果始终让自行车处于良好的维护状态，那么遇到的维修情况基本只会局限于上面介绍的几种。尽管如此，偶尔还是会出现一些意想不到的状况。有一次，我离家还有几千米的距离，而且天很快就要黑了，而我急需一个变速器轴。最后，我找到了一个废弃的内六角扳手工具的内部件，使用一大卷电工胶带将其固定充当变速器轴，没想到变速器竟然能非常有效地执行变速操作。

保持冷静和良好的应变能力

无论何时，如果需要在路边对自行车进行维修，那么在开始前应该先认真思考一下维修情况。

如果因为扎胎或其他维修状况而恼怒，那么在自己冷静下来前先不要开始维修工作。任何时候，无论有多么恼怒，都不应该用力摔自己的车子，这样毫无意义，而且看上去也很愚蠢。

记住，你携带和穿着的任何东西都有可能会成为救急备用件。比如鞋带和表带等物品。在你真正需要时，任何东西都非常有用。

如果在维修过程中必须拆掉刹车，记得重新将其安到车上。

在开始维修工作前，先在地面上铺一件夹克，用于放置从车上或从冰冷潮湿的手指间滑落的零部件。否则这些东西可能会掉到泥土中无法找到，最后只能无奈地放弃并离开。

自行车始终是你的伙伴并且一定也希望自己变得更好，它需要的是鼓励，而不是虐待。情急之下可以咒骂几句，但不要用脚踢自行车。

冲撞后的维修工作

发生冲撞后的第一件事就是看看自己的状况，检查即使自行车修好了自己是否还能正常骑行。在这一点上我个人做得很不合格。我总是以最快的速度站起来并说一些诸如"我没事"这样的话，即使已经被撞得自己是谁都不记得了。

而发现冲撞的另一方对自己的状况虚张声势时，也不要完全相信。对于己方来说，即使没有出现外伤，也可能已经造成了脑震荡等伤害，重新回到自行车前，应该先停下来给自己恢复的时间，确定自己完全没事后，再对自行车进行检查。检查时，不要将注意力放在某一处损坏上，因为出现的问题可能不止一个。确定是自己能成功地修理所有问题，或者确定是否步行更快，而不是在自行车的修理上做了很多无用功，最后仍然是一瘸一拐地回家的。

路上携带的工具

可以将工具与水、午餐盒、防雨工具以及其他东西一同放在背包中。如果不使用背包或者着急赶路，将所有东西都放在衣服口袋里的话，那么可以使用座包，将备用的内胎和各种工具放在座包中，因为如果将刀等工具放在衣服口袋中，可能会对皮肤造成割伤。可以使用传统的趾扣带来防止骑行过程中座包向座弓以及座杆滑动——即使是快拆类型的座包也无法摆脱这种问题，很多人都会因此而苦恼，相信你也不会例外。还有很多人将他们的工具放在帆布背包或者腰包中，但是由于工具比较重，所以背起来身体会感到疼痛，所以我更倾向于让自行车来承担这一任务。最佳类型是那种通过架子安装和拆卸的座包，因为尼龙搭扣带在骑行时如果处理不当很容易沾满泥浆。

相对于工具的丰富性来说，在刚开始时选择合适的工具更为重要。需要购买什么工具取决于自行车本身以及所处的骑行环境。例如，大多数自行车上使用的是内六角螺栓，但是如果自行车使用的是螺母类型，就需要选择与之相对应的扳手类型。如果经常发生扎胎的情况，例如，在布满荆棘的路上骑行，就需要携带更多的备用内胎和补胎用品。即使携带备用内胎，也应该同时携带补胎组件，因为扎胎的情况经常发生。务必确保自己清楚如何使用所携带的用品！如果真的无能为力，那么可以站在路边，表现出令人同情的样子并祈祷会使用这些工具的好心人能从你身边经过，但这是一种非常冒险的策略。

紧急工具包

- ◆ **备用内胎**。注意内胎要配有与打气筒相匹配的气嘴（较细的法嘴[Presta]或者汽车用美嘴 [Schraeder]）。
- ◆ **打气筒**。确保购买的打气筒与所用的内胎气嘴相匹配。双动打气筒在推拉双向用力时都会打气，因此打气速度更快速。如果骑行时将打气筒固定在车架上，需要使用尼龙搭扣来确保它不会松动。在泥泞的环境里骑行后，需要对打气筒进行清洁，以便气筒上的密封结构保持严密，避免漏气。如果需要长时间在泥泞的道路上骑行，可以将打气筒放在背包或者腰包中来保持它的清洁。如果密封结构松动和漏气，那么打气筒就无法产生所需的气压。
- ◆ **补胎工具**。可以携带传统的补胎工具，即选择补胎胶水以及橡胶补丁，也可以选择"开箱即用"的不干胶性质的补丁。第一种补胎方法效果更加持久；当你在暴风雪中蜷缩在石头后面修补车胎时可以选择第二种方法，因为这种方法轻松快速。无论选择哪种方法，都需要确保身边有适量的砂纸可用，因为补丁无法粘在光滑的内胎上。
- ◆ **撬胎棒**。如果对使用两个撬棒将轮胎从车圈上卸下来没有足够的信心，那就携带三个——这种工具并不重。塑料撬棒比金属撬棒更好，因为后者容易损伤车圈。
- ◆ **折叠内六角/螺丝刀组合工具**。我个人在户外喜欢使用折叠工具。这种工具掉落时很容易被发现，而且工具的手柄在对螺栓执行紧固和拆卸时非常易于掌握，同时不会伤到双手。作为最低要求，需要准备4毫米、5毫米和6毫米口径的内六角、一个一字螺丝刀和一个十字螺丝刀。
- ◆ **链条工具**。对于禧玛诺链条来说，还需要携带合适的备用魔术扣。还可以购买备用的Powerlink（请参见本章后面介绍的"分拆链条"部分），这种工具能更加轻松快速地拆分和重新组合链条，而自身的重量几乎可以忽略不计。
- ◆ **适量的扎带**。这是紧急情况时需要的基本物品，在任何工具列表中都出现在比较靠前的位置。
- ◆ **一卷胶带**。用于捆绑充气筒的气管。与扎带类似，其重量很小但是在紧急情况下使用起来非常便捷。

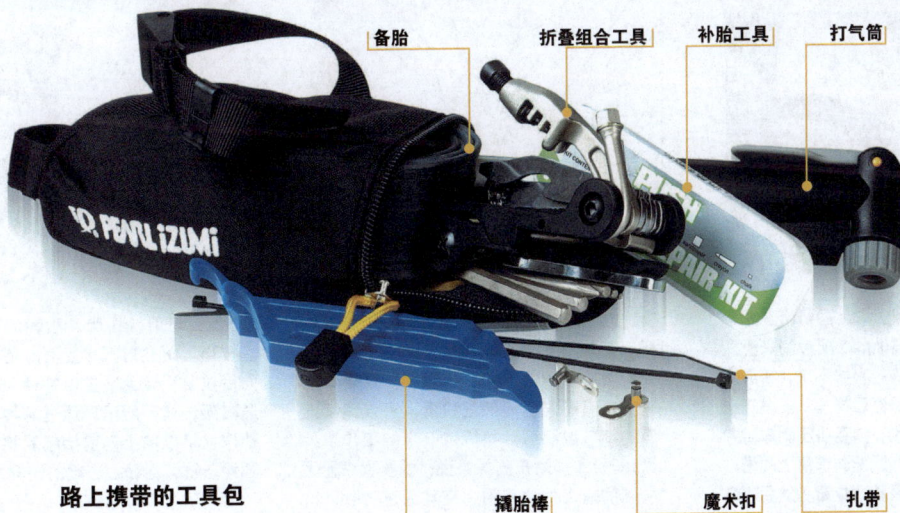

路上携带的工具包

备胎　折叠组合工具　补胎工具　打气筒

撬胎棒　魔术扣　扎带

扎胎

扎胎不可避免。因为车胎内部的气压要比外部气压高，而路上又有很多坚硬锋利的东西。如果你以前从来没有处理过扎胎这种情况，也不必担心，补胎并没有人们传说中的那样困难。其实这就像系鞋带，做得越多就会越熟练。

有一些能减少扎胎次数的方法。有时，扎胎的原因是某个锋利的物体直接划破外胎和内胎，但是大多数时候是由于某个物体在一段时间内对外胎造成破坏，从而导致扎胎。在没出门前，应该检查两个车胎：让每个车胎离开地面并使其转动，慢慢转动车胎并去除上面的杂物。过大或者过小的胎压都会对轮胎的侧壁带来影响。确保车胎的胎压至少达到制造商建议的最低标准，这样能减少"蛇咬"（即来自坚硬边缘的压力使内胎在轮圈的对应位置形成两个对称的小洞）扎胎情况的出现。如果喜欢在骑行时保持较低的胎压，可以选择特别设计的车胎类型。这种车胎的侧壁比较厚，不会出现对折而损坏内胎的情况。

较低的胎压还会使气嘴位置或者周围出现扎胎情况。如果车胎内没有足够的空气，就无法很好地固定在车圈的内部。轮胎会围绕着车圈缓慢移动，进而对里面的内胎进行拉伸。气嘴是固定在气嘴孔上的，其周围的内胎会被轻易拉伸并逐渐撕开，直到气嘴从内胎中脱离出来。同时，还应该定期检查车胎上是否有较大的切口——在遇到压力时，内胎会从切口中快速膨胀出来。

有些人会遇到比别人更多的扎胎情况。如果不想受到这种不公正的待遇，可以考虑购买防扎车胎。这种车胎在里面加入了比较坚硬的附加层，能防止锋利的物体刺入车胎。虽然这种车胎比较重，但是如果不想因为扎胎而恼怒，还是很值得购买的。此外，在购买轮胎前，仔细阅读制造商在外包装上提供的重量说明——在重量与防扎效果之间总会找到比较折中的选择。

标准轮胎的扎胎维修：更换新内胎

我喜欢在骑行时随身携带一个备用内胎以及补胎工具，与补胎后傻傻地等待胶水变干或者直到不干胶补丁不会脱落相比，直接更换内胎会快得多。这些物品的重量并不大，也不会占用太多的空间。安装新内胎前，不要忘记仔细检查外胎并除去引起扎胎的物体。将替换下来的扎胎拿到家里，在舒适的家里对其进行维修，然后再将修好的内胎作为新备胎使用。一个内胎上有五处或者六处补丁时，应该选择将其丢弃。

如果只是在家附近随意骑行，扎胎后，可以计算车胎完全漏气前能坚持多长时间。在返回家的途中，可以给车胎充气并坚持骑行到家。这种方法并不是经常有效！大多数时候，仍然不得不对被扎的车胎进行修理。

拆卸车胎

第1步：如果使用车圈刹车，需要将其拆下来，以便轻松地取下车胎。对于V刹来说，需要将弹片上的黑色橡胶套拉下来，挤压刹车臂并向外拉动弹片，然后将其从安装座上卸下来；对于吊刹来说，需要挤压刹车臂并向下推动线缆头，使其脱离刹车臂上的槽；而对于夹器来说，需要转动旋钮。然后将车轮卸下。

第2步：让自行车处于倒立状态。松开快拆杆。除非快拆杆比较奇特，否则最好将手柄折叠（而不是旋转）到轴上。如果不能确保自己能安全地使用快拆，可以阅读上面的细节说明后再执行进一步的工作（见第107页）。对于前轮来说，需要将车轮另一侧的螺母松动几圈，使其通过"lawyer tabs"（用于防止当快拆杆松动时车轮从勾爪槽中脱落的装置）。

第3步：与前轮相比，后轮的拆卸需要更多技巧。站在自行车后面。使用左手手指向后拉动后变速器主体并使用拇指推动变速器架，如图所示。通过这种干净利落的动作，可以向上向前抬起后轮，避免出现部件与链条纠缠在一起的情况。

第4步：在继续下一步前，应该先对车胎外部进行检查，看看自己是否能找出扎胎的原因。可能车胎上面什么都没有——属于"蛇咬"扎胎类型，或者其他任何原因引起的漏气。如果发现了某些锋利的物体，将其取出（稍后还需要对车胎内部进行检查——见第58页）。

第5步：如果车胎中还剩余一些空气，需要将其放出。拆下气嘴帽。对于浅嘴气嘴（较长较细）来说，松开气嘴顶部的小蝶形螺母并向下按；对于美嘴气嘴（汽车轮胎类型）来说，使用钥匙一类的工具向下推动气嘴中央的针。使车轮直立于地面上，向下推动并挤压车胎，车胎中的剩余空气越少，就越容易卸下。

第6步：轮胎内部两侧各使用一条线缆支撑，即凯夫拉环（Kevlar hoop），也称为胎圈。胎圈比车圈外围要小一些，因此当车胎充满气体时可以固定车胎。要拆卸车胎，需要将胎圈从车圈侧面抬起到足够的高度。如果有信心，完全可以用手将车胎拆下来。使车胎面竖直面向自己。挤压车胎并将靠近自己一侧的车胎用力推到车圈的凹槽区域。通过这些操作，可以比较轻松地将胎圈推出来。

第7步：保持车胎竖直面向自己，使用双手在离自己最近的车胎侧面大约10厘米的位置进行挤压。让这部分向上朝自己的方向脱离车圈。使用一只手原地固定，另一只手逐步挤压车胎，使胎圈脱离车圈。拆下三分之一的车胎后，剩余部分就非常容易拆卸了。

第8步：如果无法用双手将车胎拆下来，就需要使用撬胎棒。从与气嘴相对的位置开始，将一根撬胎棒在与辐条对齐的位置插入到胎圈下面。将撬胎棒向后压并使下方勾住辐条，固定撬胎棒。越过相邻的两根辐条，使用第二根撬胎棒重复上述操作，然后再使用第三根撬胎棒执行相同的造作。拆除中间的撬胎棒，越过相邻的一个撬胎棒继续重复上述操作。持续进行此类操作，直到能用双手拉动车胎的侧面。

第9步：如果气嘴上使用了起固定作用的小螺母，应将其松开。将手伸到车胎内部将备胎拉出来。保持车胎的另一侧固定在原位。

工具箱

- 备用内胎——确定内胎的气嘴是否与自己的自行车相匹配。
- 补胎工具——多准备一些以防车胎多次被扎。
- 打气筒——确定它适用于自己所用的气嘴类型。压力计比较实用，有必要买一个。
- 撬胎棒——两个是标准配置，如果对自己信心不足，可以准备三个。
- 扳手——任何能帮助你拆除车轮的扳手。
- 工具包——单独携带这些工具，因此可以在急用时快速找到。
- 保暖服饰——修理自行车时，戴一顶帽子会使你保持温暖——一旦处于非骑行状态，很快就会感觉到寒冷。

安装新内胎

安装新内胎前，首先要找出扎胎的原因。如果安装完新的内胎但问题仍存在，很快会再次出现扎胎情况——这是更加让人恼怒的问题，因为这时可能已经没有备用内胎可用了。

第一步是仔细检查车胎。查看车胎外部是否存在棘刺、碎玻璃片或锋利的石头等物体。如果没有在车胎外部发现任何物体，还应该检查胎内部。最简单的方法就是使用手指在轮胎内部摸索，凭感觉去找到扎胎的元凶，要小心缓慢地移动手指，注意不要将自己划伤。如果仍然无法确定元凶，可以将内胎充满气并找到出气的位置。如果气孔较大，可以听到漏气的声音。对于较小的气孔来说则比较难发现——可以使用双手缓慢移动内胎，依靠皮肤来感觉漏气的小孔。还可以将内胎放到一盆水中，观察哪里有气泡冒出，但是我在紧急情况时基本不会随身携带一盆水。有时，可以使用野外的小水坑来代替水盆。发现内胎漏气的位置后，将内胎与车胎对比以便能确定扎胎位置，然后再仔细检查车胎。

去除所发现的任何杂物。通常情况下，最好从车胎内部向外去除杂物，而不是从外面强行将杂物推到车胎内部，这样会增大扎胎的孔洞。不一定非要找到导致扎胎的物体，因为扎胎的原因有多种。挤压扎胎（即"蛇咬"）经常发生于车胎气压不足的情况下。如果在骑行时大力撞到石头上，车胎会受到挤压，使内胎夹在石头和车圈中间。挤压扎胎通常比较容易被发现——车胎上会有两个距离与车圈宽度相同的规则小孔。同时，还要检查车胎侧壁，因为侧壁如果被扎，那么很快会导致其他位置出现扎胎情况。如果使用车圈刹车系统，大多数扎胎情况可能是由于刹车块过高并与车圈产生摩擦所致。刹车块过高或在安装车轮时没有竖直地将其安装在勾爪上，车轮向一侧偏移而不是位于车架的正中央，这些都会导致上述情况的发生。

使用车胎衬片

如果车胎上有较大的裂口或者破洞，需要在安装内胎前对其进行修复，否则对内胎进行充气时，新内胎会从裂口中迸发出来。内胎比车胎（外胎）要软很多，因此车轮转动时，内胎上的任何鼓包会通过车胎的裂缝与地面进行摩擦和挤压，这些都会立即再次导致扎胎情况的出现，这是非常让人恼怒的情况，尤其是没有其他备用内胎可用的时候。仔细感受车胎的内部，任何能将手指尖伸进去的孔洞都会导致问题的出现。可以购买车胎衬垫（一种后面具有黏性的塑料条），但是在野外骑行时，你必须自己想办法解决。试图将内胎从车胎中挤出的气压很大，因此需要使用较为坚硬的材质。理想情况下，最好选择一些具有黏性的材质，这样重新安装内胎时它不会脱落。对于较小的孔洞来说，胶带是比较理想的材质，有必要在车座下面放一卷胶带以备不时之需。也可以使用普通的内胎补丁。对于较大的孔洞来说，需要使用更为坚硬的材质来封堵车胎上的裂口。此时，可以充分发挥自己的想象力——可以尝试使用食品包装、硬纸板或鞋底以及任何你能利用的东西。

安装新内胎

第1步：现在开始安装新内胎。如果气嘴上有固定螺母，将螺母拆掉。向备胎中充进一点气——只需使其回复一定形状即可。这种做法可以在重新安装车胎时防止内胎被卡在胎圈下方。将气嘴孔上方的车胎向后拉，使气嘴穿过孔洞。挤压车胎并将内胎放到车胎中。

第2步：再次返回到与气嘴相反的车胎位置，轻轻将车胎折回到车圈上。随着车胎不断地被放回到车圈中，操作会变得越来越吃力，只剩下一小部分车胎时，可能要使用非常大的力气。再次将内胎中的空气放掉一些，将脱离车圈的车胎放回到车圈的凹槽中，与拆卸时的动作相似。最后的部分可能需要使用拇指一点一点地将其放进去。

第3步：如果使用双手仍然无法安装最后一部分车胎，那么可以使用撬胎棒。一次安装5厘米左右的车胎，注意不要将内胎夹在车圈和撬胎棒之间，这样容易损坏内胎。车胎就位后，将气嘴向上推到车圈中。使其处于在内侧几乎看不到的程度（需要确定靠近气嘴的内胎没有被卡在胎圈下面）。

第4步：为车胎充气。如果上次遭受的是"蛇咬"扎胎，那么这次可以稍微多充一些气。车胎鼓起后，再次拧紧法嘴上的固定螺母，将气嘴杆螺母安装到气嘴杆上并重新安装防尘帽。不要等到车胎完全充满气时才安装气嘴杆螺母，那样可能会导致胎圈下面的内胎膨胀出来。

第5步：重新安装后轮。保持自行车处于倒立状态，站在车后并使用右手扶住车轮，使飞轮位于左手位置。将左手的一个手指放在引导导轮前面，拇指放在张力导轮后面。左手手指向后拉，同时拇指向前推，然后使车轮就位，飞轮处于链条的中央。将轮轴置于勾爪中并扣上快拆杆将其固定。

第6步：重新安装前轮。这个工作要简单一些。将车轮放在勾爪夹槽中，确保车胎与前叉两腿之间保持均匀的距离。再次紧固快拆杆。如果不确定自己是否能正确使用快拆杆，可以参考本书第107页中的相关内容。

第7步：如果使用的是碟刹系统，在将车轮放入勾爪夹槽前需要先扭动碟刹盘片（A），使其位于刹车垫之间。需要确保碟刹盘片位于卡钳内部的刹车垫的中央。如果看不清，在卡钳的另一端手持一个亮色物体会有一定的帮助。为了使碟刹盘片正好位于中央位置，可能需要对车轮的位置进行轻微调整。

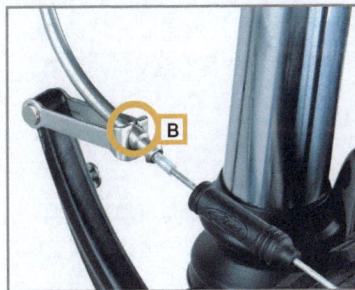

第8步：对于车圈刹车系统来说，不要忘记重新安装刹车——完成对扎胎的修理后，很容易忘记这个关键部分。将刹车臂拉到一起并重新安装刹车线。如果使用V刹，注意将连接件（B）牢固地安装到钥匙形的凹槽中。

第9步：将自行车恢复直立状态并检查刹车系统是否工作正常：拉紧前刹车并向前推自行车，前轮会被锁住，后轮则被抬起离开地面；拉紧后刹车并向前推自行车，自行车后轮会被锁住并在地面上滑行；抬起两个车轮并让其转动，确保车轮在自由转动时车圈刹车不会与车胎产生摩擦。

列表：
导致扎胎的原因

检查：

- 划破车轮的锋利物体（棘刺、玻璃、燧石）。
- 内胎迸出外胎的切口或者裂缝——检查车胎侧壁和正面。
- "蛇咬"扎胎——车胎气压不足时，被车圈和石头挤压。
- 车圈衬带故障——内胎被锋利的辐条头扎坏或者内胎卷进车圈中的孔洞中。
- 气嘴故障——车胎气压不足导致它在车圈上滑动。
- 车圈刹车过热——尽管不常发生，但较长的山地下坡路段存在此类风险。
- 车胎磨损——车胎老旧，胎圈可能被拉伸，车胎从车圈边缘滑出，导致扎胎。
- 车圈刹车调整不当——刹车块过高，无法与车圈接触，而是对车胎形成摩擦，立即会在车胎侧壁上形成磨损口。

UST车胎扎胎维修：安装替换内胎

在外面骑行时，如果山地自行车使用的无内胎车胎系统遭遇扎胎情况，最简单的维修方式就是使用标准内胎。到家后再对其进行很好的修理——很多时候，如果密封剂无法修复车胎上的孔洞，那么需要取出补丁并为车胎安装一个内胎，这是一种更加简单的临时修补措施。

◆ 将出现扎胎的车轮拆下来。第一件事情就是确定孔洞的位置。如果使用了密封剂，很明显它会从孔洞中渗漏出来。如果没有，可在车胎正面和侧壁上寻找可能存在的任何孔洞。如果仍然没有找到元凶，在车胎内气体漏尽的情况下可以先为车胎充点气，然后将其放到自己的脸前面——孔洞靠近耳朵时，会听到嘶嘶的声音，如果表面有水，还会看到有气泡出现，或在靠近面颊时会感到有冷风的存在。发现孔洞后，对其进行标记或者将车胎或者车圈上的相关标记作为参照，记录下孔洞的位置。

◆ 拆下车胎的一侧。为了增强紧固性，一些UST车胎中额外使用了胎圈挂钩，因此从车圈上拆下车胎会很困难。使用双手尽量向一侧推动车胎，如果没有作用，可以轻轻地踩在车胎上，同时向上拉动车圈将其拆下来。

◆ 拆开密封结构后，自始至终从车胎的一侧进行维修，不要破坏另一侧的密封结构，这样修理完成后就不需要再对这部分进行处理。将气嘴上的固定环松开，然后将其与其他所有垫片都拆下来并妥善保管，因为当你到家再次启用无内胎系统时还会用到这些部件。

◆ 如果车胎中有密封剂，尽可能将其全部从车胎中排出。

◆ 如果使用UST车圈，不需要担心车圈衬带的问题，因为这种车圈中没有辐条孔，进而不会使即将安装的内胎出现扎胎情况。如果安装了无内胎常规套件，你会发现拆掉常规衬带并安装标准的车圈衬带是更容易的办法。没有车圈衬带时，可以使用两层电工胶带来代替。

◆ 向标准内胎中充一点气，使其恢复自身形状即可。将气嘴安装到气嘴孔中并安装固定环，但不需要拧紧，能防止它滑出即可。慢慢地将内胎放到车圈内部。

◆ 现在开始将松动的车胎胎圈安装到车轮上。这个步骤最好有其他人提供帮助，让他扶住已经安装就位的部分，而你则按步骤一点点完成安装，最后安装的是气嘴位置。

◆ 如果可以，尽量不要使用撬胎棒，哪怕车胎胎圈产生很小的弯曲，都会对将来的密封效果带来影响。无内胎车胎和车圈的结构非常紧密，因此需要一点一点地安装。抬起胎圈使其就位并在车胎两侧向下拉，使其位于车圈的中央位置，这样可以使工作变得轻松一些。最后完成的部分通常是最困难的，放出车胎内的气体可能会使安装工作更容易，但是在安装最后一段车胎时可能会对车胎造成损坏。

◆ 安装完车胎后，向上推动气嘴使其穿过车圈孔，确保内胎没有被胎圈和挂钩卡住，然后向外拉动气嘴，完全拧紧固定环并正常充气。将气嘴帽装上，重新安装车轮，如果使用的是夹器或者V刹，还需要重新安装刹车线。

伟大的青草神话

长久以来，一直存在这样一种说法：如果在遭遇扎胎情况时没有备用内胎或者修补工具，使用青草填充车胎同样可以顺利骑行到家。这种方法在理论层面似乎是可行的，但实际上，这种方法毫无意义，或者需要填充的是一种特殊的草，反正我从来没有遇到过这种类型的草。我曾经尝试过这种方法，我用双手搜集了很多青草并努力将其塞到车胎中。向车胎内填充青草比想象得更困难，因为塞进去的草会变得越来越紧。即使最后向车胎内填充了足够数量的草并使车胎恢复了一定的形状，只要骑行速度稍稍提高一些，哪怕只是比步行快一点，那么车胎也会从车圈中脱落下来，好不容易填进去的草就会立即散落出来。如果尽量减慢骑行速度，由于轮胎很软，因此骑行时会非常费力，就好像在糖浆上骑行一样。最后的结果是不得不放弃这些草并选择步行。

修补UST无内胎车胎

尽管UST车胎很少会出现扎胎的情况，但也并非是绝无可能的。在外面骑行时，最简单的扎胎解决方法就是在车胎中安装一个普通的内胎（请参见前面介绍的内容），等到家时再对车胎进行修补。

到家后，需要对车胎进行修补。UST车胎价格高昂，因此有必要修补后继续使用。要找到扎胎的孔洞并不容易！尽可能向车胎内多充气并看看是否能听到嘶嘶的漏气声。努力找到导致扎胎的棘刺或者其他坚硬的物体并将其取出，也许还会看到孔洞处有密封剂冒出来。有时扎胎的孔洞非常小，因此很难发现，此时必须要将充满气的车胎放到水中并寻找出现气泡的位置。相对于内胎的处理来说，这要更为复杂一些。

找到扎胎的孔洞后，仔细对其做标记，否则稍后就会忘记具体的位置！通常，我会使用圆珠笔在孔洞周围画一个圆圈，然后在车胎侧壁比较显眼的位置再画一个指向该圆圈的箭头。松开气嘴上的固定螺母，将车胎中的气体放尽。

接下来的步骤务必要非常小心。车胎两侧对应车圈的位置有不透气的密封结构。如果只破坏一侧的密封结构，那么再重新安装车胎时就会容易得多。如果扎胎的孔洞位于车胎的一侧，那么可以在这一侧进行拆卸。推动车胎的侧壁使其脱离车圈。由于密封结构很紧，因此在开始时比较费力，一旦密封结构被破坏，那么就容易拆卸了。

有时密封结构非常紧。如果无论如何也打不开，可以将车轮放在地上，小心地踩在车胎的侧壁上，尽可能靠近车圈，但是不能踩到车圈上面——这可能使车圈变形。从一侧使车胎脱离车圈并从内部找到孔洞，去除任何将导致车胎扎胎的东西。

检查车胎内部时，需要非常仔细地找出是否存在其他任何锋利的物体——可能导致扎胎的不只是一种物体。使用干净的砂纸将孔洞周围的车胎打磨得粗糙一些。即使经常修补内胎，也不要忽视这个步骤——与修补内胎相比，这里需要粗糙处理的区域和程度要更大一些。然后使用清洁剂对粗糙处理的区域进行清洁处理。

在孔洞周围涂抹专用的UST胶水。对于这个步骤，我个人是先直接从孔洞开始，然后再呈螺旋形状向外扩散，这样会让补丁正好位于孔洞的中央。涂抹胶水的区域要比补丁大。然后等到胶水变干。不要触碰或者戳胶水区域，使其自然变干即可。这个过程需要5到10分钟——如果天气比较冷，可以等待10分钟。

后续步骤

你会发现，自己手中即将使用的补丁两面都带有塑料膜，或者一面是塑料膜而另一面是金属锡箔。揭开一面的膜，但不要用手接触补丁表面，这样会影响补丁的黏性。手持没有揭开的那一面，小心地将补丁置于胶水区域上。不要使其移动，放上去即可。不要揭开剩下的那层膜，用力对车胎上的补丁施压。执行这个步骤时，撬胎棒是非常理想的工具，或者使用扳手较平的那一面，也可以使用勺子。

现在，可以将剩余的包装膜撕掉了，但是我通常会选择将其保留下来——它的重量很轻，而且在将它撕掉时有可能会将辛辛苦苦粘好的补丁一同撕掉。从与气嘴相反的位置开始，重新将车胎安装到车圈上。车胎比较笨重，似乎一个人很难完成安装任务，但是在将大部分车胎安装到位后，它就会老老实实地待在自己的位置上了。

最后这个步骤比较困难。不要忍不住使用撬胎棒，否则会导致车胎以后一直漏气。使用拇指将车胎折到车圈上。最后安装气嘴位置。如果安装比较费力，可以返回到车圈的另一侧并挤压车胎的胎圈，使其位于车圈的中央，这样会使车胎安装更加省力。车胎安装完成后，需要确保车胎的胎圈位于气嘴的一侧，而不是气嘴上面，为车胎充气。开始时，应该大力充气以便使车胎获得很好的密封效果，车胎完全恢复形状并就位后停止充气。

有时如果车胎确实非常紧，可以使用一些温热的肥皂水来帮忙。每次只将车胎的一小段安装到车圈上，例如10~20毫米。最后一段车胎的安装会非常费力，应该努力坚持，也许就在你要放弃的一刹那间，车胎一下就安装到位了。

坊间上有很多关于车胎安装的说法，其中包括向车胎泼洒一点打火机油，然后用火柴点着。不要这么做！车胎价格非常高，而车胎的安装也不是点着一点什么东西就能解决的。

第一次为车胎充气时，专业维修间使用的履带泵是比较好的选择，因为它的充气速度很快；而非常小的迷你泵在执行这种任务时则稍显吃力；使用气罐则需要一定的运气，如果车胎密封性很好，那么可以快速充气，否则无疑是一种浪费行为。

重新安装车胎时，如果能保持胎圈的一侧锁定在车圈上，会非常省力。安装新车胎尤其考验人的抗打击能力，新车胎通常在包装时会被折叠起来，而折叠的位置通常会产生漏气的现象。购买新车胎时，应该立即将其从包装箱中取出来并在使用前一直使其处于非折叠状态进行保存。

即使你在骑行时喜欢使用非常低的胎压，也有必要在安装时对其进行完全充气，以便获得较好的密封性——观察车胎侧壁的高度来确定胎压大小，将车胎完全充气后再根据自己的需要进行放气。

使用密封剂的纠结

密封剂并不会太多地增加自行车的重量，还能很好地封堵较小以及中等大小的划口和裂口。尽管如此，它会使车胎上的补丁产生脱落的现象。

骑行时尽量随车携带备用内胎

在外面骑行时，很有必要随车携带一个备用内胎，因为相对于在野外或者路边维修扎胎来说，更换备用内胎会容易得多。但是也绝对有必要在使用备用内胎的同时额外准备车胎修补工具。扎胎情况经常不期而遇，而携带两个或者更多的内胎又太笨重。因此，不要丢弃已出现扎胎问题的内胎，一有机会就对它进行修补。修理好的内胎则可以用来充当新的备胎。

扎胎修补

要对扎胎进行修补，需要首先找到孔洞的位置。向内胎中充气使其膨胀到原始直径的两倍大小，你可能马上就能听到从孔洞位置传出的嘶嘶气流声，可以利用这种方法找到扎胎的位置。如果这种方法不行，可以将手掌沿着内胎移动，手掌距离内胎大约1厘米，这样手掌可以感受到从扎胎位置传来的冷空气。从补胎工具中找到砂纸，对扎胎区域进行粗糙化处理，这能让补丁粘得更加牢固——同时也可以成为寻找扎胎孔洞的标记。再次放尽内胎中的空气。从孔洞的中央开始，向外呈螺旋式涂抹胶水，涂抹胶水的区域应该比补丁更大。接下来是最重要的部分——让胶水完全变干。在一般的温度条件下，这个过程至少需要5分钟；在沙漠环境中，只需要2分钟；如果碰到下雪天，可以通过向补丁吹气的方法为其保温。胶水变干后，撕开补丁背面的金属锡箔膜。一定不要触碰补丁的橡胶表面——可以隔着干净的塑料或者纸张手持补丁。将补丁置于需要修补的位置，不要做任何移动。使用手部对其施压。如果天气非常寒冷，可以将粘有补丁的内胎位置夹在腋下进行保温，这样有助于胶水发挥出它的效果，这个过程同样需要5分钟。接下来，可以将补丁上的塑料膜或者纸膜撕下来，但我通常会保留这些膜——它们的重量几乎可以忽略不计，这样做也可以防止在撕开这些膜时不小心将补丁一同撕下来。先将内胎重新安装到车胎中，然后才能为其充气，因为新补丁还不牢固，当内胎被充气时，补丁只有夹在内胎和车胎之间才会获得比较牢固的效果。开封后，扎胎修补胶水只能保留较短的时间——无论将胶水管的盖子拧得多么牢固，胶水都会在6个月内完全变干，这时需要更换新胶水。

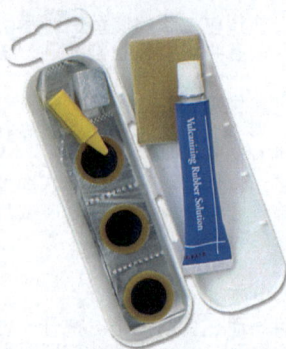

美嘴内胎/气嘴

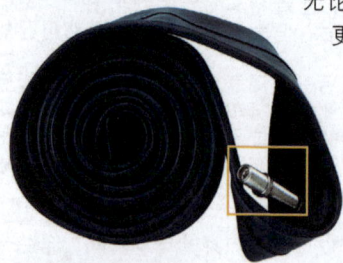

气嘴

目前有两种类型的自行车气嘴：法嘴和美嘴。法嘴气嘴比较细，公路自行车一般会使用这种类型的气嘴。美嘴则是一种更为粗壮的汽车用气嘴。价格较低的山地自行车有时会采用汽车用气嘴，因为可以在加油站进行充气。法嘴在设计上更偏向于较高的胎压，也更为可靠；法嘴气嘴在里面进入沙砾并进行充气的情况下，可能会出现漏气的现象。

法嘴内胎/气嘴

我一直选择使用法嘴，但据说存在这样一种奇怪的法则：如果在路边看到一个由于不能修复扎胎问题而不知所措的陌生人，那么他通常使用的都是美嘴气嘴，这时不能使用自己的法嘴打气筒为其提供帮助。幸运的是，大多数气筒可以通过一定的转换为这两种气嘴进行充气，如果使用比较新型的气筒，只需将任意类型的气嘴插到气筒头中并按下开关即可。很多比较早的型号则需要将气筒头的盖子拿下来并取下一个较小的橡胶环和一个小塑料部件，将这两个部件翻转过来并按照原来的顺序重新安装到气筒上面——先安装塑料部件，然后再安装橡胶环。重新装上气筒盖，拉紧气筒就可以开始充气了。

曲柄和脚踏的维修

人们很容易忽略自己与自行车直接接触的部件，但每一次当你在上坡途中用力骑行或者改变速度时，都需要依靠曲柄和脚踏来完成。大多数时候，这两个部件不会出现什么问题，但是有时也会让人感到崩溃。

无论什么类型的曲柄，最常见的问题是曲柄螺栓松动导致曲柄在轴承上来回移动。对于方锥、ISIS花键或者八爪式曲柄来说，曲柄螺栓松动到一定程度时螺栓会掉下来，最终导致曲柄彻底脱落。如果使用自锁脚踏，会发现自己一只脚还锁在自行车上，而另一只脚已经与悬垂的曲柄和脚踏连在一起！对于双体式曲柄来说，由于预载帽的存在，因此曲柄不会完全脱落，但是如果在夹紧螺栓松动时用力向下蹬脚踏，那么可能会损坏曲柄内部比较脆弱的花鼓。

这两种情况都会彻底损坏曲柄——即使轴承与曲柄之间出现轻微但是持续的松动，都能导致方锥、ISIS花键或者八爪式曲柄产生变形，最终导致松动问题永远无法修复，脱落的花鼓也无法复位。首先应该确保曲柄螺栓足够紧密，如果这方面出现了问题，可以通过执行一定的措施最终使自己顺利到家。

如果使用的是方锥、ISIS花键或者八爪式曲柄，并且幸运地在螺栓丢失前发现了松动问题，可以尽可能地使其更加牢固并继续骑行，每20分钟或者感觉曲柄再次松动时停下来并再次紧固螺栓。如果工具中没有所需的8毫米口径内六角扳手，可以将两个4毫米口径、一个5毫米口径和一个3毫米口径或者一个6毫米口径和一个2毫米口径的组合放到螺栓头中当作8毫米的扳手使用，这种方法能获得意想不到的效果。对于分体式曲柄来说，也可以尝试使用这种解决方法，使左手曲柄恢复到轴承正确的位置并使用两个5毫米口径夹紧螺栓尽可能地使其更加紧固。

如果这种做法无法奏效，那么最好的做法就是将松动曲柄拆下来放在行李包中，继续骑行很快就会出现让自己更加沮丧的问题。在到家前，遇到上坡时，只能依靠一只脚来蹬脚踏（前提是出现问题的不是驱动侧曲柄），而下坡骑行时，则需要将一只脚放在脚踏上，另一只脚则悬在轴承的末端位置——依靠一只脚来控制自行车的平衡非常困难！

提高曲柄的牢固性

如果你有能力和信心顺利骑行到家，花点时间提高曲柄的牢固性会获得事半功倍的效果。即使无法找到原来的螺栓，仍然可以找到备用品——另一侧曲柄的螺栓。将右手侧的曲柄螺栓拆下来并安装在左手侧的曲柄上，尽可能将其拧紧。然后再次将其拆下来并重新安装回右手侧的曲柄上。牙盘片比曲柄更加昂贵，因此不值得让这个部件承担损坏的风险。

也可以使用临时的曲柄螺栓来救急。找一段尺寸合适的螺栓并将其削短，然后安装到轴承的一端。将从曲柄中伸出的部分竖直切掉——否则可能会造成脚踝损伤。骑行过程中应该保持谨慎。

损坏的脚踏

脚踏也可能由于剐蹭、断裂或者冲撞等情况而损坏。如果脚踏只是主体脱落而脚踏轴仍然在曲柄上，那么只需将脚踏轴当作脚踏就能骑行到家。这种方法可能感觉并不舒服，但至少能达到目的。只是将笨重的自锁脚踏主体从鞋子上拆下来时，由于没有了脚踏轴的支撑，可能会比较费力。

有时，整个脚踏都会从曲柄上脱离——通常由于最开始时脚踏没有很好地紧固到曲柄上导致。在这种情况下有两种选择：可以将脚踏重新强行塞进曲柄中（采取这种方法时，曲柄的螺纹可能会被脚踏损坏，到家时只能更换新的曲柄）；也可以找一个合适的小棍子来充当"脚踏轴"的角色。小棍子要有足够的长度，这样才会让脚掌获得平衡，它无须具有很强的承重力，但至少应该使你能掌控自行车的平衡并能让脚踏运转起来。骑行时应该选择低速齿轮并尽可能快速蹬脚踏，不要站立起来发力蹬脚踏，因为它无法承担如此大的重量。

修理损坏的链条

除了扎胎，链条修理也是最常见的骑行者需要执行的任务。十之八九，链条的损坏都是由于在变速的过程中对链条施加了不合适的压力所导致的。

角度和压力的组合作用会对脆弱且任劳任怨的链条带来极大的影响，一旦链条出现问题，骑行者会瞬间失去动力和平衡，如果在此时用力蹬脚踏，骑行者还有可能会从车上跌下来。应该学会如何正确使用变速齿轮，这样才会避免此类问题。同样，还需要保持链条处于较好的工作状态，因为老旧、磨损以及疏于保养的链条在受到过大的压力时很可能会导致令人沮丧的问题。对于大多数链条修理工作来说，都需要使用链条工具。由于链条工具的作用比较单一，只能用于链条的修理，所以很多人携带时并不情愿，但是其他工具也很难代替这种工具。一些制造商，例如帕克（Park）和拓步（Topeak），都会生产比较优良且可以折叠的链条工具，可以购买这种工具并始终将其放在工具包中随车携带。

链条坏掉后，首先应该返回去找到那些丢失的部分。有时链条可能还挂在车上，但大多数时候会散落在路上。如果骑行速度比较快，可能需要返回比较远的距离并不断收集散落的链条。然后按照以下介绍的步骤对链条进行修理。

需要确定所修理的链条长度

按照下面介绍的步骤将链条修好时，务必要确定修复后的链条是否还具有能安装到驱动链上的足够长度。由于需要将坏掉的链条拆除，所以链条可能会稍微变短。即使对于最大的飞轮来说，链条也不能太紧，这样才能避免后变速器被拉伸或者扭曲。如果链条太紧，有可能会使变速器脱落，进而将变速器本身以及与其连接的车架损坏。

请别人帮你将自行车的后部抬起来，然后将后轮切换到最小的飞轮，而前面则使用最大的牙盘——执行这种操作时，使用左手转动脚踏，右手执行变速操作。一步一步将后面的飞轮切换到最大一个并观察后变速器。切换到比较大的飞轮时，变速器会向前拉伸。查看下半部分链条的松紧度，链条将从飞轮的底部运转到后变速器上，如果这部分链条变得很紧，立即停止变速操作。如果在链条很紧的情况下强行切换到较大的飞轮，会损坏变速器。

尝试使用后面最大的飞轮时，如果感觉变速器有些力不从心，那么在骑行过程中确保不要切换到这个飞轮。骑行时要时刻记住这一点。因为一旦骑上自行车，很容易忘记这一点。就我个人来说，我比较喜欢对后变速器上的止动螺钉进行调整，这样能避免自己不小心使用最大的飞轮。按步骤向较大的飞轮切换，直到链条变得很紧，然后调整"低（L）"止动螺钉，直至感觉到阻力的存在——将会触碰到变速器内部的部件，进而限制进一步的操作。到家后，需要更换新的且具有足够长度的链条（同时很可能还需要更换飞轮）并再次调整止动螺钉，以便使链条能到达最大的飞轮。要了解更多有关止动螺钉的内容，可以参考本书第149页和156页的内容。

修理链条

宽段

窄段

一节

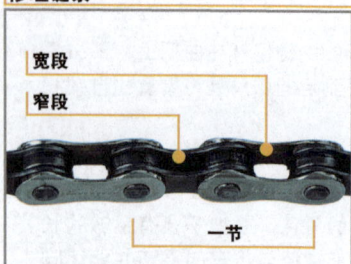

第1步：首先找到链条上损坏的部分并查看其两端部位。一端比较窄而另一端比较宽，完整的一节链条包含一个窄段和一个宽段。你会发现宽段末端的金属壁已经扭曲并出现了损坏，因此需要将完整的一节（宽段上损坏的金属壁以及与其连接的窄段）拆下来。

第2步：仔细查看链条并选择正确的拆卸位置。再次安装链条时，需要使窄段和宽段相匹配。选择正确的铆钉后，将链条放在链条工具上，如图所示。如果链条工具上不只有一个支撑位，可以选择使用距离手柄最远的一个。

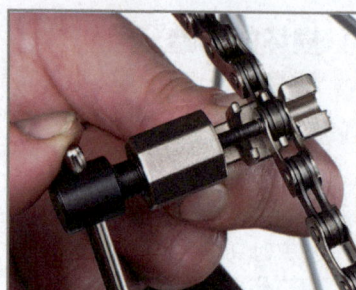

第3步：顺时针旋转链条工具的手柄，使指针靠近链条上的铆钉。靠近后，让指针与铆钉的中央位置对齐，如果指针位于铆钉的边缘或在金属壁上，会使链条工具弯曲并损坏，很可能无法再次修复，同时也可能会进一步损坏链条。

第4步：继续旋转链条工具，开始向外推动铆钉。此时会感受到一定的阻力，但是如果阻力比较大，可能是由于链条工具没有很好地与铆钉对齐。如果使用的是禧玛诺的链条，需要更换备用铆钉，或者如果打算使用魔术扣连接链条，那么可以直接推动铆钉使其彻底脱离。对于其他全部类型的链条来说，只需使铆钉从后面的金属壁上松动即可，因为稍后重新链接时还需要使用铆钉。

第5步：铆钉从链条的后面伸出来并脱离里面的金属壁（但不是后面的金属壁）时，向后移动手柄移开链条工具并轻轻松动链条的两端使其分离。

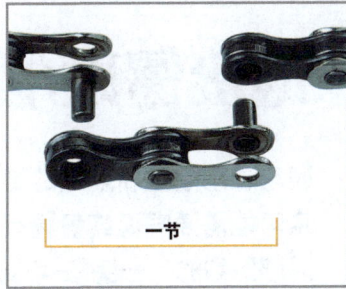

一节

第6步：此时取下完整的一节链条（一个宽段和一个窄段），在出现扭曲变形的另一端重复这个过程。这样就获得了完整的、已损坏的一节链条，同时整个链条也会相应地变短。链条的一端以宽段结束，另一端则以窄段结束。翻转宽段的铆钉使其朝向自己。

A

B

第7步：首先将窄段一端的链条从底部拉链导轮与变速器底部的拉环中间穿过（B），然后再使其从拉环与顶部引导导轮中间穿过（A）。不要将链条从顶部拉环的外部穿过，这样虽然变速器仍然能正常工作，但是部件之间会出现很大的噪声！如果旁边还有其他自行车，操作时可以将其作为参考。先将链条从引导导轮的前面穿过，然后再使其穿过飞轮的后部和底部。

第8步：继续将链条从飞轮的底部向上向前穿过顶部，然后再向前穿过牙盘片。将链条穿过前变速器，最终链条必须位于牙盘片上，但此时先将其穿过牙盘片的前部，然后让其位于牙盘片和车架的中间，这样会让你在重新链接链条时更轻松。

第9步：对于标准链条的安装来说，只需要使链条的两端靠近在一起，然后后使链条的内段穿过铆钉与外部金属壁的内侧相连。完成这个工作后，可以轻松地将铆钉穿过内部金属壁的孔洞中，最终将链条的两端连接起来。对于禧玛诺链条的安装，可以参考本书第67页中的内容。

第10步：将链条置于链条工具最外侧的支撑位上，顺时针旋转手柄，使链条工具的指针几乎触碰到链条的铆钉。扭动链条，使指针精确地对准铆钉。

第11步：继续转动链条工具的手柄，将铆钉推到链条中，直到链条两侧拥有相同的铆钉长度。移除链条工具。

第12步：重新链接链条时，通常会使链条上的金属壁紧密叠加在一起，使链条出现连接僵硬的情况。要解决这个问题，可以参考本书第66中的内容。最后，将手伸到牙盘片的后面并将链条抬到牙盘片上。此时可以站起来，左手抬起车座，使用右脚推动脚踏，让链条位于相应的牙盘片上。

链接僵硬/魔术扣

通常，刚刚重新连接的链条会出现链接僵硬的问题，但其他方式也会导致链接僵硬：链条可能需要润滑或者骑行的环境比较潮湿。如果存在链接僵硬的情况，骑行过程中是可以感觉到的——脚踏有规则地向前移动，但是与脚踏的转动并不同步。

要找到链接僵硬的位置，可将后部切换到最小的飞轮，前部则使用最大的牙盘片。将自行车靠在墙上，在车旁蹲下来并用右手缓慢向后转动脚踏。链条会从前部牙盘片的顶部向后运行，绕过最小的飞轮，然后再绕过引导导轮的前部以及拉链导轮的后部，然后再次运行到前部的牙盘片上。链条运行到顶部时会变得平直，然后在绕过飞轮时变弯。链条从飞轮底部运行出来时应该能顺滑地变得很平直，然后在绕过引导导轮时再次变得弯曲。但是如果出现连接僵硬的问题，链条从飞轮底部落下时不会变直，也不能顺滑地绕过后变速器。找到导致问题的链条区域后，尽可能慢速转动脚踏并在链条通过拉链导轮时仔细观察每一节链条。

解决连接僵硬问题

第1步：确定出现问题的链条节后，拿来链条工具。此时需要使用链条工具上距离手柄最近的支撑位——扩展支撑位。仔细查看存在问题的铆钉，确定是否存在铆钉在链条两侧的长度不均匀的情况。如果一侧比另一侧长，那么就从比较长的那一侧开始操作。如果两侧的距离比较均匀，则可以从任意一侧开始下一步操作。

第2步：将链条置于链条工具上距离手柄最近的支撑位上，按照顺时针方向转动链条工具的指针，直到指针几乎触碰到链条上的铆钉为止。轻轻扭动链条，使铆钉准确地对准指针。转动链条工具，直至能感觉到指针已经触碰到铆钉为止，然后再转动三分之一圈。向后取下链条工具并扭动链条，确定僵硬问题是否仍然存在。如果仍然不像链条的其他部分那样灵活，可以从链条的另一侧重复上述操作。操作结束后，铆钉在链条两侧的长度应该是均匀的。

第3步：如果没有随身携带链条工具，可以像上图中那样手持链条并在两只手之间向前后来回松动链条。及时停下来并检查是否链条僵硬的问题已经解决。操作的幅度不要太大，否则容易损坏链条的金属壁。

魔术扣

魔术扣，也被称为Powerlink，是一种能快速拆分和组装链条的小部件。如果比较喜欢将链条拆开进行清洁处理，那么这种小部件特别管用，因为不断重复拆开并替换铆钉可能会降低链条的使用寿命。这也是一种非常好的紧急情况处理方式。此时，仍然需要使用链条工具将出现扭曲变形或者损坏的链条节拆下来，但再次重新安装魔术扣时，不会出现僵硬的情况，链条也不会被缩短。

目前有几种不同类型的魔术扣，最好的类型就是Powerlink，SRAM会附带免费的Powerlink。所有类型的魔术扣的工作方式几乎是相同的。这种部件由两个相同的部分组成，每一半上具有一个铆钉和一个钥匙形状的孔洞。安装时，将铆钉穿过链条上的两端，通过孔洞上较宽的部分将链条连接起来。向链条施压时，魔术扣会被略微拉伸并被锁住。这种部件从来不会松开。

要拆分链条，找到魔术扣并推动两侧相连的链条节。向中间推动魔术扣，使铆钉头与退出孔对齐。之后向中间推动魔术扣的两半部分使其交叉，然后就可以拆下来了。

魔术扣——能快速轻松地拆分和组装链条 ▶

禧玛诺链条

禧玛诺链条的处理方式与标准链条存在些许差别。连接每一节链条的铆钉彼此非常紧密地连在一起，因此如果尝试使用原来的铆钉，很可能会损坏链条上的金属壁。

在拆分和重新连接禧玛诺链条时，必须使铆钉完全脱离链条，然后替换成专用的禧玛诺铆钉。为了与具有不同链条宽度的8速和9速系统配套使用（这些铆钉具有不同的长度），需要确保选择正确的替换铆钉——与8速系统配套使用的铆钉比较长，颜色是灰色的；而与9速配套使用的则比较短，颜色为银色。

　　替换铆钉的长度为原有铆钉的两倍，中间还会有一个凹槽。铆钉的第一部分发挥引导作用，能帮助将铆钉安装于链条上正确的位置，在使用链条工具将第二部分安装就位后，必须要将第一部分折断。这就意味着除了替换铆钉之外，还需要准备钳子。再次强调，8速、9速以及10速的链条具有不同的宽度，与其配套使用的铆钉的长度也是不同的，因此务必要选择正确的铆钉类型。

重新连接禧玛诺链条

第1步：将链条的两端对接在一起，使上面的孔洞相互对齐，然后将替换铆钉插入到孔洞中。铆钉的第一部分很容易进入孔洞，使用链条工具保持链条不会分开。将链条放于链条工具最外侧的支撑位上，使链条工具的指针与链条上的铆钉对齐，按照顺时针方向转动链条工具的手柄，铆钉中间的凹槽会从链条的另一侧伸出来。继续转动链条工具，直到铆钉的第二部分从链条另一侧伸出来。

第2步：将铆钉伸出外面的多余部分折断，比较理想的方式是用钳子。如果手头没有钳子，可以使用折叠组合工具上的两个内六角扳手夹住铆钉，然后旋转将其折断。

第3步：轻轻扭动新安装的链条节。由于金属壁过于紧密地叠压在一起，因此通常会出现僵硬的情况。再次将链条放在链条工具上，将出现僵硬问题的铆钉放在链条工具上距离手柄最近的支撑位上。慢慢旋转手柄使指针接触到铆钉，再转动三分之一圈松动链条节。将手伸到牙盘后面，将链条放置于某一个盘片上。站起来，用左手抬起车座，用右脚转动脚踏，使链条回到相应的飞轮上。

需要牢记的链条修理要点

- 总是选择质量较好的链条工具。价格低廉的链条工具可以胜任儿童自行车的维修工作，但现代链条的生产工艺使铆钉与链条上的金属壁非常紧密地连在一起，较好的链条工具能避免对这些金属壁造成损坏，只有合适的链条工具才能很好地完成这种工作。
- 有时比较大的折叠组合工具上会附带链条工具。这虽然比完全没有好，但是这种链条工具的效果很少能与较好的独立链条工具相媲美。
- 仔细将链条工具的指针与铆钉的中央对齐，否则可能会损坏链条上的金属壁并使链条节出现变形的情况。
- 要坚持对自己刚刚重新连接过的链条节进行检查。由于在安装铆钉时会使链条的金属壁紧密叠压在一起，因此经常会出现僵硬的问题。使用链条工具将链条金属壁重新分开，否则在骑行过程中链条与飞轮之间无法获得较好的咬合效果（见第66页）。

扭曲连接

扭曲连接通常是由于不平顺的变速操作导致的，也可能是由于链条受到了路面上某个物体的重击。出现这种情况时，你会在第一时间感到问题的存在——有时链条会出现有规则的轻微滑脱现象，但并不是每蹬脚踏一周就会出现一次——务必要立即对这种问题进行维修，避免对链条和变速器造成更加严重的损坏。

扭曲连接

链条金属壁之间的空隙刚刚能允许飞轮或牙盘齿通过，因此一旦链条出现扭曲问题，它就会从飞轮和牙盘齿上方掠过，无法实现很好的咬合，进而在压力的作用下链条会出现滑动现象。另一种情况是，即使扭曲的链条与牙盘齿实现了咬合，但是会被牙盘的后部卷入并在后下叉与牙盘之间卡住。同样令人郁闷的情况是，这种问题还对牙盘和后下叉造成损坏。

即使已经发现了扭曲连接问题的存在，要找到问题存在的位置也并不容易。要对问题位置进行查找，最佳位置是从自行车的后面进行观察。让朋友向上竖直抬起自行车并向后慢慢转动脚踏。走到自行车的后面并在与飞轮相同的高度上观察链条。你会看到链条会向以自己相反的方向延伸，从飞轮顶部到牙盘片的顶部。

链条节应该始终位于同一条直线上并且两侧是平行的。朋友转动脚踏时，链条会持续不断地通过后变速器。一直观察链条的顶部，当链条处于直线状态时，扭曲的链接会出现明显的变形现象。

要解决扭曲连接的问题，可以采取两种方法。最简单的方法就是直接将扭曲的部分重新拉直。如果这种方法有效，就能快速简单地解决问题，但缺点是修复后的链接会比较脆弱。需要的工具是一个内六角扳手和一个较小的螺丝刀，将任何两个带尖的工具组合使用也能解决问题。将两个工具分别插入到扭曲连接部分的两侧并轻轻地松动链条，对其进行矫正。尽量通过一次性操作解决问题，因为前后扭动链条会缩短金属的使用寿命。如果手上有链条工具，比较好的方法是直接将扭曲连接的部分拆除，以便获得一劳永逸的效果。但这种方法会缩短链条的长度，因此需要先检查链条在变短后还能否与后面最大的飞轮以及前部最大的牙盘片相匹配。如果在链条过短的情况下使用这些齿轮，有可能会对后变速器以及与其相连的车架造成损坏。确保在移除某个链条节后还能正常使用最大的飞轮和牙盘片。

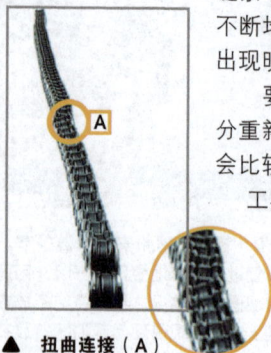

▲ 扭曲连接（A）能导致链条出现打结变形的情况

观察牙盘的底部，确定那个最后与牙盘齿咬合的链条节。使脚踏保持静止不动并让链条的剩余部分仍旧位于牙盘上，向下拉动那个最后链条节，使其脱离两个牙盘齿中间的凹槽。按照逆时针方向绕牙盘移动链条节，使其与下一个凹槽相互咬合。执行这种操作时，观察后变速器。这种缩短链条的方法能向前拉伸较低（拉链）导轮。保持链条处于这个位置不变并向上推动底部的导轮。如果链条仍有能向上推动10毫米的余量，那么就可以放心地将扭曲的链节移除。要了解重新链接链条的方法，可以参考本书第64~66页中的相关内容。如果移除的链条长度比较大，无法继续使用较大的牙盘片和飞轮，可以调整后变速器上的"L"止动螺钉，这样可以防止自己在不经意间使用这个齿轮组合。切换到链条可用的最大的飞轮，然后向内拧动"L"止动螺钉，直到感觉到有阻力为止。要了解更多关于止动螺钉的内容，可以参见本书第149和156页的内容。

安装链条

如上文介绍找到扭曲连接的部分。需要移除链条上完整的一节——一端为宽段另一端为窄段。按照本书第64页中介绍的方法在扭曲连接的两侧分两次将链条拆开。剩下的链条的两端应该具有不同的结构——一端为宽段，另一端为窄段。对于标准的非禧玛诺链条来说，宽段部分应该仍然保留铆钉，用于将链条重新链接起来。而对于禧玛诺链条来说，需要使用专用的替换铆钉来重新将链条的两端连接起来。新链条的长度总是会比需要的更大，以便确保提供足够的长度。安装新链条时，我总是喜欢使用足够长的链条，这样在遇到紧急情况时可以放心地移除其中的某一节。

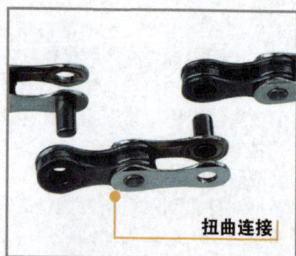

扭曲连接

▲ 移除完整的一节

缩短链条并使用单速

如果在冲撞中损坏了后变速器或勾爪，那么一种能让你顺利骑行到家的方法就是使自行车临时使用单速。相对于全减震自行车来说，这种方法对于不带减震的自行车要简单得多，大多数减震自行车的链条在减震缓冲过程中会发生变化。如果必须缩短全减震自行车上的链条，需要尽可能将减震受压时需要多出的那部分链条计算在内，看看自己所选的链条是否具有足够的长度。

首要任务是选择一个合适的齿轮。这取决于链线（chainline）以及骑行者的体力状况，最佳选择一般是处于中间位置的牙盘片和飞轮（通常为第三个或者第四个飞轮）。选择链条上任意某个部位并使用链条工具将链条分开，如本书第64页中图所示。记住，需要将铆钉留在链条的末端，因为稍后再重新链接链条时还会需要这些部件。

将链条从后变速器上取下来并使其重新穿过前变速器，绕过所选择的牙盘片和飞轮，如果后变速器仍旧挂在车架上，需要避开它。比对链条的两端并计算需要移除的链条节数以便能获得自己需要的长度。找到精确的移除位置并不容易，但是宽松一些比过紧更好，因为如果链条过紧，有可能会再次断掉。

按照本书第65页中介绍的方法重新链接链条。骑行时务必要保持小心的心态，因为没有了后变速器的牵制，链条很容易脱落。骑行时尽可能保持平顺，对脚踏施加均匀的压力，不要冒险站立起来骑行，这种冲动的动作很可能导致链条脱落。还要记住将移除的链条保存起来——更换新的后变速器时还需要将它们重新安装到链条上。骑行过程中，链条和飞轮的磨损程度是相同的，因为链条被拉伸的同时会对飞轮的轮齿造成磨损，这通常意味着需要在同一时间更换飞轮和链条，除非这两个部件仍然处于比较新的状态。

◀ 使链条绕在合适的飞轮上，避开后变速器

奇思妙想

我已经不记得在电影中看过多少次自行车紧急修理的场景了，但我还记得在一部名为《两秒钟》（Two Seconds）的电影中使用扎带维修自行车的场景。电影中，身为速降运动员的女主角打算放弃比赛，她将自己的自行车打包并开始一种全新的生活，但是当她后来再次组装自己的自行车时，发现最小的飞轮丢失了。她为什么在打包自行车时非要将飞轮从车轮上拆下来，这我不得而知，但在经过了一番思索后，她使用一个扎带来代替丢失的飞轮。扎带刚好可以起到固定其他飞轮的作用，这样她就可以安装固定环了。虽然这只是一个较短的电影场景，但是一定会受到一小部分观众的由衷赞赏。女主角仔细地重新调整了较高的止动螺钉，防止自己不小心切换到丢失的飞轮上。这是一部很好的电影，展示了对扎带的富有想象力的使用。

应急车轮修理

车轮对来自垂直方向的力量具有很强的承受能力，例如支撑骑行者的体重、骑行或者跳跃动作。尽管如此，受到来自侧面力量的冲击时，车轮很容易弯曲。发生冲撞情况时，很容易导致这种问题。一个比较常见的问题是冲撞导致车轮发生严重变形，进而无法顺利地在刹车块之间转动。一个临时解决办法是将阻挡车轮运转的刹车块拆掉并继续骑行，但很明显这并不是一个好主意——你可能只在前10分钟内保持谨慎，然后就会忘记自行车上现在只有一个刹车可以使用并不断加速。于是很快又会再次发生冲撞。

可以使用本部分中介绍的车轮辐条紧固方法对车轮进行矫正。

车圈是靠辐条来支撑的，而辐条的紧固程度可以通过紧固（逆时针转动）（A）或者松动（顺时针转动）（C）辐条接头来增大或者减少，进而实现对于辐条相连车圈的牵制。辐条的另一端则交叉连接在花鼓的另一侧上。紧固花鼓右手侧的辐条会使车圈朝右侧移动（B）；松动该辐条则会使车圈朝左侧移动。对车轮的修正就包括调整每一根辐条的紧固程度，使车轮能竖直运转而不会出现左右摇摆的情况。这一过程并非一蹴而就——需要注意以下几个方面。

（1）仔细找到需要调整的辐条。转动车轮并观察车圈，找到车圈中弯曲程度最大的部分——幸运的话车圈可能只有一处弯曲，因此只需要专注这部分即可；但是如果车轮变形程度比较严重，则必须先确定中心线的位置。

（2）开始时，要确定每一根辐条接头正确的转动方向并不容易。使用左图作为参考。转动辐条接头时注意观察车圈。如果鼓起的部分并没有改善反而更加严重了，说明辐条接头的转动方向不正确。

（3）一点一点调整每根辐条的紧固程度。每次将接头转动1/4圈是一个比较好的选择。完全转动辐条扳手可能会对车圈造成损坏。每次调整1/4圈，然后查看车圈的矫正效果，需要的话再次继续转动。

使用敲击方式矫正车轮的谣言

坊间一直流传这样一种车轮矫正方法：将车轮平放在地面上并用力敲击出现弯曲的部分。正是轻信了这样的说法，一代又一代的骑行者将原本能修复的变形车轮直接送到了垃圾场。

真正的问题在于只有在特定的情形下才适合使用敲击车轮的矫正方法。首先，车轮必须弯曲成特定的形状——必须看上去像是品客薯条那种形状，出现4个比较均匀的弯曲部分且每两个区域的弯曲方向一致。其次，变形问题必须是最近才出现的。第三，必须通过一次性敲击使车轮恢复原状。将车轮平放在地面上并站在弯曲的高点上，成功的概率会更大一些（当然，你肯定无法享受到连续大力敲击的乐趣了）。不能使用过大的力量，那样通常并不会获得令人满意的效果，反而会使问题变得更糟——到家后需要付出更加高昂的维修费用。

损坏的辐条

如果在骑行时发现某个辐条丢失并且不对出现弯曲问题的车圈进行矫正，那么会造成车圈永久的弯曲。但是，也许只有长距离骑行者才会随身携带备用辐条，如果某根辐条损坏，那么能采取的补救措施是非常有限的。后轮辐条很难替换，因为需要使用相应的工具将飞轮拆下来，然后再重新安装，这就使应急维修变得不太可能。但是可以对相邻的辐条进行调整，以便使车轮尽可能的平直，进而获得更好的刹车效果（如果使用的是车圈刹车），这种做法也让稍后的维修工作变得更容易。

首先，需要对断掉的辐条进行处置，以免其缠绕在其他物体上。如果损坏的位置离车圈比较近，可以将其缠绕在相邻的辐条上，以免与地面发生剐蹭；如果损坏的位置距离花鼓较近，将其向中间折叠。使用辐条扳手松动辐条接头使其从接头处脱离车圈。如果辐条从中间位置断掉（这种情况很少出现），可同时采取以上两种措施。

抬起车轮并转动，观察它的弯曲程度。通常，在损坏的辐条位置会存在一个较大的突起。使用辐条扳手拧松任意一侧的辐条。要确定该向哪个方向转动辐条并不是一件容易的事。观察想要转动的辐条并想象自己能透过车胎看到辐条接头。要松动辐条，需要在转动时使辐条头顶部按逆时针方向旋转。

对于车圈刹车来说，需要确保刹车块与车胎之间没有出现卡住的情况。你可能会发现在辐条损坏的位置，车胎会卡在刹车块上。如果存在这种问题，可以松动用于固定刹车块的内六角螺栓，稍微向下移动刹车块使其与车胎分离。

矫正弯曲的车轮

使用辐条扳手，花点时间对车轮进行矫正就可以实现安全上路的目的。但这是在车轮弯曲程度并不太大的时候，如果车轮在转动时左右摇摆的距离超过2厘米，那么只使用辐条扳手并不能实现矫正的目的。对于碟刹系统来说，一个能让人称赞的优点就是当车轮变弯时刹车系统仍然能正常工作。

将自行车倒立放置。如果有问题的是后轮，则站在自行车后面里；如果是前轮，则站在前面使自己与车轮处于同一直线上。转动车轮并观察车轮通过刹车块的区域（如果使用的是碟刹系统，则观察刹车块所在的区域）。如果车轮在通过刹车块时过于摇摆，可以将刹车单元拆下来。如果在通过车架时过于摇摆，只能将车重新转过来并步行回家。

如果认为自己有能力对车轮进行矫正，可以较长时间地转动车轮并观察它的形状。需要找到弯曲程度最大的位置——从中心线上突起最大的区域。如果使用的是车圈刹车系统，可以使用其中一个刹车块作为参照物。手持刹车块使其静止不动并转动车轮，观察刹车块与车圈之间空隙的变化情况。如果车轮弯曲比较严重，必须先粗略地估计出车轮中心线的位置，然后以中心线为标准进行矫正。在出状况的现场并不能获得完美的结果——只需使其达到能转动的程度即可。

调整辐条时，将辐条接头转动1/4或者半圈足够了，如果转动幅度过大，很容易将本来只是弯曲但能修复的车轮变成毫无用处的废品。每次转动的幅度要尽可能小。如果对转动辐条接头的方法不太确定，可以参考本书前面介绍的相关内容。

矫正车轮

第1步：如果使用的不是车圈刹车，需要自己制作一个临时的测量工具，用它来评估车轮的摇摆幅度。扎带此时就成了无价之宝——可以用扎带将一根小棍子固定在后下叉或者前叉上，使其处于与车圈相同的高度上，也可以直接在前叉或者后下叉上绑一个扎带并使扎带的尾巴悬垂下来。将扎带的尾巴作为测量工具来使用。

第2步：再次转动车轮，车轮上最大突起处的中间位置与临时测量工具处于同一高度时停止转动。观察车轮上的辐条，会看到交替的辐条指向车轮的另一侧。

第3步：选择处于突起区域中间的辐条。如果这根辐条在车轮上指向与突起相同的一侧，那么就松动该辐条并拧紧相邻两侧的辐条。转动1/4或者半圈就足够了。如果突起中间的辐条指向花鼓的另一侧，则拧紧该辐条，将相邻两侧的辐条松动1/4或者半圈。再次转动车轮，找到最大的突起位置。

变速线问题

变速线的作用是牵制变速器内部的弹簧。松开变速线时，变速器弹簧会回到自己的默认位置。通常是最小的飞轮或者牙盘片，但是禧玛诺公司最近推出了一款名为Rapid-Rise（速升），或者称为low-normal的后变速器，它的默认位置则是最大的飞轮。如果变速线断了，一种选择是让链条返回到其默认位置并以相应的速度骑行回家，这样还可以正常使用其他变速器。

如果变速线断裂并出现拖线问题，需要将线拆下来，防止它缠绕在其他物体上。可以选择松动变速线固定夹紧螺栓，将其完全拆下来，或者将变速线缠绕在一起并用胶带将其绑在车架上。如果选择彻底拆除变速线，可以将其缠绕起来并带回家——不要丢弃在路上。

后变速线断裂的概率相对更大一些，因为它比较长，绕行的角度也更多一些，尤其是会减震自行车。有时变速线会出现磨损或者断裂，但更多是外壳断裂并脱落。两种问题所带来的结果都是相同的——失去了变速线的牵拉作用。对于标准后变速器来说，变速器弹簧会将其拉到最小的飞轮上，而Rapid-Rise变速器是将变速器拉到最大的飞轮上。前变速线坏掉的概率要小一些，这可能是因为它承担的负荷没有后变速线那么大。但是它的损坏仍然是一件让人郁闷的事情，因为变速器弹簧会将链条拉到最小的牙盘片上，此时，即使双腿极快地蹬动脚踏，自行车也只会移动很短的距离。

后变速线问题

变速线在彻底断裂前一般都会存在较长时间的磨损。因此在对自行车进行清洁工作时，有必要养成检查变速线的习惯，在发现磨损裂口的第一时间就更换变速线。但有些时候，它们也会出现让人毫无心理准备的断裂。失去了变速线的平衡牵制力，变速器内的弹簧会将链条拉到默认的位置——标准变速器上是最小的飞轮（最高速齿轮），Rapid-Rise变速器上则是最大的飞轮（最低速齿轮）。这些可能并不是你使用起来最方便的齿轮，因此可以尝试通过以下这些方法临时将链条锁定在对自己来说最舒适的飞轮上。

相对于后面最小的飞轮来说，如果喜欢使用比较省力的齿轮，可以通过止动螺钉重新对变速器进行设置。请别人帮助你将车座抬起来使后轮离开地面。使用右手慢慢转动脚踏并使用十字螺丝刀向内（顺时针方向）转动"H（高）"止动螺钉。转动止动螺钉时，链条会逐步从最小的飞轮切换到相邻的齿轮上。使用这种方法，甚至可以直接切换到第3个齿轮上。当将止动螺钉向内拧动的程度足够大时，向反方向拧动（即逆时针方向松动螺钉），这样链条就会轻松地切换到所选择的齿轮上，而不会发生被卡住或者脱落到其他齿轮上的问题。

可以使用一小段闲置的线缆将链条设定在较低的齿轮上。一条闲置的刹车线就可以胜任这个任务，如果没有，可以将已经断裂的变速线从变速器上拆下来并使用带接头的那一段。使线缆穿过后变速器上的调节旋钮（barrel-adjuster），使接头正好置于调节旋钮中或者其上方。接下来，用手推动后变速器，使其置于自己习惯使用的飞轮上，将线缆紧固在夹紧螺栓的下方位置。通过调节旋钮微调变速器的位置，让链条直接落在飞轮上而不会出现咔咔的声音。将那段闲置的线缆缠绕起来，以免被绞在链条或者后轮上。

◀ 使用一小段闲置的线缆将后变速器设置
在比较舒适的飞轮上

前变速线问题

前变速线能在你操作变速手柄时向外拉动前变速器，进而将链条从最小的牙盘片切换到中间，然后再到最大的牙盘片上。按下指拨（扳机式）变速手柄或者转动转把变速手柄释放变速线时，前变速器中的弹簧会向后拉动导板，进而将链条重新切换回到中间和最小的牙盘片上。

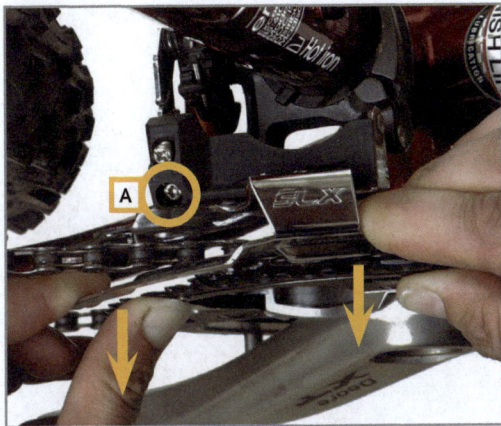

▲ 在中间位置的牙盘片上方，向外拉动前变速器

如果前变速线出现断裂问题，变速器弹簧会将导板拉回到最小的牙盘片上，骑行者只能使用最低速的盘片。使用最小的牙盘片骑行回家是一件比较郁闷的事情，你一定想尝试对前拨进行设置使其能在中间的牙盘片上运行，而不是限制在最小的盘片上，除非骑行路段是比较陡的上坡路。

如果较低的"L"止动螺钉（A）足够长，可以通过它来设定前变速器的位置，使链条切换到中间的牙盘片上。将手伸到牙盘的后面，将链条从最小的牙盘片上抬起，使其置于中间的牙盘片上。保持链条处于该牙盘片上，同时拧紧"L"调整螺钉（顺时针方向转动）。使用右手释放变速器导板并估计变速器的位置。

前变速器处于比较理想的位置上时，在前变速器导板外侧与链条之间会存在一个1毫米左右的间隙，后面使用的则是最小的飞轮。如果导板过于向外倾斜，间隙就会变大，可以按照逆时针方向松动"L"调整螺钉，使变速器位于正确的位置上。现在，就可以正常使用后面的齿轮了。

你可能会发现，即使已经向内拧了很多，但"L"止动螺钉仍然不能将前变速器向外推动足够的距离——这并不奇怪，因为止动螺钉的设计初衷并不是出于这个目的。如果最终通过调整止动螺钉使链条在中间位置的牙盘片上运行，那么仍然可以正常使用较大的后飞轮。不要使用较小的飞轮，因为这样会使链条剐蹭到前变速器，使其移动并落到不想使用的最小的牙盘片上。

另一方面，如果调整止动螺钉的方法毫无成效，可以在前变速器后面塞入楔形物体，使其与车架之间保持一定的距离。从自然环境中就能找到合适的工具——小木棍就是比较理想的选择。将变速器拉出来并塞入物体将其固定。此时如果工具中有一把锋利的小刀就会方便很多，在这里可以用它来将小木棍削成楔子。前变速器中的弹簧应该能将楔子固定在适合的位置，还可以使用扎带防止楔子出现脱落。甚至还可以对变速器进行设置，使链条运行在最大的牙盘片上。如果在山坡路段上骑行，到达山脚下时可以停下来，将楔子取下来并使用最小的牙盘片骑行，到达山顶时再重新将楔子装上。同样，仍然可以正常使用后变速器，但是不要使用那些能导致链条剐蹭前变速器导板的飞轮——能拖慢速度并对导板造成磨损。

将断裂的前变速线缠绕在一起，避免它被绞到车轮、刹车或者减震部件中。变速线断裂的一端异常锋利，需要确保它不会伸出来，以免划伤双腿。松开变速线夹紧螺栓并将残线取下来。然后重新拧紧变速线夹紧螺栓，避免出现松动脱落的情况。

对于在冲撞中严重变形的前变速器来说，并不适合采用上面的方法。如果导板发生严重变形，无法使链条顺利运行，则必须将前变速器完全拆除。松开变速器线夹紧螺栓并将其缠绕在一起。松动并取下前变速器固定螺栓。此时，链条仍然处于变速器导板中。不要拆开并重新链接链条，这样不但费时费力，而且会缩短链条的使用寿命。此时，应该松开并取下变速器导板后面的螺栓，从导板内部将链条抽出来。将链条重新放置在某个牙盘片上。对于一些新型的前变速器来说，可能无法执行这种选择。

链条可能会处于自己所选的牙盘片上，但是没有了前变速器的引导，链条通常会出现跳挡情况。大多数时候，会跳到较小的牙盘片上。要减小这种问题发生的概率，需要尽可能平顺地骑行，使链条运行在后面较大的飞轮上，这样有助于保持链条的拉力。

有时，用于固定前变速器导板的螺栓会出现松动，这会使前变速器的变速操作变得很慢，导致适得其反的效果，可以通过将扎带穿过螺栓孔的方法将导板固定起来，这样就会让其发挥正常的功能了。

骑行前的12项例行安全检查

每次骑行前都对自行车进行检查似乎是一件比较费力的事情，也会让人感到有点厌烦。但其实这个过程并不需要很长时间。有时，你还会对自己付出的时间而感到庆幸，因为在出发前就发现了车上存在的一些隐患，而这比在路上修理要容易得多。在对自行车进行检查时，从一些基本的着眼点开始能更加容易地找到存在问题的地方。

对自行车进行例行检查很有必要。每次检查都遵照固定的顺序能防止遗落其中的某个部件。同时，有必要在脑海中形成一个检查清单，确保不会忘记骑行时需要的其他物品。骑行所需的物品由骑行的距离决定，但是常规的物品一般包括充足的饮用水、救急食品、合适的衣物、防晒霜、地图、维修工具和充气筒。还要确保有人知道自己骑行的目的地以及归来的时间。如果有信号覆盖，手机在紧急时刻能起到非常重要的作用。当然，准备充分仍然是第一位的。

（1）**快拆杆**：检查两个车轮的链接是否牢固。快拆杆合上后是否牢固地与前叉或者后下叉处于同一直线上，如果没有，它们会剐蹭到其他物体或者不小心打开。大多数快拆杆的两端会印刷有"open"和"closed"字样。合上快拆杆使带有"closed"字样的一端可见。同时还需要对螺栓构造的轴承进行安全检查。

（2）**车胎**：检查外胎内外表面是否存在裂口或者锋利的物体，如玻璃或者棘刺等。这些通常会在一段时间后刺破轮胎造成扎胎问题。经常检查车胎找出是否存在外来物体。这个过程虽然有点枯燥，但是相对补胎来说要快得多。

（3）**辐条**：查看是否存在断裂的辐条。使用手指在每个车轮的两侧轻轻拂过，让指尖拂过每根辐条。即使只有一根断裂的辐条，也会极大影响车轮的强度。在车轮变弯前就进行一劳永逸的修理要容易得多。

（4）**前轮**：抬起自行车的前端使其离开地面并转动前轮，查看前轮是否能顺畅运转，不会出现在前叉之间左右摇摆的情况。

（5）**车圈刹车**：检查在车轮转动时是否存在刹车块接触车胎或者车圈的问题。存在剐蹭问题的刹车块会快速磨损并降低骑行速度。检查刹车块的位置，每个刹车块都应该处于与车圈平行的位置上，不应过高并存在与车胎摩擦的情况，但同时也不能过低，使部分刹车块悬在车圈的下方（注意：上页中展示的是使用碟刹系统的自行车。）

（6）**碟刹卡钳**：检查碟刹刹车垫。碟刹盘片每侧的刹车垫应该大于0.5毫米，如果小于这个数值，应在骑行前更换新刹车垫。

（7）**前刹车杆**：每次骑行前简单地检查一下刹车系统。站立在自行车的一侧，轻轻向前推动自行车，然后提前刹车，前轮应该立即被锁定，后轮则被抬起离开地面。否则不要上路。

（8）**后刹车杆**：使用与上面相同的方法检查后刹车。向前推动自行车，然后把后刹车，后轮应该立即被锁定并在地面上滑动。否则同样不要上路。

（9）**链条**：检查驱动链。链条应该保持整洁并且能顺畅地通过各个齿轮，不会出现从飞轮或者牙盘一侧脱落的情况。向后转动脚踏并观察链条能否顺畅通过后变速器。如果存在僵硬链接的问题，链条在通过较低的导轮时会使变速器向前跳跃。有必要对这种问题进行修复，因为它能导致齿轮遇到压力时产生脱落问题。

（10）**线缆和套管**：检查所有线缆（刹车线和变速线）是否存在外管打结或者线缆断裂的问题，对于断裂的线缆要立即更换；清洁线缆上的油污和污物；检查液压软管的连接和密封性是否良好；检查软管和卡钳以及软管和刹车杆之间是否连接良好；提刹车杆时用手指向下轻抚每个软管——这样可以感觉到存在的泄漏问题或者脆弱的部分。

（11）**把立**：检查把立和车把是否牢固。站在前轮处，将车轮夹在膝盖之间，尝试转动车把，确保其不能单独转动；同时尝试转动把立与车把的链接。如果使用了副把，需要使副把向下倾斜。对出现松动的部件进行紧固。

（12）**脚踏**：检查脚踏上的防滑钉。确保两侧的自锁脚踏都能顺畅锁定和解锁。

工具箱

三个舒适区所需的工具

- 用于调整车座位置的6毫米口径内六角扳手。
- 用于调整车座高度的4毫米口径或5毫米口径内六角扳手（或者快拆）。
- 用于调整车把和把立位置的5毫米口径或6毫米口径内六角扳手。
- 用于调整防滑钉位置的4毫米口径内六角扳手。

例行清洁工作所需工具

- Muc-Off清洁套装或其他自行车清洁用品。
- 去污剂。
- 钢毛刷。
- 海绵架。
- 用于润滑的链条油。
- 足够的温水。

三个舒适区

骑行时，我们与自行车直接接触的部位有三个：手部与车把的接触，臀部与车座的接触以及双脚与脚踏的接触。如果自行车上的这几个区域处于合适的位置并具有合适的形状，骑行者就会感到很舒适，反之则无法舒适地享受骑行过程。

自行车的尺寸

如果自行车的尺寸不合适，那么永远无法获得舒适的骑行感受。购买新自行车前一定要先试骑一下，也可以让销售人员帮你选择。不同制造商对车架尺寸有着不同的衡量标准，例如一辆18英寸（约46厘米）的自行车很适合自己，但是不能以此为依据判定所有品牌的18英寸（约46厘米）自行车都适合自己。衡量时，可以骑在自行车上并将双脚平置于地面上，尽可能地向上抬高车座和车把，车胎与地面之间的间距应该为7~14厘米。如果只有将座杆升到安全标志上方才能获得足够的腿部伸展空间，那么就说明车架的尺寸太小了。另外在购买新车时，不要只检查车架的高度。尝试各种不同的型号，找到在长度上也能获得舒适性的类型，因为各个自行车的长度也不尽相同。虽然可以通过调整车座位置和把立高度达到适合自己的长度，但从一开始就知道离自己所需尺寸最接近的型号是更好的方法。

车座

车把和把立

脚踏

车座

首先要选择合适的车座高度。以正常方式坐在自行车上，将双手放在车把上，倚靠在墙上。转动脚踏使曲柄处于垂直的位置并将一只脚的脚后跟放在较低的脚踏上。处于这个姿势时，膝盖位置应该几乎处于直立状态。再用另一条腿进行测试——因为两条腿长度不同的情形并不少见。以较短的那条腿作为标准来设置车座高度。采用这种方法正常骑行时（脚掌位于脚踏的正中央），脚踏处于最低点时，腿部应该几乎但并不完全处于竖直状态。接下来需要设置车座的角度。对于几乎所有的人来说，最舒适的角度就是车座顶部处于绝对的水平位置上，如果只有将车座前部压低几度才感觉舒适，那么可以考虑更换一个车座。每个人的身体结构都是不同的，因此必须尝试各种不同的型号，最终找到适合自己的。要了解如何调整车座角度和位置，可以参考本书第23页中的相关内容。最后，需要设置车座的前后位置。首先使车座位于座弓的正中央。如果在上坡骑行时身体臀部向车座后部滑动，可以将车座稍微向后移动一些；如果感到自己需要离车把更近一些，则可以将车座向前移动一些——如果觉得身体过于舒展，相对于调整较短的把立来说，向前调整车座是更好的选择。一个比较流行的衡量标准是坐在车座上并使用铅垂线检查膝盖前部是否位于脚踏中心的正上方。我比较喜欢使车座稍稍靠前一点，但每个人的风格都是不同的。

不要委曲求全地让自己忍受不舒适的车座。目前有很多不同类型的车座，总能找到适合自己的那一款。同样，也不要指望新自行车或者首次尝试某种车座就能获得完美的体验。如果已经有了比较适合自己的车座，那么可以将它更换到新自行车上。钛合金座弓不仅重量轻，而且具有更好的弹性，能提供实时的乘坐体验。而皮革车座比塑料车座具有更好的呼吸功能，这种优势在炎热的天气中能充分地体现出来。

最近几年，女士车座在舒适性上有了极大的提高，因为制造商意识到你不只是单纯地购买自行车，更想从中获得快乐的体验。再强调一下，目前有很多不用类型的车座，在购买前应该多进行尝试。中央带有孔洞和狭槽的车座类型能更好地分散压力，但是在寒冷的天气中容易使骑行者遭受冷风的侵袭。

车把和把立

车把与车座之间的距离（reach）和车把高度能影响骑行时的舒适度，同时还能影响肩部对自行车的控制效果。相对于老式的螺纹碗组来说，无螺纹碗组系统在调整把立高度方面的能力比较有限，但是这种新系统在把立下方或者上方会带有一个隔离部件，可以通过该部件进行一定程度的调整。还可以通过对把立进行调整来改变骑行高度和车把到车座之间的距离（见第26页）。对于新手来说，一般喜欢将把立调整得更高或者更低来获得更好的舒适性，但是应该注意使车把和车座之间获得合适的距离。把立的高度对于骑行时的视野具有很大的影响，自行车运动本身的性质意味着车的移动方向与视野方向具有高度的统一性（因此存在一个广泛流传的警示语——"别看风景，看路"）。

较短的把立能带来更多的操控乐趣，也能更好地控制骑行速度。短把立与较宽的车把配合使用现在变得非常的流行，但是并不包括纯比赛用自行车，后者一般具有更长更低的把立，会让身体重心前移，这种设计使骑行者在经过上坡路段时，前轮能提供更好的抓地力，同时将身体的一部分重量从车座转移到前轮上。尽管如此，这种设计所带来的空气动力学优势却与山地自行车爱好者毫不相干，几乎所有人都看到过这样一种壮观景象：一大群身背巨大背包并穿着宽松的多袋短裤的山地自行车爱好者聚集在一起并比赛看谁最先速降到山下。燕把（riser bar）比一般的车把大约高3厘米并且可以转动以便适合手腕的角度，这可以明显避免出现手腕酸痛的问题。车把材料对于舒适性来说也很重要，大多数价格比较高的车把都是由薄壁管，甚至是碳制成的，这两种材质都能较好地减少骑行过程中产生的振动，进而减小手腕的疲劳度。当然，如果自行车上使用了减震前叉，同样能达到减震的效果。副把能在爬坡骑行时为骑行者提供更多的杠杆力，还能为手部提供更多的握把空间，使手部可以在车把上移动，这有助于缓解手腕的疲劳。要找到最佳的副把角度，最简单的方法是使其松动达到能在车把上旋转的程度，坐到自行车上，闭上眼睛并以舒适的角度手握副把，然后在相应的位置拧紧副把。此外，需要仔细为自己选择一副合适的把套，因为双手需要长时间地置于把套上。通过对把套的直径与手的尺寸进行对比，知道适合自己的尺寸。在炎热的天气里，可以选择带有花纹或者沟槽的把套，这能在手部出汗时起到防滑的作用。如果手部容易变得酸痛，可以选择能为手掌提供支撑的把套，这样能保持腕部血液的顺畅流动。

脚踏

脚踏是骑行者与自行车直接接触的第三个部位，与其他两个部位一样，合适的选择能为骑行带来更高的舒适度。大多数SPD脚踏的尺寸都非常小，虽然这能有效防止脚踏与地面上的物体发生剐蹭，但同时也能降低骑行的舒适度，因为全部的骑行压力都集中在脚部区域上。可以选择带有硬底的骑行鞋，将压力分散到整个鞋底上。此外，还可以选择带鞋笼的SPD骑行鞋，这种鞋能为脚部提供更多的支撑。

例行清洁工作

对自行车进行清洁工作时，最能发现车上是否存在磨损过度或已损坏的部件，如果没有及时处理，这些部件很可能会在骑行路上坏掉，使骑行者陷入进退两难的境地。要谨慎选择喷洗的清洁方式。洗车房的喷洗设备具有很大的冲击力，能轻松地让自行车焕然一新，但是无论多么谨慎，喷洗设备都会导致轴承密封进水以及润滑油脂被喷出的问题。而这会极大地缩短轴承、各个支点以及其他部件的使用寿命。

　　清洁时可以遵循这样一个原则：从车上最脏的部位开始清洁，逐渐过渡到干净的部件。通过这种顺序，可以最大程度减少重新清洁的工作量。

　　如果要对自行车进行全面清洁，可以采用下面介绍的例行工作程序。首先要将车轮拆下并将车子挂起来，这样可以对所有部件进行深入清洁。

（1）　从传动系统开始：链条、飞轮、牙盘以及变速器。如果链条并不是太脏，可以使用抹布清洁。

（2）　如果链条很脏并且油污过多，用抹布无法获得很好的清洁效果，需要进行彻底的清洁。可以在不将链条从车上拆下来的情况下就获得比较好的清洁效果，因为链条的拆卸非常麻烦，而且拆装会使拆开的部分变得非常脆弱。为了获得最佳效果同时保证清洁工作井然有序，可以向小容器中倒一点去污剂，使用牙刷或者洗碗刷蘸一点去污剂并用力清洁链条。有必要购买一个链条清洗盒，它能使链条获得更好的清洁效果，清洁速度也更快。请参见本书第48页中的相关内容。

（3）　飞轮和牙盘也需要定期清洁。这些部件距离地面比较近并且始终暴露在自然环境中，如果它们变得很脏且油污过多，要对其进行清洁处理。油脂具有黏性并能在骑行过程中吸收灰尘，进而加快对驱动系统的磨损。与上面对链条的清洁一样，通过刷子使用一点去污剂来清洁飞轮和牙盘。清洗完成后，要将不小心滴落到车上的去污剂清洗干净，同时需要认真擦干各个部件。注意不要使去污剂进入到各个轴承中。

（4）　所有的清洁工作都完成并干燥后，需要对链条进行重新润滑。相对于喷雾，我个人更喜欢滴流的润滑方式，因为可以更加精准地对需要的部位进行润滑，同时不会出现浪费润滑油的问题。一边转动链条，一边在下排链条的顶部滴一点润滑油。使用的润滑油无须太多。完成后等待5分钟使润滑油充分浸入到链条中，然后使用干净的抹布小心地将多余的润滑油擦除。不用对驱动系统中的其他部件进行润滑操作，因为链条运行时会在飞轮上留下一定量的润滑油，这些足以起到需要的润滑效果了。

（5）　接下来，需要对车轮进行清洁。对于轮胎上的泥浆来说，最佳的清洁方法就是在泥浆变干后，在干净的沥青路上一路快速骑行（骑行时将嘴闭上）。

（6）　车圈刹车系统在车圈很干净时能获得更好的刹车效果。但车圈会吸收来自地面以及刹车块上的灰尘和污物，使刹车块无法有效地对车圈形成抓力，进而导致车圈和刹车块出现永久的磨损。绿色的尼龙布里洛（Brillo）百洁布是执行这种清洁工作的不二选择。丝毛材质则过于坚硬，而尼龙则会在不损伤刹车的前提下有效去除车圈上的污物。清洁车圈时，可以顺便检查刹车系统表面是否存在突起或裂开的问题，如果存在，说明车圈磨损严重并且需要立即更换。如果车圈上安装了车圈磨损指示器，也可以在此时顺便查看。（注意：上页中展示的是使用碟刹系统的自行车。）

（7）　同样，碟刹刹车系统只有在很干净时才能提供较好的刹车效果。务必不能让刹车盘片上粘上油污。可以使用自行车碟刹清洗剂或碟刹盘专用的异丙醇进行清洁。如果碟刹盘片已经粘上油污，可以使用异丙醇进行清洁（药店有售），它不会留下任何残留。不要使用汽车用碟刹清洗剂，这样会在碟刹盘片上留下无法去除的残留。

（8）　接下来是刹车，对于车圈刹车系统来说，需要将车轮拆下来并清洁刹车块的表面。使用小螺丝刀或小刀（小心操作）将刹车块中的金属细屑挑出来。如果刹车块被磨得很光滑，可以使用一块干净的砂纸让其变粗糙。查看刹车块时，检查刹车块是否存在磨损过度或磨损不均匀的问题。大多数刹车块上会有一个嵌入到橡胶中的磨损警示线。如果刹车块自身带有磨损狭槽，需要确保狭槽仍旧处于可见状态。如果消失不见，说明需要更换新的刹车块。

（9）　对于碟刹系统来说，将卡钳清扫干净。检查液压软管是否存在渗漏问题。任何连接处都不能出现油污痕迹。还要检查软管是否存在打结问题。查看卡钳上的盘片狭槽。并且确保刹车垫的厚度不应小于1毫米。

（10）　对线缆部件进行常规清洁和润滑操作，线缆一般外面会有套管保护。

（11）　对于后刹车线来说，需要拆下从刹车杆延伸到车架的黑色套管。在止栓位置，向前拉动套管将其从止栓上卸下来，抖动刹车线使其摆脱狭槽。使用相同的方法拆下其他部分的套管。使用干净的抹布擦拭原来被套管覆盖的线缆。向每一段线缆上滴一滴润滑油进行润滑，再重新将套管装上。

（12）　对变速线套管采用相同的方法处理。需要按下后变速器，即模拟将链条切换到最大飞轮的动作，然后再次将变速器推开（见第149页）。这能获得足够的线缆长度，以便将部分套管从止栓上拉出来。对其他套管采用相同的处理方法并完成清洁和润滑工作——尤其是最后一圈后变速线。这部分线缆离地面最近，因此更容易沾上地面的灰尘。最后将外部套管重新安装就位。

（13）　将前变速器拉到最大牙盘片的上方，操控变速手柄模拟将链条切换到最小飞轮的动作，然后使用与上面相同的方法将套管拆下来。完成清洁和润滑工作后再将套管重新装上。肮脏的变速线会影响变速操作的效果。

（14）　尽管工作环境同样非常艰苦，但是脚踏是经常被遗忘的部件。可以使用小螺丝刀清除部件上的泥土。确保两个脚踏都能得到相应的清洁。每次将骑行鞋锁定在脚踏上时，都会有泥浆被灌入弹簧中，随着泥浆的不断积累，最后达到无法顺利锁定和解锁的程度。使用轻质的润滑油，例如GT85或者WD40，对脚踏上的移动部件稍微润滑一下。

清洁自行车的车架和前叉。在清洁工作完成后，需要使用海绵和一桶温水冲洗自行车。没有了污垢的覆盖，所有部件的工作状态都将获得提升，使用寿命也会相应地延长。最后，做一个快速的增亮处理。蜡基质的增光剂能有效防止灰尘附着到车架上，长时间保持车架的清洁。重新将车轮装上并连接刹车单元。这也是为车胎充气的好时机。至此，清洁工作就圆满完成了。

第4章 刹车

与其他所有部件相比，自行车的刹车需要骑行者给予更多的关注。它是骑行运动中不可或缺的组成部分，因为在骑行过程中你总是会走走停停，这都要用到刹车系统，有时还需要在很短的距离和时间内快速完成刹车动作。了解刹车的工作原理及其调整方法，可以确保骑行者对刹车拥有更好的控制。持续使用会让刹车系统产生磨损，因此需要经常更换刹车系统中的部件。

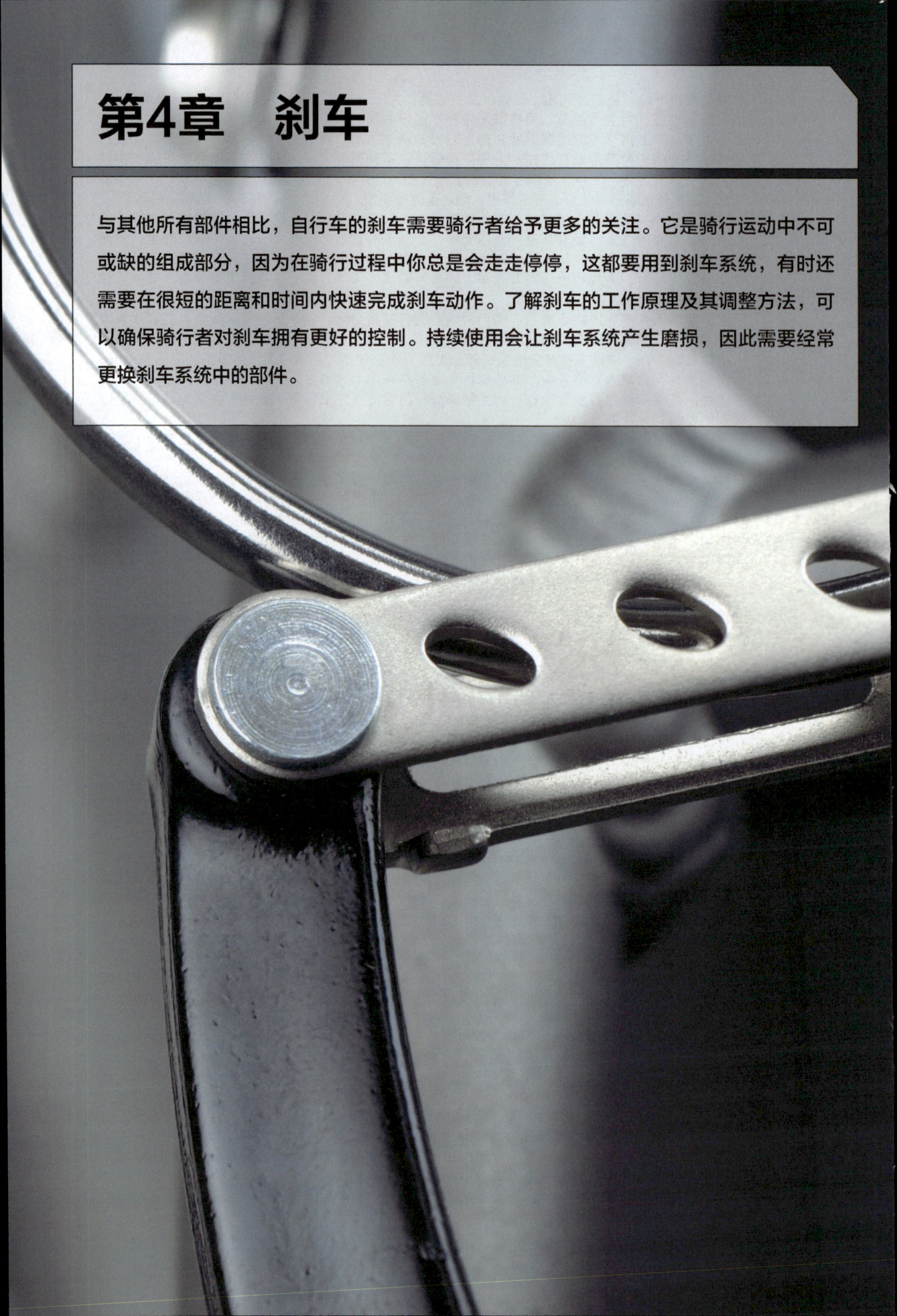

刹车：骑车人的骑行保险

状态良好的刹车能提高骑行者的骑行速度，这听上去似乎有点矛盾，但却是不争的事实。为了能骑得更快，需要安全地控制自己的骑行速度。干脆、可靠的刹车能提高骑行者的信心，同时能在执行紧急刹车时让骑行者远离危险。

良好的刹车有助于使骑行者获得满足感。刹车状况的恶化是一个比较缓慢的过程，刹车垫和刹车线会随着每次骑行而逐渐磨损并一点点变脏，这个过程不是立即显现出来的，骑行者很难看到这个过程。比较好的做法是更换新部件，或者对刹车部件和刹车线进行清洁或者维护工作，骑行者能直观地感受到刹车效率的明显改善——总是能让人获得满足感。

　　显而易见，刹车是一个保障安全的关键部件。在对刹车系统进行某些改动后，应该坚持仔细地对其进行检查，确保骑行时的安全性。确保前后刹车都处于良好的工作状态，从整体上检查各个螺母和螺栓是否得到充分的紧固。任何松动问题在较高强度的骑行过程中都会被放大，进而使骑行者陷入困境。

　　所有车圈刹车系统的构造都是相同的，但刹车垫一直没有一个固定的标准。大约存在30种不同形式的刹车垫，各个刹车垫在形状、尺寸以及构造方面都有轻微的差异。如果购买的刹车垫并不是自己真正需要的型号，无疑是一件非常让人懊恼的事情。有必要始终保留一套备用刹车垫，这样才会避免出现让自己束手无策的情况。

　　导线刹车系统比液压刹车系统的使用更为简单，但液压刹车能提供更大的刹车制动力，因此有必要很好地了解它。刹车油的处理似乎有一些让人摸不着头脑，即使骑行者对自行车上其他部件的处理都充满信心也是如此。但其实相对于其他任务来说，刹车油的处理并没有想象得那么复杂，只是处理方式存在略微的区别而已。无论是DOT还是矿物油，在处理时务必要保持认真的态度——这种材质对人体的皮肤有害。这两种刹车油都会对刹车垫产生腐蚀，导致刹车垫无法很好地抓住刹车盘片。如果不小心，DOT油还会导致车架出现脱漆问题。处理刹车油时应该戴上手套并且不能着急，需要保持很好的耐心。

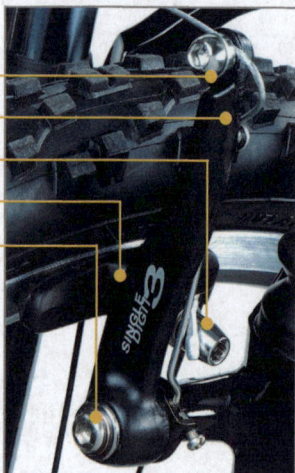

V刹
- 刹车线夹紧螺栓
- 刹车臂
- 刹车块调整单元
- 刹车块
- 刹车固定螺栓

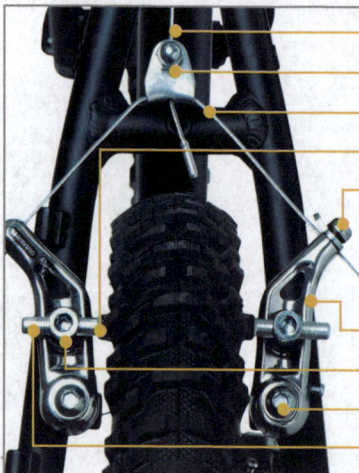

吊刹
- 刹车线
- 刹车吊耳
- 刹车吊线
- 刹车块
- 刹车线螺栓
- 刹车臂
- 活节螺栓
- 刹车安装螺栓
- 刹车块底座

碟刹
- 卡钳固定螺栓
- 刹车套管
- 减压嘴
- 中央锁安装铆钉
- 刹车盘片
- 卡钳固定螺栓
- 刹车卡钳

V刹：系统简介及磨损处理方法

V刹系统曾广泛用于山地自行车上，直到后来被碟刹系统所取代，但是对于多用途的城市自行车来说，V刹仍旧是一种非常有用的刹车系统。这种刹车系统造价低廉并易于维护，同时能提供较好的刹车制动力。下面会介绍这种刹车系统的优势以及不足。

V刹系统之所以能取代吊刹系统，原因就是它能提供更大的刹车制动力，同时具有易于调整的优势。尽管如此，这种刹车系统也存在刹车垫磨损较快的不足——而吊刹刹车垫的使用寿命更长。相对于吊刹来说，V刹系统的刹车时间更短，这是因为刹车块与车圈的接触更加强力，因此对车圈和刹车块的磨损也就更快。在享受大力刹车效果的同时，需要记住的是，要经常查看刹车块的磨损状况并进行更换。更换刹车块的频率取决于骑行的环境与骑行者的骑行方式，可能只是几天的骑行时间就需要更换刹车块，更换车圈的频率一般则可能为几个月的时间。

日常维护

保持刹车块与车圈的清洁能极大地延长它们的使用寿命。较脏的车圈会加速刹车块的磨损，而刹车块中的沙砾以及金属碎屑也会刮伤车圈表面。一个容易让骑行者忽视的问题是，其实车圈也是刹车系统中的一个组成部分。对于刹车块来说，只有处于清洁平整的状态时，才不会出现抓力不良并给骑行者带来困扰的情况。

　　本部分介绍以下几个方面：检查V刹系统的设置和工作状态、安装新的刹车块、安装新的刹车线以及对刹车部件的维护。正确的刹车块安装位置以及平顺的刹车线能让骑行者获得更大的刹车制动力，同时骑行者可以从中获得更多的反馈。良好的设置意味着骑行者的手部位于刹车杆上时，能亲自感受到刹车的效果，进而增加对整个自行车的控制度。状态良好的刹车不仅能锁定车轮的转动，同时能让骑行者更加精准地控制自己的骑行速度。

　　有一点很重要，那就是很多时候，刹车块和刹车线并不需要更换，只需进行清洁处理就可以了。如果刹车线没有出现磨损或者打结的情况，并不需要更换。更换刹车线时可以遵循下面介绍的步骤。按照介绍将旧的刹车线拆除，然后使用例如GT85这类的轻质油进行清洁。如果需要，可以使用去污剂除去上面的油污。将刹车线的末端整洁地切掉一小段，这样可以使其很轻松地穿过外管。可以将油喷到外管中对其进行清洁处理。将刹车线管上裂开、压扁或者打结的部分切掉，弯曲的金属环换掉，然后将新的刹车线伸入其中并安装到自行车上。

磨损的刹车块

如果刹车块的磨损位置超过了上面的磨损指示线，就必须进行更换；如果刹车快上没有磨损指示线，当磨损位置到达刹车块上的凹槽时即代表需要更换新的刹车块；如果刹车块底部的金属裸露出来，也代表应该更换刹车块了。如果没出现以上这几种情况，那么只需要对刹车块进行清洁处理就可以了。按照下面的介绍将刹车块拆下来。使用锋利的小刀将刹车块边缘的突出部分切除，使用干净的砂纸打磨刹车块的刹车面，去除刹车块上的金属碎屑或沙砾，然后将其重新安装到自行车上。

　　V刹系统通过螺栓安装到车架或者前叉上被称为刹车轴的底座上。比较新型的自行车上只配备碟刹安装车架和前叉，公路自行车上也没有这些刹车轴，因此不能安装V刹系统。目前，很多新型的多用途自行车同时提供碟刹安装座和V刹轴，骑行者可以轻松从V刹升级到碟刹系统。

　　在V刹系统中，刹车部件围绕刹车轴转动，因此刹车轴的工作状况至关重要。如果表面生锈或者出现腐蚀，刹车系统则无法平顺地拉伸，弹簧也无法平顺回位。如果刹车反应迟钝并且安装新的刹车线也无法获得改善，可以参考本书第92页有关刹车部件维护的内容，对刹车轴进行清洁和润滑处理。

　　骑行过程中的冲撞能导致刹车轴出现弯曲的问题，影响骑行者对刹车轴的调整效果。正对着刹车轴进行观察：查看前刹车时从自行车前面观察，查看后刹车时则从自行车后面进行观察。可以看到每个刹车臂底部具有两个刹车固定单元的前端。它们应该从车架上竖直地向外伸出来，因此各个螺栓之间是平行的关系。如果刹车轴出现弯曲，不仅对刹车块的调整带来困难，同时其本身也可能会成为一种妨碍。很多前叉轴以及一些车架轴可以进行更换；可以联系自行车的制造商寻求备用件。尽管如此，如果自行车上既有V刹轴也带有碟刹安装座，可以在V刹轴出现弯曲时借机升级到碟刹系统。

V刹：快速检查，确保每次骑行时刹车处于良好的工作状态

无论对自行车的维护有多么心不在焉，在每次骑行前都应该确保刹车系统处于正常的工作状态。这个过程并不需要太长的时间——只需要在出发前使用双眼对自行车进行一番细心的查看即可。

每次骑行前，通过下面介绍的步骤对自行车进行快速的例行检查，确保刹车处于良好的工作状态，检查的同时还有助于发现是否存在需要彻底维修的问题。

下面介绍的每个步骤中都会提供对应的维修方法的页面，因此如果在检查时发现刹车系统存在某一问题，可以直接查看对应的页面找到解决的方法。无论如何，都不应该在刹车系统存在问题的情况下上路骑行。

抬起并转动每一个车轮，确保刹车没有对车圈或者车胎造成阻碍。查看每个刹车两侧刹车块与车圈之间的空隙是否合适。请查看本书第85~87页。

有必要断开刹车线的链接，这样可以将刹车块从车圈上拉出来。V刹系统的设计理念使这种操作变得非常简单。当想拆下并更换车轮时，同样有必要断开刹车线的连接，因为这样可以在不需要对车胎放气的情况下让车轮轻松从刹车块旁边通过。

刹车线

刹车线穿过一个弯曲的金属管与刹车部件相连，这个金属管被称为"面条"或者"引导管"。引导管的末端较尖并带有一个突起的金属圈。刹车线穿过引导管固定在其中一个刹车部件上。另一个刹车部件上有一个铰链式的吊耳，吊耳上有一个用于卡住引导管的钥匙形的孔洞。引导管上突起的金属圈能阻止其完全从吊耳中穿过，因此当拉紧刹车线时，两个刹车部件会相互靠近，进而将刹车块拉到车圈上。吊耳与刹车线夹紧螺栓之间的刹车线的外部通常有一个黑色的橡胶套包裹，这样有助于保持刹车线的清洁。

要释放刹车部件，向后拉动橡胶套露出吊耳一端的引导管头，向中间挤压刹车部件获得较大的刹车线富余量。向后拉动引导管将其从钥匙形孔洞中拉出来，然后向上拉动将刹车线从钥匙形孔洞的夹槽中释放出来。松开刹车部件——它们会弹向后方远离车圈的位置。

要重新连接刹车系统，用力使刹车部件靠近车圈。向后拉动橡胶套使其从引导管中脱离出来，将引导管的尖头穿过吊耳上的孔洞。确保连接的紧固性：引导管上的金属圈必须牢固地卡在吊耳上。将橡胶套重新套在引导管的头部。向后拉动刹车杆确保各个部件都获得牢固的连接。

检查V刹系统

第1步：检查刹车垫的状况。释放刹车部件（参见上图），使刹车部件的两侧远离车圈，检查每个刹车垫表面是否平整，确保其中没有异物或者没有过度磨损。如果刹车垫磨损严重，可以按照本书第86~87页中的指导方法进行更换。反之，则重新连接刹车部件，确保刹车引导管安全牢固地连接在吊耳中。

第2步：检查每个刹车块是否平整、准确且均匀地与车圈接触。如果刹车块位置过高，有可能刮到车胎上，进而导致爆胎问题。而如果刹车块的位置过低，会悬垂在车圈下方，弱化刹车效果并造成刹车垫不均匀磨损的情况，最终对车圈造成剐蹭。本书第85页中提供了调整刹车块的方法。

第3步：从刹车杆到刹车臂，用手捋顺每条刹车线，检查是否存在腐蚀、打结、外管磨损或者损坏的情况（A）。要了解有关刹车线的维护方法，可以参见本书第90~91页中的内容。稳定捏动刹车杆，确保当刹车杆捏到半程时每个刹车部件都能完全将车轮锁定，如果没有，可以参见本书第85页中的解决方法。

刹车块：随时留意日常的磨损和断裂问题

经常查看刹车块的磨损情况，去除上面的沙砾和金属碎屑，并在磨损较多时更换新的刹车块。刹车块过度磨损时，刹车表面会失效，进而对价格较高的车圈造成剐蹭。如果忽略这个重要的步骤，车圈会逐渐受到橡胶块直到刹车垫金属底座的磨损。刹车块上通常会有用以提示更换的磨损指示线。如果没有，可以选择在刹车垫磨损到底部的安装夹槽时进行更换。

即使刹车块磨损速度较慢，也应该定期进行更换，因为时间久了刹车块会变得僵硬，无法提供较好的刹车效果。通常几年更换一次刹车块即可。

在不需要进行更换的情况下，检查刹车垫的状况并改善其工作状态。将车轮拆下后，这是一个非常简单的任务。

释放刹车臂并拆下车轮，查看刹车垫的状况。刹车垫应该保持平直均匀，不存在可见的污物。如果发现上面有金属碎屑，可以使用锋利的小刀小心将其清除。如果刹车垫位置过低并成一定的角度，会造成不均匀的磨损，形成的突出边缘会对车圈造成磨损并阻止刹车部件的平顺运行。这种情况会造成刹车块的浪费，同时会弱化刹车效果。使用锋利的小刀将突出的边缘小心切掉，然后按照本书提供的方法调整刹车块的位置，使其均匀地与车圈接触。如果刹车块位置过高，会对车胎造成磨损——这无疑是代价高昂的错误。

使用干净的砂纸轻轻打磨刹车块表面。人们通常喜欢使用锉刀来代替砂纸，不应该这么做——锉刀上残留的金属屑会在打磨时刺入到刹车块中。同时对车圈进行清洁。如果车圈上有很清楚的条状油污，可以使用油污清洗剂进行清洁。车圈上的油污和沥青在刹车时会发出难听的声音，而且刹车时会降低刹车块对车圈的抓力，进而影响刹车效果。绿色的尼龙材质清洁球能很有效地去除顽固的油污，还能在不伤害车圈的前提下清除上面的污物。

某些刹车块允许对上面的橡胶块进行更换。将磨损严重的旧橡胶块移除时，可以向外推动金属框后面的固定销并向后滑动橡胶块，然后按照相同的方法将新的橡胶块滑动到金属框中并使用固定销固定。需要确保金属框敞开的一端总是朝向自行车的后部，否则在大力骑行过程中，橡胶块可能会从金属框中甩出来。新橡胶块一般比较僵硬，很难滑动到金属框中，用温水将其浸泡一下就能解决这种问题。

调整刹车块

第1步：松开刹车块固定螺母。扭动刹车块使其边缘不会触碰到车胎，同时底部也要在车圈范围内，即刹车块的上部和底部到车圈的距离应该是相等的。刹车块前部则比后部更靠近车圈1毫米——呈内八字。就位后，牢固地拧紧固定螺母——使用图中的方式握住刹车块，这样能防止在紧固螺母时刹车块发生转动。

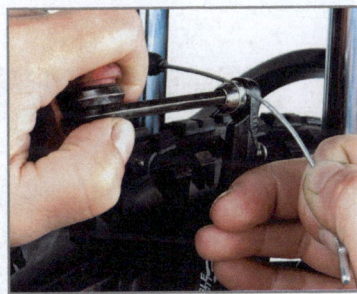

第2步：调整刹车线的松紧度：松开刹车线夹紧螺栓，使用图中所示的方式握住刹车线，这样可以使用其他手指稳定刹车部件。拉动或者释放刹车线，使刹车块与车圈之间的距离大约为2毫米。重新牢固地拧紧刹车线夹紧螺栓，然后转动车轮。车圈应该能从刹车块之间顺畅地通过，捏动刹车杆，到达半程时，车轮应该处于被锁定的状态。

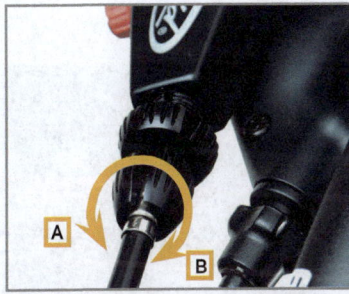

第3步：使用刹车杆上的调节旋钮对刹车进行微调。通常情况下，调节旋钮上会有一个防止松动的固定环——按逆时针方向转动几圈松开调节旋钮，然后逆时针方向转动调节旋钮（A）使刹车块更加靠近车圈，顺时针转动则获得更大的空隙。转动车轮，再次测试和调整。对结果满意后，顺时针方向转动固定环使其固定到刹车杆上。

更换和调整刹车块

相对于吊刹来说，V刹更换刹车块更为容易，这也是它最初的一个卖点。其实这有一些误导——更换刹车块并不难，但却需要很高的技巧。我在更换刹车块时经常希望自己的手指变小，或者多长几根手指。

对刹车部件的设置是关键，应该在安装刹车块前保持刹车部件处于平行和竖直状态。大多数新刹车块都会附带弧形垫圈，如果没有，就只能用原来的垫圈了。更换刹车块的同时，对车圈进行清理是一个比较好的想法，这样可以使新的刹车表面获得最大的抓力。

更换刹车块

第1步：松动刹车块底座末端的内六角螺母并将其移除，然后取出旧的刹车块和弧形垫圈。新的刹车块一般会附带垫圈，但是可以将拆下来的旧的作为备用垫圈。现在开始查看刹车臂的位置。刹车臂应该处于平行且竖直的状态（A）。安装新刹车块前先使刹车臂处于正确的位置。如果刹车臂不平行，可以松开刹车线夹紧螺栓并拉紧或者释放刹车线。重新拧紧夹紧螺栓。

第2步：你可能发现虽然刹车臂处于平行位置，但却向一侧倾斜。这时，可以通过每个刹车臂底部的平衡螺钉来平衡弹簧的拉力。平衡螺钉通常使用一字型螺钉头，但是也可能是内六角式的螺钉头。选择距离车轮较近的一侧并将螺钉按顺时针方向转动半圈。拉紧并释放刹车以固定弹簧的位置，重复这种动作，直到刹车臂均衡为止。本书中第88页中提供了有关平衡螺钉的详细说明。

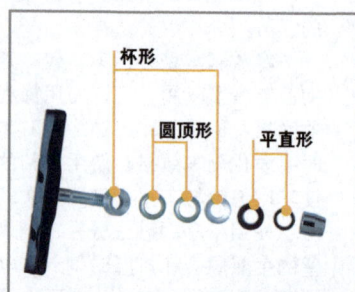

第3步：确定所使用的刹车块是否必须遵循一定的安装方向。所有的箭头都应该指向前方，刹车块的形状也应该使用车圈的弧度。每个刹车块都会附带一些用于隔离和改变刹车块角度的弧形垫圈。垫圈的使用顺序根据自行车的不同而有所区别，由刹车部件与车圈之间的距离决定。

杯形
圆顶形
平直形

第4步：刹车臂的内部应该有一个圆顶形的垫圈，其平直的一侧朝向刹车臂，在圆顶形垫圈和刹车块之间还会有一个杯形垫圈。可以选择较厚或者较薄的垫圈，使刹车块靠近又不能接触到车圈。2~3毫米的空隙是比较理想的选择。

第5步：在这个阶段，对刹车块的调整并不需要达到完美的程度，只需大约到位即可。使刹车块的底座从刹车臂的狭槽中伸出来，安装其他圆顶形垫圈，使平直的一侧对准刹车臂。然后安装剩余的杯形垫圈，接下来再安装其他平直形垫圈。最后，将内六角螺母安装上但不需要拧紧。

第6步：选择这种安装方式，可以对刹车块的角度进行调整，还能在刹车臂内的狭槽内上下移动刹车块。设置刹车块的位置，捏刹车时，刹车块会接触车圈，同时固定螺栓与车圈表面成90度角。刹车块应该处于水平位置，前部和后部具有相同的高度。刹车块不能悬垂于车圈的顶部或者底部。

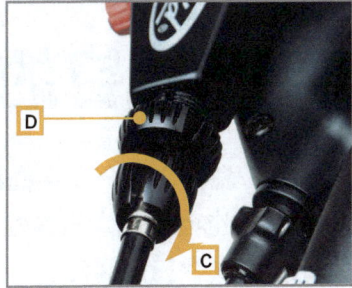

第7步："内八字"：刹车块的前部（B）应该比后部更加靠近车圈1毫米，与自行车的朝向相同。内八字有助于防止刹车在运行时发出难听的声音。固定刹车块的位置并拧紧固定螺栓。确保刹车块不出现扭曲的情况；确保固定螺栓的牢固性！使用相同的方式安装另一个刹车块。每一侧垫圈的排列顺序都应该相同，但前后刹车的垫圈排列可能会有所区别。

第8步：到了这一步骤，可能需要再次调整刹车线的松紧度，让刹车块与车圈之间具有正确的间隙。很可能需要再次松动刹车线夹紧螺栓。要进行更加细微的调整，可以使用刹车杆上的调节旋钮。转动固定环（如果有）使其脱离刹车杆。现在，逆时针方向转动调节旋钮，使刹车块更加靠近车圈的位置。

第9步：逆时针方向转动调节旋钮，使刹车块远离车圈位置（C）。转动固定环（D）使其重新固定到刹车杆上。（某些类型的调节旋钮上没有固定环！）捏紧刹车杆检查刹车效果。刹车杆到达车把方向半程时，刹车应该处于完全锁定的状态。如果已经到达了调节旋钮的极限位置，可以重新将其设置到中央位置，先使用刹车线夹紧螺栓进行大致的调节，再使用调节旋钮进行微调。

重新调整平衡螺钉

最后，很可能需要重新调整平衡螺钉。顺时针方向转动平衡螺钉，拉动同一侧的刹车块，使其远离车圈，但需要记住，这个操作同时也会让另一侧的刹车块更加靠近车圈。在调整平衡螺钉的同时，需要多次拉紧和释放刹车杆，因为每次调整时刹车杆都应该处于正确的位置上。要了解更多有关平衡螺钉调整的详细知识，可以参见本书第88页中的内容。检查每个螺母和螺栓，确保它们安装紧固。拉紧刹车杆，查看车轮是否被完全锁定。转动车轮并观察刹车块——如果车轮的位置不是十分居中，那么车胎可能会在车轮转动时刮到刹车块上。需要时应该重新调整刹车块的位置。

新刹车块的选择

V刹系统中使用的带螺纹的支架和弧形垫圈几乎都是通用的，这个特点使各个品牌和型号之间的V刹部件都可以互换使用。这看似并不是一个多么大的优势，但是相比之下，碟刹刹车垫的情况却是完全不同的——每种品牌和型号都需要配套使用专门的刹车垫，其他类型的完全不适用。V刹系统刹车块的通用性能让其价格维持在一个较低的水平，因为每个制造商都明白自己的产品并不是唯一的选择。比较好的品牌包括Aztec、Fibrax和禧玛诺。较长较平的刹车块并不会带来更好的刹车效果，但是具有更长的使用寿命。刹车块表面的狭槽有更好的排水性，但是如果不定期清洁，也更容易积累灰尘。陶瓷涂膜的车圈需要使用专用的刹车块，这种刹车块比标准刹车块更硬。而如果普通车圈使用陶瓷涂膜专用刹车块，会加快其磨损速度。

工具箱

更换和调整刹车块所需工具

- 内六角扳手——基本为5毫米口径型号，有时需要用6毫米口径型号。
- 全新的V刹用刹车块。

安装新刹车线所需工具

- 刹车线夹紧螺栓适用的内六角扳手——基本为5毫米口径型号，有时需要用10毫米口径型号。
- 全新刹车线、外管和金属箍。
- 润滑刹车线所需的油——链条油是一个比较好的选择。
- 质量较好的剪线钳。

调整平衡螺钉所需工具

- 通常为十字形螺丝刀，偶尔需要用2.5毫米口径的内六角扳手。

安装或者维护刹车部件所需工具（见第92页）

- 刹车固定螺栓适用的5毫米口径内六角扳手。
- 润滑轴承所需的润滑油。
- 清洁轴承所需的干湿砂纸。

平衡螺钉的功能

每个V刹臂都有一个平衡螺钉。平衡螺钉通常位于刹车臂的底部，一般为十字形螺栓，但有的也会用内六角螺栓。每个螺栓的末端与刹车回位弹簧相连，因此刹车臂靠近车圈时，弹簧会拉紧螺栓。

转动平衡螺钉能改变弹簧的预负荷，绕刹车臂推动平衡螺钉的起点能增加弹簧的拉力，而释放平衡螺钉则会减少弹簧的拉力。需要弄清楚的地方是要记住转动平衡螺钉的方向以便获得自己需要的效果。

▲ 平衡螺钉

- 按顺时针方向转动平衡螺钉（A）使其朝刹车臂移动，增加弹簧预负荷，弹簧拉力会拉动与其连接的刹车块并使其远离车圈。
- 按逆时针方向转动平衡螺钉（B）使其远离刹车臂，减少弹簧的预负荷，刹车块就会相应地更加靠近车圈。

由于两个刹车臂通过顶部的刹车线连接到一起，因此调整一个平衡螺钉会同时对两个刹车臂产生影响：如果拉动一个刹车臂使其远离车圈，那么另一个刹车臂则会相应地靠近车圈。

要调整平衡螺钉，首先从正面查看每个刹车臂——前刹车从自行车正前方观察，后刹车则从自行车正后方进行观察。

如果平衡螺钉没有得到适当的调整，刹车臂会向一侧倾斜，而不是保持平行和竖直的状态。两个刹车块与车圈之间的距离可能并不均匀，也许一个刹车块距离车圈比另一个更近，甚至会出现刹车块刮到车圈的情况。要解决这个问题，首先找到平衡螺钉，从距离车圈较近的刹车臂开始，向内转动几圈（顺时针）。每次调整时可能都需要捏紧和释放刹车杆以便确定弹簧的位置。再次查看两个刹车臂的角度，会发现一次调整能同时使较近的刹车块远离车圈，而较远的刹车块则会更加靠近车圈。

对于平衡螺钉的调整来说，需要明确的一个方面是，不同的螺钉调整程度会产生不同的结果——有时转动几圈都不会带来明显的变化，但有时只转动1/4圈就能带来很大的改变。必须自己去体会，可以选择每次调整1/4圈，直到最后找到居中的位置。

刹车杆行程调节

"行程"一词在这里用于表示捏紧刹车杆时刹车线运行的距离。对刹车线运行距离的调整意味着要对刹车线与刹车杆的连接点到刹车杆轴心的距离做出改变。增加这一距离意味着能获得更多的刹车制动力，但同时也意味着刹车杆需要移动更大的距离。有些刹车杆上会带有专门用于调整的部件，通常是一个位于刹车杆前部的蝶形螺母。在本示例中（参见右图），刹车杆前部的红色蝶形螺母能调整集线孔的位置。顺时针转动蝶形螺母能让集线孔远离刹车杆轴心，因此当捏刹车杆时，将有更多的刹车线经过刹车杆；而逆时针转动蝶形螺母则会让集线孔靠近刹车杆轴心，进而捏刹车杆时，通过刹车杆的刹车线比较少。对刹车杆调制进行相应的调整，找到适合自己的刹车杆移动量。这取决于骑行者手的大小。

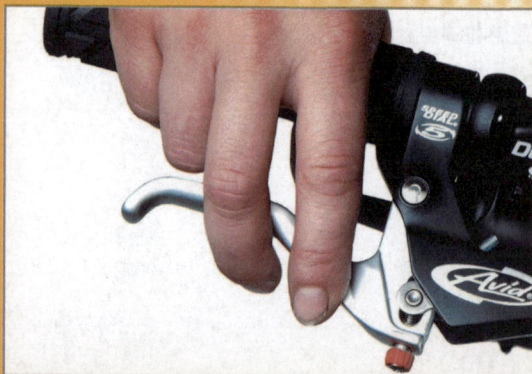

检查车圈侧壁是否存在磨损和断裂

有一个很容易让人忽略的事情是：同刹车块一样，车圈也是刹车系统中的一部分。每次执行刹车动作时，都会迫使刹车块强力接触车圈。强效且控制性良好的刹车取决于刹车块和车圈是否都处于良好的工作状况。无论何时，只要执行刹车动作，就会对这两个部件的表面造成磨损。

车圈的设计需要满足两个有些矛盾的需求。想要提高骑行速度时，车圈越轻越好。骑行时车圈始终处于转动的状态，因此它的重量减轻能更大程度上提高骑行速度，而减轻的重量发生在诸如车把等其他静态部件上，则不会获得相同的增速效果。因此，在理想情况下，应该尽可能让车圈更薄，以便减轻其重量。重量较轻的车轮意味着更容易实现加速，同时也使快速骑行过程中的转向操作变得更为容易。

如果无法清楚地理解这个原理，可以从自行车上拆下一个车轮，握住轮轴两端并上下移动车轮，然后转动车轮并再次做上下移动的动作。即使在车轮的重量没有增加的情况下，你也会发现在车轮旋转时使其上下移动会变得困难得多。

尽管如此，执行减速操作时，又需要车圈材质越厚越好。因为刹车会对车圈造成磨损——谁都不希望出现车圈被刹车块磨穿的情况。对于制造商来说，他们的设计理念就是生产较轻的车圈以便吸引更多的购买人群，但同时也希望骑行者能保持车圈的清洁，以便最大限度地降低磨损速度，还要定期进行检查，以便在车圈彻底损坏前进行更换。

车圈侧壁

车圈侧壁突然爆裂是一件很可怕的事情。人们会以为自己中枪了——会发出很响的"砰"的一声，骑行者会随之跌落在地，就像电影中被枪击的场景一样。由于车胎内部有很大的压力，因此车圈侧壁的爆裂不会悄无声息地发生。随着时间的推移，车圈侧壁会变得越来越薄。当车圈侧壁中的某个部分薄到无法对车胎提供支撑时，就会突然爆裂——清算的时刻就到了！车圈中的一段出现问题，那么也就无法对与其相邻的部分提供支撑，因此只需几秒钟的时间，车圈侧壁就会完全损坏。内胎会被刺破，各种损坏的部件都会堆积到刹车附近，导致骑行者从车上跌落。

为车胎充气时，车圈也有可能发生损坏。车圈侧壁内部增加的气压最终会让车圈发生损坏。这同样是一件比较可怕的事情，因为骑行者可能会受到车圈碎片的袭击。

一些比较新型的车圈会带有相应的指示标志，用于提示车圈的磨损程度。车圈内部会有一个没有完全穿透的小孔。车圈上会提供一个标签并使用箭头标志来提示小孔所在的位置。车圈侧壁磨损到一定程度时，小孔的底部就会出现在车圈的外部，可以从小孔中看到车胎。这时就需要更换新的车圈了。另一种车圈磨损指示是在车圈的刹车表面设计有一个狭槽，当车圈磨损到狭槽的底部时，同样说明需要更换车圈了。为了让骑行者更容易看到，狭槽会用与车圈侧壁不同的颜色标识例如，银色的车圈会用黑色的狭槽，而黑色的车圈则会用银色的狭槽。

如果没有任何的磨损指示，可以通过使用手指抚摸的方式来检查车圈侧壁的磨损情况。侧壁应该保持平直顺滑的状态，不存在任何较深的划痕或者突起。车圈两侧都需要进行检查，因为一侧可能比另一侧磨损得更加严重。车圈出现弯曲、膨胀或者较大的伤痕时也表明需要进行更换。如果只是怀疑车圈存在问题隐患，可以向自行车经销商咨询一些建议（当自己积累了一定的经验后就可以直接看出是否存在问题了）。如果在检查时发现车圈侧壁存在裂纹，应该立即放弃骑行。

有必要对车圈的接缝位置进行检查。接缝通常位于气嘴的对面一侧。质量较好的车圈会采用打磨工艺。车圈侧壁比较厚并且被焊接在一起，然后将连接处打磨平整。而价格较低的车圈一般只是简单地压制在一起，依靠车轮上辐条的拉力来提供所需的支撑。

有时接缝并不能精准地对接在一起，在车圈上形成一定的突起并于刹车块形成刮蹭。如果这种缺陷比较细微，可以使用锉刀进行打磨，但是如果接缝处突起的高度超过0.5毫米，就需要将车轮拿到经销商处进行检查，因为如果使用锉刀打磨得过于激烈，会让车圈的接缝位置变得非常脆弱。同时，应该检查辐条孔和气嘴孔附近是否存在裂缝。这些问题虽然不会带来太大的危险，但是仍旧意味着需要更换车圈。

通过在车圈刹车表面使用坚硬的陶瓷涂层，可以在不增加车圈重量的情况下延长其使用寿命。这种工艺的造价比较高，但能极大降低刹车块对车圈侧壁的磨损速度。由于这种车圈比普通车圈更为坚硬，因此需要配套使用专门针对陶瓷涂层车圈设计的更坚硬的刹车块。

维护刹车线有助于刹车保持良好的工作状态

需要定期查看刹车线的状况，是否存在腐蚀或者打结的问题，外管是否损坏。随着时间的推移，污物和水会渗透到刹车线中。这个过程非常缓慢，因此骑行者很难察觉到刹车系统正在不断变得僵硬，也无法平顺地回位。相比之下，安装新刹车线非常简单，但随之而来的效果确实是立竿见影的。

刹车线通常分为标准版本以及高端版本两种。豪华版刹车线一般有内衬或者在变速器到刹车之间使用保护套。如果骑行环境比较潮湿，那么豪华版刹车线就会显示出更大的优势，因为它们能有效防止沙砾进入到刹车线和外管之间的空隙中。但是豪华版刹车线价格也更高。所有类型的刹车线都会附带详细的使用说明，在这里我们将主要介绍普通的刹车线。你也可以购买刹车线套装，其中包括刹车线、外管以及金属箍（禧玛诺推出的套装就比较值得购买），当然也可以单独购买各个部件。金属箍就是外管末端使用的金属帽。无论如何，都需要准备一把好用的剪线钳，用于剪切外管以便获得需要的长度。每种自行车的上管长度和刹车线止栓位置都不同，因此需要对刹车线外管进行相应的裁剪。裁切外管时，需要记住的关键一点是需要对外管末端进行平整的裁切，这样外管才会牢固地置于金属箍内部。查看裁剪后的外管内部，确保其中不存在金属丝交叉的情况，它们会在每次拉紧和释放刹车时刮到刹车线，进而使刹车变得迟缓。使用锋利的刀尖部位切开外管中白色内衬的末端，因为在你裁剪外管时可能会将其压扁。

有时你可能会获得一些比较便宜且没有内衬的外管，不要将其用到自己的自行车上——会带来非常糟糕的体验。这种外管对剪草机比较适用，但是多花一点钱后买比较合适的带内衬的外管至少能将刹车体验提高两倍。

通过阅读这些文字，你可能会发现我对金属箍非常推崇。这种部件的价格几乎可以忽略不计，但却可以保护外管的末端，防止其出现散开的问题，同时能带来更干脆利落的刹车效果。但是它们经常被认为是一种不必要的花销。唯一不需要用金属箍的地方就是安装在V刹引导管中的外管部分。因为引导管具有自带的内置金属箍。

为直把刹车杆安装新的刹车线

在拆下各个部件前，先看一下刹车线的原有设置，因为稍后安装完新刹车线后还需要重新进行这些设置。剪掉旧刹车线的末端并松开刹车线夹紧螺栓。将旧刹车线从引导管和外管中拆下来，外管则处于原位。仔细查看刹车杆上刹车线的安装方式，可以捏动刹车杆，从下面进行查看。

安装刹车线

第1步：转动调节旋钮上的固定环，然后再转动调节旋钮本身，使调节旋钮和固定环上的夹槽与刹车杆上的狭槽对齐。再轻轻向外侧或者向下方拉动刹车线，将其拆下来。

第2步：集线孔，也就是放置刹车线接头的位置，通常会有一个钥匙形的小孔，这样在刹车时能防止刹车线接头弹出来。最常见的构造是将一个可旋转的集线孔通过铆钉固定到刹车杆上，刹车杆的前部或者底部有一个狭槽。轻轻拉动刹车线使其接头与其能穿过的孔洞对齐并使其弹出来。你可能必须转动刹车线使管末端与钥匙形小孔对齐。

第3步：某些禧玛诺的刹车杆会有略微的不同，其刹车线的接头可能会套入刹车杆中间的一个突起后部。同样，将固定环和调节旋钮上的狭槽与刹车杆上的狭槽对齐。可能需要打开刹车杆背部的塑料盖，然后朝刹车杆末端向外推动刹车线。获得一定的刹车线富余量时，就可以扭动刹车线将其从突起后部拉出来了。

更换外管

对刹车杆进行清洁处理，特别是将接头安装部位的灰尘清理干净。依次拆除外管的各个部分。测量并裁切出新的外管。裁切外管时需要注意的一点是，务必对外管的末端进行平整的裁切，外管内部不存在金属丝交叉的情况。如果在裁切时外管的内衬被压扁，可以使用刀尖部位将其重新划开。在每段外管末端安装金属箍，但最后一段所在的刹车部件的末端除外，因为引导管自身会带有内置的金属箍。有时外管的长度会比较大，会在引导管末端出现松散的情况，因此如果可以的话，最好安装一个金属箍。金属箍能防止外管末端出现散开的问题，同时能使刹车变得更加干脆利落。

如果没有旧外管可供参照，必须自己决定每部分外管的长度。理想情况下，外管越短越好，不应该出现缠绕的现象。确保车把和减震装置在不拉动刹车线的情况下能顺畅运行。刹车线应该靠近止栓，使其与止栓处于同一条直线上。如果刹车线存在角度比较大的迂回，会影响刹车效果。重新安装刹车杆上的接头，使用与拆卸时相反的步骤。对齐调节旋钮并将刹车线重新塞进调节旋钮中，然后转动1/4圈将刹车线夹紧。

不要将新刹车线拖到地面上，这样在安装过程中灰尘会随之进入到外管中。依次将各个部分的刹车线穿过相应的外管，在每部分刹车线中滴一滴油，这样可以在内部起到移动的保护作用。

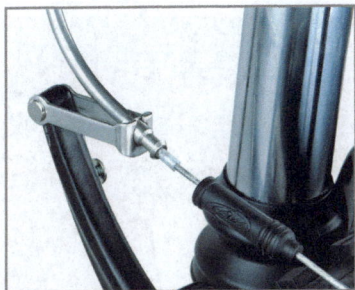

第4步：安装最后一段刹车线时，依次透过外管和引导管触摸内部的刹车线，向引导管中的刹车线部分滴一滴油。将引导管安装到刹车臂内钥匙形的小孔中并确保连接的牢固性，引导管的整个前端都要从吊耳中伸出。滑动黑色橡胶套，使其覆盖到刹车线上并牢固地套住导管的前端。将刹车线从夹紧螺栓的后面穿过。

第5步：刹车线通常固定在螺栓的上部，但是如果刹车臂内有专门用于固定刹车线的狭槽，可以将其安装到该狭槽中。拉动刹车线，使刹车块与车圈之间形成2~3毫米的空隙。使用一只手稳定刹车线，另一只手拧紧夹紧螺栓。使刹车线保留大约5厘米的富余，将刹车线的多余部分以及蜷曲的部分切除，可以使用钳子将头部夹扁。将刹车线上松散的部分塞到刹车臂的后面。

固定环

调节旋钮

第6步：测试刹车系统：捏紧刹车杆两次。刹车线可能会出现略微不合适的情况。理想状态下，当刹车杆运行到半程时，刹车就应该处于被锁定的状态。可以使用调节旋钮进行微调，松开固定环并转动两圈，使其远离刹车杆。如果刹车杆的行程过大，可以朝车把方向转动调节旋钮的顶部。转动几圈再重新测试刹车效果。如果刹车块与车圈存在刮蹭问题，可以转动调节旋钮顶部使其远离车把位置。

最终调整

如果调节旋钮已经达到调节极限（已经碰到刹车杆或者即将脱落），可以再次返回到刹车线夹紧螺栓并将其松开，将刹车线拉出来一点并再次拧紧螺栓。然后再使用调节旋钮进行微调。再次捏刹车杆并检查是否在刹车杆运行到半程时车轮即处于锁定状态。确保在车轮转动时刹车块不会刮到车圈。检查每个螺栓是否处于紧固状态。至此，就大功告成了。

调节旋钮

人们通常对调节旋钮并不十分了解。它是导线刹车系统中一个基本组件，变速器上的调节旋钮则能对变速器进行一定的调整，因此有必要了解这个部件的工作原理。调节旋钮位于刹车杆上，可以一目了然，因此处理起来也非常容易。它扮演的是导线止栓的角色，能在固定外管的同时，允许刹车线自由通过中间的小孔。调节旋钮采用的是螺纹设计，因此通过转动会让其靠近或者远离刹车杆。如果将调节旋钮不断从刹车杆中转动出来，会看到上面的大部分螺纹。

内部的刹车线必须绕过车杆上的接头与将其固定到另一端的螺栓之间这段额外的距离会增加刹车线的拉力，使刹车块靠近车圈。固定环能防止调节旋钮变得松动，因此在完成所有调整后应该用手将其拧紧。

安装新的V刹臂

如果使用强度比较高，V刹臂会不堪重负。每次拉紧和释放刹车时，刹车臂都会绕轴旋转，拉伸并释放其中的弹簧结构。轴和弹簧有一定的使用寿命，尤其是长时间在泥泞或布满灰尘的环境中骑行。结构简单的单轴类型（例如图中所示的速联Avid或禧玛诺Deore产品）比那些结构复杂的多轴类型具有更长的使用寿命。

所有的V刹臂都是按照统一的刹车轴尺寸和形状制造的，因此可以在任何的品牌和型号之间互换，不需要考虑兼容性的问题。购买新刹车部件时会附带一套新的刹车块。如果将这些价格考虑进去的话，更换一套新的刹车部件还是非常物有所值的。

安装新的V刹臂

第1步：松动固定刹车臂与刹车轴的内六角螺栓并将其取下。由于这些螺栓上会涂上乐泰胶水以防止其松动，所以转动时会有一点困难。螺栓头很薄，因此在使用内六角扳手转动前应该先使用螺丝刀刮得更干净一些——注意不要损毁螺栓头。

第2步：将原来的刹车部件从刹车轴上拉下来。仔细清洁刹车轴（A）。如果刹车轴表面出现腐蚀，可以使用干湿砂纸轻轻打磨。在每个刹车轴上滴一滴油并使其分布到整个表面。这有助于刹车在与车圈接触后能平顺回位。

第3步：将新刹车臂滑动到刹车轴上。使每个刹车臂后面的弹簧底座对准刹车轴侧面的孔洞。可能必须松动刹车块后面的内六角螺栓并扭动刹车块使其与弹簧对齐。如果有三个弹簧安装孔，使用中间的那个。重新装上刹车固定螺栓并拧紧。

V刹臂的维护

刹车效果不佳的刹车臂可以通过适当的维护获得新生。先释放刹车，然后松开刹车线夹紧螺栓。松动并拆下每个刹车臂底部的固定螺栓，然后将刹车臂从刹车轴上拉下来。可能需要在拉动的同时轻轻扭动，特别是当刹车轴存在腐蚀的情况下。使用小刷子（用过的牙刷就是比较理想的选择）和去污剂将各个转动部件之间的污物清理干净。扶住刹车臂并扭动弹簧——如果上面有污物，将其清理干净。你可能会发现能将弹簧从刹车臂的后部拉出来。这使清理刹车臂的后部变得更加容易，但是需要记住的是所有垫圈的安装位置和方向。

　　最后要提示的是每次只处理一个刹车臂，这样在不知道如何安装时，可以用另一个刹车臂作为参照。将刹车臂上残留的去污剂冲洗干净，对各个移动部件的间隙进行润滑。将弹簧移动到刹车臂的另一侧并对间隙进行润滑，然后将多余的油擦干净。拆下刹车线固定螺栓并清洁螺栓头或者垫圈下面的污物。对刹车线夹紧螺栓的螺纹进行润滑后重新进行安装。仔细清洁刹车轴，使用干湿砂纸将上面腐蚀物清除掉。润滑刹车轴，然后按照上面介绍的方式重新安装刹车部件。

疑难问题解答：V刹和吊刹

问题描述	问题原因	解决办法	对应页面
刹车发出吱吱声	刹车块表面与车圈平行或者刹车块的后部首先接触车圈	按"内八字"形状安装刹车，使刹车块前部首先接触车圈	86、87
	车圈太脏或被腐蚀	使用自行车专用清洗剂和尼龙百洁垫清洁车圈	79
刹车无法停止车轮旋转或无法快速停止车轮旋转	刹车块距离车圈太远	设置刹车块位置，使其靠近车圈	85
	刹车块表面腐蚀或者存在异物	拆下车轮，使用锋利的小刀去除刹车块中的异物，使用干湿砂纸打磨刹车块表面，重新安装车轮	85
	车圈存在腐蚀问题或者太脏	使用去污剂清洁车圈	79
	刹车块磨损过度	检查刹车块磨损程度，需要时进行更换	83、84、85、95
	V刹刹车臂之间距离过小，刹车时引导管头部与刹车线夹器存在碰撞问题	重新设置刹车臂使其保持竖直，重新适当排列刹车块垫圈的顺序	86、87、92
	吊刹连接线使刹车臂的角度过大或者过小	重新设置刹车吊线或连接线的角度，重新适当调整刹车	95、98
可以刹车，但释放刹车杆后刹车无法弹回到原位	刹车线太脏或者出现磨损，刹车线外管打结	清洁和润滑刹车线或者进行更换	83、90、96~97
	刹车块位置过低，由不均匀磨损导致的边缘突起卡在车圈下方	拆下车轮，使用锋利的小刀切掉多余的突起部分，重新安装车轮，重新设置刹车块位置	86~87、94
	V刹引导管内部布满沙砾或者被压扁	使用轻质喷油冲洗引导管或者更换	83、90
刹车块磨损过快	车圈表面磨损过度	更换车轮或车圈	89
拉动刹车杆时需要用很大的力气，刹车无法顺畅释放	刹车轴磨损过度、腐蚀或者太脏	拆下刹车部件，清洁并润滑刹车轴	92、99

吊刹

现在的山地自行车上，很难再发现吊刹的身影，尽管它们还广泛存在于公路越野自行车中（此时吊刹的主要作用并不是让车完全停下来，更多只是起到降速的作用）。吊刹是V刹的前身，现在这两种刹车在制动力和实用性方面都被碟刹系统甩在身后。现在，吊刹系统仍会出现在那些喜欢怀旧的人的坐骑上，或者那些仍旧处于使用中的老式自行车上。

对于吊刹来说，需要谨慎选择与其配套的刹车杆，因为吊刹并不适合使用V刹刹车杆。V刹刹车杆从刹车杆轴心到刹车线接头所在的集线孔之间的距离要更大一些。这就意味在V刹中，刹车线在刹车杆中运动的距离比吊刹更长。如果实际对V刹和吊刹进行对比，会发现这两者之间存在的区别。要让吊刹能正常工作，刹车杆轴心与刹车线集线孔之间的距离应该大约为30毫米。

吊刹的刹车块通常比V刹刹车块的使用寿命更长久，但是它们最终可能会被磨穿。无论磨穿与否，都应该每隔几年就更换新刹车块。刚开始骑行的一段时间内，吊刹的刹车块可能存在僵硬迟缓的现象，对于那些在寒冷冬日里存放于室外的自行车来说更是如此。

检查刹车块的磨损情况时，可以从上方查看刹车块的磨损指示线。它通常是位于黑色刹车块上的一条较深的线，颜色也是黑色，因此很难找到，可以使用手指甲来感觉它的存在，这比用眼睛找到它更容易一些。有时可能并不存在磨损指示线，这时，可以选择在刹车块快要磨损到安装底座位置时进行更换。如果此时不进行更换的话，刹车块可能会被磨穿，进而用于安装刹车块的金属螺栓可能会剐蹭到车圈。

吊刹的刹车块通过活节螺栓进行固定。刹车的根部穿过活节螺栓上的小孔中，再以此穿过弧形垫圈和刹车臂上的狭槽。刹车部件的另一侧具有一个弧形垫圈和一个螺母，当拧紧螺母时，它会推动位于刹车臂上的活节螺栓，进而挤压刹车块的根部使其朝第一个弧形垫圈移动，最终实现固定的目的。

在这种设计中，松动活节螺栓一端的螺母时，可以根据需要来改变刹车块的位置。可以在刹车臂的狭槽中上下移动活节螺栓，进而改变刹车块与车圈接触的高度。可以通过活节螺栓推动刹车块的根部，使刹车块靠近或者而远离车圈。也可以在活节螺栓中转动刹车块根部，改变刹车块与车圈的基础角度。还可以转动弧形垫圈上的活节螺栓，选择使刹车块的前部或者后部首先与车圈接触。可以通过这些灵活的操作来确定刹车块的精确位置。

调整吊刹的重点在于确定主刹车线在刹车部件上方的分叉位置。可以借助连接到刹车线上的刹车吊耳来实现分叉，刹车吊线通过刹车吊耳连接两个刹车臂。也可以使用单独的连接线实现分叉，使连接线穿过主刹车线穿过的位置，然后再固定到刹车臂上。无论选择哪种方式，关键要让刹车吊线的两段或连接线的两个分支呈90度角。安装新刹车块时是调整这个角度的最佳时机。

◀ 四个角度自由调整

安装和调整刹车块

更换刹车块时，最简单的方法就是每次只处理一个刹车臂，将旧刹车块拆下来，然后直接更换新刹车块。选择这种方式，可以使垫圈和活节螺栓保持正确的顺序。如果同时拆下两个刹车块，处理其中一个时，另一个刹车部件上的垫圈和活节螺栓可能会出现脱落的情况。

使用5毫米口径内六角扳手固定活节螺栓的螺栓头，松动刹车部件后面的螺母——通常使用10毫米口径的扳手。不要将螺母完全拆下来，只需要将其松动到一定程度，能将旧刹车块从活节螺栓中拉出来即可。将新刹车块的根部安装到活节螺栓的小孔中，使刹车块朝向车圈。大多数刹车块没有固定的安装方向，但是刹车块上存在指示箭头，需要让箭头的方向朝前。如果刹车块的一端比另一端更短，那么安装时则让较短的一端朝前。

安装刹车块

第1步：将螺母拧动到能保持刹车块不脱落的程度即可。在这个阶段，不用专注于刹车块的调整，只要刹车块保持大致朝向车圈的方向即可，此时可以在车圈与刹车块之间保留比较大的空隙。在另一侧重复相同的操作。现在，我们可以暂时不理会刹车块，而是来设置刹车臂的角度。

第2步：如果使用的是刹车吊线，需要对刹车吊耳的高度以及刹车吊线的长度进行调整，使刹车吊线的两段彼此呈90度角。而对于连接线来说就更为简单——松开刹车线夹紧螺栓，内外移动使两条支线彼此呈90度角并重新夹紧即可。大多数连接线都会具有用于安装的狭槽或者印刷指示线。更多详细内容可以参见本书第98页。

第3步：接下来是调节平衡螺钉。吊刹通常只有一个平衡螺钉。捏刹车杆并观察刹车臂，如果一个刹车臂距离车圈比较近，应该根据需要进行调整。如果是具有平衡螺钉的刹车臂距离车圈比较近，可以顺时针转动平衡螺钉增加弹簧拉力并向外移动刹车臂；如果该刹车臂距离车圈较远，则逆时针转动平衡螺钉。先转动半圈，捏动刹车杆使各部件就位。开始时可能效果并不明显，转动1/4圈后，弹簧就会变得非常敏感，因此需要采用慢速操作的方式。

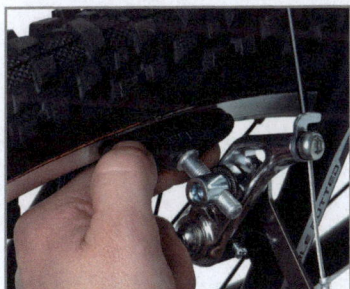

第4步：其他方面设置完成后，现在重新回到刹车块的调整上。松开刹车臂后面的螺母，手动对刹车块进行调整。向内推动刹车块使其几乎接触到车圈。每个刹车块都应该以90度角与车圈的正中央位置接触。

第5步：刹车块前部到车圈的距离应该比后部近1毫米，也就是所谓的"内八字"，这样能防止刹车时出现难听的摩擦声。人们经常简单地将一些纸片塞到刹车块的后面来获得这种效果。但最终的使用者是自己，所以有必要仔细查看刹车块与车圈的位置并设置合适的角度，使刹车块的前部比后部距离车圈更近。

第6步：使用一只手稳定住刹车块，用另一只手轻轻拧紧10毫米口径螺母。到达一定程度后，使用5毫米口径内六角扳手稳定活节螺栓并将10毫米口径螺母完全拧紧。尝试扭动刹车块——如果刹车块出现移动情况，说明紧固程度还不够。现在还需要对刹车线进行微调——可以参见本书第97页的"调整刹车线拉力"部分。

安装新刹车线

捏动刹车时，骑行者完全依靠手指的力量使刹车线在外管中移动。但是在释放刹车杆时，则需要依靠两个小弹簧的力量，两个小弹簧分别位于两个刹车臂上，能将刹车臂从车圈位置拉回来。

如果刹车线里面有沙砾或者存在生锈打结的情况，那么就不会平顺地回位，使刹车变得很迟钝。

裁切刹车线外管的长度时，确保每段都有足够的长度。例如，连接车把到车架的部分的长度应该能让车把自由地转向，不会出现打结的问题。前刹车的外管应该保持平顺柔和的弧度。使用质量较好且锋利的剪线钳剪出干净平整的接头。接头处不能凸凹不平。如果在剪线时将内衬压扁，可以使用锋利的小刀重新拨开。在每段外管的接头处安装上金属箍。

刹车线的最后一段（即连接刹车臂的刹车线部分）可以选择两种方式进行设置——连接线或者刹车吊耳。两种方式如下所示。

连接线

向下拉动快拆接头使其从刹车部件上的狭槽中脱离出来。切掉刹车线的末端，使用5毫米口径内六角扳手或10毫米口径扳手松开刹车线夹紧螺栓。从刹车线夹紧螺栓下面将刹车线拉出来。轻轻拉动连接线，V形的连接线应该能完全被拉出来。在没有存在磨损和打结的情况下，连接线可以继续使用。实际上连接线很少出现磨损的情况。外管部分可能会出现脱落的情况，不用担心，只需记得在安装新刹车线时重新将外管装上即可。

刹车吊耳

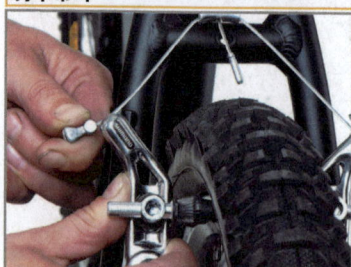

第1步：一个刹车臂上会有一个刹车线夹紧螺栓，而另一个刹车臂上会带一个用于固定刹车吊线接头的狭槽。扶住带狭槽的刹车臂，朝车圈推动刹车块并向下拉动刹车吊线接头将其从狭槽中拉出来。现在，刹车吊线和刹车线都处于松散的状态。将刹车吊线从刹车吊耳上取下来，剪掉线头，松动夹紧螺栓并将刹车吊线拉出来。如果有问题，需要进行更换，剪掉线头并松开夹紧螺栓将其从刹车臂中拉出来。

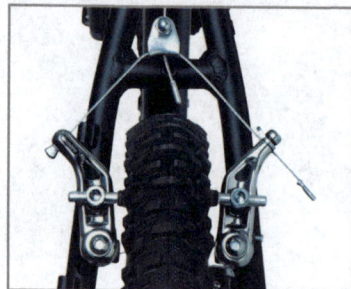

第2步：剪掉旧刹车线的线头。松开用于固定刹车吊耳和刹车吊线的夹紧螺栓。必须确保选择合适的工具，通常为9毫米口径和10毫米口径的扳手以及5毫米口径的内六角扳手。不太好的一方面是需要用两个10毫米口径扳手，这个要求对于修车厂来说并不过分，因为那里有大量的10毫米口径扳手，但是对于家里的工具箱来说，这个要求有点过高。

更换刹车线

每次从外管中拉出一段刹车线，保持外管就位，以便用于参考。弄清刹车线接头如何安装到刹车杆中。由于刹车线接头与刹车杆相连，因此通常需要完全捏动刹车杆才能看到它的连接方式。从下方观察刹车杆通常更加清楚。松开刹车杆调节旋钮上的固定环，直到调节旋钮上的狭槽与刹车杆前部或者下方的狭槽对齐为止。转动调节旋钮对齐狭槽。

轻轻地将旧刹车线从狭槽中拉出来，然后捏动刹车杆并扭动刹车线接头使其从集线孔中脱离，拆下每段外管。前刹车中只有一段外管，但后刹车的外管可能沿上管被分成几段，重新安装车架或刹车线吊耳位置的外管。

去除新刹车线并将接头安装到刹车杆上的集线孔中，然后向后穿过刹车杆上的狭槽。使刹车线向后依次穿过每段外管。在每个外管的末端向内部的刹车线上滴一滴油。

◀ 刹车线从刹车杆上的狭槽中被拉出

吊刹：重新将刹车线安装到刹车臂上

完成刹车线与刹车杆的连接并使其穿过各个外管后，需要重新将刹车线连接到刹车臂上。连接步骤取决于使用的是连接线还是刹车吊线。尽管如此，将刹车线连到刹车臂后，调整刹车线拉力的步骤都是相同的。

连接线

观察位于连接线的两条支线中间的圆盘，上面有两个用于穿插刹车线的不同的狭槽，与外管部分对齐时能很容易地将刹车线穿插进去。使刹车线穿过连接线后，再使它以合适的角度穿过连接线圆盘上的另一个狭槽。将连接线末端的接头重新连接到刹车臂的快拆狭槽中。将刹车线从夹紧螺栓的下方穿过并拉动刹车线使刹车块靠近车圈但是不能与车圈发生接触。拧紧刹车线夹紧螺栓，剪掉多余的刹车线并连接刹车线末端。用力捏紧刹车杆几次，使各个部件处于正确的位置上。

刹车吊线

在刹车的后部，将刹车线穿过夹紧螺栓的小孔中。如果使用标准吊耳，安装顺序一般为刹车吊耳、刹车线、垫圈和螺母。刹车吊耳的高度对于刹车效果来说至关重要。向上推动刹车臂使刹车块接触到车圈，仔细观察并估测合适的吊耳高度。拉紧刹车吊耳，使刹车吊线的支线彼此呈90度角。拧紧夹紧螺栓。这一步骤非常重要，如果夹紧螺栓没有拧紧，刹车吊线会从刹车线上滑动下来并锁定车轮。

将刹车吊线的接头安装到刹车臂上的狭槽中，位于刹车吊耳的上方，另一侧刹车夹紧螺栓的下方。拉动刹车吊线使刹车臂靠近车圈。理想情况下，在刹车块和车圈之间应该有2毫米左右的空隙。扶住刹车线并拧紧刹车线夹紧螺栓。保留大约5厘米的刹车线余量并将多余的部分剪掉，然后安装刹车线端帽。捏紧刹车几次，使各个部件处于合适的位置。

调整刹车线拉力

使用刹车杆上的调节旋钮进行微调。转动车轮时，车轮应该能毫无障碍地自由转动捏动刹车杆，当刹车杆移动到半程时，车轮即应该处于被锁定的状态。如果刹车块剐蹭到车圈，需要减少刹车线的拉力。转动固定环使其远离刹车杆，转动调节旋钮使其朝刹车杆移动（**A**），即顺着刹车线进入刹车杆的方向顺时针转动。测试刹车效果，如有必要可以重复上述操作，然后转动固定环使其朝刹车杆移动。

捏刹车杆时，如果车轮只有在刹车杆移动超过半程时才被锁定，则需要增加刹车线的拉力。松动固定环几圈，然后转动调节旋钮使其远离刹车杆（**B**）——即顺着刹车线进入刹车杆的方向逆时针转动。再次捏动刹车杆进行测试，需要时重复上述操作，然后再次转动固定环使其朝刹车杆移动。

有时可能已经到了调节旋钮的调整极限——即螺纹完全进入到刹车杆中或者已经转动到从刹车杆上即将脱落的程度。这时，可以重新设置调节旋钮，使其只露出一半的螺纹。返回到刹车线夹紧螺栓位置进行大致的调整，来回拉动刹车线。然后再次返回到调节旋钮进行微调。

固定环

◀ **转动调节旋钮前先转动固定环使其远离刹车杆**

吊刹：调整刹车吊线或者连接线的角度

刹车线连接到两个刹车臂上的角度至关重要，因为刹车线被拉紧时，这个角度决定着刹车块与车圈接触的力度。

重新调整刹车线的角度有助于提高刹车速度，但可能同时必须对刹车块的位置做出调整。安装新的刹车线和刹车块时，需要先调整刹车线的角度，然后再对刹车块进行调整。

刹车臂只通过一个固定螺栓与车架相连，因此它可以围绕这个螺栓转动。刹车臂顶部的刹车线连接点能绕固定螺栓转动。这就意味着对刹车线的设置应该能拉动刹车臂使其绕圆形路径移动，而不是任何其他方向。最好通过设置与刹车臂相连的那部分刹车线来获得正确的刹车线角度，使其彼此呈90度角。

有两种不同的刹车线安装方式——连接线和刹车吊线。调整刹车线角度时，这两种构造存在略微的差别，但是刹车块和刹车线拉力的调整都是完全相同的。要确定自己使用的是哪一种安装方式，可以查看刹车线的最后一段，从刹车杆延伸出来的刹车线在此处分为两条支线，每条支线分别与一个刹车臂相连。

比较传统的连接方法是将刹车吊耳通过螺栓与刹车线相连，然后从刹车臂右侧延伸出一条比较短的刹车线并穿过吊耳与另一侧的刹车臂相连。刹车吊耳通常采用带夹紧螺栓的三角形结构，但是现在出现了很多经过阳极氧化处理呈现为紫色以及各种奇形怪状的样式。幸运的是，V刹系统的刹车吊耳上都有一个止栓。我个人很喜欢这种设计，因为这使对刹车线分叉高度的调整变得很容易。这种设计的缺点是如果刹车线出现断裂，那么每个刹车臂中的弹簧会向下拉动刹车吊线，使其与车轮纠缠在一起，进而锁定车轮并使骑行者从车前跌落。

禧玛诺采用的连接线设计能防止上述情况的发生。采用这种设计时，使用连接线来代替刹车吊耳和刹车吊线。采用的是V形设置，V形短线的一条支线一端带有接头，另一条支线上带有一个较短的外管。刹车线从刹车杆向下延伸到连接线，穿过外管部分，然后与一个刹车臂相连。连接线的另一条支线与另外一个刹车臂相连。

这两种类型的设计都会面临刹车线在夹紧螺栓位置出现磨损较快的问题。这部分刹车线始终处于夹紧螺栓的压力之下，因此当执行刹车动作时，刹车线容易出现打结的情况。随着时间的推移，组成刹车线的钢丝容易被夹断，减少刹车线上能负重的钢丝数量，进而剩余钢丝的负重就会相应地增加。只要刹车线出现磨损情况时就应该进行更换并定期检查夹紧螺栓位置的刹车线状况。可以遵循下面介绍的步骤将刹车吊线或者连接线设置为90度的直角，利用机械构造优势获得最大的刹车制动力。

调整刹车吊线或者连接线的角度

第1步：位置过低——连接线处于这个角度时，刹车会给人松软无力的感觉。松开每个刹车部件后部的螺母并拉动刹车块使其远离车圈位置。松开刹车线夹紧螺栓并拉动刹车线，使连接线呈90度。重新拧紧刹车线夹紧螺栓并设置刹车块，适当增加刹车块与车圈之间的空隙。

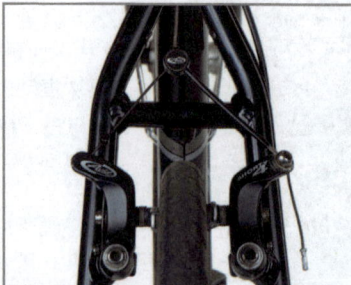

第2步：位置过高——连接线处于这个角度时，无法获得足够的刹车制动力。松开刹车线夹紧螺栓，释放刹车线直到连接线呈90度角，重新拧紧刹车线夹紧螺栓并重新调整刹车块的位置，使刹车块更加靠近车圈。

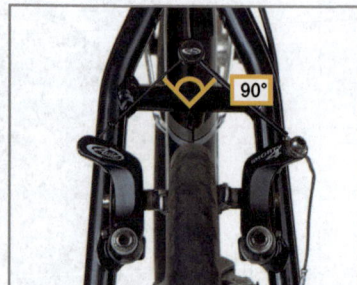

第3步：正确位置！图片所示的是连接线类型，但刹车吊线的调整原则与此完全相同。调整刹车吊耳的位置直到两侧彼此呈90度角。理想状态下，刹车块的根部应该位于活节螺栓的正中央，两侧是完全对称的。

安装新的刹车臂

吊刹刹车臂通常能用几年而不出现任何问题。通常来说，首先出现问题的用于保护和放置弹簧的弹簧盖。要获得备用的弹簧盖一般并不容易，但如果没有这个盖子，弹簧在压力之下会弹出来，进而无法拉动刹车臂使其远离车圈。如果弹簧盖出现问题，应该更换整个刹车臂，刹车臂的价格并不比几套刹车块的价格高，而购买刹车臂时还会附带新的刹车块。

市场上可供选择的吊刹用刹车臂并不多，因为这种刹车系统已经过了自己的黄金期，只有少数质量较好的类型还被用于一些越野赛自行车上，例如Avid Shortier就有轻质、耐用和刹车效果强力的优点，尽管有些人认为这种产品在使用时会发出很多杂声。

安装新刹车臂

第1步：向下向外拉动刹车臂上的快拆使其脱离刹车臂上的狭槽。如果刹车臂上的狭槽已经处于被压扁的状态，可以使用一个较薄的螺丝刀小心分开狭槽，使刹车线安全地从狭槽中脱离出来。

第2步：剪掉刹车线的线头，松开夹紧螺栓并将刹车线从刹车臂中拆下来。可以趁此机会检查刹车线的使用状况，尤其是处于夹紧螺栓位置的刹车线。

第3步：拆下每个刹车臂底部的螺栓并将刹车臂从车架上拉下来。在拉动的同时可能需要轻轻扭动刹车臂，刹车臂和刹车轴之间可能会由于挤压灰尘而紧紧粘在一起，如果这种情况特别严重，可以在缝隙中滴一滴轻质油，然后再来回拉动刹车臂将其拆下来。

清洁刹车轴

清洁车架上的刹车轴。如果刹车轴表面凹凸不平或者沾满沙砾，可使用一小块干湿砂纸进行打磨。向刹车轴上滴一点润滑油并将新的刹车臂安装到上面。使从每个刹车臂后面延伸出来的弹簧与车架上、刹车轴螺栓旁边的三个孔洞中处于中间的那个对齐。新购买的螺栓一般会附带一条242蓝乐泰胶（Blue Loctite），如果没有，有必要另外使用一点，因为刹车松动是骑行者最不希望看到的情形。只需一小条胶水即可，大约2毫米就能覆盖住大部分螺栓。

　　重新安装刹车线并进行设置，使连接线的两条支线或者刹车线吊耳彼此呈90度角。可能需要松开用于固定刹车块的活节螺栓并推动刹车块使其远离车圈，这样能为安装刹车线提供更多的空间。完成刹车线的设置后，可以按照本书第95页中介绍的步骤安装新的刹车块。

维护刹车部件

如果刹车轴比较脏或者存在腐蚀情况，刹车会变得很迟钝。需要定期对刹车轴进行清洁和润滑，以保持良好的刹车效果。

　　松开快拆和刹车线夹紧螺栓，将刹车线完全拉出来。松开并取下固定螺栓，将刹车臂完全从车架上拉下来并进行清洁。使用干湿砂纸清洁刹车轴。松开一个活节螺栓，拆下活节螺栓并清洁弧形垫圈。在每个垫圈的接触面上滴一滴润滑油后再重新安装。每次只处理一个刹车臂，这样可以参照另一个刹车臂以保证安装顺序的正确性。对刹车轴进行润滑并将刹车臂安装到刹车轴上，使刹车臂上的弹簧与车架上刹车轴旁边三个孔洞的中间一个对齐。重新安装用于固定刹车臂的螺栓，然后遵循本书中介绍的步骤安装新的刹车块。

夹器：调整

夹器一般使用在公路自行车上。同样，为了获得最高的刹车性能，必须对刹车进行调整，使车轮能在刹车块之间顺畅运行，而不会发生触碰的问题。

尽管如此，刹车块仍然需要与车圈保持足够近的距离，这样在捏动刹车杆时，在刹车杆运行到半程时车轮就能处于被锁定的状态。不能将刹车杆捏到与后面的车把发生接触，这意味着刹车制动力不足，无法将自行车安全地停下来。有些人喜欢在刹车块接触到车圈前稍稍移动一下刹车杆，这样有助于获得对刹车杆更好的抓力。

　　只有车轮位于车架的正中央时，对刹车的调整才有意义。检查车胎与车架或者前叉之间的距离是否均匀，需要时重新调整车轮的位置。

夹器的调整

第1步：在做任何调整前，需要首先确保刹车线不存在相互纠缠或者被卡住的情况。松开刹车线夹紧螺栓使刹车线能自由移动。向下轻轻拉动刹车线的同时轻轻捏刹车杆。应该能感觉到刹车线被向上拉动。释放刹车杆时，轻轻拉动刹车线使其平顺回位。如果感觉刹车线凸凹不平或里面有沙砾，说明需要进行更换。（参见本书第102页中的相关内容。）

第2步：查看夹紧螺栓下方的刹车线布置。此处通常存在一个用于放置刹车线的凹槽以及一个垫圈——通常具有比较独特的形状——位于刹车线和夹紧螺栓之间。一只手朝车圈位置挤压刹车块，另一只手同时拉动松弛的刹车线。放开刹车线，但另一只手继续挤压刹车块并拧紧夹紧螺栓。

第3步：用力捏动刹车杆几次查看刹车线的松弛程度。你可能会发现能一直将刹车杆捏到车把位置。如果是这样，需要再次拉动卡钳位置松弛的刹车线。捏住从刹车线夹紧螺栓下方伸出来的刹车线，松开刹车线夹紧螺栓几圈，拉动松弛的刹车线并拧紧刹车线夹紧螺栓。

第4步：检查刹车块与车圈之间的空隙。慢慢转动车轮。刹车块不能与车圈接触。拉动刹车杆——刹车杆应该能运行到距离车把半程的位置。使用调节旋钮进行微调。向夹器外部转动调节旋钮会让刹车块靠近车圈，向内转动则会让刹车块远离车圈。通过不断试验使刹车块处于最佳位置。

第5步：可能会出现一侧的刹车块与车圈发生接触，而另一侧不与车圈接触的情况。比较新型的夹器上都会具有平衡螺钉，可以通过平衡螺钉来调整整个夹器的角度。努力记住平衡螺钉的转动方式，不同的转动方式会带来完全不同的结果，因此多进行试验。轻轻转动平衡螺钉（每次转动1/4圈），直到车圈能在刹车块正中央运行。

第6步：可能会出现刹车块完全向一侧偏移的情况，只依靠平衡螺钉无法进行纠正，或者有时夹器上根本就没有平衡螺钉。在这种情况下，必须对整个夹器的位置进行调整。像图中那样握住夹器并松开夹器固定螺栓直到夹器能左右自由摆动。纠正夹器的位置并拧紧夹器固定螺栓。如果夹器上有平衡螺钉，此时可以通过它再次进行微调。

夹器：安装刹车块

夹器刹车块的磨损速度没有V刹刹车块的磨损速度快，但是同样需要定期进行检查。

夹器的结构要求在刹车时不能像使用V刹时那样对刹车块施加太大的力量，因此有必要购买质量较好的刹车块并在刹车块出现磨损时及时更换。比较好的品牌包括Aztec、禧玛诺以及Kool-Stop等。对于全部三种车圈刹车类型来说，更换夹器刹车块是最简单的。在更换刹车块时可以对车圈进行全面的清洁，同时检查车圈的磨损情况。刹车块的安装方式一共有两种——通常使用的是4毫米口径或者5毫米口径的内六角扳手，但有时需要用到10毫米口径的内六角扳手。将旧刹车块拆下来时，可以根据磨损情况决定是否继续使用，如果能继续使用，仔细对其进行清洁处理。使用锋利的小刀将刹车块中的金属屑或者碎玻璃清理干净，然后使用砂纸打磨刹车块表面。清理完后像安装新刹车块一样重新安装到刹车上。

安装刹车块

第1步：首先将旧刹车块拆下来。松开后面的螺栓向下向外滑动刹车块。检查刹车块表面的磨损情况，可以根据磨损情况决定是否继续使用。如果能继续使用，可以按照上面介绍的方法进行清洁处理，然后再按照下面介绍的方法重新安装。

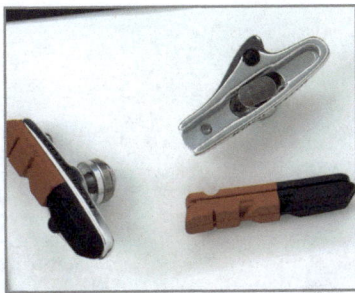

第2步：如果刹车块是那种能更换橡胶垫的类型，可以松开橡胶垫背后的螺钉。向后滑动旧橡胶垫将其从刹车块底座中抽出来。清洁刹车块底座并安装新的橡胶垫，再重新装上螺钉。按照正确的方向安装刹车块非常重要——刹车块上敞开的一端必须朝向自行车的后部。

第3步：安装时必须遵循新刹车块上的方向指示标志。刹车块上可能标有"left"和"right"或者呈弧形，如果是最后一种情况，安装时必须使弧形形状与车圈的形状相匹配。刹车块可能会附带一些形状不同的垫圈。此时，安装时使杯形垫圈平整的一端朝向刹车主体，然后安装圆顶形垫圈，并让圆顶一端朝向刚刚安装完的杯形垫圈的杯口位置。

第4步：扭动刹车块使其处于合适的位置。刹车块应该与车圈处于平行的位置，不能太高，否则会刮到车胎，也不能过低，使其悬垂在车圈下方。垫圈具有一定的安装弧度，因此可以对刹车块的角度进行微小的纠正。确定合适的位置后，使用一只手扶住刹车块，同时使用内六角扳手或者普通扳手进行固定。

第5步：接下来检查刹车块是否是按照内八字布局进行安装的。捏动刹车杆查看车圈与刹车块之间的间隙。刹车块的前部应该先于后部与车圈进行接触——二者之间的差别应该大约为1毫米。如果不是这样，需要轻轻松动夹紧螺栓，调整刹车块的接触角度并再次拧紧夹紧螺栓。捏动并释放刹车杆检查刹车块是否处于合适的高度。

第6步：新刹车块的厚度与旧刹车块存在差别，因此需要调整刹车块与车圈之间的间隙。这只是一个微小的调整，因此使用夹器上的调节旋钮就可以了。轻轻松开固定环，然后使用调节旋钮的主体部分调整刹车块与车圈之间的间隙即可（见第100页）。最后重新拧紧固定环。

夹器：安装刹车线

即使处于全新的状态，公路自行车的刹车块也无法提供V刹或碟刹那样干脆的刹车效果，因此更需要确保刹车线处于良好的工作状态，从而获得最佳的刹车效果。

前后两条刹车线都是从公路车把带下方延伸出来的，比较长，尤其是后刹车线，因此会形成一些比较急的夹角。刹车线的工作状况恶化后，捏动刹车杆时会感觉比较僵硬，释放刹车杆时刹车块也无法平顺地从车圈处回位。此时，更换刹车线会极大地改善这种状况。

如果外管有打结或者损坏问题，需要与刹车线一同更换。参照旧的外管测量出新的替代管，仔细切出干净平整的切口。新的外管需要在两端安装金属箍。但是最后一段外管除外，因为这段外管会安装到夹器中。那里没有提供用于安装金属箍的空间，因此不需要这个部件。

安装刹车线

第1步：开始安装前，确保自己选择了正确的刹车线类型——与山地自行车不同，公路自行车刹车线采用的是梨形的接头，而不是桶形接头。找到了正确的刹车线后，将旧刹车线的末端切除。需要选择合适的剪线钳，普通钳子无法获得干净整洁的切口。

第2步：在外管中向上推动刹车线，可以保留这部分刹车线，但是需要检查是否存在打结或损坏的情况，或者外面的保护性塑料涂层是否丢失，如果存在这些情况，则需要进行更换。如果在拉动刹车线时感觉外管中存在沙砾，有必要同时更换外管。

第3步：到达车把位置时，必须捏紧刹车杆露出内部结构。从另一端在外管内部推动刹车线，会看到刹车线慢慢从刹车杆中露出来，继续推动刹车线，直到露出能用手抓住的长度，然后将整个刹车线拉出来。拉出最后一段刹车线时注意观察，可以清楚地看到即将安装新刹车线的集线孔。

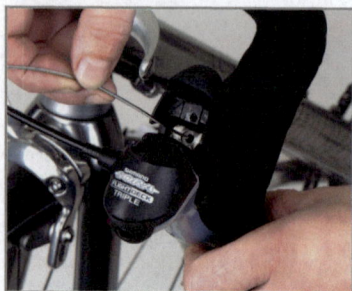

第4步：接下来的步骤需要运用一点技巧。成功的关键在于新刹车线的接头应该具有平整的切口。朝车把方向拉住刹车杆并使刹车线穿过刹车杆的集线孔。刹车线穿过集线孔后，找到刹车杆后面的孔，能看到车把带下面的刹车线管，显而易见，需要让刹车线管穿过这段外管。

第5步：从外管中露出来后，拉动刹车线，只留最后10厘米在刹车杆外部。保持刹车线处于拉动状态，向最后一段刹车线中滴一滴油并拧紧。对于前刹车来说，刹车线直接与前刹车相连。安装后刹车线时则需要确保外管具有足够的长度，保证车把能自由地转向。在刹车线通过外管时进行一些润滑处理。

第6步：在刹车夹器位置让刹车线穿过调节旋钮。对于此处的设置来说，最终目的是当刹车杆运行到半程时车轮即处于锁定状态。检查刹车线夹紧螺栓——应该有一个用于放置刹车线的干净的狭槽。将刹车线放入狭槽中并朝车圈挤压刹车块。拉紧松弛的刹车线。释放刹车线并继续保持朝车圈位置挤压刹车块的动作，拧紧刹车线夹紧螺栓。有关最终调整的方法，可以参见本书第100页中的内容。

新外管和车把带

更换外管内部的刹车线时，在刹车线通过第一段外管时可能会感到里面有沙砾——对于后刹车来说，这段外管从车把带下面一直延伸到车架位置，而对于前刹车来说则是直接与前刹车部件相连。如果感觉有沙砾，需要剥开车把带并在更换刹车线的同时更换外管。这并不是一件轻松的工作，但是能让刹车获得更加干脆利落的效果。

在其他的情况下，也可能需要更换第一段刹车外管。例如可能在需要提升车把的高度时发现外管不够长且会产生一些急角。外管上出现打结或者损坏的问题时也需要更换。

无论是哪种原因，在开始更换刹车外管前都需要准备一副新的车把带。虽然也可以使用旧的车把带，但车把带上有黏性，因此很难完整地取下来，在重新使用时也很难获得平整的效果。有必要给自己准备一些新车把带——这能让你的自行车看起来更得体。

批量更换能带来最佳的结果。轻轻地将旧的车把带剥开。尽可能多地将上面的胶去除。拆下车把端帽。最大限度地对车把进行清洁，但是注意不要在车把上留下划痕，因为即使很小的划痕也可能演变成比较严重的裂纹。

现在，可以随意对刹车线和外管进行处理了。用力将旧的刹车外管从刹车杆后部拉出来。仔细查看刹车线的末端是否有金属箍，如果有，需要安装同样具有金属箍的新外管。

测量新外管，然后仔细裁切获得合适的长度，需要确保切口处干净整洁并且外管内部没有钢丝交错的问题。根据需要更换任何其他部分的外管并使刹车线从外管中穿过。拉紧刹车线中存在松弛的部分，将其夹在刹车线夹紧螺栓下面并捏紧刹车杆，让新外管处于合适的位置。这时，你可能会发现刹车线仍然存在一定的富余。再次松开卡钳刹车线夹紧螺栓，进一步拉动松弛的刹车线并再次拧紧螺栓。

将新外管正确安装到刹车杆上并不是一件轻松的事，为了更好地执行这一任务，可以松开车把上的刹车杆夹紧螺栓，为外管的安装提供更多的空间。螺栓一般位于两个位置中的一个。捏紧刹车杆，从前部向内观察，可能会看到刹车杆背部有一个内六角的螺栓头——通常为5毫米口径大小。可以使用内六角扳手松开该螺栓。

如果在刹车杆中找不到固定螺栓，那么它很可能位于刹车杆的侧面、刹车杆橡胶套的下面。同样是一个5毫米口径的内六角螺栓，一般位于刹车杆的外侧位置（右刹车杆位于右手侧，左刹车杆位于左手侧）。松开这个螺栓，扭动刹车线外管使其处于合适的位置，然后拧紧螺栓。

使用三条电工胶带牢固地将刹车线外管绑到车圈前部。每侧分别使用三条胶带就可以了。

将所有部件绑在一起后，现在可以重新安装车把带了。首先填充刹车杆后面的空隙。只通过缠绕车把带很难将这个空隙完全填充。新购买的车把带通常会附带一些较短的带子。如果没有，可以从车把带的一端裁切大约7厘米长度的车把带来代替。揭开刹车杆橡胶套让开空间，并使用车把带在水平方向从车把一侧向另一侧缠绕。不要将刹车杆挂钩缠绕进去。缠绕时从车把底部开始，先将一条车把带朝下缠绕到车把内部，并使一半宽度覆盖车把末端。缠绕车把带时，每圈之间应该彼此覆盖三分之一的面积。到达刹车杆位置时，将已经放在此处的短带子包裹进去，然后向上呈对角线缠绕一层。不要重复缠绕，这样会让刹车杆后面显得过于臃肿。到达刹车杆上方时，朝车把中间的区域缠绕车把带——终点应该位于距离把立约5厘米的位置。剪断车把带，使其接头位于车把的下方，然后使用黑色的电工胶带固定。有时车把带会附带一些小的塑料固定带，但是这种部件需要比较高的安装技巧，而使用胶带反而能获得更好的效果。

如果车把下方的车把带缠绕正确，就可以在车把上方多缠一些，这会让骑行者选择比较直立的骑行姿势时从车把处获得更好的舒适度。将车把带的末端折叠到车把中并重新装上端帽。除了能让车把末端显得更加整洁，车把端帽还能防止骑行者在从车上跌落时被车把划伤。

夹器的维护

如果没有安装挡泥板，夹器就会处于首当其冲的位置，所有从地面上卷起的污物都会对其造成冲击。污物会附着在夹器的轴上，无法使其自由运行。夹器的清洁工作看上去比较麻烦，但同时也是一种能让人获得满足感的任务，清洁后，自行车的状况会立即获得极大的改善。

与变速器一样，刹车的功能也是由各种导线和弹簧的组合来实现的。从车把到刹车部件，刹车线能为骑行者很好地传递各种刹车信号，它们重量轻并且很结实，但只能对刹车线执行拉动的动作，而无法推动刹车线。当捏动刹车线使刹车块与车圈接触执行刹车动作后，再释放刹车杆并依靠夹器中的弹簧将刹车块从车圈位置推开，使骑行者可以继续骑行并且刹车块回到最初的位置。尽管如此，手部的力量通常比弹簧产生的拉力大很多，因此一旦夹器上的轴变得堵塞或者迟钝，虽然骑行者仍然可以捏动刹车，但是弹簧的回位就会变得非常困难。如果长时间不进行处理，捏动刹车也会变得越来越费力。幸运的是，清除其中的污泥并进行润滑处理并不是一件难事，处理得越及时，获得的效果就越好。如果长时间不对污物进行清洁，夹器轴、垫圈以及夹器本身就会出现腐蚀问题。当各个部件的接触面变得粗糙或者被损坏时，即使进行处理，获得的效果也会十分有限。

要快速进行清洁，可以不必将夹器从车上拆下来，但是将其完全拆下来也并不是一件难事，并且能对夹器后部进行很好的清洁。旧牙刷就是比较理想的清洁工具。如果刹车不是特别脏，可以使用普通的水进行清洗，但是如果骑行环境比较潮湿或者经常在市区内骑行，可能需要用一些稍微强力一些的清洁用品，例如Muc-Off或者Finish Line Bike Wash这类专用的自行车清洁用品就能获得比较好的效果。如果污物比较顽固，可以尝试使用一些去污剂进行清洁。将去污剂倒入一个小罐子里并用牙刷对夹器轴进行清洁。喷雾式的去污剂喷洒面积太大并且对于此类工作来说也会产生较大的浪费，执行起来也需要更精准的操作技巧。清洁后不要忘记将残留的去污剂冲刷干净。

与去污剂的使用一样，对刹车轴进行润滑时，滴油同样比喷油更可取。尤其注意不要让刹车块沾到润滑油，那样它会将油携带到车圈上，进而影响刹车效果。只有在将夹器从车上拆下来时，才能最容易看到那些需要润滑的间隙。像执行刹车动作那样挤压刹车块，观察各个刹车部件的运行机制。夹器上任何互相接触的移动部件之间的间隙都需要进行润滑。将润滑油滴到间隙位置后，挤压并释放刹车臂几次，使润滑油完全进入到间隙中，然后清除多余的润滑油。

将夹器从自行车上拆下来后，可能会发现腐蚀问题非常严重，不值得进行维护，这时就要直接更换。需要购买正确尺寸的夹器测量夹器螺栓孔之间到车圈上刹车面中央的距离，这个距离称为"drop"。

◀ 伯龙腾（Brompton）折叠自行车的前夹器

维护夹器刹车臂

如果夹器部件被路面上的污物阻塞，或者刹车杆反应迟钝，或者在释放刹车杆时刹车块无法平顺回位，可以按照下面介绍的方法对其进行维护。

坚持每次只处理一个刹车臂——这样如果在安装过程中出现不懂的地方可以参考另外一个刹车臂。尤其注意对回位弹簧周围的灰尘进行清洁。弹簧与卡钳支架中间的空隙很小，因此只需积累很少的灰尘就能让刹车变得非常迟钝。

对于刹车严重恶化的情况来说。除了对弹簧进行清洁，还可以同时更换新的刹车块和刹车线。准备好所有所需工具后，不需要太长时间就能完成整个清洁工作，骑行者也能立即感受到刹车操控性的提高。新刹车块能轻松实现对车圈的抓力，减少磨损并延长使用寿命。

维护夹器刹车臂

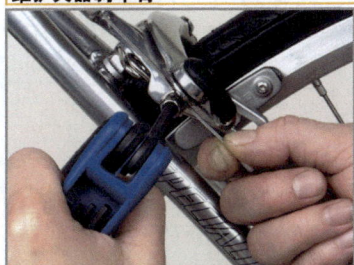

第1步：首先切掉刹车线的末端，松开刹车线夹紧螺栓并将刹车线与外管从调节旋钮中拉出来。如果想更换刹车线或者同时更换刹车线与外管，可以参见本书第102和103页中的相关内容。

第2步：松开夹器与车架/前叉之间的固定螺栓，是一个5毫米口径的内六角螺母或者一个10毫米口径的螺母。如果同时处理刹车，不要让前刹车和后刹车的部件混淆在一起——从夹器前部伸出并穿过前叉的转动螺栓更长一些。清洁并检查固定螺栓——这个5毫米口径的内六角螺栓，被称为套筒螺母。查看上面是否存在裂纹。同时清洁并检查螺栓孔。

第3步：将夹器翻转过来并查看其背面，通常从侧面很难看到这一面，因此此处更容易积累灰尘等污物。使用去污剂或者自行车清洗剂以及硬毛刷进行彻底清洁。从这里可以清楚地看到回位弹簧。近距离清洁弹簧周围使其可以自由运行。捏刹车数次并清除其中夹杂的灰尘或者沙砾。

第4步：将夹器翻过来能看到它的顶部结构，对其进行清洁处理。同样，挤压并释放夹器，清除其中夹杂的污物。整个夹器清洁完毕后，将上面的去污剂冲洗干净。在每个部件的结合位置滴一滴油并挤压夹器使油充分进入到缝隙中。清除多余的润滑油——否则会吸收灰尘。现在，夹器的运行应该更加平顺了。

第5步：向夹器固定螺栓上滴一滴油并将螺栓重新滑动到车架/前叉中。务必将所有位于夹器和车架之间的垫圈重新安装到原位。这些垫圈能防止夹器卡在车架/前叉上。重新安装固定螺栓。

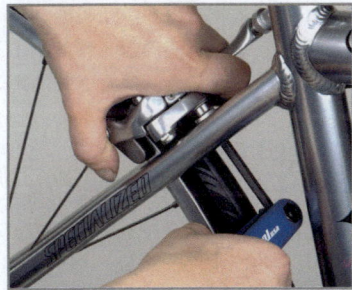

第6步：像图中所示那样握住夹器，让车轮能在刹车块之间自由转动，拧紧固定螺栓。扭动夹器确保螺栓拧得足够紧——否则它会慢慢松动。将刹车线重新安装到调节旋钮上，然后使其从夹紧螺栓垫圈的下面通过。握住刹车块使其靠近车圈，拉紧松弛的刹车线部分并拧紧夹紧螺栓。对于最终的调整，可以参见本书第102页中的相关内容。

碟刹：强大而可靠的刹车系统

与减震系统一样，碟刹应该是过去10年中自行车领域的一项主要创新。碟刹现在已经成为山地自行车以及一些多用途自行车的标配。同时，越来越多的越野公路自行车也开始安装此类刹车系统。

碟刹系统由两部分组成：与车架或者前叉上特定装置相连的卡钳以及直接安装在花鼓上的碟刹盘片。

与车圈刹车相比，碟刹具有两个明显优势。首先，它们不会与车圈发生刮擦，进而不会对其造成磨损；其次，碟刹盘片具有坚硬整洁的表面，能提供更强力的刹车效果。机械碟刹的使用要更简单一些，因为使用的是标准的V刹刹车杆和刹车线。而液压碟刹则具有更强大的刹车制动力，同时也能适应潮湿泥泞的骑行环境。为满足不同的需求和预算，碟刹分为很多种，从超轻量级的普通越野用到比较重型的碟刹一应俱全。

刹车制动力

刹车制动力的大小取决于两个方面：所选的碟刹盘片的尺寸以及刹车卡钳中的活塞布局。较大碟刹盘片的直径范围为180~200毫米，刹车制动力强大，同时调校范围也比较广，但是重量也更大一些；而越野公路自行车用的碟刹盘片比较小，直径一般为160毫米左右，甚至只有140毫米左右。

卡钳可能具有1~3对辅助油缸（活塞），都灵（turin）活塞系统一般用于越野公路车上，而4和6（3个卡钳活塞系统出现于一些速降自行车或所有山地自行车上），因为更大的速度需要更大的刹车制动力。当前的碟刹系统比以前的类型具有更强大的刹车制动力，但同时单指刹车仍旧处于使用中。

碟刹卡钳的安装相对比较简单，同时也不需要太多的维护，它们的刹车垫和碟刹盘片能长时间地保持清洁并且不会吸附油脂类物体，例如路上灰尘中夹杂的燃料残渣和来自手指尖的油脂，还有多余的链条润滑油以及从损坏的软管或者活塞泄漏带来的油性物体。

与车圈刹车相比，卡钳自身不会吸附过多路面上的灰尘，因此在大多数条件下都具有比较长的使用寿命。维护工作也仅限于对刹车垫和碟刹盘片的常规检查，偶尔需要添加或者更换液压油。添加液压油非常简单直接，如果说哪个步骤需要一些技巧，那就是对液压油的处理，尤其是DOT油，因为这种油能对车漆和皮肤造成腐蚀。

卡钳调整

无论是机械碟刹还是液压碟刹，卡钳的调整方法都是相同的。有必要多花点时间对卡钳进行调整，因为刹车垫无法正面接触碟刹盘片与两个刹车垫都能准确接触碟刹盘片所带来的刹车效果明显不同。大多数液压碟刹的工作原理都是两个刹车垫在同一时间接触到碟刹盘片，只有每个刹车垫到碟刹盘片的距离都相同时，才能获得最佳的刹车效果。大多数机械碟刹与一部分基础版本的液压碟刹的工作原理都是推动外侧的刹车垫使其与碟刹盘片接触，然后推动碟刹盘片使其产生弯曲，直到与另一侧的刹车垫接触。实际的刹车效果比听上去更好，但是如果静止的刹车垫与碟刹盘片之间的距离尽可能小，进而减少碟刹盘片弯曲的幅度时，能获得最佳的刹车效果。

卡钳安装

标准化配件生产的概念最早是由纪尧姆·德尚（Guillaume Deschamps）在为法国军队制造枪支时提出来的。这种概念鼓励各种部件之间的通用性，而不是每种枪支都具有自己的结构。尽管如此，枪械制造工匠强力阻挠这一程序的实施，因为他们认为这会毁掉自己的行当，进而使这一理念的实现被推迟长达50年之久。自行车行业同样存在这种状况。每个制造商都有自己推崇的生产工艺，每种产品都需要很长的时间才能为大多数人所接受。当碟刹系统被引入到自行车市场时这种问题变得更为具体——几个不同的标准为了主导市场而互相竞争，其中国际标准型安装（International Standard，IS）与柱式安装（Post Monut）是这方面的先驱。

柱式安装使用两个位于车架或者前叉上的带螺纹的手柄，螺栓的安装方向大致朝前。国际标准型安装则是通过车架上的两个不带螺纹的安装孔来实现的。螺栓通过这两个安装孔，直接以螺纹方式与卡钳连在一起。柱式安装似乎已经慢慢成为主流标准，因为与调整碟刹盘片相比，调整刹车卡钳的位置更简单。无论哪种标准，都可以通过转换部件将一种卡钳标准的卡钳安装到其他类型的车架上，也可以使刹车卡钳适应不同的碟刹盘尺寸，因此如果出现刹车卡钳与自行车不配套的问题，也不必担心——可以从自行车经销商那里获得合适的转换部件。

碟刹：轮轴的安装与拆卸

碟刹提供的制动力比车圈刹车更大，实现方式也不相同。如果车轮没有与车架或者前叉紧固地连接在一起，那么碟刹产生的力量足以使车轮发生脱落，进而导致致命的结果。这种情况是无论如何也不能出现的。

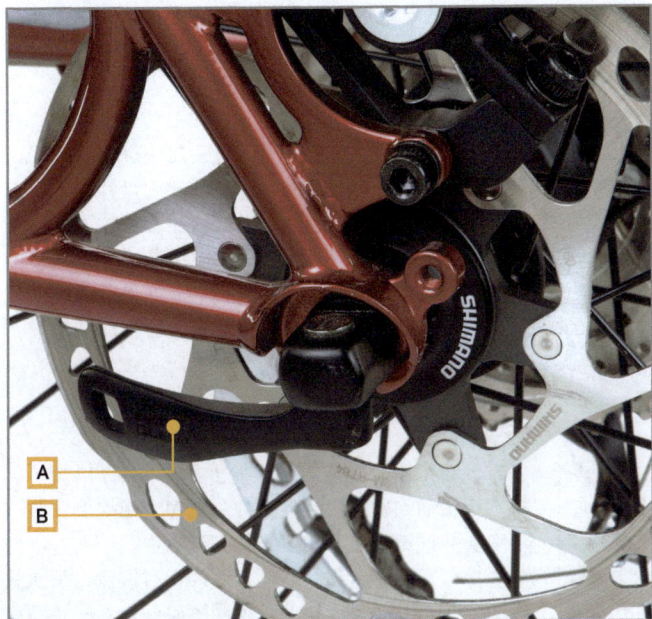

A
B

▲ 禧玛诺碟刹

目前有几种不同的车轴标准，每种都具有自己的优势。快拆花鼓目前仍旧保持非常主流的地位，尽管有证据表明当面对较大碟刹盘片产生的极大刹车制动力以及长途骑行时需要的较快的车速时，这种花鼓可能无法抵抗如此强力的冲击。如果使用的是带快拆杆的碟刹，那么应该选择结实且质量较好的快拆杆。禧玛诺和马威克（Mavic）两个品牌的快拆杆都比较优秀——需要确保快拆杆处于清洁且润滑良好的状态。"Lawyer tabs"现在已经成为快拆前叉上的标配，有了这个位于前叉下方的突出小部件，意味着要安装或者拆卸车轮，必须对快拆执行更多的操作，这能有效防止车轮在快拆松动时出现脱落情况，无论这种松动是什么原因导致的。但无论何种措施，都比不上确保快拆处于良好的工作状态与不出现问题更加重要。如果不确定如何操作，可以参考本书第188页中的相关内容，如果仍然存在疑问，可以咨询本地的自行车经销商，这个方面可并不适合自己去试验。

　　可以使用贯穿式螺栓（bolt-through）花鼓（或者称为"贯穿式轮轴"，俗称"桶轴"）来代替快拆。目前，存在几个处于使用中的贯穿式螺栓标准，但是使用最广泛的是20毫米以及15毫米两种。贯穿式螺栓曾经是速降自行车中的主导标准，但是现在开始越来越多地出现在具有更轻更短前叉的自行车上。除了为碟刹使用者提供更高的安全性之外，这种标准也会极大提高前叉端的硬度，进而改善在苛刻地形上骑行的操控性。一些制造商还尝试应用贯穿式螺栓后叉端以便获得同样的优势，随着技术水平的不断提高，这很可能会成为一种更加普遍的标准。

　　需要确保花鼓与轮轴相配套，因为两种标准都需要用特定直径的轮轴。尽管如此，如果要将前叉更换到使用不同尺寸轮轴的自行车上，也不需要购买新车轮。一些花鼓制造商会提供相应的转换套件，能允许在不同的前叉标准上使用同一个花鼓，如果有不止一辆自行车并且需要在各个车之间互换部件，那么这种转换部件非常有用。过去，贯穿式螺栓花鼓的一个缺点是需要用工具才能将其拆下来，这容易对车胎造成损坏，在将其放到车架上时也比较费时费力。在这里要感谢那些现在正在研究贯穿式后叉端的设计者们，他们花费大量时间和精力，制作出了能让贯穿式轮轴更易于使用的各种部件。相关产品主要包括Rock Shox公司出品的Maxle、Fox公司出品的QR15以及与之类似的产品，这些产品能穿过一个前叉腿和中空的花鼓壳，然后再与另一侧的前叉腿相连并使用凸轮杆拧紧。如果存在疑惑，可以查看与所使用型号相关的说明书，如果手上没有说明书，可以在前叉说明书中或者制造商的网站上寻找相关内容。

　　无论使用哪种系统，每次骑行前都应该检查车轮是否足够紧固，在骑行途中如果不放心，也应该进行检查（注意不要用手触摸碟刹盘片，因为执行了过多的刹车动作后，碟刹盘片会非常烫）。如果在完成技巧速降骑行时听到奇怪的撞击声或者感觉某个部件出现松动，应该立即停下来并确保自行车的安全性。检查需要花费一定的时间，但是能确保使你远离伤害。

碟刹：在自行车上安装国际标准型卡钳

国际标准型（或者称为IS）卡钳通过螺栓与自行车相连。安装时，螺栓穿过车架或者前叉上的安装座，然后拧到具有螺纹的卡钳中。可以通过在车架和卡钳之间添加垫片（即较薄的垫圈）进行水平方向的调整。

下面介绍的是向IS标准前叉上安装IS卡钳的方法，但是如果要将IS卡钳安装到车架后下叉上，也可以使用这种方法。有必要在安装IS卡钳前，先确保前叉安装面具有正确的朝向。可能需要对安装面（A）进行切削处理，确保与车架处于平行位置。这个过程需要用价格高昂的专用切削工具，一般只有自行车维修店才有，但是很有必要，因为全新的前叉一般并不是完全平直的。

　　"垫片"是对具有精确尺寸的垫圈的细分叫法。垫片必须具有精确的厚度，因为对于每一个螺栓来说，卡钳和车架之间的间隙都必须是相等的。如果垫片组合具有不同的厚度，那么卡钳无法与碟刹盘片处于完全平行的位置，骑行时刹车垫会出现拖曳现象，不但会发出难听的噪声，还会让刹车出现迟钝和松软的感觉。需要准备不同厚度的垫片，比较厚的垫片用于大致的布局并使碟刹盘片能从卡钳的狭槽中央通过，而极薄的垫片则起到微调的作用。前后卡钳的安装方法完全相同——螺栓穿过安装环并拧到卡钳中。如果要重复使用卡钳螺栓，需要确保应用一些松胶（新螺栓上通常已经涂上了松胶）。刹车产生的力量会扭曲和震动螺栓，因此需要额外的措施以便避免出现松动的情况。

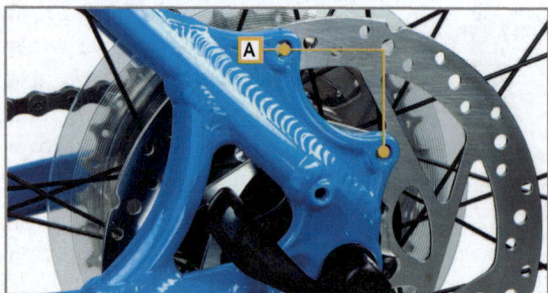

安装卡钳

将碟刹盘片牢固地安装到车轮上后（见第111页），将卡钳滑动到碟刹盘片的上方。在每个螺栓上安装一个垫圈并使其穿过安装座连接到卡钳中。一次拧动两个螺栓时，观察卡钳和碟刹盘片的相对位置，每次只转动一点点。通过卡钳的狭槽观察碟刹盘片——在狭槽后面放一张白纸会更有利于观察。

◀ 后IS碟刹安装座

IS卡钳安装

第1步：拧紧螺栓时，卡钳会不断向车架靠近。如果内侧的刹车垫在螺栓没有完全拧到位前就与碟刹盘片发生接触，需要添加更多的垫片。确保准备了不同厚度的垫片。添加垫片时必须将螺栓拆下来。为每个螺栓上添加具有同等厚度的垫片，重复这一步骤并再次查看刹车垫与碟刹盘片之间的空隙。

第2步：首先使用比较厚的垫片，然后再使用较薄的垫片进行微调（A）。向卡钳移动时，两个刹车垫到碟刹盘片之间的距离应该是相同的。对于只有移动刹车垫的卡钳来说，应该使碟刹盘片尽可能向静止的那个刹车垫靠近，这样可以避免碟刹盘片出现不必要的弯曲。从卡钳的缝隙中间观察可能无法获得清楚的效果，可以在狭槽后面放一张白纸，这样就可以清楚地进行观察了。

第3步：如果身边有一些禧玛诺出品的"tuning fork"垫片，那么像这样微调IS卡钳的过程就会变得非常简单。这种产品看上去就像是一个一端敞开的音叉，能在不改变螺栓位置的情况下将垫片插到上面（B）。

碟刹：在自行车上安装柱式安装卡钳

柱式安装系统是由贺氏（Hayes）开发的，现已在业内广泛使用。利用适配器可将柱式安装刹车安装到IS安装前叉中，反之亦然，所以如果手中的设备看起来不适合，也不要绝望。

调整柱式安装系统的卡钳位置非常容易，但是必须在拧紧卡钳固定螺栓前，先确保刹车垫与碟刹盘片处于平行的位置。拧动卡钳螺栓时，很容易形成一定的角度，使一个刹车垫与碟刹盘片的上部接触，另一个则与下部接触。即使这种问题不会产生刹车噪声或者出现拖曳现象，但是也会影响刹车的时效，应该尽量避免。

安装柱式安装卡钳

第1步：如果要重复使用卡钳螺栓，需要在螺纹上加一点松胶混合物。新螺栓通常自带这种混合物。如果螺栓上没有垫圈，则需要在每个螺栓上添加一个，然后使螺栓穿过卡钳上的小孔。仔细使螺栓与柱式安装中的螺纹孔对齐。

第2步：转动螺栓使其处于即将完全紧固的程度，即达到能在左右方向扭动卡钳，但无法前后扭动的程度。拉动刹车杆使两个刹车垫都与碟刹盘片接触并在保持刹车杆处于拉动状态的情况下继续转动螺栓。如果先将其中一个螺栓完全拧紧，然后再去转动另一个，你会发现螺栓会将卡钳拉向一侧，进而永远无法使刹车垫精准地接触到碟刹盘片。相反，应该交替转动每一个螺栓，每次只转动1/4圈，直到完全拧紧为止。

第3步：通过这种方法，能让卡钳处于正确的位置上。如果第一次没有获得想要的结果，可以再次尝试。如果仍然无法使刹车垫均匀地与碟刹盘片发生接触，需要检查刹车垫与碟刹盘片之间的间隙，确定哪个刹车垫与碟刹盘片的距离近，松动螺栓并用手移动卡钳，然后再重新拧紧螺栓。这种调整需要更多的技巧，但是难度并不大，只是需要多一点的耐心。

碟刹安装座的尺寸

大多数IS安装的间隙为51毫米。也存在21.5毫米间隙的标准。IS安装的孔中没有螺纹——固定螺栓穿过安装底座后以螺纹方式与卡钳相连。

柱式安装现在变得非常普遍，并且不断出现各种新的尺寸：标准柱式安装尺寸为74毫米，但是也存在使用68.8和70毫米的情况。

无论哪种安装标准，所有卡钳固定螺栓都采用M6螺纹。

如果有柱式安装标准的碟刹和IS安装标准的车架/前叉，反之亦然，也不用担心——可以通过购买适配器将一种标准应用在另一种标准上。适配器只是一个使用铝材加工的小部件，看上去似乎性价比不高，但是没有它们，不能配套使用的刹车就无法发挥自身的作用，而这方面是无法通过维修改动等方法就能解决的。通过螺栓将适配器结实地安装到IS部件中，无论是车架/前叉还是卡钳，都遵循柱式安装调整步骤对自行车进行设置。

对于比较老式的自行车，上面并没有标准的安装座。可以联系自行车制造商，他们会提供相应的适配器，可以在车上使用更常规的安装标准。

对于自行车没有碟刹安装座但是想使用碟刹的人来说，可以考虑使用市面上存在的各种转换套件。但是安装套件会给车架上的安装位置带来额外的负重，而这类自行车在设计和测试时并没有考虑这一方面的需求，因此存在损坏车架的风险。能否成功地安装还取决于车架的具体形状，因此在做出最终决定前应该首先咨询自行车经销商。

碟刹：碟刹盘简介

碟刹盘（片）即碟刹系统中的刹车圆盘片，也是碟刹这一名称的基本来源。与卡钳安装一样，碟刹盘也一直是行业内努力实现标准化的部件。4-螺栓或者5-螺栓式花鼓在存在一段时间后逐渐消失（Hope Technology公司现在又重新开始生产4-螺栓和3-螺栓式花鼓），但是目前最流行的当属6-螺栓式花鼓。

中央锁紧系统（Centrlock）是禧玛诺公司生产的用于代替6-螺栓安装盘片的产品，现在它已经被包括DT Swiss公司在内的其他厂商所采用。这种系统采用带有花键环的碟刹盘，能与花鼓壳上的花键环完美配合并通过一个改进的卡座固定环来固定。使用这种系统，可以更快更容易地更换碟刹盘，因为只需要松动和紧固一个"螺栓"即可，但是紧固时必须使用专用的固定环工具和一个较大的扳手，而不是6-螺栓安装座所需的那种便于携带的梅花/内六角扳手。如果你使用的是中央锁紧花鼓但是想要安装6-螺栓碟刹盘，可以通过购买适配器来完成这两种标准间的切换。

除了选择合适的尺寸和安装标准，还需要决定使用常规的一体式碟刹盘还是浮动式碟刹盘或者通风碟刹盘类型。前者重量较轻并且在出现弯曲时能比较容易进行矫正，而后两者属于来自摩托车行业的跨界产品。浮动式碟刹盘内部有一个支架，与外部的刹车面松散地连接在一起，通风碟刹盘具有两个较薄的刹车面，刹车面中间具有一个能允许空气流动的缝隙。与标准碟刹盘相比，这两种碟刹盘都具有更好的散热效果，但是它们的重量比较大。如果想减轻自行车的重量，还可以选择超轻版本的碟刹盘。

碟刹盘在使用过程中会变得滚烫，尤其是在长途的下坡骑行后。不要触摸碟刹盘，因为它们需要较长的散热时间，否则会烫伤自己，最终还会留下明显疤痕。同时，碟刹盘还比较锋利，转动时很容易划伤手指——血会弄到碟刹盘和刹车垫上，进而产生与油脂一样的问题，因此在车轮转动时应该使双手远离碟刹盘。

每类卡钳都是针对特定碟刹盘而设计的——直径和厚度是其中的关键参数。如果要将各种类型混合在一起使用，需要确保碟刹盘不会刮擦到卡钳主体，同时刹车垫的整个表面都应该与碟刹盘接触，内侧边缘不能处于悬空状态。无论如何，最好根据自己的刹车系统选择专用的碟刹盘。

与V刹相比，碟刹的磨损很小并且具有更长的使用寿命，但是碟刹还是会不断磨损。要查看碟刹盘的磨损情况，可以使用游标卡尺进行测量，或者简单地近距离观察碟刹盘表面。如果碟刹盘表面和支架在厚度上存在明显的不同，说明需要进行更换。

刹车盘片表面同样需要打磨和抛光处理——刹车盘片表面存在裂纹、凹痕或者腐蚀问题意味着其无法提供持续的刹车效果，还会加速刹车垫的磨损。当刹车垫上的复合物出现磨损时，会让后面的金属面处于暴露的位置——如果在泥泞的路面上骑行时，碟刹盘刮擦的声音突然变得刺耳，那么有必要检查是否是刹车垫磨损过度，如果磨损过度使用工具箱中的备用刹车垫进行更换（有必要准备备用刹车垫），这样能避免对碟刹盘造成不可挽回的损坏。

碟刹盘固定螺栓的紧固性至关重要，否则它会逐渐变得松动。很多制造商随碟刹盘附带的梅花螺栓，需要用有点类似于星形内六角扳手的工具。梅花螺栓并不比内六角螺栓更结实，如果使用不当反倒更容易损坏。不要尝试使用其他工具，因为标准的内六角扳手和螺丝刀都不适用。帕克（Park）公司生产了几种比较好的梅花扳手工具套装，现在，拆叠组合工具也成了其中几种套装上的标配。

如果经常在泥泞的路面上骑行，使用者会发现诸如Hope和Avid公司生产的波浪形或者锯齿形边缘的碟刹盘能更有效地防止卡钳阻塞问题。碟刹盘边缘的弧形图案设计能让碟刹盘产生的热量更均匀地散发出去，进而减少出现裂纹的概率。

刹车效率

碟刹盘是刹车系统的刹车表面。刹车系统的效率很大程度上取决于碟刹盘和刹车垫的使用状态。如果刹车效率下降，首先应该做的就是清洁碟刹盘和更换刹车垫。大部分问题都是由刹车垫变脏或者磨损过度，或者碟刹盘变脏而导致的，而并不是液压系统中进气造成的。

清洁碟刹盘

碟刹刹车垫很容易从附近的物体上吸收油脂等物质，这些物质很快就会对刹车效果带来不利影响。需要保持碟刹盘的清洁，甚至不应该用裸露的手部去触碰碟刹盘，因为那样会在上面留下油脂。有些人尝试在刹车垫后面使用油脂或者铜滑脂，防止出现刹车噪声。这种方法并不可取，因为持续刹车产生的热量会让铜滑脂发生软化现象，进而不可避免地会弄到碟刹盘上。

可以使用专用的山地车碟刹清洁喷雾或者异丙醇来清洁碟刹盘，这两种清洗用品不会留下油脂残留。前一种商品可以从自行车商店购买，后一种可以去药店和五金批发商处购买。不要尝试使用汽车用的碟刹清洁喷雾。汽车碟刹的使用频率比较高，产生的热量比山地车碟刹多得多，因此盘片上面的残留物会溶解掉，如果用在自行车上，过不了多久就需要更换干净的刹车垫。

经常在公路上骑行的自行车也需要及时清洁碟刹盘。公路表面会覆盖一层油脂残留，可能来自于汽车的尾气排放或者油脂渗漏，这些残留会快速吸附到碟刹盘上并影响刹车效果。经常更换或者打磨刹车垫会改善刹车效果。不及时对刹车垫上的泥土进行清理会让刹车垫变得光滑（看上去具有光泽）并在使用时发出杂声，可以通过使用软化树脂刹车垫代替烧结刹车垫，最大限度地减少这种问题。

更换碟刹盘

有些碟刹盘（主要是禧玛诺的产品）还会提供紧固盘，就是放置在螺栓后面的金属盘。拧紧后，螺栓周边的紧固盘会产生一定的变形，可以使用一字型螺丝刀进行矫正，其实自行车出厂后，这些紧固盘并不存在实际的作用。

要更换碟刹盘，首先需要准备合适的工具以及一些防松螺纹油。永远不要尝试使用不配套的工具——内六角扳手或者螺丝刀无法获得梅花扳手的效果，反之亦然。如果在操作时出现螺栓头磨损比较严重的情况，可以选择使用带精细切割的电动打磨机，如果对自己的操作没有把握，还可以向那些热心的自行车商店求助。因为一旦碟刹盘的螺栓头被损坏，再想拆下来就会变得非常困难。

碟刹盘螺栓一般比较紧并且会有一些盐渍以及沙砾，因此进行拆卸时会突然弹出来。为了保证手部的安全，可以在工具上绑一块碎布。如果已经将6个螺栓中的5个拧开了，但是最后一个非常紧固，这时可以再次将前面的5个螺栓重新拧紧，以便缓解剩余的那个螺栓的压力——这样可能会更容易地将其拧开。

松开所有6个螺栓后，将碟刹盘拆下来并清洁花鼓和螺纹，然后确定新碟刹盘的安装方式。大部分碟刹盘上都会可有安装指示箭头；如果没有，则通常使碟刹盘支架的末端指向前方。

如果要重复使用旧的螺栓，清洁后还需要用一点防松螺栓油。新螺栓一般会自带这种防松油。将每个螺栓穿过碟刹盘并松散地拧到花鼓上的安装孔中，使螺栓处于稍微紧固但仍然能扭动碟刹盘的状态，尽可能让碟刹盘按顺时针方向转动多圈，然后按照正确的顺序拧紧各个螺栓，如下图所示。

按照下图所示的星形顺序拧紧各个螺栓后，需要逐个进行最后的检查——可能会发现第一个拧紧的螺栓实际上并没有处于完全紧固的状态，再处理一下。如果担心紧固螺栓时用力过大，可以使用扭矩扳手。正确的扭矩应该是2~4牛米。

安装后进行第一次骑行时，应该先检查螺栓是否仍处于紧固的状态，同时，每骑行800km也需要再次进行检查。

▼ 围绕中心交替紧固各个螺栓，使紧固盘处于正确的位置

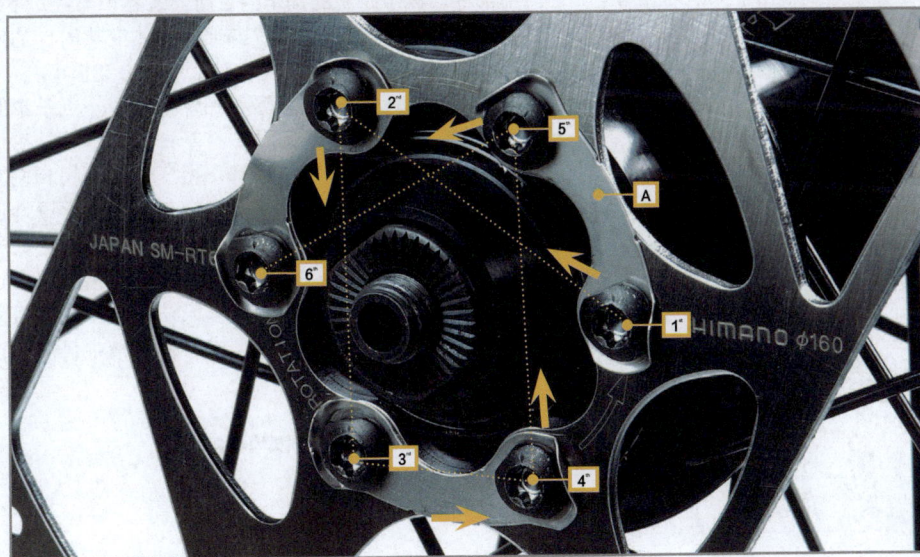

机械碟刹

机械碟刹通常被认为是V刹与液压碟刹之间的折中刹车方式。它们不像液压碟刹那样强大，但造价却便宜很多。此外，简洁的刹车线布局也是一个吸引人的地方，尽管现在液压刹车在维护时也不像以前那样复杂了。

与车圈刹车相比，机械碟刹和液压碟刹的优势基本相同，稍微不同的地方在于刹车线潮湿或者变脏后，V刹和机械碟刹会出现刹车线拖曳的问题，而液压刹车则不存在这种问题。

各种机械碟刹卡钳的工作方式存在细微的差别，由于篇幅所限，不能对每一种的使用和维护方法进行详细的说明，但是这些卡钳的大致使用方法都是相同的。可以参考产品说明书获得更加详细的内容。

机械碟刹的设计类型分为两种。第一种，也是最普遍的，是碟刹上包含一个移动的刹车垫和一个静止的刹车垫。移动刹车垫安装在活塞结构上，能在拉动刹车杆时推动碟刹盘。进而使碟刹盘产生弧度并朝静止的刹车垫移动，最终被夹在两个刹车垫中间，以这种方式阻止碟刹盘继续转动并降低车速。释放刹车杆时，移动刹车垫上的弹簧会将其拉回卡钳主体，此时，碟刹盘和车轮能重新再次转动。

泥浆、灰尘以及盐渍会进入到刹车的缝隙中，阻碍内部零件顺畅运行，进而使活塞的运动变得迟缓，因此有必要花点时间了解如何进行清洁。对于机械碟刹来说，在完成清洁工作并重新安装后，刹车效果的提升马上就会显现出来。

尽管所有卡钳的工作原理略有不同，但是彼此非常相似，因此可以对其进行大致的归纳。大多数刹车上都会用体积较小的垫圈将内部部件彼此隔离开。重新组装部件时，按照原有的顺序重新安装垫圈非常重要。将拆下来的各个部件按顺序重新安装，这样能避免一个经常出现的问题，即完成卡钳的安装后发现遗留下很多垫圈。对于这种类型的工作，我通常喜欢将拆下来的各个部件放在一张白纸上，在拆卸的同时在纸上标出各个部件的安装位置，进而起到提示自己的作用。

有必要将刹车线和卡钳完全从自行车上拆下来，这样可以将刹车系统放在一个平整的表面上，并能获得更直观的效果。此时，可以扭动刹车垫将其从卡钳狭槽中拆下来。静止的那个刹车垫距离车轮更近一些，一般通过一个小钢制垫圈固定。垫圈内部的牙齿与刹车垫后部咬合在一起。可以使用一个小螺丝刀轻轻将垫圈撬动出来，注意不要对其造成损坏。

从此处开始，安装可能会有略微的差别，因此在执行时应该在纸上进行相应的记录。需要记录部件的安装方向，例如密封的朝向。松动中央的螺栓将拆下驱动杆。取下所有的密封件。仔细将刹车系统内部的部件取出来，其中有一个用于拉动刹车垫使其远离碟刹盘的弹簧。卡钳主体结构中会有一个螺旋槽——当转动驱动杆时它会将活塞推向碟刹盘，这也是比较容易积累泥浆的位置。需要仔细对螺旋槽进行清洁。棉签是最佳的清洁工具。擦拭卡钳主体内部并清洁其他内部部件，按照绘制的提示图重新安装各个部件。不要向活塞头添加油脂——当卡钳主体变热时，油脂会融化，进而流动到刹车垫上对其造成损害。

需要对驱动杆螺栓使用一点乐泰胶，避免其出现松动问题。重新拧紧螺栓，然后测试刹车效果。捏住驱动杆，挤压调节旋钮和刹车线止栓并观察卡钳狭槽。刹车垫应该能平顺地通过狭槽，而在释放驱动杆时，能顺利回位。如果驱动杆无法平顺旋转，检查是否在安装过程中遗落了某个垫圈。如果刹车垫无法平顺回位，可能是弹簧发生了移位问题，或者螺栓槽中仍旧存在泥土等污物。

刹车线止栓

驱动杆

刹车线夹紧螺栓

◀ 禧玛诺机械碟刹卡钳

更换和调整刹车线

与V刹相比，机械碟刹似乎不容易进入污物。尽管如此，发生腐蚀的刹车线仍会让刹车效果变得迟钝，如果刹车线出现磨损或打结问题，仍需要进行更换。

切掉旧刹车线的末端。松动刹车线夹紧螺栓使刹车线末端变得松动。将刹车线从外管中拧下来，将外管保留在原有位置。保留所有的橡胶套。执行到刹车杆位置时，观察刹车线接头的安装方式（通常安装在刹车杆上一个可旋转的集线孔中）。捏住刹车杆从下方观察暴露出来的结构，大多数都与本页图中所示的结构类似。松开调整旋钮上的固定环，直到上面的狭槽与刹车杆前部对齐为止，然后再松开调整旋钮使其与狭槽对齐。（禧玛诺XT和XTR现在已经不再使用固定环。）

　　向前拉动刹车线，将其从狭槽中滑出来，然后捏住刹车杆。安装刹车线接头的集线孔有一个钥匙形孔洞，能防止刹车线在压力下出现脱落。扭动刹车线使其与集线孔的狭槽对齐并轻轻将其拉出来。拆下各个部分外管并重新裁切外管末端，需要确保获得整洁的切口，外管末端内部不能出现金属丝互相交错的情况。如果刹车线内衬在裁切时被压扁，需要用锋利的小刀将其拨开。每段刹车线外管都需要使用一个金属箍。自行车碟刹系统上的刹车线止栓通常比常规刹车系统的止栓大一些，目的是与液压软管配套使用。如果是这种情况，可以重复使用旧外管上的金属箍。最后一段外管的最远端可能不需要金属箍，但是如果空间允许，最好也安装一个金属箍。

　　用与拆除旧刹车线相反的程序将新刹车线安装到刹车杆上：使刹车线接头与集线孔上的钥匙形孔洞对齐，轻轻扭动使其安装到位。将调节旋钮与固定环上的狭槽和刹车杆上的狭槽对齐，引导刹车线使其通过狭槽进入到刹车杆主体和调节旋钮中，然后转动调节旋钮1/4圈将刹车线固定到位。依次将刹车线穿过各段外管。在每段外管的末端安装金属箍。确保刹车线不与地面接触，否则会沾染上灰尘。在每条刹车线与外管的连接处滴一滴油。将刹车线穿过最后一段外管，然后再穿过调节旋钮或者碟刹系统的刹车线止栓。最后，使刹车线穿过刹车线夹紧螺栓，拉动刹车线，直到刹车垫几乎接触到碟刹盘并拧紧刹车线夹紧螺栓。抬起并转动车轮。车轮应该达到能自由转动的程度，有一点轻微的摩擦没有关系，但是不能出现拖曳车轮的现象。捏刹车时，在刹车杆没有接触到车把时，刹车就应该处于锁定的状态。如果出现上面的任何一种问题，应该按照本书第116页中的内容进行相应的调整。

◀ 对调节旋钮与固定环上的狭槽，然后向前拉动刹车线

安装新刹车线

第1步：重新安装所有橡胶套（如果橡胶套比较脏，需要先进行清洁处理），将刹车线滑动到刹车线夹紧螺栓下。安装位置非常明显——确保刹车线处于夹紧螺栓下方的狭槽中。在刹车线上预留5厘米左右的富余量，切掉多余部分并安装刹车线头。

第2步：拉动夹紧螺栓下方的刹车线避免出现松弛问题，一只手捏住刹车线的同时，用另一只手拧紧刹车线夹紧螺栓。然后捏刹车杆几次，使外管和金属箍处于正确的位置。你可能会发现刹车线过于松弛，即使将刹车杆捏到触碰车把的程度时车轮也无法处于锁定状态，这时，可以松开刹车线夹紧螺栓并拉动更多的刹车线，然后重新拧紧刹车线夹紧螺栓并再次进行测试。

第3步：通常，静止的刹车垫（位于内侧距离车轮较近的位置）是可调的。大多数调整都是通过调整刹车垫后部的3或者5毫米口径内六角螺栓来实现的，顺时针转动会让刹车垫靠近碟刹盘，逆时针转动则会让刹车垫远离碟刹盘。在不接触碟刹盘的前提下，尽可能让刹车垫处于更近的位置。

更换刹车垫

与V刹的刹车块相比，碟刹刹车垫通常具有更长的使用寿命。碟刹盘使用的材质比车圈的材质更为坚硬，这就允许刹车垫也使用相对较硬的材质。如果在车圈刹车系统上使用碟刹刹车垫的材质，那么车圈很快就会出现磨损。比较坚硬的材质也意味着刹车垫可以在不减速的情况下与碟刹盘进行接触——因此使用碟刹系统时，如果在刹车过程中出现摩擦的噪声也无须担心。

确保购买与刹车系统配套的刹车垫。不同品牌，甚至同一品牌的不同型号，其刹车垫的形状和安装方式都是不同的。如果无法确定自己使用的是哪种类型，可以将旧的刹车垫带到自行车商店进行对比。有时即使知道自己使用的是那种品牌，但是不同型号以及不同出厂年份的刹车垫也具有不同的形状。安装完成后，新的刹车垫需要在执行几次刹车动作后才会找到正确的位置。新的刹车垫安装就位后，找一个比较安全的地方进行测试，避免在刹车功能不健全时发生事故。测试时，慢速骑行捏动刹车杆使车子停下来。不断增加骑行速度并重复这种动作，直到对刹车效果满意为止。这一过程大约需要重复10到20次刹车动作。

有时机械碟刹的刹车垫会出现磨损不均匀的情况。最为普遍的设计工艺是从刹车杆延伸出来的刹车线拉动一个驱动杆（机械术语，用于表示发挥某种功能的杠杆），推动外侧的刹车垫朝碟刹盘移动，碟刹盘在压力之下朝另一个刹车垫移动，然后被夹在两个刹车垫之间，进而实现刹车目的。这就会出现磨损不均匀的问题，但是即使一个刹车垫看上去不如另一个刹车垫磨损严重，仍旧必须同时更换两个刹车垫。只要其中一个刹车垫的厚度小于0.5毫米，就应该全部进行更换。可能需要将刹车垫拆下来并确定磨损程度。如果不确定，可以按照下面介绍的步骤将刹车垫拆下来，如果仍旧可以继续使用，再将其重新安装到车上。每次安装新的刹车垫时都需要对碟刹盘进行清洁处理。

更换刹车垫

将车轮从车架上拆下来。观察刹车卡钳，会看到上面有一个用于安装碟刹盘的狭槽。大多时候，取出刹车垫的方向与从狭槽中取出碟刹盘的方向是相同的——即朝向车轮中央的方向。有些类型则是从刹车卡钳的上方取出，使其远离车轮中央位置。开始操作前先认真观察卡钳，需要时可以绘制相应的图画，这有助于顺利将各个部件重新组装在一起。碟刹盘的每侧各有一个刹车垫，刹车垫上面通常会有用于拆卸的比较小的抓耳或拉环。处理刹车垫时使用上面的抓耳或拉环，而不要直接接触刹车垫表面。

更换刹车垫

第1步：通常，刹车垫不能直接拆下来，上面会有一些用于在骑行时防止刹车垫松动的装置，一般是一个贯通到刹车垫另一侧的固定销。查看卡钳的另一侧是否存在一个固定销或者开口销。（需要时，使用钳子将开口销的末端掰直。）

第2步：将开口销或者固定销拔出来（不要对其造成损坏，因为稍后还需要重新使用）。可能存在一个或者两个固定销；开口销则需要在拔出前先使用钳子轻轻将弯曲的末端掰直。

第3步：轻轻将刹车垫拉出来，可以抓住从狭槽中伸出来的抓耳，也可以拉动刹车垫的边角位置。如果不确定需要更换哪种类型的刹车垫，可以将旧的刹车垫拿到自行车商店进行对比。

第4步：刹车垫可能会有一个固定弹簧，记录下弹簧的位置和方向并在上面安装新的刹车垫。安装新刹车垫时，注意弹簧臂位于刹车垫旁边，而不是刹车表面上方。最简单的方法是将弹簧挤压在两个刹车垫之间，然后一同安装到狭槽中，而不是一次在狭槽中安装一个刹车垫。

第5步：将新刹车垫向后滑动到卡钳中，向内推动刹车垫，直到刹车垫上孔与卡钳上固定销孔对齐。重新安装固定销，将末端掰弯避免其脱落。然后用力拉动刹车垫，确保刹车垫很好地固定在正确位置。

第6步：重新安装车轮，向后扭动碟刹盘，使其位于两个刹车垫之间。由于新刹车垫比旧刹车垫更厚，因此可能需要重新调整刹车线的长度。抬起自行车并转动车轮，车轮应该达到自由转动的程度，不存在卡顿问题，如果听到轻微的刹车垫的刮擦声并没有关系，这不会影响骑行。如果碟刹盘存在拖曳或者在刹车杆已经触碰到车把时车轮仍然没有被锁定，则需要参考本书第116页中的内容进行相应的调整。

刹车安装提示

◆ 在安装前确保自己准备了正确类型的刹车垫——刹车垫依品牌、型号以及出厂年份而有所不同。

◆ 对于大多数刹车垫结构来说，两个刹车垫之间会使用一个复位弹簧，能在释放刹车杆时使刹车垫复位。如果新买的刹车垫没有提供复位弹簧，需要先对旧弹簧进行清洁后再重新使用。确保弹簧臂位于刹车表面的侧面，而不是其上方。

◆ 刹车垫的厚度小于0.5毫米时，就需要进行更换。不要继续使用过度磨损的刹车垫——一旦磨损到后面的金属座，会对碟刹盘的表面造成损坏。

◆ 如果旧刹车垫仍然可以继续使用一段时间，可以将其包起来放在一边，在紧急情况下可以继续使用。

◆ 如果刹车垫表面变脏，可以使用一块干净的砂纸以十字花形状进行打磨。但是，如果刹车垫上存在油污，则必须进行更换。

◆ 相对于烧结的刹车垫来说，合成树脂材质的刹车垫价格更低。后者更适合于上下班通勤时使用，不太适合越野骑行——因为在长距离的下坡骑行过程中，合成树脂刹车垫会过热，进而降低刹车效果。进行越野骑行时推荐使用烧结刹车垫。

◆ 钛合金底座支撑的刹车垫重量更轻，同时具有比标准刹车垫更好的散热性能。

保持刹车垫和碟刹盘的清洁

清洁碟刹盘

碟刹盘的清洁应该是自行车例行清洁工作中的一个必要组成部分——少许的清洁工作就能带来更长的使用寿命和更好的刹车效果。如果不及时进行清洁，刹车时就会出现尖锐的杂声，刹车效果也会不断下降。

对于碟刹盘来说，最常见的污染物就是从链条上飞溅出来的润滑油——这也是在润滑链条时尽量使用滴油方式的原因之一！碟刹盘还可能接触到你手上的油脂、从卡钳上泄漏出来的油或者路面上的柴油残余。如果怀疑碟刹盘上存在污物，需要立即采取措施——碟刹盘可以进行清洁处理，但是如果油污弄到刹车垫上，那能做的基本就只有更换刹车垫了。

推荐使用的清洁液包括异丙醇以及专用的自行车刹车清洁用品、Muc-Off的产品就具有性价比高且效果显著的特点。不要用汽车或者摩托车用的碟刹清洁液，它们会在自行车的碟刹盘上留下残留。使用干净的布料或者厨房抹布擦拭碟刹盘。

如果在清洁了碟刹盘后仍然存在尖锐的刹车杂声，检查碟刹盘是否牢固地固定在车轮上——松动的碟刹盘会在你执行刹车动作时出现振动的情况，进而出现杂音。对于6-螺栓碟刹盘来说更容易出现这种情况，这时，可以松开所有的固定螺栓，直到能来回扭动碟刹盘为止。你能感觉到螺栓孔比螺栓要大一些，这样可以使你轻轻来回转动碟刹盘。为了更大程度地减少刹车杂声，尽可能向后转动碟刹盘（面向碟刹盘时顺时针转动），然后再依次拧紧6个固定螺栓（2牛米～6牛米）（见第111页）。这种方法能减少在大力刹车时碟刹盘潜在的震动。

机械碟刹：调整刹车垫，提高刹车的操控性

更换刹车线、安装新的刹车垫或刹车垫磨损到一定程度后，都需要对刹车垫的位置进行调整。理想情况下，刹车垫的位置应该是捏动刹车杆且运行到半程时，车轮即应该处于锁定状态，这让你能更精确地对速度进行控制，执行紧急刹车动作时，也能避免手指被夹在刹车杆与车把中间的风险。

机械碟刹的调整需要一定的技巧。刹车垫与碟刹盘之间的距离必须非常小，但刹车垫又不能剐擦到碟刹盘。一个需要明确的问题是当拉动刹车线时，只有外侧的刹车垫发生移动，推动碟刹盘朝内侧静止的刹车垫移动。这就意味着必须对两个刹车垫采用不同的调整方法。

执行这种操作时，如果有个工作台就会方便很多。如果没有工作台，可以在适当的时候寻求朋友的帮助。开始调整前，先转动车轮，通过卡钳的狭槽进行观察，确定碟刹盘与刹车垫之间的距离。如果在骑行过程中刹车发出尖叫声，可能是由于其中一个或者全部两个刹车垫与碟刹盘存在剐蹭情况，因此需要增加它们之间的距离。如果已经将碟刹盘推动到位，但是车轮仍然没有被锁定，这可能是因为其中一个或者全部两个刹车垫需要距离碟刹盘更近一些。

卡钳的狭槽非常窄，要获得清楚的观察效果并不容易。开始进行调整前，首先对卡钳进行清洁处理。然后在另一侧放一些白色的背景，这样可以更轻松地从缝隙处进行观察。转动车轮的同时观察狭槽。除非处于全新的状态，否则碟刹盘都会有轻微的晃动问题。确保将碟刹盘调整到处于大致的中央位置。

调整刹车垫的位置

开始调整刹车垫的位置前，先确保碟刹盘没有卡在狭槽的一侧——这会损坏碟刹盘并影响骑行速度。调整卡钳的位置（见第117页有关卡钳安装的内容），在调整刹车垫位置前先使碟刹盘居中运行，同时检查车轮是否正确牢固地与前叉勾爪相连接。如果车轮与车架或者前叉的安装位置不正确，会影响到碟刹盘的位置。

准备一副备用刹车垫很有必要。刹车垫的尺寸和形状并没有一个统一的标准（这一点与V刹不同），因此要找到合适的类型需要花一番功夫。备用刹车垫的重量很小并且易于携带，可以在出现紧急情况时替换使用，与在野外相比，在家里调整刹车垫的位置要轻松得多，因为当你在自己喜欢的骑行环境中尽情享受自由时，刹车垫的调整工作确实会破坏你的好心情。

工具箱

安装新卡钳所需的工具
- 内六角扳手——5毫米口径或者6毫米口径，用于安装固定螺栓的螺栓头。
- IS安装座卡钳——些薄垫片。常用的尺寸为1毫米、0.5毫米和0.25毫米。

更换刹车垫以及调整刹车垫位置所需的工具
- 依型号而定，用于拆下和安装开口销的钳子。
- 正确品牌和型号的新刹车垫。
- 用于调整静止刹车垫螺栓的内六角扳手——通常为3毫米口径、5毫米口径或者梅花TX25扳手。
- 用于调整刹车线夹紧螺栓的内六角扳手——通常为5厘米口径型号。

机械碟刹：调整禧玛诺卡钳

机械碟刹中最常见的结构就是下图所示的禧玛诺卡钳所使用的结构。

外侧刹车垫的位置由刹车线控制，而内侧刹车垫则保持静止不动。拉动刹车杆时，外侧刹车垫会推动碟刹盘，后者会朝静止的刹车垫移动，最终夹在两个刹车垫中间实现刹车的目的。

碟刹盘与每侧刹车垫之间的距离可以单独进行调整。可以使用刹车杆上的调节旋钮来设置外侧刹车垫与碟刹盘外侧刹车面的距离，而刹车卡钳后部的螺栓则可以允许对静止的刹车垫与碟刹盘内侧刹车面之间的距离进行微调。

碟刹盘两侧的空隙非常重要——空隙过大，骑行者必须将刹车杆捏到车把位置才能实现刹车目的；而空隙太小时，骑行过程中刹车垫会与碟刹盘发成刮擦，进而影响骑行速度。

调整禧玛诺刹车垫

第1步：如果外侧刹车垫剐擦到碟刹盘，可以使用调节旋钮释放一点刹车线拉力。如果调节旋钮上有固定环（所示的XT刹车杆上没有固定环），逆时针方向转动固定环几圈。转动调节旋钮使其靠近刹车杆（朝向刹车线顺时针方向转动），释放刹车线拉力，进而增加刹车垫与碟刹盘之间的距离。顺时针方向转动则会让刹车垫更加靠近碟刹盘。

第2步：有时可能已经达到了调节旋钮的调节极限，这时调节旋钮会从刹车杆上脱落或者无法继续向内转动。遇到这种情况时，重新将调节旋钮设置到中间范围。然后松开刹车卡钳上的刹车线夹紧螺栓（A）并进行调整。重新拧紧刹车线夹紧螺栓，顺时针方向转动固定环使其回到刹车杆主体中。

第3步：如果内侧的刹车垫与碟刹盘存在刮擦，就需要调整静止的刹车垫（内侧的刹车垫）。这个工作一般需要使用一个3毫米口径或者5毫米口径的内六角扳手，或者使用梅花T25扳手，后者必须穿过辐条拧到螺纹中。通常情况下，顺时针转动会让刹车垫靠近碟刹盘，逆时针转动则会增加二者之间的距离，但是也存在某些例外——调整时需要观察刹车垫的状态来确定调整效果。转动1/4圈就能带来非常明显的效果。

替代方法

尽管上面介绍的方法现在已成为标准做法，是设置刹车垫与碟刹盘之间距离的最简单也是最精确的方法，但也确实存在一些能让刹车垫位于卡钳中央正上方的替代方法。

一些老式卡钳上有一个一体式调节器，可以通过向侧面调整整个卡钳的方式来改变刹车垫之间的距离。慢慢转动翼形螺钉。刹车垫靠近后，一点点调整就能带来很明显的效果。每调整一次就捏紧一下刹车杆，使每个部件处于正确的位置上。

如果静止的刹车垫是不可调的，必须通过移动整个卡钳的方式来设置静止的刹车垫与碟刹盘之间的空隙。然后再通过刹车线来调整外侧刹车垫与碟刹盘之间的空隙。对于柱式安装卡钳，略微松开两个卡钳安装螺栓——只需达到能移动的程度即可。向侧面松开卡钳，检查距离车轮最近的碟刹盘内侧的空隙。需要大约1毫米的距离。在卡钳的另一侧放一个白纸板会更清楚地看到这个空隙。重新拧紧螺栓。完成这些后，可能需要重新调整外侧刹车垫与碟刹盘之间的空隙。

国际标准（IS）安装类型的调整要复杂一些。大致估算刹车垫与碟刹盘之间需要的空隙。松开卡钳固定螺栓并在每个螺栓与卡钳之间添加相同量的薄垫片。对于常规的垫圈型垫片来说，需要完全将螺栓拆下来。如果使用的禧玛诺tuning fork垫片，可以在不拆除螺栓的情况下将垫片滑动到卡钳与车架之间。

不断添加垫片，直到内侧的刹车垫不再与碟刹盘接触，然后重新拧紧卡钳固定螺栓。完成这些后，可能需要对外侧刹车垫与碟刹盘之间的空隙进行调整。

液压碟刹

相对于刹车线刹车来说，液压刹车的刹车制动力更为强大。液压刹车的原理很简单：捏动刹车杆激活主液压缸，通过一个较细的软管向下将油液推动到卡钳中，激活副液压缸，进而向外推动活塞，活塞再推动刹车垫，使两个刹车垫不断靠近，最终接触并夹住与车轮连在一起的碟刹盘，从而实现刹车的目的。刹车液压油是不可压缩的——刹车杆的任何移动都会通过两个液压缸和活塞传递到刹车垫上——因此液压刹车的制动力是非常强大的。对液压油的处理看上去似乎比较复杂，但只要有耐心并保持足够谨慎的态度，就不是一件难事。

山地自行车液压刹车系统普遍使用的液压油主要有两种，必须根据自己的自行车来选择正确的液压油类型——使用错误的类型会对刹车系统中的密封部件造成不可修复的损坏。DOT油具有较高的沸点，在遇到高温时膨胀程度也比较低；而矿物油则相对更易于处理，腐蚀性比较低，对环境造成的损害也比较小。在应用于山地自行车的刹车系统上时，这两类液压油在性能上并没有明显的区别，但是不要将两者混淆。随着时间的推移，这两类液压油都会吸收空气中的湿气，导致刹车效果不断减弱，因此购买时应该选择较小的计量并密封保存，对于长时间没有使用的液压油，应该采取适当的方式进行处理。使用这两种液压油时，应该戴上橡胶手套以便获得相应的保护，因为液压油会对皮肤造成损害。

刹车系统需要进行排气操作的一个征兆就是捏刹车杆时会感觉松软无力，这种现象说明空气已经进入到了刹车系统中。空气可能是在裁切液压软管或者由于碰撞造成的软管损坏或者其他原因导致的软管损坏时进入到刹车系统中的。相对于刹车液压油来说，空气具有更大的可压缩性，因此捏刹车杆时，空气的流动会发生在液压油的流动前。比较好的一点是，空气的质量比液压油轻，因此如果从顶部打开刹车系统，气泡会向上升起并向外排出。

打开刹车系统使空气从液压油顶部排出，再重新关闭刹车系统的过程称为"排气（bleeding）"。人们通常认为排气是一个很神秘和复杂的过程，并且必须由专业人员来操作。实际上，这个过程非常简单。但是人们一般也倾向于在出现任何刹车问题时都想使用排气这种方法进行解决，其实在没有明显证据证明刹车系统中进入了空气的前提下，排气应该是最后选择应用的解决方法。

与此同时，还应该注意不要在碟刹盘或者刹车垫附近处理液压油。处理液压油时，应该将车轮和刹车垫拆下来放在较远的位置，避免沾染上液压油。在完成整个排气过程并做好清洁和重新安装的工作前，不要将车轮和刹车垫重新安装到车上。如果很不幸将液压油弄到碟刹盘上，可以使用异丙醇进行清洁，但是如果刹车垫上沾染上液压油，那么则需要进行更换。

开放式和封闭式系统刹车

目前市场上存在的大多是开放式系统，而封闭式系统则较少。这两种类型的刹车系统的工作原理是相同的，即通过刹车杆部位的主油缸来操控卡钳位置的副油缸。在强力的刹车动作之下，液压油快速升温并开始膨胀，增加系统中液体的体积并使刹车垫与碟刹盘发生接触。无论是开放式系统还是封闭式系统，都是以这种方式来实现刹车目的，不同的地方在于对升温的液压油的处理方式。

开放式系统的储油箱中有一个灵活的橡胶隔膜（通常位于顶部）。液压油开始升温并膨胀时，隔膜会发生变形以适应多出来的液压油。与此同时，刹车杆内的活塞会迅速将储油箱与软管隔离开。这个步骤是整个过程的关键——如果软管和储油箱仍然处于连接状态，那么刹车杆的力量会直接传递到隔膜上，而不是活塞上。对于基本的开放式系统来说，无法抛开卡钳单独对刹车垫的位置进行调整，但是现在一些开放式刹车系统（例如Hope公司生产的X2以及Avid公司生产的Elixir系列）已经具备了咬合点调整功能。

封闭式系统刹车中没有开放式系统刹车中使用的隔膜，因此不能自动调整膨胀的液压油。但是它们在储油箱上有一个调节旋钮，通过改变储油箱中的液压油的量来向内和向外调整咬合点的位置。向内转动调节旋钮减小储油箱的容量，迫使液压油向下进入到软管中，推动活塞并使刹车垫朝碟刹盘移动；向外转动调节旋钮则会增加储油箱容量，使活塞和刹车垫远离碟刹盘。这就意味着在强力的刹车动作之下，例如在长距离下坡路段骑行时，可以快速使刹车垫向后移动以适应快速膨胀的液压油并减少刹车的刮擦——封闭式系统会自动完成整个过程。

调整液压刹车

每类刹车的工作原理都会有细微的差别，因此在这里很难将方方面面都涵盖进来。应该始终将自己使用的刹车系统的说明书很好地保存起来，在需要时按照说明书上的说明进行操作。

液压刹车系统调整的基本方式是相同的：刹车垫需要尽量靠近碟刹盘，以便在刹车时能紧密地与碟刹盘表面进行接触，但同时刹车垫还要与碟刹盘之间保持足够的空隙，能让碟刹盘顺畅地在两个刹车垫之间运行，不会出现不必要的刮擦，否则会影响车轮的转动速度。

碟刹盘与刹车垫之间存在一点刮擦是可以容忍的。与车圈刹车的刹车垫相比，碟刹刹车的刹车垫更为坚硬，因此一点点接触并不会让车速降下来，与碟刹盘在一个点或者两个点上存在的轻微"摩擦"也不会导致任何问题的发生。但是，如果碟刹盘变形严重或者卡钳没有得到适当的调整，就会导致刹车垫与碟刹盘形成长时间的刮擦，这样不但会降低骑行速度，还会导致刹车液温度的升高，而且会对刹车垫造成不必要的磨损。对于轻微变形的碟刹盘来说，可以手动进行矫正，如果变形严重，则必须进行更换。

大多数山地自行车的液压刹车系统使用的是两个活塞的设计结构，碟刹盘的每侧各有一个活塞。对于大部分骑行者来说，这种结构能提供足够的刹车效果，但是如果想要获得更高的骑行速度并需要用相匹配的刹车系统，可以考虑改进的刹车设计结构，即在碟刹盘的两侧各有一对活塞（一共有四个活塞）。这种设计在基础刹车的结构上进行了细微的调整，减小了四个活塞中的两个活塞的体积，两个体积较小的活塞首先移动，然后两个较大的活塞才开始移动并推动较大的刹车垫。刹车垫的表面比较大，接受调整的空间有限，但是却可以在长距离的下坡路段或者大力刹车时有效地发挥散热功能，进而提供更强大的刹车制动力。如果四缸（four-pot）刹车系统仍然无法满足需求，可以采用最高级别的六缸系统，但是本书中介绍的各个建议可能并不适合这种比较高级的刹车系统！

调整刹车垫距离

对于比较老式以及大多数基本的开放式液压系统来说，无法采用与封闭式系统相同的方式对刹车垫的位置进行调整，但是很多新型的开放式液压系统具有某种类型的咬合点调整装置。最简单的就是Hope公司出品的Tech Levers或者禧玛诺XT和Saint上使用的免工具版本。调整旋钮的同时观察刹车垫与碟刹盘之间的空隙，确定刹车垫的移动方向，然后转动调整旋钮，当捏刹车杆到半程时，使刹车垫与碟刹盘发生接触。这种调整程度能更精确地对速度进行控制，同时还能避免在执行紧急刹车动作时手指被夹在车把与刹车杆之间。另一种有用的方式是直接对刹车杆进行调整。一些刹车杆的调整也是不需要用工具的，但是大多数类型都需要使用一个较小的2.5毫米口径或者2毫米口径的内六角扳手，运用一定的技巧对通常位于刹车杆内部的螺钉进行调整。不要在情急之下使用较长的球形内六角扳手进行调整，但是可以使用合适的T形扳手进行调整——普通扳手会快速对螺钉的钉帽造成磨损，因为常规内六角扳手的手柄较短，无法提供有效的转动螺钉所需的杠杆力。

要找到刹车杆的正确位置，可以坐在车座上并将手指放在车把上模拟刹车动作。如果必须在完全伸展手部使其环绕车把时手指才能够到刹车杆，那么说明需要向内调整刹车杆的位置。理想情况下，应该使刹车杆位于手指的第一个和第二个指关节之间。

记住一点很重要，即大多数碟刹系统都具有自我调整的功能，因此在进行调整时需要多次捏动刹车杆，使刹车系统的各个部件处于正确的位置上。安装新的刹车垫、为刹车系统排气或者调整咬合点以及执行其他维护工作时，同样需要执行这种操作。如果在捏刹车杆时，刹车杆已经与车把发生了接触但刹车垫还没有接触到碟刹盘，那么说明刹车系统中的刹车油不足或者系统中存在空气。此时，可以按照本书第124~125页中介绍的步骤进行排气操作。另一方面，在多次捏动刹车杆时，刹车垫始终保持与碟刹盘进行接触，这说明刹车系统中的液压油过多，需要排掉一些。将一段干净的软管安装在卡钳的排气接头上以便阻止空气进入到系统中，然后使用合适的扳手转动1/4圈打开排气接头。轻轻拉动刹车，使3~4毫米长度的液压油进入到软管中——不能超过这个量。关闭排气接头，移除软管并进行测试。需要时可以重复这个操作。

◀ **可以轻松拆掉刹车垫，以便进行检测或者替换**

碟刹系统：更换刹车垫

刹车垫的磨损超过了原始厚度的三分之二时就需进行更换。也就是如果刹车垫上的复合物不足0.5毫米时就应该更换。如果刹车垫上有油污等污物，也需要进行更换。刹车垫上的油污可能是由刹车垫的渗漏、润滑链条时的不当操作或其他环境因素导致的。

让新安装的刹车垫处于正确的位置至关重要，如果忽视了这一点，不但无法获得很好的刹车效果，还会加速刹车垫的磨损。新刹车垫需要进行一定的"磨合"，目的是去掉出厂时携带的化学残留物并使刹车表面变得更加坚硬。

要达到这一目的，可以通过一定的刹车动作使刹车垫快速升温，然后再使其冷却下来，不断重复这种操作，直到刹车效果显著提升。找一个不需要执行急刹车的安全地点（例如车流不多的路段并且不能有太大的坡度），然后采用较慢的速度骑行并执行刹车动作，直到车子即将完全停下来。重复这一过程，直到刹车效果获得提升，一般需要重复10~20次。注意，刹车效果的提升往往是一瞬间的，因此不要采取紧急刹车动作，以免使自己从车上跌下来。

如果刹车垫完全就位并且磨合很好，通常会有更长的使用寿命。实际的使用寿命还由骑行的道路条件所决定。含砂较多的泥浆通常会比柔软松散的泥浆更容易加速刹车垫的磨损。在夏季时，如果经常在较干燥的道路上骑行，使用烧结刹车垫时，会发现刹车垫经常被磨得非常光亮，这时需要用砂纸对其进行打磨，目的是提高刹车垫与碟刹盘的咬合力并减少刹车噪声。

对于不同的碟刹类型来说，刹车垫的安装方式基本相同，由于篇幅所限，这里只是介绍大致的安装方式。开始拆卸任何部件前，有必要仔细观察卡钳的构造，甚至当自己担心会忘记各个部件的安装位置时，可以拍照片或者画一个简略的草图。

不幸的是，每个制造商生产的每种品牌的碟刹系统都需要用不同形状的刹车垫（也存在某些例外，例如禧玛诺出品的新型碟刹系统所使用的刹车垫都是相同的）。如果不确定自己所使用的品牌和型号，可以将旧刹车垫拿到商店中进行对比，这样更能确保自己选择了正确的产品。

拆掉旧刹车垫

通常情况下，需要将车轮拆下来才能对刹车垫进行操作，刹车垫是通过卡钳的中央狭槽安装就位的，安装方向可能与碟刹盘的安装方向一致，也可能是从顶部安装的。刹车垫在卡钳内部的位置是相对的，捏刹车杆（或者主油缸）时，每个活塞（或者副油缸）会被向外侧推动，进而带动刹车垫进行移动，直到与碟刹盘发生接触并降低车速。

刹车垫的后面会有一个扁平的金属支撑碟盘，上面附着刹车表面复合物。支撑碟盘上通常会有一个金属抓手，可以通过这个金属抓手操控碟盘，而不需要触碰刹车表面复合物。刹车垫是分左右专用的，尽管有时会在支撑碟盘上贴/印有这样的信息，但是最好对旧刹车垫的位置进行记录。

更换刹车垫

第1步：刹车垫可能通过刹车垫后部的螺钉、磁铁、弹簧夹或者直接与卡钳连接在一起。为了防止刹车垫脱落，通常还会有辅助的固定部件，因此需要首先拆除这个辅助的固定部件。

第2步：然后再拆除主固定部件，图中的主固定部件为一个较小的内六角螺栓。

第3步：现在刹车垫处于活动状态，可以轻松将其拆下来——只需轻轻拉动刹车垫上的抓手并略微扭动就能将其拆下来。如果不打算重新将旧刹车垫安装到卡钳上，可在移除前先将其推回到卡钳主体中，这能对活塞提供一定的保护。

调整卡钳

　　随着刹车垫不断磨损，碟刹卡钳会自动进行调整。整个刹车垫的厚度不断减小时，活塞的位置会略微向外突出，这就大大提高了新刹车垫的安装难度，因为新刹车垫的厚度比较大。大多数碟刹都采用开放式系统，因此需要在拆下旧刹车垫后，非常小心地将活塞推向卡钳内部。

　　如果担心在操作过程中损坏活塞，可以使用撬胎棒——活塞非常脆弱，特别是那种具有较小的定位销的类型，更加容易发生折断。为了获得较多的杠杆力，可以选择一些较长的工具，例如使用一个较大的外层用厚纸板包裹的扁平螺丝刀或者适用于每个活塞面的梅花扳手。

　　轻轻将一个活塞推回到卡钳主体中使其就位，然后对与其相对的另一个活塞重复这种操作。你会发现在推动一个活塞时，另一个活塞会再次向外移动。反复多尝试几次，但是如果活塞仍旧无法在卡钳中顺利就位，可能需要对其进行排气处理（见第124页）。

安装新刹车垫

第1步：如果刹车垫的后部进了灰尘等污物，有可能会损坏活塞的密封部件，导致刹车液或空气泄漏安装新的刹车垫前，应该先对卡钳进行仔细清理。使用干净的碎布或者纸巾以及普通的肥皂水就可以——不需要用去污剂。还应该避免弄到溶解剂以及刹车液等，因为这些液体会损坏硅制的活塞密封部件。

第2步：对于大部分刹车垫来说，在不与碟刹盘发生接触时，依靠一个弹簧将两个刹车片彼此隔开。记得将弹簧安装到新的刹车片上，确保左右两个刹车片处在正确的安装位置。不要用手部直接接触刹车表面的复合物，向中间挤压两个刹车片使弹簧获得精确的安装位置。确保弹簧臂位于侧面，而不是刹车片的上方或者对面。

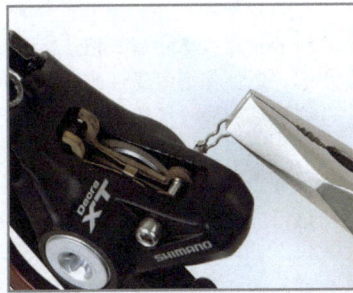

第3步：将两个新刹车垫推到卡钳的狭槽中，操作过程与拆卸刹车片的过程正好相反。将刹车片推动到卡钳上的正确位置，使活塞上的固定销与刹车垫上的固定孔对齐。然后安装固定销，最后安装辅助固定部件，使刹车回复与原来完全相同的外观。重新安装车轮并捏紧刹车杆一到两次，使活塞处于正确的位置上。最后磨合刹车垫（见第120页）。

关于"咬合"

很多现代刹车系统上都有咬合调整器，通常是一个位于刹车杆上的拨轮或者螺钉。向内和向外调整咬合调整器会改变刹车杆上主活塞的内部几何结构，进而使刹车垫靠近或者远离卡钳。通过这种方式，骑行者可以控制在刹车垫与碟刹盘接触时刹车杆的移动距离。

　　有时这种操作还会影响刹车杆的运行距离，因此在完成后还需要对其进行调整。有了咬合调整器，可以根据需要对刹车的咬合点进行调整。在某些开放式系统刹车中无法获得这种功能。

　　对刹车进行排气操作时，如果有咬合调整器，有必要在开始排气前先将咬合调整器调整至初始位置，这样辅助活塞就会尽可能地向后归位。这样完成排气操作后，可以获得最大程度的调整范围。

软管：裁切和固定

大多数新刹车系统在购买时都已经完成了安装和排气程序。如果不经过软管裁切和排气这些复杂的过程，直接将新刹车系统安装到车上是非常理想的，但骑行者可能会发现刹车软管的长度过大，最后必须对其进行一些裁切。

尽管如此，首先还是应该将新购买的刹车安装到车上并做一些骑行动作——如果有封闭的刹车线导管，可以将软管用胶带绑在车架上，这样至少能让你在实际进行裁切前了解刹车的操控感觉，还可以确定是否从刹车杆上松动软管时让系统中进入了空气。

可以根据需要对刹车软管进行裁切，但是软管的材质要求在操作时保持耐心和使用一定的技巧。软管有一点弧度并不会有问题，但需要确保软管的长度足够，不会妨碍车把的运转。留点余量是一个比较不错的选择，这样在出现比较严重的撞车时，即使车把被完全反转过来，软管也不会从刹车杆上被扯下来。尽管如此，也不应该保留太多的富余长度，否则在骑行时可能会刮到路上的障碍物。如果要对软管进行裁切，在拆下软管前需要先计算出需要裁切的长度，并使用胶带在相应的位置进行标记——记住自行车维修车间中常出现的一句话：可以很轻易地切掉软管，但却不能重新将其接回去。

软管和刹车杆之间通常使用一个较软的黄铜连接环连在一起。连接环直接接在软管上，外面具有带螺纹的护罩并与刹车杆相连，进而形成密封结构。刹车杆具有倒钩结构，可以保持软管中的孔一直处于打开状态，以便保证液压油的流动。对于使用具有这种结构的刹车来说，如果有足够的耐心再加上一点运气的话，在裁切软管时可能并不需要进行排气操作，因为这种结构的密封性比较好，很少出现液压油泄漏的问题。

对于其他一些系统，将软管连接到刹车杆前，需要先安装倒钩配件。这种结构的系统通常需要进行排气操作，因为在将倒钩配件安装到软管上时，液压油很容易泄漏出来。裁切软管时需要按照本书中介绍的步骤进行。在连接软管之间，记得将所有配件安装到位。

如果打算继续使用旧软管上的倒钩配件，使用钳子小心夹住配件并尽量压低软管位置，使用小刀朝外裁切。裁切时刀尖朝上，这样可以在裁切软管时不会划伤配件。不能直接将配件简单粗暴地从软管中拉出来，无论使用多大的力气都无法成功达到目的，拉动的程度越大，软管内的倒钩结构就会变得越紧。

必须将新的或者打算继续使用的配件安装到新软管上，这是一个比较紧密的结构，因此在安装时需要一定的技巧。正确的方法是将软管放在两个专用的引导工具中间并使用台钳将其朝上夹住，然后再仔细地将配件安装到软管末端。如果身边没有引导工具并且无法从自行车商店获得帮助，可以自己制作引导工具，在一个厚度大约为2厘米的小木板上钻一个与软管直径相同的小孔，然后将木板从小孔之间劈开，获得两个具有半圆凹槽的木板，可以使用它们来固定软管，这样就能避免液压油发生泄漏了。

工具箱

碟刹工具：更换刹车垫

- 根据不同的刹车垫固定结构，需要用钳子（用于拆卸开口销）或者螺丝刀以及2毫米口径或者2.5毫米口径内六角扳手（用于拆卸带螺纹的固定销）。
- 对于贺氏的产品来说，需要用10毫米口径梅花扳手，用于将活塞推回到卡钳中。

碟刹工具：刹车排气

- 用于拆卸储油箱箱盖的工具——2毫米口径或2.5毫米口径内六角扳手或者梅花扳手，或者十字螺丝刀。
- 用于与排气嘴相连的塑料软管——可以从自行车用品商店中购买生产厂商指定的排气套装，其中会提供这种塑料软管；也可以从五金商店或者汽车配件商店章购买——通常被划分在刹车和离合器排气的商品类别中。

- 用于引导软管的瓶子。
- 足够的管道或者电工胶带，用于将瓶子和软管绑定到自行车上。
- 用于转动排气嘴的扳手——7毫米口径或者8毫米口径规格。
- 与自行车配套的刹车油——DOT或者矿物油。
- 用于擦除滴溅出来的液压油并保护车漆的布料。
- 橡胶手套。

裁切刹车软管所需工具

- 排气前的操作需要的工具与上面相同。
- 锋利的小刀。
- 替换的连接环。
- 小螺丝刀。
- 用于拆卸外罩的扳手——通常为8毫米口径规格。

裁切Hope Minis软管

裁切刹车软管的过程中会涉及对液压油的处理，因此需要戴上手套，虽然戴上手套会让操作显得很笨拙，但是能防止液压油灼伤皮肤。

与新刹车系统配套的刹车软管的长度通常比所需要的长，目的是能用于市面上所有类型和尺寸的自行车。对刹车管进行裁切能让自行车看上去更整洁，同时能减少过长的刹车软管与路上的障碍物发生剐蹭的概率，而那样会造成自行车刹车软管损坏，使自行车在骑行途中处于无法使用刹车且孤立无援的境地。

与其他任何裁切工作一样，为了谨慎起见，在实施裁切前最好进行两次测量，因为裁切软管非常容易，但在裁切后要想使软管变长是不可能实现的！每次重新安装软管时，最好使用新的连接环——旧的连接环可能在拆除过程中发生了变形，因此确保在开始操作前将所有配件准备齐全。

理想情况下，实施操作时软管应该具有整齐的切口，然后在不泄漏任何液压油的前提下将其安装就位。但实际的操作永远比嘴上说的要难得多，通常在重新安装完软管后，需要对刹车进行排气操作。

拆除软管

第1步：松开外罩并沿着刹车软管推动，露出软管连接处的配件，包括连接环和铜制的垫片。沿着软管向下滑动外罩，使其越过你将要裁切的位置，这样稍后就不需要重新将外罩安装到软管上了。

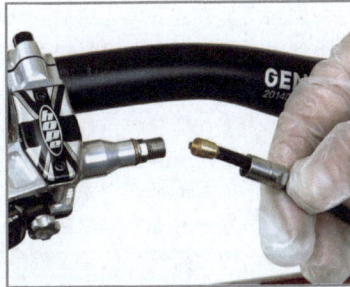

第2步：软管应该可以轻松地从刹车杆上拆下来，不要突然用力拉动软管，这样会让里面的液压油飞溅出来，进而进入空气。相反，应该轻轻地使其从刹车杆中脱离出来。

第3步：在选择的裁切点上使用锋利的小刀进行裁切，移除多余的配件。确保软管具有整洁的切口，开口位置也要保持整洁——移除任何小片的外皮或者开口内部交错的编织物。

重新安装软管

第1步：确保外罩仍然位于软管上（外罩很容易在不留意的情况掉落到地上），安装新的连接环并将新的倒钩配件安装到软管的末端。这个配件相对较软，操作时注意不要弄弯或者损坏——不要用力撞击。轻轻将其安装到软管内直到与软管的切面互相吻合。将新的铜制垫片安装到倒钩配件的末端。

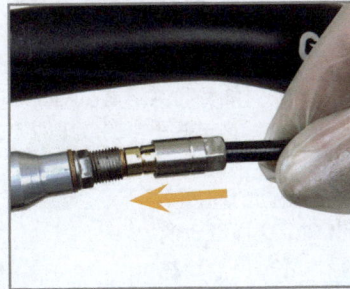

第2步：将新的配件与刹车杆相连，然后将外罩拉动回位，使其覆盖住整个接头部分。

第3步：拧紧外罩，首先使用手指使其固定就位，最后几圈使用月牙扳手拧紧。确保不要用力过大，因为那样可能会损坏内部的螺纹；但是如果外罩没有拧到位，液压油则有可能会渗漏出来。捏动刹车杆几次进行测试——如果刹车感觉绵软无力或者出现拖曳现象，刹车没有获得很好的咬合效果，说明系统中进入了空气，这时需要对刹车进行排气操作（见第124页）。

液压刹车的排气操作：示例概览

刹车排气并不是一个需要定期进行的例行维护任务，只是偶尔在需要时进行维护并更换液压油就可以了。只要系统中没有进入空气，骑行者就不需要考虑这方面的问题，可以放心骑行。但是，如果刹车系统中进入了空气，就需要准备好相关工具对其进行排气处理了。

两类液压油的排气步骤并没有什么区别——最终目的都是相同的，但不同型号的自行车的排气方式可能会有略微不同。两类液压油都会随着时间的推移而失效。DOT油的使用寿命一般为一年，但是与每周只骑行一次相比，如果经常执行大力刹车动作（比如快速骑行或者参加速降比赛），液压油的使用寿命则会减少为四分之一！矿物油的使用寿命相对较短，应该每隔6个月就进行一次检查。打开储油箱的盖子观察，如果液压油失去了本来的粉红色调或者变得浑浊，就说明需要进行更换了。

不要将刹车排气作为一个例行的日常维护任务，除非刹车在表现上确实存在一些问题，毫无原因的摆弄并不会带来任何益处。如果经常发现自己的刹车需要排气，例如排气不久后很快又会感到刹车杆变得松软无力，那么则需要彻底找到导致这种问题的根本原因。碟刹系统具有很高的耐磨性并且很少出现问题——因此需要仔细对软管进行检查，沿着软管查看是否存在裂纹或者打结的地方。即使软管的外层没有出现任何孔洞，软管内部用于保护刹车液的内层尼龙层也可能存在孔洞，这时，液压油就会从纤维层中渗漏出来。发现这种问题前你可能会一直感到困惑并找不到问题所在，直到问题变得非常明显。

同样，如果活塞的密封性被进入到里面的灰尘所破坏或者其中一个活塞存在破损或者裂纹，空气也能轻易进入到系统中并影响刹车效果。将刹车垫拉出来并检查是否有损坏和漏油的问题。如果发现问题，需要将刹车拿到自行车修理店进行维修。

无论什么品牌或者型号的自行车，刹车排气的目的都是将系统中的空气排出来，使软管、卡钳以及刹车杆中只剩下液压油。如果使用正确的工具，排气是一件非常容易的事情。事实上，如果不使用配套的排气工具，根本无法对约定型号的刹车系统进行排气，因为排气嘴的类型都是特定的。不同的刹车所使用的排气工具可能存在差别，但是其中的排气理念都是相同的。

开始操作前，多准备一些抹布、一罐喷雾式碟刹清洁液以及一副维修专用手套。刹车油，尤其是DOT油，能对皮肤、车漆以及地板造成一定的损害，因此尽量不要出现飞溅的情况，对于溅出来的液压油，应该立即擦除干净。如果液压油溅到皮肤上，应该立即进行冲洗，尤其对于DOT油来说。然后再参考包装上的说明做进一步处理。

如果刹车的排气嘴只需要用扳手就能轻松打开，那么不需要花大价钱购买专用的排气工具，可以自己制作一个。从汽车配件商店或者模型商店能购买与排气嘴连接在一起的塑料软管，再从药店购买一个注射器，用于为储油箱或者卡钳加油，具体操作取决于刹车系统的工作方式。要排出多余的液压油，最简单的方法就是找一个带螺纹瓶盖的小塑料瓶并在瓶盖上打一个与软管直径相同的小孔，尤其对于DOT油来说，如果使用那些有时用于矿物油排气工具的薄塑料袋，DOT油会将其溶解。用完后的瓶子务必不能再次用在与食物有关的东西上！将瓶子用胶带绑在前叉或者车架上，这样瓶子中的液压油不断增多时，能防止液压油的重力将软管从排气嘴上拉下来。

松动和拧紧排气嘴时务必保持谨慎，松动的程度不能太大，那样液压油会从螺纹中渗漏出来，这样导致的问题就是当你花费半个小时完成整个操作后，仍然能在系统中发现气泡的存在。

每种刹车的排气操作可能存在细微差别，最好参考刹车的使用手册进行操作。本书中介绍的示例可能并不完全适用于每种刹车，但是通过这些示例，可以让你了解这种操作的基本方式。

系统中的气泡会让刹车变得松软无力 ▶

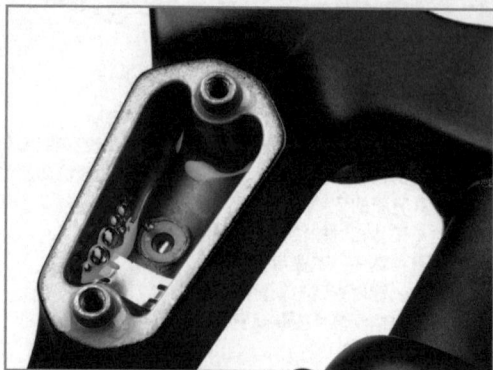

Hope Minis排气操作

第一次对刹车进行排气操作可能会让你感到非常麻烦。不要担心——每操作一次你就会感觉容易一些。集齐了所有需要的排气工具后，就会对自己所需的工具了然于心。一个好的方法是将所有工具放在一个专门的带密封盖的塑料盒子里，这样在出现液体渗漏后不会影响到工具箱中的其他物品。

Hope Minis是我个人比较喜爱的刹车品牌，很长时间内其在市场上都会占有一席之地。这个品牌的产品具有较好的性能表现，重量也比较轻，同时具有较好的外观。该品牌的制造商位于英格兰北部，工作人员会用平和的口音为你热心地解答任何技术问题。车上安装了这种品牌的刹车后，除了更换刹车垫，我在几年时间内都不需要进行任何维修工作。

Hope Minis使用DOT 5.1液压油，可以在汽车配件商店中购买小瓶包装。不要购买大瓶包装的产品，因为液压油一旦开封后会吸收空气中的水分并失去原有的效力。

为Hope Minis进行排气操作

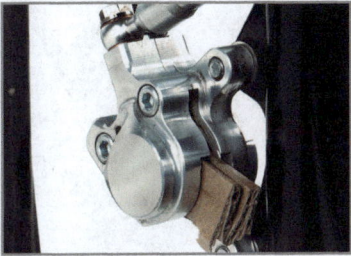

第1步：将车轮拆下来。必须将刹车垫也拆下来，以免被弄脏——拆下刹车垫固定销上的弹簧夹，然后拆下刹车垫固定销并向外滑动刹车垫和弹簧。使用撬胎棒轻轻在卡钳狭槽中扭动，将辅助活塞推回到卡钳中。在活塞之间夹一块硬纸板，确保在排气过程中活塞不会发生移动。

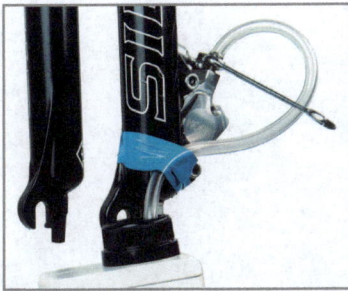

第2步：拆下卡钳上排气嘴的塑料盖子。在排气嘴的平头上使用一个8毫米口径的扳手，然后在排气嘴上安装一个较短的塑料软管。使用液压油润滑一下塑料软管。将塑料软管的另一端用胶带固定到一个塑料瓶子中并将瓶子固定在车架或者前叉上。在刹车杆上缠绕一块抹布用来承接溢出来的液压油，因为液压油具有一定的腐蚀性。

第3步：Hope Tech公司生产的刹车杆具有灵活的使用特点（两侧的刹车杆可以互换），在刹车杆的顶部和下方有一个储油箱盖（A）。松开刹车杆夹紧螺栓并转动刹车杆使储油箱处于水平位置。尽可能向外拨动咬合调整器，然后拆下上部的顶盖和黑色的橡胶隔膜，将这些东西放在某个干净的地方。

第4步：向主油缸加入液压油，达到几乎加满的程度。转动排气嘴1/4圈使其部分打开。轻轻捏刹车杆，使液压油和气泡通过刹车系统从排气嘴位置排出来。轻轻释放刹车杆，使液压油从主油缸进入到软管中。向主油缸加满液压油。重复这个操作，直到所有气泡被排出为止。关闭排气嘴。

第5步：重新安装橡胶隔膜和储油箱盖并转动刹车杆，使其朝向下方。快速拉动刹车杆几次，使进入到主油缸中的空气向上升。转动刹车杆再次使储油箱处于水平位置，拆下顶盖和隔膜。液压油的平面此时会下降——向储油箱内加入液压油，达到几乎加满的程度。

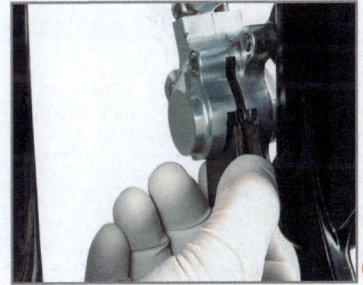

第6步：拿出一个新的隔膜并将其滚动到储油箱中（这么做的目的是防止空气进入隔膜和刹车杆之间）。仔细将顶盖重新装上，将其准确地放在隔膜的狭槽内部。不要用力过大，否则会损坏隔膜。重新对齐和固定刹车杆。拆除塑料软管并重新将盖子装上。安装刹车垫和车轮，然后快速捏动刹车杆几次使活塞就位。

碟刹：为禧玛诺液压刹车进行排气操作

禧玛诺液压刹车系统使用的是矿物油。矿物油比DOT油要温和得多，因此几乎不会对皮肤和车漆造成损伤，但戴上手套仍是比较明智的选择。确保更换的也是矿物油，因为如果添加的是DOT油，会对密封结构造成永久损害，最后不得不付出较多的维修费用。禧玛诺公司针对自家的刹车系统生产了专用的排气套装工具，其中包括一瓶只够一次排气操作的液压油。这种做法非常可取，完成排气后不会剩余液压油，能避免浪费。

矿物油失效后会改变颜色，因此如果几个月没有对刹车进行排气并且刹车效力开始下降，需要拆下刹车杆的顶盖并检查液压油——如果液压油失去了本来的粉色色调，说明需要更换。

可以直接向刹车杆位置的主油缸倒入新的液压油，这可能容易使液压油溢出来，因此可以事先在刹车杆处缠绕一块抹布或者一些纸巾，同时在液压油顺着软管朝前刹车流动的过程中注意观察。

为禧玛诺碟刹进行排气操作

第1步：首先，拆下车轮和想要进行排气操作的刹车垫，目的是防止它们被弄脏。松开刹车杆的夹紧螺栓，然后绕车把转动刹车杆，使顶盖处于水平位置。拧紧夹紧螺栓固定刹车杆的位置，然后拆下储油箱的顶盖。

第2步：顶盖拆下来后，可以看到一个橡胶隔膜。小心地将它拆下来并将顶盖和隔膜放在一个安全的地方，由于上面有油，因此最好放在一个干净的抹布上。向储油箱中注入新的液压油。

第3步：轻轻地将活塞推回到卡钳中，使其与卡钳主体重合，然后使用一块结实的硬纸板或禧玛诺售后商店提供的黄色的塑料块轻轻扭动活塞，使其就位。

第4步：刹车杆位于卡钳上方并且软管处于比较竖直且没有急弯的情况下，不需要将卡钳从车架或者前叉安装座上拆下来。将禧玛诺排气套装中提供的塑料软管与排气嘴相连，然后将软管的另一端连接到所选择的容器上。禧玛诺套装中专门提供了塑料袋，但使用瓶盖上打孔的小塑料瓶来承接液压油要更为实用。

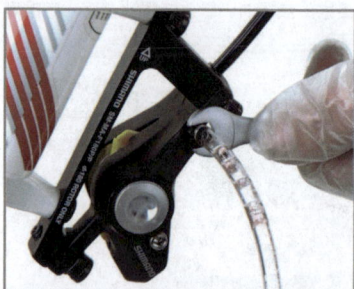

第5步：使用月牙扳手打开排气嘴并捏动刹车杆几次，会看到储油箱中出现了一些气泡，液压油的平面出现了下降。向储油箱中注入液压油并捏动刹车几次，直到卡钳的排气软管中出现了液压油。拧紧并关闭排气嘴，然后捏动刹车几次——刹车效果的提升应该是立竿见影的，否则需要重复上面的操作，轻轻敲击软管使气泡顺着软管上升到刹车杆位置。

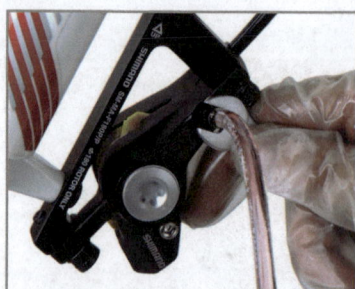

第6步：系统中注满液压油并且没有空气后，关闭排气嘴，尽可能捏紧刹车并快速打开排气嘴，然后再次关闭排气嘴。排气软管中应该充满液压油并且没有气泡——如果有气泡，需要继续向储油箱中注入液压油。排气工作完成且获得较好的刹车效果后，再次向储油箱注油，重新安装隔膜和顶盖，使刹车杆回到原有位置。拆下排气软管并安装排气嘴盖子，清洁卡钳。重新将刹车垫和车轮装上，然后测试刹车效果。

碟刹疑难问题解答

问题描述	问题原因	解决办法	对应页面
执行刹车动作后刹车垫无法顺利回位	刹车线内部进入了沙砾，出现腐蚀或者断裂	清洁并润滑刹车线或者直接更换	113
	活塞头变脏	拆下刹车并进行清洁，或者直接更换	113~115、116、120
	灰尘进入到卡钳主体中并阻塞了内部结构	拆开并清洁卡钳主体	112
	刹车垫上存在油脂	更换刹车垫	113~115、116、120
	碟刹盘上有污物	使用去污剂、异丙醇或者温和的肥皂水清洗碟刹盘	110
	刹车垫距离碟刹盘太远	调整刹车垫的位置	116、120
刹车持续与碟刹盘刮擦	碟刹盘有变形	矫正或者更换碟刹盘	111
	卡钳主体与碟刹盘接触	调整卡钳主体的位置	121
	刹车垫与碟刹盘过近	分别调整两个刹车垫的位置——通过调整刹车线的松紧来调整外侧刹车垫的位置，使用调整螺钉调整内侧刹车垫的位置	116、121
刹车效果不好——捏刹车杆后无法锁定车轮	刹车垫上存在油脂	更换刹车垫	113~115、116、120
	碟刹盘上存在污物	使用去污剂、异丙醇或者温和的肥皂水清洗碟刹盘	110
	刹车垫磨损过度	检查刹车垫厚度——如果厚度小于0.5毫米，则需要更换	113~115、116、120
刹车垫与碟刹盘存在刮擦	卡钳位置没有对齐	重新安装卡钳，使碟刹盘位于两个刹车垫中间	108、109
	碟刹盘有变形	矫正或者更换碟刹盘	111
捏刹车感觉松软无力，刹车失效	系统中进入了空气	对刹车进行排气	124~126
	软管漏气	仔细检查软管，尤其是各个接合位置，拧紧连接点，进行排气	124~126
刹车发出尖叫声	刹车垫或者碟刹盘变脏	清洁碟刹盘、更换刹车垫	113~115、116、120
	碟刹盘表面磨损过度或者粗糙不平	更换碟刹盘	111
	固定螺栓松动引起振动	检查并拧紧刹车固定螺栓和碟刹盘固定螺栓	111

第5章　传动

本章介绍自行车的传动系统——所有这些部件负责将脚踏位置的力量传递到自行车的后轮。本章将解释如何调节各个部件，以便获得更加平顺和快速的速度切换效果，以及传动部件出现过度磨损或者损坏时如何进行更换。传动部件的结构并不复杂，但它们常年暴露在自然环境中。为了获得更好的骑行效率，需要对传动部件进行润滑。如果不对传动系统进行定期清洁处理，油污和灰尘会逐渐形成摩擦力较大的固化物，进而加快各个部件的磨损速度。

传动：各部件的名称

开始学习维修前，需要了解传动系统中各个部件的名称，只有了解这些名称后，去自行车配件商店购买配件时才会更加游刃有余。对于不同类型的自行车来说，每种部件的外观可能有略微的差别，但不要过于在意不同部件的细节——无论外观如何，它们的功能都是相同的。本章后面会对此处介绍的这些部件进行更为详细的介绍。

（1） **变速手柄**：目前有很多类型的变速手柄，骑行时需要在双手不离车把的前提下，决定使用哪个变速手柄。变速手柄负责转达骑行者的指令——在手部的直接命令下。变速手柄可能会与刹车杆组合在一起，与单独存在相比，这在结构上更为简单。尽管如此，彼此独立的刹车杆和变速手柄具有一些自身的优势，因为可以单独对这两个部件进行调节，出现过度磨损或者损坏时，也能独立更换。

（2） **变速线和外管**：这个部件通常容易被人们忽视，但是其实更换操作比想象的要容易得多。要想使速度的转换更加干脆利落，购买一套新的变速线和外管是投资最少和最有效的方法。性能良好的变速线和外管不但有助

于提高骑行速度，而且能够延长转动部件的使用寿命。使用新的变速线意味着链条能够顺畅地在飞轮和牙盘之间运行，能够避免持续的刮擦和对自身的磨损。变速线的内部为金属质地的导线，贯穿于变速手柄和变速器之间。外管则是塑料材质的（颜色通常为黑色）并分为若干分段。外管能够对里面的金属线起到保护和引导的作用。

（3）　**牙盘**：牙盘是对位于自行车右侧、与踏板臂相连的一组齿轮的总称。其中的单个齿轮称为牙盘片，自行车上一般具有一至三个牙盘片。公路自行车通常具有两个牙盘片，多功能自行车和山地自行车一般有三个牙盘片。花鼓变速（hub gear）自行车则只有一个位于前部的牙盘片。与传动系统中的其他部件一样，随着时间的推移牙盘片也会产生磨损，而且更换起来价格比较高，但是如果能够保持整洁的工作状态，能够极大提高牙盘片的使用寿命。

（4）　**飞轮组**：这是对位于自行车后轮中央的一组齿轮的总称。变速自行车可能具有5至10个飞轮，这些飞轮位于车架和后轮之间。如果所有飞轮的尺寸都比较相近，靠近后轮的飞轮要稍微大一些，则每个飞轮之间的传动比也比较相近，骑行强度之间的区别也不大；多功能自行车和山地车上的飞轮的范围则更广一些，每个飞轮之间的传动比也更大。

（5）　**后变速器**：操作位于车把上的右侧变速手柄时，借助变速线的传递功能，这个灵活的组件会柔和地使链条在各个飞轮之间切换。变速线的移动幅度很小且非常精准，因此变速效果取决于变速线的工作状况以及松紧程度。后变速器还承担着另一个便捷的辅助功能——较低的两个导轮能够保持链条的张力，因此将链条从较大的飞轮上切换到较小的飞轮上时，能够防止富余出来的链条与地面进行接触。

（6）　**前变速器**：前变速器的构造比后变速器要简单得多，因为它们只执行一种功能：操作左手侧的变速手柄时，前变速器会将链条从牙盘片上横向切换。这种简洁性意味着并不需要对其给予太多的关注，维护或者进行更换时也很直接便捷。相对来说，最复杂的步骤是选择正确的替换配件——目前有大量不同尺寸的前变速器，具体选择哪一种取决于车架座管的尺寸以及变速线的布局方式。

升挡或降挡——获得最平顺的骑行体验

为了在骑行过程中更加节省体力，自行车的结构中引入了齿轮组。为了使自行车移动，骑行者必须对脚踏施加力量。引入齿轮组后，通过对自行车进行设置，骑行者施加很大的力量，使脚踏每转动一圈，自行车能够移动较长的距离，这种设置称为升挡。

反之，也可以将自行车设置为骑行者不需要施加太大的力量，脚踏每转动一圈自行车移动较短的距离。这种设置称为降挡。

升挡和降挡都有自身独特的工作方式，但是骑行者只有在以中等频率骑行时才是最有效率的——使用温和适当的骑行力量和频率——每分钟蹬踏80到100圈。而齿轮都能够使骑行者在保持自己固定的骑行频率（即"节奏"——简单来说就是腿部的运动频率）的前提下，让自行车以不同的速度向前移动。

山地自行车上使用的齿轮数量比较多，可以在采用较慢的骑行速度时使骑行者仍然保持高效的骑行节奏，例如每小时2英里（约3.2千米）上坡骑行；骑行速度较快时同样如此，例如每小时40英里（约64.4千米）的下坡骑行。

各个齿轮之间的区别很小，可以使骑行者在换挡时获得更加平顺的体验并根据地形来精确地选择自己的骑行节奏。近些年来，自行车制造商不断增加飞轮组的齿轮数量，这让各个齿轮之间的骑行节奏上的差异变得越来越小，与以前的自行车相比，无疑提高了自行车的响应能力。

平衡发力才能骑得更快

对于新手或者一些已经积累了一定经验的骑行者来说，通常会自然而然地认为要想提高骑行速度，必须在骑行时尽可能对脚踏施加更大的力量。经验表明，这种方法并不能获得很好的效果，只是一种假想而已。事实上，还会让骑行者很快感到疲劳，时间久了还会对膝盖造成损害。一般来说，使用低速齿轮反而能够提高骑行速度并减少骑行者的体力消耗——腿部运动的频率更快，但是不需要向脚踏施加太多的力量。有必要在骑行时观察一下那些超过自己的骑行者，很多时候，他们使用的都是低速齿轮，腿部的运动频率比你大，这也是他们能够实现超车的原因。

开足马力

在某些环境下，有必要使用相对较高的齿比。对于短途冲刺来说，没有什么方式比使用高齿比并站立在脚踏上摇车骑行更加高效。使用这种方式意味着可以利用肩膀上的肌肉，双手推动车把的同时脚部向脚踏施加更大的力量——最大限度地保持向前移动的惯性。有时候，不同的地形也要求使用高速挡。如果要通过一段沙地或者较深的泥泞路段，最好的方式通常是切换到较高的挡，保持较高的骑行频率，这样车轮能够充分利用所有的骑行力量，进而防止自行车陷入泥沙中。

相比之下，公路自行车的齿轮数量较少，彼此之间的差别也更小一些。这是因为公路自行车的速度变化范围比较窄——只有快、非常快和更快。较低的换挡区别能够使骑行者保持更加舒适和高效的骑行节奏，同时保持比较均匀的骑行速度。

◀ 切换到高速挡

齿轮的工作方式

现代齿轮设计的优势在于无论面对何种地形，只需改变驱动后轮所需的骑行力量，就能够使骑行者保持固定的骑行速度。在这里，我将运用数学概念来进行解释。如果这部分内容看上去太过技术性，那么完全可以将其忽略——这丝毫不会影响骑行带给你的乐趣。

想象一下，你的自行车不再是拥有多个齿轮的类型，相反，只在前轮处有两个依靠脚踏驱动的牙盘片，以及两个用于驱动后轮的飞轮。位于后面的是两个分别为10齿和20齿的飞轮，前面则是两个分别为20齿和40齿的牙盘片。这种组合可能并不太适合实际骑行，但是有助于更好的理解下面的数学概念。

首先，假设链条在前轮使用的是40齿的牙盘片，后轮则使用10齿飞轮。使其中一个脚踏曲柄处于竖直向上、与座管平行的位置。将曲柄转动一圈，每节链条正好位于两个轮齿中间的波谷位置。由于前面的牙盘片上有40个轮齿，因此正好有40节链条从后轮被拉到前轮。

在自行车的后轮位置，情况正好与前轮处相反。由于每节链条需要占用一个飞轮上的波谷，运行40节链条则需要40个波谷位置。但是后面的飞轮只有10个轮齿，因此飞轮需要相应地转动4圈（4×10=40）。由于飞轮直接与后轮相连，因此在本例中，前面的牙盘片转动1圈时后轮需要转动4圈。要衡量车轮移动的距离，可以想象将一条外胎切开并拉伸成一条直线，然后将其放置于地面上。测量车轮转动一圈时移动的距离。如果车轮转动4圈，则再将一圈移动的距离乘以4即可。

相比之下，如果在前面仍旧使用40个轮齿的牙盘片，而后面则切换到20齿的飞轮上。将脚踏曲柄转动一圈时仍旧拉动40节链条，但是在后部，20齿的飞轮只需转动2圈就可以运行40节链条（2×20=40），因此自行车移动的距离只有前一个示例中的一半。

最后，保持后面仍旧使用20齿的飞轮，而前面则切换到20齿的牙盘片上。现在，转动脚踏曲柄一圈只拉动20节链条，进而后面的飞轮只需相应地带动20节链条，这时车轮只转动一圈。因此脚踏转动一圈时，自行车只向前移动了一环轮胎的距离——比例为1:1。

在第一个示例中，自行车移动的距离远，但是需要使用较大的力量来转动脚踏。在最后一个示例中，转动脚踏非常轻松，但是自行车移动的距离也比较短。有时候，骑行者可能需要较大的骑行速度而不考虑需要付出的体力，这时可以使用大牙盘片和小飞轮的组合。例如在下坡路段骑行或者要超过前面的某个骑行者以及只是短距离的冲刺时，都可以选择这种组合。

其他一些时候，例如上坡路段骑行或者刚开始进行热身骑行时，只需要让车轮保持不断运转，因此需要选择最轻松的齿轮组合。这时可以选择最后一种组合——小牙盘片加上大飞轮。

在现实中的自行车上，最多时后面有十几个飞轮，前面则最多有3个牙盘片。这些齿轮能够使自行车的移动速度发生细微变化，还能够改变脚踏曲柄转动所需的力量。采用众多齿轮的目的是让骑行者无论面对何种地形，都能够获得最大的骑行效率并保持固定的骑行节奏。

前后两个变速器（齿轮机构）分别由位于车把上的两个变速手柄控制，左手位置的控制手柄用于控制前变速器，右手的变速手柄则负责控制后变速器。这种设置是不断演化的结果，具有非常高的便捷性。

后轮的飞轮组中包含数个不同尺寸的飞轮，如上所述，每个飞轮尺寸的差别都非常小，在相邻的两个飞轮之间切换只会实现10%的升挡或者降挡，进而对脚踏的转动频率影响非常小。大多时候，骑行者更多的是在飞轮之间进行切换（即后变速器），而大多数人又都是将右手作为惯用手，所以设计人员将后变速器的变速手柄放在了自行车的右侧车把上。

骑行者的左手负责控制前变速器。前轮处只有三个牙盘片，但是每个牙盘片上的轮齿数量差别很大，只需切换一次，就能够很大程度上改变脚踏的转动频率。地形突然发生变化时这种设计非常有用——例如，在骑行过程中道路突然转弯并且变得很陡峭，这时通过将链条从较大的牙盘片上切换到较小的牙盘片上，迅速切换到低速挡能够继续保持前进的惯性。尽管可以选择任何牙盘片和飞轮的组合，但是在现实中，应该避免使用某些类型的组合。使用最大的牙盘片和最大的飞轮这种组合时，意味着链条的切换角度比较急，这无疑会加速链条的磨损，同时也会产生体力上的浪费。相同的组合还有最小的牙盘片和最小的飞轮之间的组合，这两个齿轮的尺寸完全相同。而选择前面中间的牙盘片和后面中间的飞轮所产生的齿比会带来同样的效果。

链条：链条的构成

链条是由一些简单的金属条形部件构成的，能够非常灵活地围绕飞轮运行，同时具有牢固的特性，能够承受骑行者站立在脚踏上骑行带来的压力并带动后轮转动。每节链条都是由一些小部件构成的——两套8字形的链板、一个使链板彼此间相互转动的铆钉以及一个套在铆钉中间位置的环形滚轴。

每节链条会依次处于牙盘片上轮齿中间的波谷上，进而会随着盘片的转动而运动。链条在后面与飞轮的轮齿互相咬合，每节链条处于轮齿中间的波谷中并拉动飞轮转动，最终使自行车的后轮向前转动。

    轮齿和链条之间的咬合面非常小，经常处于高压下并容易变脏——很容易加速部件的磨损。但实际上，借助于精密的设计，链条具有比想象中更长久的使用寿命。这种较长的使用寿命应该归功于一个关键的部件——即套在每个铆钉上的滚轴。这些滚轴可以自由地围绕铆钉旋转——可以实际轻轻扭动链条并观察其中的结构，就能够明白此处我要表达的意思。每个滚轴能够使自己最终处于两个轮齿之间的波谷位置并能够自由旋转，即使在较大的压力下。这就意味能够使金属与金属之间的摩擦变得最小化，进而降低磨损速度。

    因为采用了这样的设计，链条的外部并不需要进行过多的润滑。这是一件对自行车有利的事情，因为油脂会与灰尘凝固在一起，进而加速传动部件的磨损。尽管如此，仍旧有一处金属与金属互相摩擦的地方——即环形滚轴内侧与铆钉之间的相互摩擦。如果不进行润滑处理，这部分会出现较快的磨损。幸运的是，由于滚轴被夹在链板之间，因此灰尘等污物很难进入到这个位置。

    综上所述，为了实现最低程度的磨损，需要对相对清洁的链条内表面进行润滑处理。对于能够看见的外表面来说，只需要对其进行轻微的润滑，能够防止腐蚀的程度即可——过度润滑会吸引更多的灰尘。这也是为什么最有效的例行维护程序通常是先清洁链条，使用质量较好的润滑油进行润滑，润滑后需要保持足够的时间使润滑油渗入到链板之间以及滚轴内部，然后将链条外部多余的润滑油擦除。

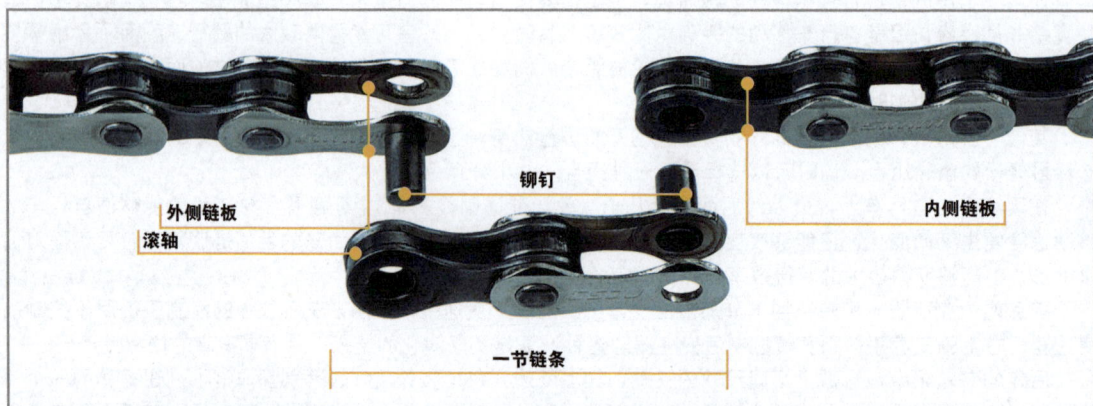

▲ 外侧和内侧链板、滚轴、铆钉和链条节

    每节自行车链条的长度都是相同的，即0.5英寸（约1.3厘米），但是各个链条之间的宽度有所区别，这取决于后轮处飞轮的数量。例如，9速花鼓上使用的飞轮比8速花鼓上的飞轮更窄（包括飞轮片和飞轮间距），这样在相同的空间里才能容纳下更多的飞轮。较窄的链条具有更高的灵活性，因此能够带来更加平滑的切换效果。同样的道理，链条需要保持清洁并进行很好的润滑，否则会加速磨损。链条过窄会与轮齿发生刮擦，而过宽则无法获得平滑的切换效果。这两种情况都会加速飞轮的磨损。

    各部件之间的兼容性是一个非常重要的因素。可以尽可能仔细地对前后齿轮进行调节，但是如果部件无法兼容，那么这些调节都会变得毫无意义。毫无疑问，禧玛诺在传动部件领域堪称巨无霸，其他制造商都会生产与禧玛诺部件相兼容的产品。对兼容性要求最高的部件是链条、飞轮以及花鼓。例如，与8速链条相比，9速链条要窄得多，只能配套使用相对较窄的9速飞轮，因此这两种系统之间并不具有兼容性。

链条清洁：日常链条清洁程序

干净的链条能够带来干脆利落的变速效果，而如果链条变脏则会使变速切换变得卡顿迟缓，同时造成价格昂贵的传动部件的加速磨损。要检查链条的洁净程度，可以阅读链板侧面上的刻字。如果上面的文字清晰可见，说明链条非常干净。如果看不清这些文字，则需要花点精力对链条进行清洁处理。

理想情况下，最好经常对链条进行小规模的清洁处理——在较高的清洁频率下，只需要进行简单的擦拭即可。这是最省力和有效的方法——尽量利用这样有效的组合方式！如果长时间不进行清洁，链条会变得很脏，这时需要参考本章后面的内容对链条进行深度清洁处理。

骑行归来后，将自行车立在墙边，手持一块干净的厨房抹布并放置于下方的链条上，向后慢慢转动脚踏大约20秒钟，让链条穿过抹布。如果抹布上形成一道较脏的条纹，可以换到其他干净位置重复上述操作。这样，清洁工作就完成了。每次骑行后都可以采用这种简单的清洁方式，这样可以在不需要进行大规模清洁的情况下，最大限度地延长链条的使用寿命。

与此同时，还需要偶尔对链条进行润滑操作，但是需要注意掌控润滑程度，因为润滑过度和润滑不足都会对链条造成损坏。链条需要一点润滑油，但是不能像拌沙拉那样使用过多的润滑油。如果链条在运行时发出吱吱的声音，说明链条长时间没有进行润滑，链条发出了需要润滑的信号。大体来讲，每160千米行程就需要对链条进行一次润滑。如果链条上开始积累油脂并且在骑行过程中形成黑色的凝结物，说明链条润滑过度。

如上所述，使用干净的抹布擦拭链条，然后小心地向下方链条顶部的滚轴位置滴一滴润滑油。（滴油方式比喷油更好，因为能够精准地进行操作并减少浪费。）一个重要的注意事项是将自行车放置5分钟，使润滑油浸入到链条内部（一杯茶的时间），然后使用干净的抹布将多余的润滑油擦除——再次使链条穿过抹布。润滑油具有黏性，如果保留在链条的外表面，它会吸收地面上的灰尘并形成大量的凝结物。

采用这种频繁但小规模的清洁方式能够确保链条上不会积累过多的灰尘，也就意味着不需要对链条使用烈性的溶解剂。这是一种值得采用的清洁方式——因为各种清洁剂、去污剂或者溶解剂都会不可避免地浸入到链条内部，将最需要润滑效果的滚轴内部的润滑油去除。每个滚轴都需要围绕铆钉自由运转，这样在骑行的压力下，滚轴才能与飞轮和牙盘片上的轮齿实现很好的咬合效果。

润滑蜡是传统润滑油的替代产品。几家制造商各自生产了自己的品牌的产品，但是使用方式都大致相同。润滑蜡会附着在链条上，使链条免受自然环境的侵袭，同时形成一个润滑层。润滑蜡没有润滑油那样大的黏性，因此也更不容易吸收灰尘。如果吸收了灰尘，润滑蜡的表面会连同灰尘一同脱落。这时要立即在上面重新添加一层润滑蜡，这样可以保持链条的清洁。使用润滑蜡也意味着链条能够一直保持干燥，避免弄脏衣物或者家里的其他物品。

尽管如此，只有链条处于非常清洁的情况下润滑蜡才会发挥自身的作用——最好是全新的链条。需要注意的是，永远不要将蜡基的润滑产品与常规的润滑油混合使用——那样会形成黏性很大而且很滑的涂层，除了链条之外会吸收任何其他物体！

◀ **最省力和有效的方法——日常擦拭**

深度清洁链条

如果只靠简单的擦拭无法获得满意的清洁效果，那么必须给予足够的重视并采取进一步的措施。沾满油污的链条需要使用去污剂才能获得很好的清洁效果。去污剂是一种烈性的产品，因此需要谨慎操作，不能使其进入到轴承等部件中，否则会破坏部件中的润滑层，进而无法获得平顺的骑行效果。

相对于喷壶类型的去污剂来说，我更喜欢使用液体去污剂。喷壶去污剂会造成更多的浪费并且很难进行精准的操作。但是无论喷壶还是液体去污剂，都需要使用刷子。洗涤刷就能够获得很好的效果，这种刷子价格比较低并且在普通的商店中就能买到。自行车商店会出售专用的刷子套装，但是我喜欢使用油漆刷。我通常会将油漆刷上的刷毛剪掉一半，这样剩下的一半既具有足够的硬度，也具有很好的灵活性。需要将去污剂使用的刷子和其他用于车架、车圈以及碟刹盘的刷子区分开。处理去污剂时需要戴上橡胶手套，提供对手部的保护。

将自行车放在室外，因为这个工作现场会比较凌乱。将自行车直立，链条位于前面最大的牙盘片上。用刷子蘸一下去污剂，然后对前面牙盘片上的每一节链条进行清洁。链条两面都要清洁，然后转动脚踏并对下一段链条进行清洁。去污剂需要花费几分钟的时间才会生效，因此需要使其充分渗透，依次对每段链条进行清洁，直到完成整个链条的清洁工作。

接下来需要对前面和后面的牙盘片进行清洁，将夹在各个牙盘片以及曲柄臂之间的杂物清除干净。清洁前后变速器以及后变速器上面的引导轮，否则它会直接将污物传到已经清理完成的链条上。竖直固定后轮并将飞轮组清理干净。如果飞轮之间夹杂着干涸的泥浆，可以使用小木棍或者螺丝刀进行清除，也可以购买专用的小刷子，但是请记住：小木棍到处都是，而且是免费的。进行到这个步骤时，尤其要注意对去污剂的处理，不要使去污剂进入到后面的花鼓或者飞轮组的棘轮机构中。

使用干净的刷子和温水将去污剂洗刷干净，务必不要使用喷洗的方式！喷洗的压力会破坏轴承上的密封保护，水会将所有能够使轴承顺滑运转的润滑油冲掉。如果传动系统确实很脏，可以多次重复清洁步骤。所有部件都被清理干净后，使链条在干净的抹布上运行几圈并重新进行润滑。不需要对飞轮和牙盘片进行润滑。向前后两个变速器的轴上各滴一滴润滑油并将多余的润滑油擦除干净，否则会吸收灰尘。

链条清洁盒

更为方便整洁的清洗方式是使用链条清洁盒。牙盘是一个固定到链条上的盒子形装置，里面装有用于清洁链条的小刷子。向清洁盒中的储油盒中装入去污剂，然后将其扣在链条上较低的部位。

向后慢慢转动脚踏。大多数链条清洁盒上会有一个专门用于释放去污剂的按钮。转动脚踏的速度不能太快，否则会使去污剂从清洁盒的后面喷出来。一直慢慢转动脚踏，直到用光全部的去污剂。将清洁盒从链条上拿下来并等待五分钟，使去污剂有充足的时间进行去污工作。

使用干净的温水进行冲刷。如果链条特别脏，可以多次重复清洗步骤。使用干净的抹布进行擦拭并重新进行润滑。最好在使用完后立即使用一点去污剂对链条清洗盒进行清洗，这样下次就可以直接使用了。

链条盒可帮助你保持链条清洁 ▶

测量链条的磨损程度

在骑行过程中，链条不断受到来自脚踏的压力。新链条在开始使用时能够与其他传动部件实现很好的啮合效果，但随着时间的推移以及骑行里程的不断增加，链条会不断被拉伸，每节链条之间的空隙会变得越来越大，进而链条也会不可避免地出现被拉伸变细的情况。如果继续骑行，链条还会出现跳齿的问题，而不是与飞轮上的轮齿实现很好的啮合，骑行过程中，骑行者用力蹬脚踏时，不会出现预想中的阻力，链条不会夹紧在轮齿上，而是会出现滑脱的情况，这时，脚踏就承受了骑行者全部的重力，出现类似于"脱挡"的问题，这会对骑行者造成伤害，甚至会从车上跌落下来。如果出现这种情况，就说明链条的磨损已经很严重了，能够对其他部件造成损坏。

及时更换链条

如果能定期使用链条测量工具仔细检查链条的磨损程度，可以在链条对其他传动部件造成损害之前就进行替换。链条测量工具会告知链条是否达到需要更换的磨损程度。细心的人会发现，从长远来看，更换链条是成本最低的选择。

如果链条超出了磨损的极限，则必须同时对链条和飞轮进行更换。旧链条会损坏飞轮上的轮齿，因此新链条将无法与其实现很好的啮合效果。如果只更换链条而还使用原有的飞轮，新链条会在旧飞轮上出现跳齿的现象，即使能够实现啮合，旧飞轮也会对新链条造成非常快速的磨损。

如果没有及时更换磨损的链条，它会在骑行过程中在飞轮上出现跳跃现象，那么必须更换飞轮以及部分或者全部牙盘片。可以参看本书第172页的图片并与自己车上的牙盘片进行对比——如果盘片看上去与示例中的外观相同，那么必须将其与链条同时进行更换。

注意，链条被拉伸后，不能通过拆掉某些链条节的方法来缩短整个链条的长度。链条的整体长度并不重要，每节链条之间的距离才是其中的关键因素。即使从被拉伸的链条中拆除几节链条，链条的整体长度变小了，也改变不了其被拉伸的状态。

测量磨损程度

第1步：要精确评估链条的磨损程度，使用链条测量工具是最快速和简单的方法。帕克公司（Park Tools）出品了一些质量比较好的链条工具并带有读取简便的旋钮装置。现在应该购买一个，这能够节省你的时间和金钱。

第2步：选择12个链条节进行测量，12节新链条的长度应该正好是12英寸（约30.5厘米）。如果测量的链条长度为12~12.125英寸（30.5~30.8厘米）之间，可以只更换链条而无须更换飞轮；如果超出了这个长度，则必须同时更换飞轮。

第3步：也可以不使用链条测量工具而了解链条的拉伸情况。将链条放置于前面最大的牙盘片上，后面则放置最小的飞轮上，然后将自行车左手侧倚靠在墙上。在三点钟方向向外拉伸链条。如果后变速器底部的引导轮出现异动，则说明需要更换新链条。如果可以很大程度地拉动链条并能够看到大部分轮齿，则说明需要更换飞轮组，同时还可能需要更换牙盘片。

拆分和重新连接链条

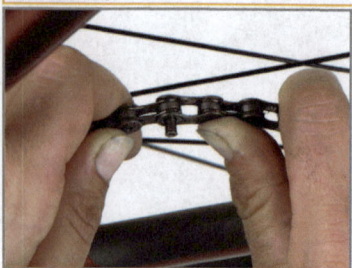

每次拆分并重新连接链条都会使其变得更加脆弱，因此应尽可能减少对链条的拆分次数。

例如，如果要安装新的后变速器，可以松开固定引导轮的螺栓，使链条穿过引导轮然后重新安装回去，而不是对链条进行拆分。

务必使两个引导轮的螺栓均处于紧固状态——尤其是顶部的那个，非常容易出现松动。对于前变速器来说，需要先移除导板后部的螺栓，使链条滑动到导板中并重新安装螺栓。

必须对链条进行拆分时，需要使用链条工具。链条工具可以固定相连的链板，这样就可以向外推出链板之间的固定销。进行这种操作时需要足够谨慎，因为可能会使链条变得十分脆弱，如果导致链板变形，还会出现链条断裂的情况。相对于其他品牌的链条，禧玛诺链条需要使用自己独特的拆分方法——需要使用专用的铆钉重新连接。可以参考本书下一页中的相关内容。

拆分链条

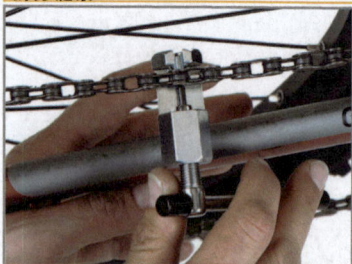

第1步：将链条放置于链条工具上。如果使用的链条工具上有两组支撑，则使用距离手柄较远的那一组。向内转动链条工具的手柄使其朝链条移动。移动到较近的距离时，将链条工具的指针对准链条固定销的头部。继续向内转动手柄推动铆钉。

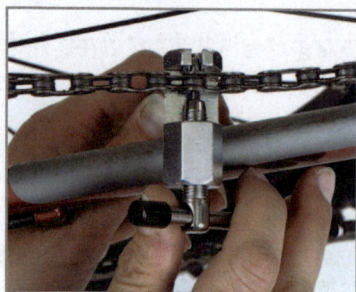

第2步：不能完全将铆钉推出来，否则很难重新将其安装回去。使用帕克工具继续转动，直到手柄逐渐靠近工具的主体。同时使用其他工具不断进行测量，控制推动铆钉的程度。

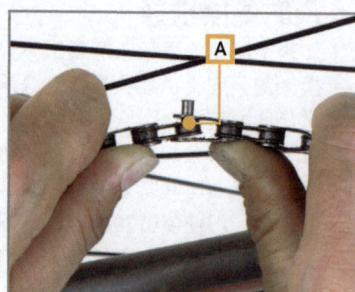

第3步：向后移动工具，确保不会出现过度操作的情况并尝试拉动链条。一般情况下，必须先松动链条以便使链条上的两个部分分开，如图所示。这一步骤很重要，需要在较远一端的链板中保留一部分固定销（A），这样重新安装链条时就能轻松重新定位固定销的孔洞了。

重新链接链条

第1步：要重新安装铆钉，按照图中所示的方法手持链条。松动链条使相邻的两部分远离铆钉并相互靠近。使外侧链板中的铆钉部分处于合适位置，然后在确保铆钉与孔洞对齐的情况下向中间挤压链条的两部分。

第2步：向后转动链条工具的手柄并将链条重新放置于远端的支撑上。

第3步：转动手柄重新将铆钉推动到链条中，使铆钉在链条两侧具有相同的距离。在本图中，可以看到铆钉的一侧突出的部分比另一侧更长。可以使用链条工具的远端支撑使两侧的长度变得更加均匀。与相邻的其他链条节相比，重新连接的链条会显得更为僵硬——可以遵循本书第100页中的内容进行调节。

禧玛诺链条

禧玛诺链条的处理方式与其他品牌的产品不同，因为它的铆钉无法从链板中脱离出来，也无法重复使用。链条中使用的铆钉与链板上的孔洞完全吻合，这就意味着必须使用很大的力气才能将其精准地安装进去，因此安装到位后会非常牢固。

尝试重复使用禧玛诺链条上的铆钉时，会发现无法轻松将其安装进链板中——大多数时候铆钉不会重新准确地进入到链板的孔洞上，而是会将孔洞撕开，彻底损坏链条节。

禧玛诺公司生产一种专用的替换铆钉，将其安装到链条中重新进行连接。无论何时，拆开链条时，必须将原来的铆钉完全推出去并丢弃。这听上去并不是一种让人舒服的方式，但是它带来的好处就是链条会获得非常牢固的连接效果并且能够实现更为平滑的变速操作。

禧玛诺链条上其中一个铆钉是在工厂最初安装时就确定的，务必不要拆分这一段链条节。可以很容易就确定这一节特殊的部分——大多数链条节上的铆钉上都会印刷有文字，显示"Shimano"标志以及链条编码。而原始铆钉上并没有印刷任何标记，拆分链条时需要避开这一段。同时，应该避免重复拆卸某个特定链条节——任何以前更换过的铆钉的钉帽都会比较圆润。每次都选择一个不同的部分进行拆分，可以根据需要实现多次对链条进行拆分和重新连接的目的。

禧玛诺链条的设计特点使其无法使用Powerlink或者其他类似的魔术扣，因此，如果你使用的是禧玛诺链条，有必要确保随时携带几个替换用的连接铆钉。它们的重量可以忽略不计，但是需要时却是其他任何东西都无法代替的。可以使用电工胶带将一个铆钉绑在车座下面，这样就可以在紧急情况下拿出来使用了。9速和10速链条具有不同的宽度，因此使用的替换铆钉也是不同的。两者不可通用。

购买新的禧玛诺链条时，会在一个塑料袋中附带一个备用的铆钉（注意：因为铆钉体积很小，因此很容易在打开塑料袋时掉出来）以及另一个与链条处于未完全安装状态的铆钉。也可以从自行车用品店中购买备用铆钉。

不可避免地，有时候我们会发现自己在需要重新链接禧玛诺链条时找不到合适的替换铆钉。如果想要尝试重复使用链条节进行重新连接，插入铆钉时务必要十分小心，使其与链板上的孔洞对齐。注意，经过修复的链条节十分脆弱，很容易使链条再次发生断裂。因此，需要尽快将整个链条中修复过的铆钉进行替换。

禧玛诺链条

第1步：将链条放置在链条工具上最远端的支撑上。如果使用的是禧玛诺专用链条工具，可能其上只有一个链条支撑。将铆钉完全推出来。

第2步：要重新连接链条，对准链条任意一侧的孔洞并将新的替换铆钉推进去。前期用手就可以将大部分铆钉推进去，然后再使用链条工具推动铆钉，直到铆钉的前半部分从链条的另一端露出来。替换铆钉中间会有一个狭槽——推动铆钉直到完全看到狭槽以及铆钉末端部分。

第3步：使用钳子将替换铆钉露在外面的部分掐断。有时候可能身边并没有可以使用的钳子，这时也可以使用折叠组合工具，可以使用两个内六角扳手夹住铆钉的突出部分，然后向下朝组合工具主体折叠内六角扳手并旋转，这种方式也可以达到目的。

连接僵硬

新安装的链条节通常存在比较僵硬的问题，这是因为在推动铆钉的过程中容易使链板挤压在一起。在外面骑行时也可能产生链条僵硬的情况。雨水会进入到铆钉中最终导致链条出现僵硬问题。温和地向脚踏板施加压力时能够感觉僵硬连接的存在——链条会出现有规则的跳跃现象，会影响骑行体验，但是这种跳跃并不会出现在脚踏旋转时的固定点上。

要找到连接僵硬的位置，可将自行车竖直立在墙边，将前面的链条置于最大的牙盘片上，后面的链条置于最小的飞轮上。使用右手缓慢转动脚踏板并在链条穿过飞轮、顶部引导轮以及底部引导轮下方时进行观察。会发现有连接僵硬的链条节过后变速器时，底部引导轮会向前跳跃。继续向后转动脚踏，使这部分链条节穿过手指并最终确定有僵硬连接的位置。

松动僵硬的链条节

第1步： 找到有僵硬问题的链条节后，从上部仔细进行观察，会发现铆钉的一侧比另一侧处于更加突出的位置。如果有这种情况，使用链条工具对突出的一侧进行调节，使两侧达到均匀的效果。

第2步： 将链条放置在链条工具上距离手柄最近的支撑上，使铆钉上推出的一端处于离手柄最近的位置。转动手柄使链条工具对准有僵硬问题的铆钉的中央并与之接触，再小心转动手柄三分之一圈。如果链条节仍然有僵硬的问题，可以从链条的另一侧重复这种操作。

第3步： 如果没有链条工具，可以使用双手捏住链条，让有僵硬问题的链条节处于中间位置。将两个拇指抵在僵硬的链条节上并轻轻前后扭动。会感觉僵硬的链条逐渐变得松动起来。不要用力过猛——否则会导致链条发生变形。

魔术扣

连接链条时，一个比较轻松的方法是使用魔术扣。这时，链条的两端必须同时是窄段部分，如果是宽段，需要使用链条工具将其移除。将链条从牙盘片上拿下来并处于牙盘和车架之间的位置以便获得更多的富余部分。将连接部件的两端各自安装到链条的两端，一半朝向自己，另一半则背向自己。连接部件的每个部分会有一个钥匙形的孔洞。将一半推动到另一半中，然后拉动链条的两端将其锁定。重新将链条放置在牙盘片上。要移除魔术扣，向中间位置推动连接部件即可。有时候可能还需要向中间挤压链板部分——仅使用双手来完成这一过程需要一定的技巧。魔术扣的铆钉应该进入到钥匙形孔洞的内部，这样就可以推动其上的两部分使链条节彼此分开。魔术扣连接部件并不适用于禧玛诺品牌的链条。

拉动魔术扣将其锁定到位 ▶

矫正链条长度和运行路径

使用具有正确长度的链条非常重要。如果链条太长了，其处于后部最小的飞轮和前部最小的牙盘片上时，会出现拖曳的问题，并且后变速器会聚到一处；链条太短时，切换到较大的飞轮和牙盘片上时，链条会变得非常紧。对于正确的链条长度，并没有一个确切的说法，几乎每个人都自然而然地使用自己认为合适的长度。具有适合长度的链条能够带来平滑的变速操作效果，同时意味着使链条获得更长的使用寿命。

链条具有合适的长度时，应该在正好绕过后部最大的飞轮和前部最大的牙盘片的前提下再富余出一节（一个完整的链条节包括一个窄段和一个宽段）。

安装新链条

安装新链条时，首先操作前后两个变速器，使后面的链条在最大的飞轮上运行，前面则在最大的牙盘片上运行。从后面较低位置的导轮开始，使链条穿过车轮和较低的吊耳中间。接下来，再使链条穿过顶部的导轮和吊耳。使链条从顶部导轮的前面穿过，然后穿过飞轮组的后面朝牙盘运行并穿过前变速器，最后绕过牙盘片向后与链条的另一端衔接。拉紧链条，如下图所示——后变速器会相应地向前拉伸以进行调节。在保留一节富余链条的前提下计算需要拆掉多少节多余的链条。

　　如果打算使用魔术扣部件来连接链条，需要将魔术扣考虑进去——只要增加半节链条就可以，因为魔术扣本身具有半节链条的长度。保留一节链条富余的目的是需要拆掉某节变形的链条时，剩下的链条仍然可以在各个牙盘片和飞轮上正常运行。连接链条时需要检查链条在各个齿轮上的运行情况。链条应该能够在最大的飞轮和牙盘片这种组合下舒畅运行并略有余量，但是同时不能过长，否则链条使用最小的飞轮和牙盘片这种组合时，后变速无法正常运行。

矫正链条长度

要检查链条的长度是否合适，首先要确保链条不能过短。依次检查各个齿轮并检查链条是否能够在后面最大飞轮以及前面最大的牙盘片上顺畅运行，此时如果后变速器的导板被向前拉伸，属于正常现象，但是需要确保链条不能过于紧绷——应该存有一定的富余，即下部中间的链条应该可以被抬高至少2厘米。接下来，再检查链条的长度是否过大。将链条切换到后面最小的飞轮以及前面最小的牙盘片上。观察后变速器导板——低位的导轮应该能够正常向后折叠，最大程度拉紧链条。需要确保导轮不能太过向后折叠，链条中的任何部位都不能与其他部件接触。切换到小飞轮和小牙盘片组合时，后变速器会向上折叠以便拉紧富余出来的链条长度，同时顶部的引导轮会向前移动而低部的拉力轮则会向后和向上移动。如果链条太长，在使用小飞轮和小牙盘片组合时，后变速器会完全折叠起来。低位的链条会与顶部引导轮和变速器导板纠缠在一起。骑行者蹬动脚踏向链条施加压力时，链条会将后变速器拽下来。

　　与此类似，如果链条太短，在使用后面最大的飞轮和前面最大的牙盘片这一组合时，会向前拉动拉力轮，此时，如果没有足够富余的链条长度，链条上的拉力会突然使车后轮停止转动，进而使骑行者从车上跌落，还可能使变速器挂钩（用于固定后变速器和车架的部件）发生变形或者脱落。

◀ 测量正确的链条长度

链条断裂的原因及应对方法

有些人从来没有遇到过链条断裂的情况，但是有些人却经常会遇到这种问题。链条的断裂是由多种原因导致的，其中包括运气不好这种原因，但是有时候这种问题是可以避免的。有时，小块的碎石会被轮胎带到链条和飞轮之间。在骑行过程中，链条被碎石卡住并发生断裂。这种情况完全是由于运气不好导致的，每个人都可能会遇到。

执行变速操作并用力蹬脚踏时，会给链条带来极大的压力。而为了在不同齿轮之间切换，链条需要进行横向移动，此时是链条最为脆弱的时刻，因为它受到的压力是以一定角度呈现的。现实中，只有在转动脚踏的同时才能执行变速操作，这样才能使链条在不同齿轮之间进行切换，但是如果在这一过程减少向脚踏施加的压力，链条会更快速地在不同齿轮之间切换。即使在上坡路段骑行过程中，也应该尽量掌控变速操作的时机，利用速度的惯性来执行变速操作。对于调校良好的变速器来说，只要不向其施加过大的压力，只需要在脚踏转动1/4圈的时间里就能够从一个飞轮切换到下一个飞轮上。

执行变速操作时，如果额外的压力正好施加在链条上，那么链条则更容易出现断裂情况。这些薄弱环节包括链条发生变形的位置以及曾经被拆分并重新连接的位置，正是因为如此，应该尽可能地减少对链条的拆分次数。

正确养护链条

使用低速齿比时，尽管转动脚踏的频率很快，但是不需要对脚踏施加太大的压力，相对来说，经常使用较高的齿比低踏频骑行并且向脚踏施加较大的压力则更容易使链条（还有骑行者的膝盖）发生损坏。

良好润滑的链条能够更好地抵御突然的压力。整洁且润滑效果较好的链条能够更加顺畅地在各个齿轮之间进行切换，将来自脚踏的压力均匀地分散到多节链条上，使每节链条都能够收到较小的压力。链条上有僵硬连接会更多地承受较大的压力。润滑过度也是不可取的——链条会吸取灰尘，加速自身的磨损并且更容易发生断裂。每次对链条进行润滑后，都需要将多余的润滑油擦除干净。只有在链条上施加的润滑油最薄时，才能更有效地防止链条生锈——真正需要润滑的其实是链条中的滚轴部位。

随着链条的不断老化，会出现更多的薄弱点，突然施加较大的压力时也更容易发生断裂。在骑行过程中，链条、飞轮以及牙盘片会彼此摩擦。有磨损的牙盘片和飞轮只会对前面的几节链条提供有效支撑，而不是将压力均匀地分散到多节链条上。这样就会将压力集中到特定的几节链条上，超出链条的最大承受临界点。此时，无法从外观上发现链条出现损坏，但是一旦达到这个临界点，链条就会加速磨损，进而反过来加速对飞轮和牙盘片的磨损。

最后，有些人自身存在比其他人更强壮且体重更大的情况。这时，可以咨询自行车上点，购买更结实的链条。与标准链条相比，虽然这种链条的价格更高，但是质量却可能更小。例如，SRAM99链条采用的是中空的铆钉设计，在减少重量的同时提供比标准链条更结实的特性。在相同的使用强度下，这种链条更结实，能够延长飞轮的使用寿命，在较大的压力下也更加不容易出现断裂。

◀ 新链条能够与牙盘片上的齿牙实现紧密的咬合效果

卡式飞轮

每次更换飞轮组时，需要同时更换链条。有磨损问题的飞轮组会使链条在飞轮齿牙上发生跳跃，而不是与其实现很好的咬合。

卡式飞轮是用于将飞轮组连接到自行车后轮上的标准安装方式。卡式飞轮安装在具有棘轮机构的自由轮轴上并通过螺栓与花鼓连接在一起，轴承位于外侧。有了自由轮轴，车轮就能够在转动脚踏的情况下自行转动，也就是惯性滑行。惯性滑行时，自由轮轴会发出咔嗒咔嗒的杂声。卡式飞轮与自由轮轴通常是由不同的制造商生产的，但是都适用于标准的禧玛诺安装方式。自由轮轴的外壳采用的是花键设计，上面有一些狭槽。卡式飞轮上同样具有一些能够与自由轮轴相吻合的狭槽。所有部件都通过一个安装于自由轮轴外侧的固定环固定在一起。

最早普及的是7速飞轮组。8速飞轮组出现时，需要使用能够与其匹配的8速自由轮轴，因为7速飞轮组与自由轮轴和8速飞轮组并不匹配。尽管如此，对于9速和10速设计来说，只是在相同的空间中安装了更多的飞轮，因此9速和8速飞轮组都可以安装到相同的自由轮轴上。出现松动时，固定环会发出非常刺耳的杂声。不要担心！固定环具有锯齿状的表面，能够锁定在飞轮组上同样具有锯齿的表面上。彼此分离时会发出嘎吱嘎吱的声音。

拆除卡式飞轮

第1步：将自行车后轮从车架上拆下来。拆掉快拆杆或者螺母并将卡式飞轮拆卸工具安装在固定环的花键上。确保两者紧密地咬合在一起。有些工具的中间会有一个孔，可以重新将快拆杆或者螺母安装上去，这种类型的工具更方便一些。而对于快拆轴来说，需要使用带有中央杆的工具，可以将中央杆滑动到快拆轴中起到固定工具的作用。

第2步：使用链条鞭缠绕在飞轮组中的一个飞轮上，方向如图中所示。这样在松动固定环时就能够起到固定飞轮组的作用。在卡式飞轮拆卸工具上安装一个较大的可调扳手——由于需要较多的杠杆力，因此需要的手柄长度大约为30厘米。

第3步：将车轮放置在自己前面，飞轮组朝向另一侧。左手握住链条鞭，右手握住可调扳手。如图中所示。向两侧拉动两个工具拆除固定环。如果卡式飞轮工具采用了螺栓连接的方式，需要在其开始移动时先将螺栓松开，目的是为操作工具提供更多的空间。拆下固定环，然后将飞轮组从车轮上拉出来使其从自由轮轴上滑动出来。

重新安装卡式飞轮

将自由轮轴上的花键擦拭干净（不能使用去污剂，因为去污剂会破坏车轴轴承以及自由轮轴轴承上的润滑油保护层）。可以借此机会检查车轮的辐条，辐条通常隐藏在飞轮组的后面——如果链条从最大的飞轮上脱落并卡在飞轮组后面，就会损坏辐条，而这种情况通常很难被发现。如果辐条有损坏情况，必须进行处理，可以参见本书第204页中的内容。将新的或者清洁完毕的飞轮组滑动到自由轮轴上。其中一个花键比其他花键

更宽，它必须与飞轮组上相对应的花键对齐。将飞轮组安装到位。外侧的固定环比其他的更窄，需要在其后面使用垫片。对固定环进行润滑，然后将其安装到飞轮组的中央。再次安好卡式飞拆卸工具并使用可调扳手，牢固地拧紧固定环。在这个步骤中，不需要再次使用链条鞭，因为自由轮轴上的棘轮机构会自动阻止飞轮组的移动。固定环快要达到被拧紧的程度时，会发出嘎吱嘎吱的声音，这属于正常现象，固定环内部表面上具有用于防止飞轮组松动的摩擦条纹，被拧紧时会出现相应的杂声。

◀ 飞轮

旋式飞轮

多年以来，旋式飞轮一直是将飞轮安装到自行车后轮上的标准安装方式，但是现在已经被卡式飞轮这种设计所取代。只有在老式的自行车上或者某些低档款式的新车上才会看到旋式飞轮。因为用于支撑轮轴的轴承距离车轮中央比较近，因此旋式飞轮设计中的轮轴更容易出现变形或者损坏的问题。

槽口、花键和夹头

此处，最困难的是选择正确的工具。旋式飞轮还以行业标准存在时，有大量不同的设计以及各种不同类型的花键和夹头。幸运的是，现在的设计类型少了很多，市面上一般能看到的只有禧玛诺的花键旋式飞轮以及SunTour（三拓）出品的四夹头旋式飞轮。（花键工具上有突起的条纹，能够与部件上的条纹配合使用。夹头工具上面有钉状物，可以与部件上的槽口配合使用。）

拆卸旋式飞轮

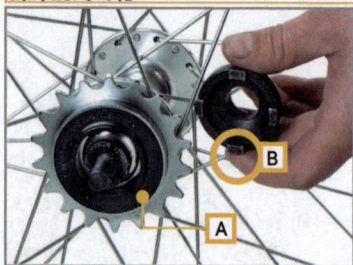

第1步：要拆下旋式飞轮，首先需要选择正确的工具。有条件的话，可以将车轮拿到本地的自行车商店并让专业人员帮助你确定需要使用的工具。将任何存在的螺母或者快拆杆拆下来，将工具固定在旋式飞轮上（A）。花键工具会自行固定到旋式飞轮上，但是夹头工具需要使用螺母或者快拆杆才能固定。图中展示的属于四夹头旋式飞轮拆卸工具（B）。

第2步：转动脚踏时，旋式飞轮能够进行自动固定而且非常牢固。需要使用一个较大的可调扳手来转动工具。将车轮竖直放置，右手水平方向手持扳手。固定车轮并用力向下推动扳手。如果使用的是夹头工具，旋式飞轮开始转动时需要先将螺母或者快拆杆松开一点，同时使旋式飞轮略微松动一些并根据需要重复上面的步骤。

第3步：重新安装旋式飞轮要容易得多！对螺纹进行充分润滑，这样能够使下一次拆卸尽可能地更加轻松。仔细将飞轮与车轮对齐——上面的螺纹非常精密，很容易不小心出现损坏（会导致飞轮位置出现偏移并被卡住的问题）。最后用手将其拧紧。

关于旋式飞轮的其他建议

将车轮重新安装到自行车上并选择使用最低速的齿轮（后面最大的飞轮和前面最小的牙盘片）。确保旋式飞轮处于牢固的状态非常重要。自行车竖直状态处于地面上时，转动脚踏使曲柄处于水平位置，然后捏紧后轮刹车并用力向下推动前面的脚踏。会发现脚踏向下方移动一点，然后飞轮完全紧固后脚踏就会停止不动，可以根据需要对各个齿轮进行微调。

旋式飞轮中包含一个棘轮设备。这个部件能够在骑行者停止转动脚踏的情况下使后轮继续转动，进而实现惯性滑行的目的。旋式飞轮内部的棘爪上安装有弹簧，能够一直将棘爪推向齿环的方向。棘爪的指向与车轮转动的方向相反，因此转动脚踏时它们会抓住齿环并推动车轮转动。脚踏停止转动时，弹簧上的齿牙会向内推动棘爪，使其远离并反弹回位，直到与下一个齿牙接触，这时，如果骑行者转动脚踏就会发出咔哒的杂声。

棘爪上填满泥浆或者老化的油脂时，无法反弹回位并与齿轮接触。如果有这种情况，转动脚踏时，棘爪不会实现咬合效果，脚踏就会向前空转。通常，不需要打开旋式飞轮就能够解决这种问题。将飞轮从自行车上拆下来并查看后表面的位置。会发现中央位置保持不动，而与飞轮相连的外部位置转动。将飞轮平放并向两个部件之间喷一点轻质油脂——WD40、GT85或者类似种类即可。这会将飞轮前部的污物冲刷干净。然后再重新使用较重的油脂进行润滑——使用链条润滑油脂就可以。按住飞轮的中央位置并转动外部位置使油脂进入到棘爪内部。最后重新将飞轮安装到自行车上。

后变速器

变速器是一种设计精巧的部件。它们的工作方式非常简单：利用骑行者转动脚踏的行为使链条从一个齿轮上顺畅地转移到另一个齿轮上。变速器的英文名称是derailleur，来自于法语中的derail一词。下面先介绍后变速器。

后变速器悬于飞轮组的下方，负责将从牙盘上返回的松弛链条重新输送到飞轮组上。这部分链条并不承受任何压力——转动脚踏时，上方的链条负责承受相应的压力。在不同齿轮之间切换时，最重要的部分是距离飞轮组最近的引导轮，也称为顶部导轮。变速器工作时，通过操控变速线使导轮穿过飞轮组。由于这部分链条不承受任何压力，因此链条会跟随引导轮并在向飞轮组运行的过程中切换到不同尺寸的飞轮上。

链条需要通过移动才能切换到新飞轮上，这就是为什么在执行变速操作时一定要转动脚踏的原因。如果蹬脚踏时过于用力，链条可能无法舒畅地切换到新的飞轮上，此时，尝试执行变速操作时链条会出现跳跃的问题并且会发出嘎吱嘎吱的声音。

处于下方位置的导轮也被称为拉力轮，具有不同的作用。这个导轮位于后变速器支架上，由于与弹簧相连接，因此始终会指向后方。相对于较小的牙盘片和飞轮组合来说，较大的牙盘片和飞轮组合需要更长的链条，而拉力轮的作用就是用于拉紧那些富余出来的链条，否则多余的链条会悬垂到地面上。

接下来需要操控后变速器使其切换到自己想使用的飞轮上。在现代的后变速器出现前，公路自行车参赛选手会使用两个不同尺寸的飞轮，后轮的两侧各有一个。遇到上坡路段时，选手们会立即跳下车将后轮拆下来并翻转，使用尺寸较大的飞轮，然后再飞快地跳到自行车上开始上坡路段的骑行；到达坡顶时，再执行反向操作。如果有人能够想办法将这个烦琐的步骤略去，就能够获得足够的时间，进而赢得比赛，变速器就是在这样的背景下诞生的。

1951年，在尝试了各种不用的设计后，图利奥·康帕吉奥罗（Tullio Carnpagnolo）发明了一种被称为Gran Sport的变速器，它的外形与今天使用的后变速器基本一致，工作方式也很相似。变速器通过螺栓连接在后轴下方。顶部保持静止，但是中间的连接部件通过铰链以一定的角度与引导轮相连。这就意味引导轮横向移动的同时还会向下移动以追随飞轮组的形状。铰链位置装有一个弹簧，能够将变速器的两个部分拉到一起。弹簧会拉动变速器使引导轮在最小的飞轮下方运行。

最后，随着不断改进，后变速器最终发展成今天的样子。车把上的变速转换柄与变速线相连，后者用于拉动变速器的两个部分。这个过程会使引导轮横向和向下移动，进而将链条拉动到较大的飞轮上；以相反的方式操控变速手柄会释放变速线，使弹簧拉动引导轮并将链条切换到较小的飞轮上。这种线缆与弹簧的组合非常普遍——V刹采用的也是这种方式，刹车线将某个部件拉动到某个位置，释放刹车线时，弹簧会将部件重新拉回到原来的位置。

我们需要后变速器满足两个最重要的需求：首先，不会影响从脚踏到自行车后轮的能量的转换。其次，需要尽可能快地将链条从一个飞轮切换到另一个飞轮上，而不会破坏脚踏转动的节奏。

为了达到这些目的，变速手柄必须能够精准地对变速器的移动进行控制。变速器距离地面很近，非常容易遭受各种沙砾、灰尘以及泥浆的侵袭，所有这些都会对牵引变速器铰链移动的轴承造成磨损。因此，变速器，特别是后变速器的寿命相对较短。保持变速器的清洁并及时进行润滑有助于延长变速器的使用寿命，但是如果经常骑行，可能每年都需要更换变速器。

◀ 变速器不能破坏蹬踏节奏

分度拨链：在齿轮间切换的微妙科学

曾经，人们在通过变速手柄将链条切换到某个特定飞轮上时，都会从感觉和听觉上获得满足感。而现在分度拨链变得普及起来。变速手柄部件上具有一些槽口，如果所有部件都具有很好的兼容性并且调节到位，通过变速手柄切换一个槽口会拉动变速线并使链条在飞轮组上的各个飞轮之间精准切换。

有些变速器会采用相反的设计原理——变速线将链条从最大的飞轮拉到最小的飞轮上，刹车线被释放时，后变速器上的弹簧会将变速线从最小的飞轮重新拉回到最大的飞轮上。禧玛诺速升变速器（Rapid rise，或者称为low normal）就属于这种类型。有些人喜欢使用这种类型的变速器，但我个人觉得它并不令人满意。

速升变速器背后的设计原理是向高速齿轮的切换时由变速线来控制的，而不是由弹簧来控制，这样，在比赛过程中二次变速就会变得更加快捷。传动部件运行良好时，这确实能够带来一点优势——但是这种优势会被另一种劣势抵消，那就是它比标准设置更不耐脏而且磨损更快。

调节齿轮

调校良好的齿轮并不会从视觉上显现出来——只需要按一下变速手柄就能够快速切换到自己想要使用的齿轮。为了保证所有部件都能够获得顺畅的运行效果，需要始终注意每个齿轮的状态。事实上，除了要保持链条的清洁，最重要的事情就是使齿轮获得很好的调校。那样，不但能够获得更好的运行效果，整个传动系统的使用寿命也会相应地获得延长。在处理任何齿轮时，都应该对所有的齿轮调校一次，在很多操作结束时也必须对齿轮进行调校，尤其是在安装新的线缆或者变速器后。对后部的分度效果的调校是最重要的——适当调校难度并不大，而且随着调校次数的增加，你会变得越来越熟练。

在调校齿轮时，必须要牢记以下事情：齿轮的调校原则应该是能够使变速手柄精准地将信号传递到变速器上，变速手柄收紧或者释放一定长度的变速线时，变速器应该能够精准地收紧或者释放相同的长度作为回应。如果变速线很脏或者有打结或磨损情况时就无法获得这种效果。如果发现自己所做的调节并没有带来相应的效果，可以检查一下变速线或者外管是否处于良好的使用状态。

所有要进行的调节都需要通过脚踏的转动来转换齿轮进行，因此需要将自行车的后轮抬起来使其离开地面。理想情况下，可以使用工作台。也可以请朋友帮忙，在合适的时候抬起自行车的车座使后轮离开地面。

在右侧的图片中，可以看到链条处于飞轮组的中间，正从较大的飞轮向较小的飞轮切换。变速器带动链条向右移动，在落到下一个飞轮前，链条必须向上升起并越过较大飞轮的轮齿。设计精密的飞轮轮廓以及链条节能够使链条在一定的压力下完成切换并不会损失任何的动力。禧玛诺链条的侧面会向外突出一点并且可以看到边缘经过切削而形成一定的坡度，这样的设计有利于链条在从较小的飞轮向较大的飞轮切换时获得更好的抬升效果。所有这些小的设计上以及其他方面的改进，都能够带来更加顺畅和快速的切换效果。

轮齿适度咬合实现在飞轮之间的切换 ▶

调节后变速器的最佳方法

调节后变速器需要一定的技巧。同一个问题可能是由一个或者多个相似的原因导致的。如果后变速器在切换飞轮时比较缓慢，或者骑行时变速器自动在齿轮之间切换，再或者在执行变速操作时发出杂声，这些都说明需要对后变速器进行调节。下面介绍一些调节的方法。

调节标准和速升后变速器的分度效果

开始调节前，使用下面介绍的方法确定自己使用的是标准类型的后变速器（这是目前大多数自行车上使用的变速器类型）还是速升变速器。将链条切换到飞轮组中间位置的飞轮。链条通过自行车的上管或者下管时，握住变速器位置露出的变速线，轻轻拉动变速线使其远离车架。观察变速器的表现。

◆ 如果变速器朝较低的齿轮移动（较大的飞轮），说明使用的是标准类型的变速器——可以遵循本书第148页中的说明进行调节。

◆ 如果变速器朝较高的齿轮移动（较小的飞轮），说明使用的是速升变速器。这种类型的变速器是几年前开始出现的，但是一直没有流行起来，因此种类并不多。这种类型的变速器的调节难度与标准版本基本相当——使用相同的程序，只是需要从最大的飞轮开始调节，而不是最小的飞轮。要获得更多详细介绍，请参见本书第165页中的内容。

变速手柄的类型

调节齿轮时，在各个齿轮之间重复切换以查看它的工作模式。尽管变速手柄有很多不同的品牌和型号，但是它们的工作原理基本相同——无论是转把式还是指拨式，或者是公路自行车上使用的STi手变类型的变速手柄，在调节分度效果时使用的程序都是相同的。开始时，可以通过多次尝试查看执行转换时的具体情况。找出露在外面的变速线部分，就像确定自己使用的是标准还是速升后变速器时一样，使用左手轻轻拉动变速线使其远离车架并保持握住的姿势，使用右手执行切换动作。不需要在同一时间转动脚踏，只需操控变速手柄即可。通过一次操作使变速线变得松弛，再次操作拉紧变速线。以这种方式重复几次使自己记住操作细节。对于标准变速器来说，使变速线朝车轮方向拉动变速器到一个更大的飞轮上。释放变速线则使变速器上的弹簧将其从车轮位置拉回来，朝更小的飞轮移动。对变速手柄的工作细节熟悉后，就可以开始对齿轮进行分度调节了。

人们经常会将齿轮分度拨链与止动螺钉的调节互相混淆，虽然它们都很重要，但是工作原理是不同的。止动螺钉的作用是限制变速器移动的范围，阻止其从任意一侧的飞轮处脱落。有时候，如果设置不正确，可能会偶尔使链条无法在飞轮之间顺畅切换。

出现这种情况时，就无法对于分度效果进行很好的调节——可以参见本书第149页中关于止动螺钉的介绍，然后再返回到此处。在调节分度效果前，应该首先检查链条是否能够顺畅到达最小和最大的飞轮上，并且不会从飞轮组边缘脱落。

要对分度效果进行微调，必须先调节变速线的松紧度，保证在执行切换时变速线能够精准地将链条切换到目标飞轮上。拉动变速线使链条朝较低的齿轮移动，即车轮附近的较大的飞轮。释放变速线则会使变速器弹簧向外拉动链条，朝较小的飞轮移动。

变速线松紧度调节时的几个要点

◆ 兼容性——检查变速手柄的调节挡的挡数是否与飞轮组中飞轮的数量一致。很多无法解决的调节问题都是由这个原因导致的。

◆ 后变速器支架的角度——引导轮垂直悬挂于飞轮下方时，后变速器才会按照飞轮组的形状进行移动。发生冲撞时通常会使变速器产生变形或者导致变速器支架向内弯曲，此时，变速器就会以错误的角度工作，进而无法对调节做出响应。

◆ 变速线生锈——变速线必须处于良好的工作状态，这样变速手柄才能准确拉动所需的变速线长度。变速手柄释放一定长度的变速线时，这种特点表现得尤为明显。如果变速线有生锈情况或者上面有泥土，变速器上的弹簧可能无法拉动变速线并使之移动。

调节标准后变速器的变速线松紧度

这可能是你在骑行过程中需要学习的最重要的调节工作，但是难度并不大。与需要调节后变速器的变速线的松紧度时，系统总会向骑行者发出一系列明显的信号。如果变速器没有对变速手柄发出的命令给予响应，或者操作车把位置的变速手柄一次，但链条连续切换两个以上的飞轮，再或者执行变速操作时链条发出杂音，这些都说明需要检查变速线的松紧度了。

在操作过程中，需要牢记的一件事就是坚持从相同的位置着手，使变速线处于最松弛的状态且链条位于最小的飞轮之上。否则，很容易出现混淆，例如使变速手柄的第3挡与飞轮组中的第4个飞轮相匹配或者其他任何的错误匹配。还需要使用工作台来保持自行车的后轮脱离地面，也可以请求朋友的帮助，让其在需要的时候将自行车的后轮抬起来。

在开始调节变速线的松紧度前，首先要熟悉自行车变速手柄的工作规律。沿着从右手侧的变速手柄移动到上管或者下管位置的变速线外管，找到不断显露出来的没有任何外管包裹的变速线。用手指勾住这段变速线并向上或者向下切换齿轮。可以感觉到变速线被不断拉紧，然后放开变速线。

变速线具有合适的松紧度时，切换齿轮时链条会精准地落到每一个飞轮上。这能够最大限度地延长链条的使用寿命，还能够防止骑行时链条在不同飞轮上切换时发出咔咔的杂音。由于飞轮和变速手柄是等间隔的，因此调节最小的两个飞轮时，其他飞轮也会自动做出相应的调节。

找出使链条过于紧绷或者过于松弛的环节后，操作变速器，尽可能使链条处于最松弛的状态。

开始操作时，先检查变速手柄是否为位于最高的齿轮位置——转动脚踏并操作变速手柄，使链条连续向最小的飞轮切换。一直操作变速手柄，防止链条变松弛，直到用过全部齿轮位置。保持脚踏转动的同时，向下变换变速手柄一个挡位，使变速器朝向最大的飞轮移动。

调节链条松紧度

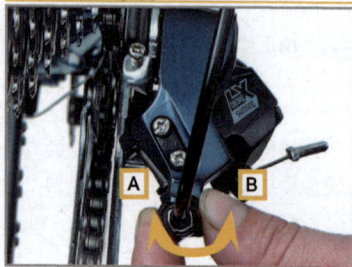

第1步：链条会向下一个较大的飞轮移动并位于其正下方。使用调节旋钮进行微调。要使调节旋钮移动，将拇指放在调节旋钮的顶部，如图所示。转动并拧紧调节旋钮拉紧变速线，并使链条向外移动到更大的飞轮上（A）。朝另一个方向转动调节旋钮则会使变速线更加松弛，弹簧会向内拉动链条（B）朝更小的飞轮移动。

第2步：操作变速手柄时，如果变速器没有发生任何移动，说明变速线松弛的程度较大。此时，可以松开夹紧螺栓，用手拉动一段变速线，然后再拧紧夹紧螺栓。这种情况通常发生于更换新变速线时。再次从最小的飞轮开始，操作变速手柄几次，确保其处于最松弛的状态。现在，转动调节旋钮半圈以便增加拉力，不断重复这个操作直到链条位于第二个飞轮上。

第3步：将链条从最小的飞轮上移动到第二小的飞轮上后，尝试采取逆向操作的方式，重新使链条回到最小的飞轮上。你会发现必须使调节旋钮向更远的位置移动——尝试每次转动四分之一圈。获得合适的松紧度后，再次将链条切换回第2小的飞轮上并从后面观察链条。顶部的引导轮，即链条运行的引导轮，应该位于第二小的飞轮的正下方。最后使用调节旋钮完成最终的微调。

调节后变速器上的止动螺钉

变速器上的止动螺钉（也叫限位螺钉）用于防止变速器将链条从飞轮的任意一端拨脱出去。止动螺钉这个部件非常重要，它能够防止链条从最大的飞轮上掉落到飞轮组和车轮之间或者最小的飞轮和车架之间的空隙中，最终卡在飞轮组或车架中间的位置。

　　这些突发情况会对自行车造成损坏，使辐条在与后花鼓连接的位置出现断裂。链条也很可能被卡住，进而使骑行者从车上跌落并可能出现受伤情况。

　　止动螺钉只有钉头裸露在外面，螺钉的主体完全隐藏在后变速器的内部。后变速器的设计原理是止动螺钉的末端与安装在变速器旋转件上的部件互相接触，向变速器内部转动螺钉时，螺钉的末端会更快地与旋转件上的部件接触，进而限制变速器的移动并防止变速器将链条从飞轮组的边缘推下去。但是如果止动螺钉过于接近变速器内部，后变速器则无法将链条传送到最大或者最小的飞轮上。

　　调节后变速器时很容易使自己产生疑惑，因为同一个问题可能是由多个原因导致的。例如，如果向最小的飞轮切换时有困难，原因可能是止动螺钉处于"高位"状态，也就是用于控制变速器移动的螺钉过于接近变速器的内部。尽管如此，如果后变速器的变速线过于紧绷，同样会导致这种问题。对此，我认为后变速器的变速线不存在紧绷问题的前提下，最简单的方法就是调节止动螺钉。如果要安装新的变速线，在安装前先使用本书中介绍的方法对止动螺钉进行调节。

　　如果变速线已经安装完成，先将其从车架上的固定部件上释放出来使其处于松弛状态。要执行这个操作，首先转动脚踏并将链条切换到飞轮组中最大的飞轮上。停止转动脚踏并使用变速手柄向最小飞轮切换。此时，链条并不会执行相应的切换，因为脚踏没有处于转动的状态，但是变速线则会变为松弛状态。从变速手柄沿外管向后一直到外管与车架接触的第一个固定部件处，朝自行车的前方拉动外管。扭动外管并使变速线从线缆狭槽中摆脱出来。这样可以获得更多富余的变速线，然后就可以方便而明确地对止动螺钉进行调节了。

　　完成对止动螺钉的调节后，可以重新将变速线安装回位。要获得更多的变速线富余量，需要朝车轮方向推动后变速器，使其正好位于最大飞轮的下方位置。

设置止动螺钉

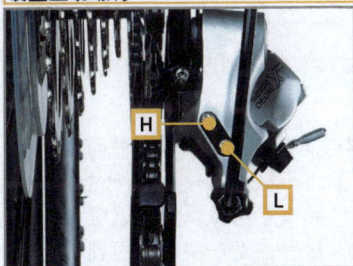

第1步：设置高速齿轮相对容易，所以我们从此处开始操作。从左边观察变速器，可以看到两个止动螺钉，分别标有"H"和"L"字样，两个螺钉上下排列。通常情况下，较高位置的螺钉用于调节高速齿轮，而较低位置的螺钉则用于调节低速齿轮。但是容易混淆的是，有些SRAM螺钉的工作方式正好相反。止动螺钉上的字母通常很小，很难辨认。转动处于低位的螺钉，使链条正好位于最小飞轮的下方。

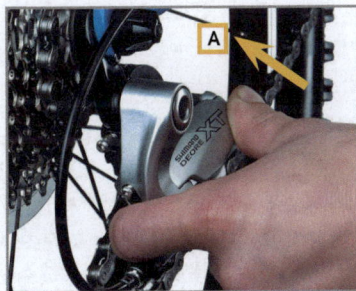

第2步：低位的止动螺钉操作起来比较麻烦。在自行车后轮脱离地面的前提下，使用右手转动脚踏。使用左手的食指从后面勾住变速线固定环，拇指置于旋转部件的前部。向身体外侧方向推动拇指（A），同时转动脚踏。操作变速器使链条在最大的飞轮上运行，但同时不会落入到最大飞轮和车轮中的空隙中。

第3步：如果无法顺利操作变速器使用最大的飞轮，需要松动（逆时针方向转动）低位的止动螺钉（L）。轻微的调节就带来很大的变化，因此调节时需要控制好力度。如果链条的移动幅度过大，则需要顺时针方向转动高位的止动螺钉。设置完成后，就可以在转动脚踏时操作变速器使链条位于最大飞轮的正下方，移动幅度也处于合适的状态。

后变速器的类型

市面上可选择的后变速器类型有很多种，但并非所有类型都是通用的。当明确了自己能够承担的花销数额后，也需要花点时间来考虑究竟需要哪种具体的类型。

例如，对于使用XT和XTR变速器的山地自行车来说。禧玛诺目前能够提供三种类型的产品（top normal、low normal以及Shadow），每种类型又可以按照挡板的不同分为两种，因此一共有6种选择。公路自行车可选择的类型则相对少一些。

大多数自行车安装的都是"top normal"类型的后变速器。增加变速线的拉力时，变速器会使链条切换到更大的飞轮上（低速飞轮），而释放变速线时则会使链条切换到较小的飞轮上（高速飞轮）。

"low normal"变速器并不常见，这种类型的变速器曾经被称为"速升（rapid rise）"。它们的工作方式与常用类型正好相反，增加变速线拉力时，变速器会使链条切换到较小的飞轮上，而释放变速线则会使链条切换到较大的飞轮上。这种类型的变速器有很多优点，例如可以在压力下实现更好的变速效果，但是并没有真正地流行起来。对于使用传统变速方式的骑行者来说，需要在使用一段时间后才能习惯这种类型的变速器。

现在，越来越多的山地自行车上开始使用禧玛诺最新型的后变速器，也就是Shadow后变速器（即"影子"后变速器）。这种变速器属于"top normal"的范畴，因此采用传统的工作方式，但是具有一些额外的优点。首先，它对线缆在变速器上运行的路径做出了改进，使最后一段外管变得更短且不需要完全绕过变速器的后部。这种方式减少了变速线与外管的摩擦长度。其次，Shadow变速器的体积非常小——不会大面积地从自行车的侧面探出来，因此在发生冲撞时也不容易发生损坏。

兼容性

禧玛诺公司已经制定了一系列的兼容性标准——大多数山地车上使用的都是禧玛诺变速器，因此其他厂商都需要确保自己的产品都能够适用于禧玛诺制定的标准。

唯一的例外是SRAM，其中的区别在于"传动比"方面——也就是引导轮横向移动时相应地拉紧或者释放变速线的数量。

· 禧玛诺的标准是移动1毫米变速线需要引导轮横向移动2毫米——比率为2:1。SRAM Attack变速手柄适用于这种兼容标准。

· SRAM公司生产的X3、X5、X7、X9和X0山地自行车（以及SRAM公路自行车）的变速手柄和变速器都采用1:1的比率，每拉紧1毫米变速线，链条会横向移动1毫米。SRAM XX变速器则只能与SRAM XX变速手柄配套使用，因为它们使用从SRAM公路自行车套件上迁移过来的专用传动比。

使用B型螺钉设置变速器角度

B型螺钉位于变速器的后部，用于调节变速器与车架之间的角度，进而改变引导轮顶部与飞轮之间的空隙大小。如果链条过于接近飞轮，骑行过程中会与飞轮组的齿牙发生刮擦。如果空隙过大，会使变速操作变得迟缓，这是因为骑行者执行变速操作时，链条会变得很松弛，无法快速切换到下一个飞轮上。

使用B型螺钉调节控制，使链条与飞轮和引导轮之间的间隙大约为2.5厘米。对于Shadow后变速器来说，B型螺钉位于主旋转部件的下方（参见左图）；对于传统类型的后变速器来说，B型螺钉则位于锚定螺栓的下方，车架后面拉环的旁边。无论哪种类型的变速器，顺时针转动B型螺钉都会增加飞轮组与引导轮之间的间隙，逆时针转动则会使两个部件更加靠近彼此。

▲ Shadow后变速器
◀ 传统类型的后变速器

安装新的后变速器

需要更换后变速器的原因可能有多种。首先，它可能在某次冲撞过程中发生损坏。也可能在经历了无数次的变速操作后，后变速器处于过度磨损且需要更换的状态。

随着时间的推移，变速器的旋转部件会出现磨损，引导轮无法对变速线拉力的变化做出及时的反应，进而使变速操作变得非常迟缓。握住变速器导板的底部并横向摇动，使其不断远离和靠近自行车后轮。如果有一点点松动没有关系，但是如果能感觉到导板发出吱吱的响声，这说明需要更换变速器了。

链条有比较大的富余量时，更换变速器最容易。这就是为什么需要将链条切换到后部最小的飞轮上并将前部的链条从最小牙盘片上拿下来并处于牙盘与车架间隙中的原因。掐断变速线的端帽。

安装后变速器

第1步：松开变速线夹紧螺栓并将变速线从调节旋钮中拧出来。如果想继续使用旧的变速线，不需要将其完全从调节旋钮中拧出来，但是新变速器通常会使用不同的配置，需要更长的变速线。最好选择拆开旧的变速器移出链条，因为拆分链条的话需要更长的时间，同时会使拆分位置的链条节变得更加脆弱。首先，稍微松开引导轮的固定螺栓。

第2步：拆下拉力轮的螺栓，它位于下方导轮的中间位置。

第3步：向前滑动拉力轮。拉力轮的每侧各有一个垫圈，注意不要弄丢，因为在向外拉动引导轮时垫圈很容易脱落。

第4步：轻轻转动导板的后部，在不需要对链条进行拆分的前提下将其从导板上滑出来。松开用于固定变速器和车架的螺栓。拆下旧的变速器。

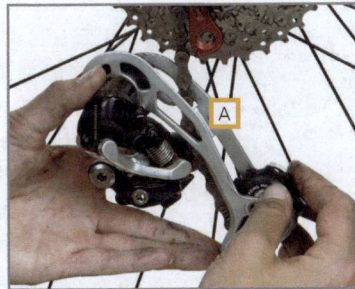

第5步：拆下新的后变速器后部的拉力轮并松开引导固定螺栓。采用图中所示的方法握住变速器使其处于倒立状态。将变速器安装到底部的链条上，使其位于引导轮的上方，然后使其放置到拉力轮上的相应位置。确保链条从拉环的内部穿过（A），这样链条就会在拉环和引导轮中间运行了。重新装上拉力轮固定螺栓，拧紧引导轮上的两个螺栓。

第6步：顺时针方向转动变速器并向后拉，使安装螺栓与车架上的吊耳对齐。通过螺栓将变速器固定到车架上，拧动螺栓时需要注意不要用力过度。务必使变速器后部的较小的B型拉环位于车架上相对应的拉环的后面，这样能够阻止变速器向前摆动的幅度过大。

后变速器维护

后变速负责执行所有的变速切换操作，它的安装方式决定其与地面的距离比较小，容易剐蹭到地面上的树枝或者其他杂物。如果在骑行过程中右侧发生冲撞或者自行车向右侧跌倒，那么后变速器也是最先与地面接触的部件。发生冲撞时，如果有时间思考，最好使自行车向左侧跌倒，这样所付出的代价要小很多！

如果在调节了止动螺钉以及变速线的松紧度后，变速操作仍然比较迟缓，那么需要对后变速器进行清洁操作并重新进行润滑。变速器上的各个部件都要能够自如地移动，这样才能获得比较干脆利落的变速效果。只有在不被污物卡住并且润滑效果比较好时，连接各个部件的旋转件才能处于最佳的工作状态。

第一步就是清理后变速器。将自行车后轮拆下来时这种工作最容易做，因为没有了遮挡可以轻松清理每一个部件。先擦拭外部，然后使用小刷子去除变速器内部的泥浆和灰尘。要将污物全部清除干净，需要移动变速器对其内部进行清理。使用左手的一个手指勾住后变速器的后部并朝与身体相反的方向推动变速器的前部。

将内部的污物清除干净后，需要对导轮进行清理。导轮会吸收油污、泥浆和沙砾等杂物，这些东西混合到一起使链条的磨损非常快速。使用螺丝刀去除这些杂物。接下来，查看变速器的磨损程度。导轮轮齿的顶部应该处于平直的状态，而不是尖状的。握住变速器的底部并朝自己的方向摆动。它的状态应该是有点松动而不是发出吱吱的声音或者大幅度地移动。后面这两种情况发生时，说明需要更换新的变速器。

接下来，需要对旋转部件的接触点进行润滑。后变速器上至少有四个点需要进行润滑处理。分别向导轮的轴承、变速器与车架的接触点以及变速器与导轮连接的支架位置滴一滴润滑油。向左右位置滴入润滑油后，轻轻移动各个部件使润滑油侵入到相应的缝隙中。推动变速器模拟切换齿轮的动作，然后再使其弹回，反复几次。擦除多余的润滑油。重新安装自行车的后轮。

如果你想对自行车进行一个比较全面的维护，可以将后变速器拆下来（见第151页）并进行全面的清洁处理。松开用于固定导轮的螺栓并将其拆下来，然后拆下导板的后部并擦拭导板与导轮之间的缝隙。将轴承从导轮的中央推出来进行清洁和润滑处理，然后在螺栓的螺纹上使用一点乐泰243胶重新安装。不要将顶部和底部的导轮互换使用——它们的功能不同，因此形状也有所区别。顶部的引导轮负责推动链条横向移动，即从一个飞轮移动到另一个飞轮上；底部的拉力轮则负责向后拉动链条避免出现松弛问题。此外，有些导轮，例如图中所示的禧玛诺XT变速器使用的类型，需要遵循特定的旋转方向。完成一定的设置后，向前转动脚踏时引导轮才会沿着箭头的方向进行转动。要获得正确的设置，将引导轮安装到变速器时，需要使带文字的一面朝向外侧。

使用小刷子将变速器主体内部的污物去除并对旋转点进行润滑操作。最后，按照本书中有关安装新变速器的说明重新安装变速器即可。

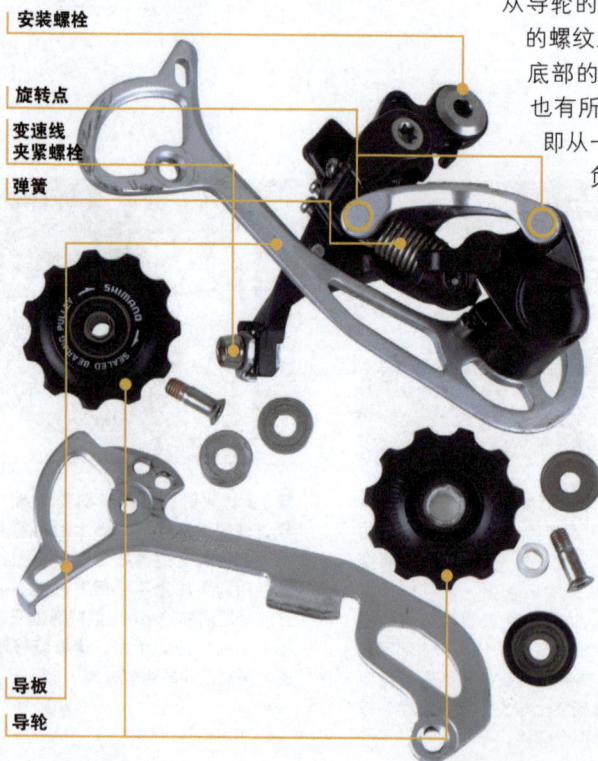

安装螺栓

旋转点

变速线
夹紧螺栓

弹簧

导板

导轮

◀ 禧玛诺Shadow后变速器

后变速器矫正

后变速器起着至关重要的作用，一方面它需要保证操作的精准性，同时还要在较脏的骑行环境中，甚至一定的压力下持续执行变速操作。无论在何种骑行环境中，骑行者都会用到变速器，这也是为什么需要对变速器进行维护的原因。

一个普遍存在但是又最容易被人们忽视的问题是后变速器尾勾（用于固定变速器螺栓的车架部位）的矫正问题。只有两个导轮垂直悬挂于飞轮的下方时，齿轮才会处于最佳的工作状态。但是发生冲撞时，这种竖直排列的状态很容易被破坏——骑行者可能会站起来并拍拍身上的灰尘，然后检查一下自行车的状况，如果自行车看上并没有出现什么问题，骑行者可能就会直接再次开始骑行。接下来问题就发生了。如果在冲撞过程中后变速器发生了向内歪曲的问题，飞轮可能仍旧会正常运行，但是其部件可能都会开始向内倾斜一些。下一次骑行者使用低速飞轮爬坡骑行时，可能想要执行变速操作使用更大的飞轮，这样会使链条脱落到后部飞轮组的内侧并卡在后轮位置，导致骑行者无法继续蹬动脚踏。最终的结果可能是骑行者从车上跌落并受伤，后轮也会产生损坏并造成较大的损失。

即使情况没有那么严重，但是也会影响变速的效果，因为只有飞轮与导轮处于垂直的状态时，才能获得最佳的变速效果。在这种情况下，链条不会发生变形并从飞轮上脱落，导轮也会按照正常方式运行，也不会出现变速器尾勾弯曲导致的问题，即引导轮向上移动与飞轮接触。

从后面观察后变速器。通过这种观察方式，可以清楚地看到链条是否在飞轮的中间位置运行。飞轮、链条和导轮应该在同一条直线上运行。最普遍存在的一个问题是变速器尾勾变弯曲时，底部的拉力轮会更加靠近车轮，如下图所示。

通常情况下，尾勾或者变速器会出现扭曲，而不是弯曲问题（也可能两种问题同时存在），因此如果直视飞轮，可能看到的是引导轮的表面，而不是其边缘位置。要获得精准的变速效果，引导轮需要处于垂直状态并与飞轮对齐。正是因为这是一个比较普遍的问题，因此几乎所有比较正规的铝制车架都具有更换变速器尾勾的功能。

根据自行车的品牌划分，市面上有很多种不同类型的变速器尾勾，甚至对于同一个品牌和型号的自行车来说，还需要根据自行车的生产年份来选择相对应的尾勾。为了确保自己购买的是正确的类型，可以带着旧尾勾去本地的自行车商店中进行对比。不同的类型几乎完全不具备通用性。

如果没有可替换的尾勾，那么必须对弯曲的车架进行矫正。如果足够细心，可以自己完成这个任务，但是如果没有把握，我建议最好将其带到自行车商店中进行维修。如果不及时对弯曲的车架进行维修，可能会继续损坏更多的尾勾。如果弯曲情况非常严重，那么在矫正后可能会变得比较脆弱。

保持车轮处于原位以便对车架提供支撑。要对弯曲的尾勾进行矫正，有两个选择。首先是在尾勾上使用一个较大的可调扳手——需要使用长度约为30厘米的扳手——这个长度可以比较轻松地完成矫正工作。务必一次性完成矫正动作——因为如果前后反复矫正，很可能将其折断。

另一种选择需要一定的技巧但是更为可靠，那就是将后轮的车轴拧到尾勾的螺纹中。而其型号是完全相同的，都是M10型螺纹。我本人曾经多次将整个车轮都拧到螺纹中并以此获得更多的杠杆力。使用这种方法，很容易就能够知道是否获得了合适的角度，因为两个参照物——骑行者本人以及与变速器尾勾相连的车轮处于平行的状态。

一些类型的后变速器会使用分离螺栓。这意味着用于将变速器固定在车架上的螺栓比尾勾和变速器本身更为脆弱一些。发生冲撞时，变速器尾勾不会发生弯曲，而是变速器直接从车架上脱落。可以从市面上购买替换的螺栓，根据型号的不同，可以选择推入安装或者卡簧安装两种不同类型。

◀ 尾勾需要处于垂直位置并在竖直方向与飞轮处于同一条直线上

提高变速性能

对变速器进行调节时，通常很难发现该从哪里着手。迟缓的变速效果可能是由多种因素共同导致的，可能是持续存在的，也可能是间歇性的。尤其对于后变速器来说，只有所有部件都处于最佳的设置状态下，它才能获得最佳的运行状态。

调节变速器时还需要一定的技巧，因为它们在不同压力下的工作状态并不是一致的。在车库里试验时可能能够获得很好的效果，但是真正去路上骑行时可能会令人失望，而有时候还可能出现与此相反的情况。比如在自行车商店中可能变速器无法正常工作，但是尝试在外面骑行时它竟然出其不意地变好了。

调节变速线拉力

如果对变速效果不满意，那么最先应该做的就是调节变速线的松紧度。操作变速手柄使其处于中间位置（标准后变速器使用高速齿轮，速升后变速器使用低速齿轮），然后切换到相邻的飞轮上，如果链条不是正好处于飞轮的下方或者不能快速干脆地切换，那么说明需要对变速线的松紧度进行调节——请参见本书第108页中的相关内容。

检查尾勾是否需要矫正

将链条切换到最大的飞轮上并从自行车的后部进行观察。链条应该正好处于飞轮的下方并围绕导轮运行。如果导轮朝自行车后轮偏移，说明需要对尾勾进行矫正——请参见本书第153页中的相关内容。

更换或者清洁变速线及外管

如果变速线的松紧度和尾勾的位置都没有问题，但是变速操作的效果仍然十分迟缓，那么可能是变速线太脏了或者发生了腐蚀现象。尤其要检查连接后变速器与车架的外管部分，这部分最容易受到挤压或者出现打结问题。

各部分线缆是自行车上造价最低的配件，更换这些配件并不需要太大的支出。如果你生活的环境要求每次骑行后都需要对自行车进行清洁操作，那么可以考虑每年更换四次线缆。自行车的后变速线是最容易受污物影响的配件，因为它需要传递非常精准的信号。所有关于传动部件的维修内容，以及安装和调节后变速线的技术是最需要熟练掌握的技能之一。可以购买那些设计精良的变速线，它们能够有效将泥浆等污物阻挡在外面。但是就我的经验来看，无论如何，泥浆都不可避免会进入到车架和变速器连接处的外管中，最终影响变速操控效果。更换变速线并不是一项复杂的工作，但是它带来的效果却是立竿见影的：能够立即提高自行车的性能和骑行体验。要更换变速线，首先需要确定自行车上使用的是哪种类型的变速手柄，我们将在本书第161页中对变速手柄的类型进行详细介绍。将变速线安装到变速手柄上后，调节变速器的步骤基本都是相同的。首先了解与自己使用的变速手柄最为接近的类型，然后再回到本书第148页查看有关调节方法的内容。

安装任何新的变速线前，需要首先将旧变速线拆掉。切掉变速线的末端并松开将变速线固定到变速器上的夹紧螺栓。依次将变速线从每段外管中拧下来，将外管保留在原有位置。记录变速线运行的路径，因为新变速线仍将遵循同样的路径。如果要同时更换外管（定期更换外管是一个比较不错的想法，尤其是最后连接后变速器的那部分），可以参见本书第159页中的相关内容。裁切变速线并在变速手柄处保留多余的约14厘米的长度，然后根据所使用的变速手柄的相关说明将旧变速线取出并安装新的变速线。

清洁和更换后变速器

适时对后变速器进行清洁和润滑处理，会使其发挥更好的性能。可以参见本书第152页中的维护说明，对后变速器进行全面的擦拭和润滑。握住下方导轮附近的导板底部，轻轻朝着车轮方向来回摇动，如果发出吱吱或者咔咔的声音，或者横向移动的距离超过4毫米，说明后变速器的旋转部件磨损严重——可以参见本书第151页中介绍的方法更换后变速器。

更换变速手柄

如果上面介绍的这些方法都没有获得想要的效果，可以检查一下变速手柄，确定它是否能够发出精准的变速信号。切换到较大的飞轮上，然后操作变速手柄向小飞轮切换，但是不要转动脚踏。这会获得更多的变速线富余。向前拉动连接车把和车架的那一段外管使其从线缆止栓中摆脱出来。朝自行车后方滑动外管，这会露出与变速手柄连接的变速线。握住变速线并轻轻将其从变速手柄中拉出来。操作变速手柄并进行观察，模拟变速操作的动作，变速手柄会拉出一小段变速线，然后一次性快速释放。如果变速手柄出现滑动或者没有发出清脆的响声，说明需要进行维护或者更换——可以参见本书第167页了解更多详细内容。

前变速器

骑行过程中，后轮会溅起一些污物和泥浆，而前变速器很容易受到污损，因此应该不时留意它的状况并进行一些维护工作。价格较低的前变速器寿命相对较短。我发现这种部件在冬天尤其显得脆弱，特别是经常在含盐量较高的路面上骑行时。

▲ 前变速器比后变速器的结构要简单一些

前变速器会接受来自路面上的一切污物，随着泥浆的不断积累，每次进行变速操作时泥浆都会进入到变速部件中。最后，负责将链条切换回较小的牙盘片上的弹簧会不堪重负，进而变速器释放变速线时变速器无法顺畅回位。

前变速器：调节分度效果

与后变速器类似，无论对于何种类型的变速手柄来说，前变速器分度效果的调节都是相同的。握住变速线裸露在外面的那部分，然后轻轻拉动使其远离车架，通过这种方式可以查看自己所使用的变速手柄的工作方式。不断朝两个方向切换齿轮使自己熟悉变速手柄操控变速线的方式。朝一个方向切换能够释放变速线，朝另一个方向切换则拉紧变速线。

抬起自行车后轮使其离开地面。转动脚踏并操控前变速器的变速手柄（左手侧），使变速线处于最松弛的状态。在转动脚踏时，链条应该切换到前面最小的牙盘片上。如果没有，说明变速线的松弛程度不够。前变速器的调节旋钮位于变速手柄的上方。要使变速线变得更加松弛，可以转动调节旋钮使其顶部朝自行车的前方移动。刚开始调节时，选择每次只转动半圈的方式进行调节。

和后变速器一样，你有可能会在变速线的松紧度和止动螺钉的调节上犯迷糊，即不知道该调节哪一个。如果持续调节变速线的松紧度且变速线不断变得松弛，但是在操控变速手柄时链条仍然无法切换到最小的牙盘上，那么可能需要对止动螺钉（A）进行调节——请参见本书第156页。调节止动螺钉后，再重新查看此处的内容。

将链条切换到最小的牙盘片上后，保持脚踏转动的同时操控变速手柄切换齿轮。链条应该切换到中间的牙盘片上。如果没有或者切换效果非常迟缓，则需要增加变速线的松弛程度——转动调节旋钮使其顶部朝自行车的后方移动。链条切换到中间的牙盘片上后，调节调节旋钮直到变速器导板外侧金属板与链条之间的空隙达到约1毫米为止，同时链条处于后面最小的飞轮上。现在，链条应该可以精准地在三个牙盘片上自如切换了。如果链条无法顺畅切换到最外侧或者最内侧的牙盘片上，那么必须对限位螺钉进行调节。如果更换了变速器在车架上的位置，那么可能更有必要对限位螺钉进行调节。

如果用尽了调节旋钮的调节范围——例如需要继续向外调节时，调节旋钮从变速手柄的边缘脱落；或者需要向内调节时，调节旋钮与变速手柄聚集在一起。如果出现这种情况，需要通过夹紧螺栓进行大致的调节，然后再重新进行微调。将调节旋钮完全滑动到最后面的位置，然后松开变速器上的夹紧螺栓并拉动一点变速线——开始时可以选择拉动3毫米左右的距离，然后再尝试切换牙盘片的操作。

前变速器的调节最容易受到变速器位置的影响——如果位置过高、过低或者发生扭曲，那么只通过调节变速线的松紧程度无法获得干脆的变速效果。如果在尝试了上面介绍的调节方法后仍然无法获得干脆的变速效果，可以尝试对变速器的位置进行调节——可以遵循本书第157页中关于安装新前变速器部分介绍的方法。与此类似，如果前变速器出现变形，同样无法获得干脆的变速效果。如果变速器发生变形，那么很难将其恢复到原有形状。与其耗费力气进行矫正，不如直接进行更换，选择矫正的方式有时候可能会获得想要的效果，但大多数时候只是白费力气。

要获得干脆的变速效果，变速器的位置至关重要 ▶

设置止动螺钉

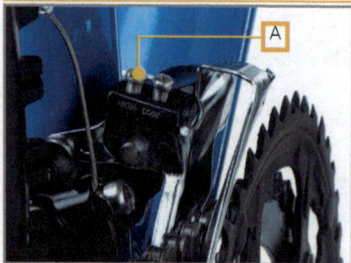

止动螺钉的作用是限制前变速器的移动程度，进而防止链条从牙盘的内侧或者外侧位置脱落。

和后变速器相同，前变速器上也有两个独立存在的止动螺钉，每个用于控制变速器的一端。较低位置的调节螺钉能够阻止变速器移动时过于接近车架位置，进而使链条落到牙盘和车架之间的空隙中。较高位置的调节螺钉则能够阻止变速器使链条从牙盘片外侧脱落下去。

开始调节前，先明确每个螺钉的作用。两个螺钉上分别会带有"H"和"L"字母，或者H螺钉旁边会带有一条较长的线（代表较大的牙盘片），L螺钉旁边则会有一条较短的线。这些指示标志通常都会采用非常显眼的印刷方式存在于每个螺钉上面。

通常情况下，在"传统"的前变速器（用于将变速器固定到车架上的部件处于变速器导板的上方）上，H螺钉距离车架更远；而对于"上摆（topswing）"前变速器（用于将变速器固定到车架上的部件处于变速器导板的下方，如下图中所示）来说，情况则完全相反——H螺钉距离车架较近。

设置止动螺钉

第1步：首先使链条运行于中间的牙盘片上，检查变速手柄是否位于三个位置中的中间位置。转动脚踏并切换到高速齿轮。链条应该在转动脚踏的同时切换到较大的牙盘片上。如果没有，则需要松开较高位置（A）的止动螺钉（变速器上标有"H"字母或者上面有一条比较难于发现的较宽的线条）。松动"H"螺钉几圈并重新进行测试。

第2步：使链条在较大的牙盘片上运行后，需要确保链条不会继续横向移动。在确保链条仍旧处于较大牙盘片上的前提下，慢慢转动H螺钉直到感觉它已经接触到了变速器的主体部分——转动起来非常容易并且转动到一定程度时会感觉到阻力的存在。此时，向回转动半圈并再次进行测试。

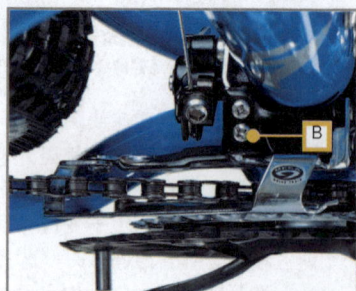

第3步：现在，尝试将链条切换到最小的牙盘片上。同样，链条应该干脆地落到最小的牙盘片上，如果没有，则需要对较低的止动螺钉（B）进行调节。这个螺钉上面应该标有"L"字母或者有一条较窄的线。同样经历测试、调节，之后再次测试的过程。链条位于最小的牙盘片之上时，需要对L螺钉进行设置以便限制它的移动距离。转动L螺钉的同时观察变速器导板，看到导板随着螺钉的转动而移动时则立即停止转动螺钉。之后再次测试。

选择正确类型的前变速器

一共有三种类型的前变速器："传统型""上摆"以及"e型"。传统类型的前变速器采用的是比较早的设计理念，用于将变速器固定到车架座管上的夹紧部件位于变速器导板的上方。

"上摆"前变速器以同样方式固定在座管上，但是加紧部件的位置比变速器导板更低一些。对于很多自行车来说，这种类型的变速器与传统型变速器是完全通用的，但是某些带减震功能的车架则必须使用其中某一种类型的变速器。如果对自己的自行车所使用的变速器类型存在疑惑，可以在购买时参考车上的旧变速器。

e型前变速器并不固定在座管上——而是通常通过一个固定在中轴杯和车架之间的金属板安装在中轴壳上。对于适合长途骑行的全减震自行车来说，e型变速器上会装一个移动的摇臂，这意味着前变速器可以随着减震部件的移动而移动。

车架的类型也会显示前变速器的类型是属于"上拉（top pull）"还是"下拉（down pull）"。正如名字的含义所显示的一样，控制下拉式变速器的变速线朝下运行到中轴位置，而在上拉式变速器上，变速线会向上延伸到上管位置。大多数现代变速器都同时具备这两种功能，因此可以根据需要进行转换。

要选择合适类型的前变速器，需要掌握的另一个信息就是车架座管的直径。一共存在三种规格，即28.6毫米、31.8毫米和34.9毫米。禧玛诺变速器则无须考虑这个问题，因为它采用的是34.9毫米的规格并可以通过使用垫圈转换到其他规格。

安装前变速器

第1步：将链条分别切换到前后最小的牙盘片和飞轮上。松开变速线夹紧螺栓并将其从变速器中释放出来。接下来，拆下将变速器固定到车架上的螺栓。打开车架上的固定折页并将变速器从车架上取出来。

第2步：分别查看新旧变速器的导板后部。如果两者都通过小螺钉将变速器固定在一起，那么就会节省很多力气——只需要松开并拆掉螺钉同时进行第3步即可。如果其中一个或者两个采用的是铆钉，则必须对链条进行拆分，可以选择使用链条工具或者魔术扣——请参见本书第98~100页中的相关介绍。将链条安装到新的变速器后可以跳到第4步。

第3步：展开变速器导板的后部并将链条拉出来。在新变速器上执行反向操作安装链条。将变速器导板回复原状并重新安装小螺栓。

第4步：将变速器导板的后部放置在后下叉上面获得适当的支撑，这样就可以安全地拧紧螺栓并避免变速器导板出现变形。现在，重新将变速器安装到车架上并更换固定螺栓。此时先不要连接变速线。

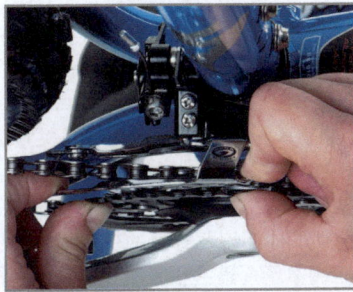

第5步：变速器需要安装在正确的位置上，使变速器导板的外侧正好与外侧的牙盘片处于平行的位置上。用手轻轻拉动变速器使其脱离车架，检查变速器是否处于正确的位置上。如果要在车架上转动变速器，可以将其释放使其弹回座管位置，松开固定螺栓并在车架上进行旋转，然后再次进行测试。

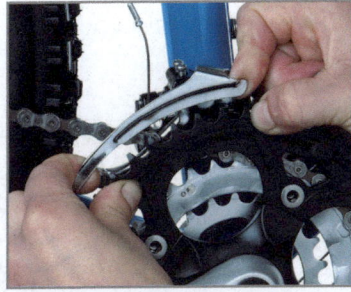

第6步：要获得平顺的变速效果，变速器的高度同样至关重要。拉动变速器使其脱离车架，使导板外侧正好处于外侧牙盘片的上方并从侧面进行观察。牙盘片轮齿与变速器导板之间的缝隙应该是2毫米~3毫米。如果要对高度进行调节，先使变速器弹回到原有位置，在不使变速器发生转动的前提下对其高度进行调节。可以参见本书中关于安装新变速线的介绍。

调节前变速器

转动脚踏并操作右手侧的变速手柄将链条切换到后面最大的飞轮上。在没有连接变速线的情况下，前变速器应该会朝车架位置回弹并将链条拉到最小的牙盘片上。如果链条没有落到最小的牙盘片上，需要调节较低位置的限位螺钉（变速器上标有字母L的螺钉）。松动限位螺钉一圈，然后再次转动脚踏。重复这种操作，直到链条落到最小的牙盘片上。在后面链条处于最大的飞轮并且前面链条处于最小牙盘片的情况下，调节"L"限位螺钉，直到链条内侧与变速器导板的内侧之间形成1~2毫米的空隙为止。

轻轻拉动还没有连接起来的变速线末端并操控车板为止的变速手柄，在向不同方向切换时，能够感觉到变速线被相应地拉紧或者释放。连续操作几次确保变速线处于最松弛的状态。链条应该仍旧位于最小的牙盘片上。仔细观察前变速器上的夹紧螺栓并找到变速线夹紧螺栓下方的狭槽。将变速线固定到狭槽中并使用一只手轻轻拉动，不要太过用力，只需使变速线没有富余即可。然后拧紧夹紧螺栓。

现在，按照安装新变速线中介绍的方法调节变速线的松紧度（见第155页）。

前变速器维护

前变速器上的变速线负责向外侧拉动导板，进而将链条切换到较大的牙盘片上。释放变速线时，变速器则会依靠一个弹簧将导板重新朝车架方向拉动并将链条切换到较小的牙盘片上。如果变速器上的旋转部件太脏或者有磨损情况，弹簧则无法将其拉回到原有位置，同时也会使向低速齿轮切换变得非常的迟缓。

清洁和润滑

如果前变速器无法正常工作，首先要做的事情就是使用轻质油（例如WD40/GT85或者Superlube）长时间浸泡并进行全面清洁。尽可能定期前后来回操控变速器，逐渐增加操控的幅度。拆掉牙盘执行这种动作会更加轻松。在操控变速器时，污物会从旋转连接位置渗透出来。然后将污物擦除干净。

　　仔细对旋转连接点进行润滑。操控变速手柄使变速线变得更加松弛，将链条切换到最小的牙盘片位置。握住变速器导板的同时，轻轻将其从车架上向外拉动，然后再向回推。多次重复这种动作，使润滑油进入到旋转部件中。导板能够顺畅移动后，将多余的润滑油擦除干净，不要使导板表面有润滑油残留，润滑油具有黏性特征并会吸收更多的灰尘。要了解清洁变速线的方法，可以参见本书第169页中的相关内容。

形状矫正

　　要获得可靠的变速操作效果，前变速器的形状和工作状况至关重要。老式的前变速器上具有两个非常简单的金属板，链条的每侧各有一个，在前变速线的控制下，金属板会横向推动链条实现变速操作。现代前变速器的特有形状能够将链条快速切换到相应位置，进而实现在压力下获得精准的变速效果。处于全新状态时，变速器基本不会出现问题，但是磨损、冲撞以及野蛮的变速操作会不断弱化变速器的性能。

　　如果前变速器无法正常工作并且在调节了变速线松紧度以及止动螺钉后问题依然存在，那么有必要对变速器导板进行详细的检查。通过这种方法，通常能够确定问题的原因，加以适当的矫正，很可能就会使问题获得解决。首先检查导板的内侧是否有磨损——最容易出现这种问题的当属内侧导板的内部位置。这个位置负责推动链条使其从中间的牙盘片切换到最小以及最外侧的牙盘片上。要进行清楚的观察并不是一件容易的事，因为这个部位的磨损通常很容易被忽视。除非变速器处于全新的状态，否则就能够看到链条刮擦导板所留下的痕迹。随着时间的推移，这些痕迹会越来越明显。如果痕迹达到可以通过手指感觉出来的程度，那么说明需要对变速器进行更换——否则链条会在变速时刮到这些痕迹，造成链条变形，进而无法舒畅切换到下一个牙盘片上。在某些极端的情况下，链条会一直磨损变速器导板并最终断裂。而在这之前，迟缓的变速操作已经对链条造成了较大的磨损和伤害，因此对于有磨损的变速器来说，越早更换越好。

　　如果变速器并没有磨损的问题，那么可以检查一下它的形状。导板的弧度应该与牙盘片的形状相吻合。外侧导板的前部应该与牙盘片处于平行的位置。用于连接前金属板的上部位置应该处于水平状态。迟缓的变速效果会使变速器导板出现弯曲的问题，使其无法跟随牙盘片的形状运行。

　　可以使用钳子轻轻矫正导板的形状。理想情况下，需要一次性对导板进行矫正——使用钳子向后撬动导板，向前撬动会使金属件变得更加脆弱。

　　检查变速器旋转部件的工作状况。握住变速器的后部并向下摇动。可能会感觉导板稍微有一点松动，但是如果能够上下摇动或者感觉到吱吱的声响，那么说明旋转部件有磨损问题，此时必须更换变速器。

前后摆动前变速器 ▶

线缆和外管

理解刹车线和变速线之间的区别非常重要，因为两者分别具有不同的功能并且需要不同的维护方法。下面将对这两种重要的部件进行详细的介绍。

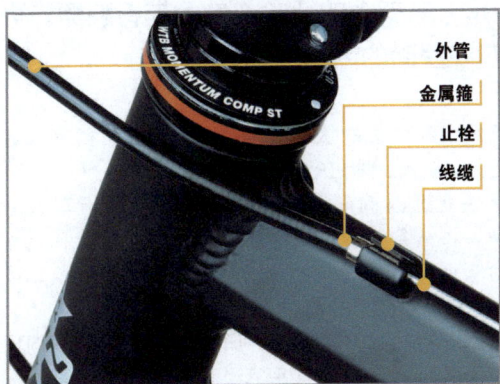

线　　缆：用于将变速手柄或者刹车杆连接到相应部件上的配件——通常是银色的。

外　　管：用于支撑和引导线缆的配件。

金　属　箍：安装在外管末端的金属或者塑料材质的端帽，能够防止外管末端在压力下出现脱落问题。

止　　栓：车架上用于固定外管的部件——需要对线缆进行清洁时，可以通过止栓上的狭槽将线缆拉出来。

线缆端帽：线缆末端的小型金属帽，能够防止线缆出现磨损。

铜　　头：线缆末端的金属块，能够安装到刹车杆或者变速手柄内部并防止线缆脱落。

注意变速线使用的外管与刹车线使用的外管是不同的。
◆ 刹车线采用的是紧密的方形切口螺旋线。
◆ 变速线采用的是螺旋较长的圆形切口螺旋线。外面覆盖用于保护线缆和保持其形状的塑料（通常为黑色），内侧附带能够使线缆平滑移动的特氟龙管（通常为白色）。

由于功能不同，因此外管也有所区别。刹车线外管必须非常坚固，因为它承受的压力非常大。变速线外管则要求必须能够传递非常精准的信号。从一个齿轮切换到下一个齿轮时，只需拉动几毫米长的变速线，因此在变速或者转动车把时，外管绝不能挤压或者以其他形式影响到变速线。较长的螺旋能防止变速线外管在压力下或者与自行车缠绕在一起时缩短长度。

刹车线采用较紧密的螺旋，能够提高它的坚固性，即使断裂也不会是瞬间发生的。而变速线不能承受太大的压力，但同时变速杆也比较短，因此不会对变速线施加太大的压力。如果外管断裂，那么后果可以说是灾难性的——外管会分离开，使骑行者完全失去变速操控。对于刹车线外管来说，这同样是坏消息，刹车线会在强大刹车力度下断裂，而此时正是骑行者最需要刹车效果的时刻。

使线缆和外管处于良好的工作状态并不需要太多的花销，但是却能极大地提高自行车的性能。每次更换内部的线缆时，有必要一同更换最后一段外管（连接后变速器的那部分外管），因为这段外管距离地面最近。大多数价格比较高的变速器会具有用于保护变速器末端的橡胶套，同时有助于保持变速线的清洁。与顺畅变速效果所具有的重要性相比，变速线的成本非常小，因此有必要及时进行更换。外管非常坚固，因此需要一把专用的剪线钳将其裁切到所需的长度——普通的钳子无法获得满意的效果。切线时，获得平整的切口非常重要——否则外管会出现变形，进而使变速效果变得很迟缓。完成对外管的裁切后，观察它的内衬是否受到挤压。如果有这种情况，可以使用刀尖对其进行修整。在每段外管的末端装上金属箍，这些金属箍能够保护外管末端并防止其出现脱落问题。获得合适的长度需要一定的技巧，如果外管太长，会摩擦内部的变速线，进而导致迟缓的变速效果——变速器上的弹簧必须将释放变速线时产生的富余量完全拉紧，因此摩擦越小越好。如果外管太短，内部的变速线在经过比较急的弯路时会受到限制。连接各个部件的外管部分需要更多的呵护。例如连接车把到车架部分的外管或者连接车架到变速器这部分的外管。对于会减震自行车来说，需要对连接主车架到后端部件的外管进行更多的关注。需要确保具有足够长度的外管，以便使减震在不拉伸外管的情况下能够自由移动。如果外管的移动受到限制或者被拉伸，会导致变速操作时出现问题。每次更换内部的变速线时，都应该同时更换这些部位的外管。外管具有合适的长度时，它在接近止栓时会与车架处于平行状态，看起来干净利落。定期检查外管，确定是否有断裂和打结等问题。对于出现损坏的外管，必须立即进行更换——这种情况下，外管通常在一段时间内并不会出现什么问题，给骑行者造成一种安全的错觉，然后某一次长途骑行时突然损坏，进而使骑行者只能选择最小的飞轮或者牙盘片骑行。

清洁线缆并去除污垢的重要性

变速效果变得迟缓时，最常见的原因就是骑行过程中变速线和外管之间进入了异物。而清洗自行车并不会去除这些异物，反倒会使其中的灰尘和泥土变得固化，因此必须认真对待这个问题。全减震自行车更容易受到这种问题的困扰——连接后刹车的外管以及穿过中央铰链的变速线非常容易吸收灰尘。幸运的是，车架上的止栓部件上带有狭槽，可以通过这些狭槽将外管取下来并进行清洁，将隐藏在里面的污物去除干净。

▲ 向前拉动外管将其从止栓中释放出来

首先检查线缆和外管的状态——如果有打结、磨损或者腐蚀的情况，应该立即进行更换。

对于后变速器的变速线来说，需要将自行车的后轮抬起来。将链条分别切换到前后最大的牙盘片和飞轮上，然后停止转动脚踏。操控变速手柄模拟将链条切换到最小飞轮和牙盘片上的动作。

对于V刹系统的刹车线，使刹车臂紧靠在一起，向后滑动橡胶套并将连接部件从吊耳上释放出来。对于机械碟刹来说，需要向上推动驱动杆，模拟刹车时的动作，这样会获得更多的刹车线富余。沿从变速手柄或者刹车杆上延伸出来的线缆到车架上的止栓部位，朝前拉动外管并扭动线缆，将其从铣槽中释放出来。在其他止栓部位重复相同的动作。沿线缆滑动每部分外管并对隐藏的部位进行清洁（使用GT85或者WD40这种轻质油就能够获得很好的效果）。然后再使用较重的油重新对线缆进行润滑——使用与链条润滑相同类型的油就能够获得很好的效果。润滑后轻轻向后推动外管使其复位，注意不要使线缆发生扭曲。最后将其重新安装到止栓中。对于机械碟刹系统来说，需要再次向上拉动驱动杆以便获得足够的线缆富余。

重新连接V刹系统的刹车线。对于变速线来说，则需要抬起自行车的后轮并转动脚踏，使链条切换到相应的齿轮上。可能需要多次操控刹车杆或者变速器的变速手柄，将外管固定到相应的止栓之中。

升级线缆套件

标准的线缆配置采用的是钢制的内线外加带特氟龙内衬的外管，只要保持清洁并定期进行润滑，这种配置在大多数环境中都能够获得不错的性能表现。但是现在也可以选择一些升级的线缆配置，这种配置在更加恶劣的环境中具有更长的使用寿命。最佳的解决方案就是采用同样带有特氟龙涂层的内线。虽然这种配置仍然需要进行润滑，但是与标准线缆相比，具有更加耐脏的优点，还能够减少线缆与外管之间的摩擦。这种套件的价格比标准配置要高一些，但是安装起来同样非常方便。

选择密封线缆套件

更为激进的解决办法是使用密封类型的线缆套件——例如戈尔特斯（Gore-Tex）线缆套件。这种套件在线缆上应用了非常光滑的戈尔特斯涂层（这种材质在具有防水和呼吸功能的夹克内衬中使用最为普遍，详见第1章）。这种套件在整个线缆上都加装了塑料管以便提供相应的保护。线缆末端还装有橡胶套，能够防止泥土、灰尘或者沙砾等进入到线缆和起保护作用的内衬之间。线缆末端的戈尔特斯涂层已经被剥除，这样能获得更好的固定效果。这种类型的套件安装时需要一定的技巧，因此安装时需要认真阅读相关的说明。安装后，线缆和外管能够提供非常好的性能表现，使用寿命也比标准类型更加长久。因此，多花点金钱和时间都是非常值得的。

不同类型变速手柄的优点和缺点

尽管变速手柄的类型有很多，但它们的工作方式是相同的。朝一个方向操控变速手柄时，它会拉动一定长度的变速线，使链条在飞轮组上横向移动；朝另一个方向操控时，它会释放一定长度的变速线，使变速器上的弹簧将链条向反方向进行移动。

目前主要有3种类型的变速手柄：旋转式变速手柄（twistshifter，简称转把）能够绕车把进行转动；扳机式变速手柄（triggershifter，简称指拨）则具有两个独立的操作杆，分别用于拉紧和释放变速线；第三种是公路自行车上采用的STi变速手柄（简称手变），它是将变速手柄与刹车杆结合在一起。

前两种类型的变速手柄拥有各自忠实的追随者，实际操控中，它们都具有不错的性能表现。如果骑行环境容易使骑行者的手部出现湿滑问题，那么扳机式变速手柄稍微具有一点优势，但是旋转式变速手柄在冲撞中更不容易发生损坏，这是因为它没有任何突起的部件。同时，旋转式变速手柄使用的移动部件也相对较少，因此更为可靠并且维护起来也更加轻松。扳机式变速手柄的内部有很多微小的部件，这些部件最初是由专用的机器安装上去的，如果人工安装的话，则需要非常高的技巧。而STi变速手柄现在已经被大多数公路自行车所采用。

旧式指拨变速手柄

有时，你可能会遇到存在于老式山地自行车上的指拨变速机构——车把上只有一个操作杆，向前推动可以拉紧变速线，向后推动则会释放变速线。有些类型的指拨系统，例如XTII7速指拨系统，会引发人们的怀旧情绪，想起曾经操控那些老式自行车的日子。实际上，这种类型的变速手柄非常实用，通过简单的方式达到简单的目的，不需要任何特殊的材质或者任何计算机辅助设计。操作杆非常大和粗壮，即使在双手被冻僵时同样可以轻松地进行操控。拥有这么多的优点，真不应该就这么消失！

连体变速手柄

无论是独立存在的变速手柄，还是与刹车杆结合在一起的连体变速手柄，变速手柄的工作方式都是相同的。如果要安装的是连体变速手柄类型，可以首先按照安装独立变速手柄的方式进行安装，然后再参考本书中关于刹车系统的说明来调节刹车单元。

连体变速手柄的重量相对小一些，因为刹车杆和变速操作杆共用一个固定部件，但很明显，也无法对刹车杆和变速杆单独进行调节。

使用刹车杆和变速操作杆结合在一起的类型还必须使用制造商指定的刹车系统。例如，禧玛诺XT刹车变速杆连体变速手柄只能与禧玛诺液压刹车系统配套使用。

无论使用的是哪一种类型，只需记住都是朝两个不同方向进行操作。

变速手柄内部的棘轮结构能够防止变速手柄从所选的齿轮上脱落，这就会不可避免地产生磨损，因此每隔几年就需要更换变速手柄。需要更换时，首先传递出来的信号就是变速手柄无法保持在所选择的齿轮上，进而链条会向后滑动到比较小的牙盘片或者飞轮上。大多数时候这种现象都是从最常使用的那个齿轮上首先出现的。

无论对于哪种类型的变速手柄来说，变速器的调节方式都是相同的，参考本部分的介绍将变速线安装到新的变速手柄上，将线缆固定到相应的变速器上，然后再参考本书中关于变速器调节部分的介绍进行相应的调节。

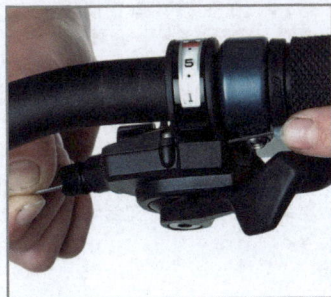

◀◀ 扳机式变速手柄通过两个独立的操控杆改变变速线的松紧度

◀ 旋转式变速手柄通过绕车把进行转动来改变变速线的松紧度

安装新变速线——扳机式变速手柄

要提高变速效果，最简单和投入最少的方式就是更换新的变速线。需要准备一个5毫米口径的内六角扳手以及一副好用的剪线钳，当然还要准备新的变速线、外管以及外管末端使用的金属箍。

无论是前部还是后部的变速手柄，更换新变速线的步骤都是相同的。后变速器的变速线需要更换的频率更高一些，这是因为这部分变速线距离自行车后轮较近，容易吸收来自地面的灰尘和泥土，进而使变速效果变得很迟缓。无论是哪个变速器，都需要先切掉变速线的末端并松开变速器上的线缆夹紧螺栓。依次将变速线从各个外管中轻轻拉出来，一直到变速手柄位置，最后的情形是裸露的变速线悬挂在变速手柄的末端。

按照下面介绍的三个步骤将新的变速线安装到变速手柄上，然后将新变速线重新穿过每个变速器上的各部分外管中。每次更换变速线时，有必要同时更换后变速器上的最后一段外管，如果其他部分外管有打结、磨损或者内部较脏的情况，也需要同时更换——如果有不确定的情况，直接进行更换！将新外管切割成需要的长度，可以使用旧外管当作参考。切割外管时经常会挤压里面的内衬——可以使用锋利的小刀将被挤在一起的内衬重新打开。在每段外管的末端装上金属箍。

将变速线安装到各个外管中时，检查其是否能在外管内部自由移动。如果内部的变速线无法顺畅地在外管内部移动，那么连接则无法获得顺畅的变速效果。注意在安装过程中不要使新变速线与地面接触，否则会吸收地面上的灰尘。将变速线穿过外管时，避免其出现打结或者急弯的情况。如果不得不使用橡胶圈（用于防止变速线刮伤车漆的橡胶制的环形部件），最多只能使用两个并且务必使用黑色的。将变速线穿过变速器上的调节旋钮。

操控变速器的同时轻轻拉动变速线以便检查变速手柄的工作效果——应该能够感觉到变速手柄有节奏地拉动变速线。反向操作时，变速手柄又会相应地释放变速线。将从变速手柄上拆下来的任何端帽部件重新安装回去。安装好变速线并获得顺畅的操控效果后，可以参见本书第165页中介绍的内容将变速线连接到变速器上。

安装新的变速线

第1步：刹车线的头部隐藏在变速手柄后部的安装孔下方，位于扳机的上方。使用十字螺丝刀将螺钉松开并注意不要使螺钉落到地面上——因为螺钉非常短，很容易脱落。（某些禧玛诺公司的产品，例如XT，安装孔上使用两个很小的十字螺钉，同样在操作时非常容易脱落到地面上）。将安装孔拆除后，将调节旋钮上的狭槽与变速手柄上的狭槽对齐。

第2步：将旧变速线轻轻从变速手柄中拉出来。重复操控前变速扳机，会感觉到每操控一次变速线就会相应地释放一定的长度。重复这种动作，直到达到操控极限——变速线达到最松弛的程度。将松弛的变速线末端轻轻推动到变速手柄中。在这个位置上行，变速线的头部会从安装孔中显露出来。将其拉出来。可能需要轻轻扭动变速线才能达到目的。对于带狭槽管的变速手柄，需要轻轻将变速线从狭槽管中拉出来。

第3步：在不切换齿轮的情况下，从车把末端观察安装孔——会看到变速线的出口。将变速线穿过变速手柄，拉动变速线使其末端牢固地卡在变速手柄中。接下来，依次将变速线穿过每一段外管。操作时向每段外管内的变速线滴一滴润滑油，推动每段外管上的金属箍将其牢固地固定在车架上的止栓上（见第165页）。

安装新变速线——旋转式变速手柄

很多人经常错误地认为SRAM GripShift转把的变速线安装起来非常困难。最初的版本在安装时确实容易让人迷惑，但是最新的类型非常容易安装。安装新变速线时，可以参考原有变速线的长度进行。

拆下旧的变速线和外管，将旧变速线在变速手柄前15厘米的位置切断。需要将链条切换到某个特定的齿轮上才能使变速线的头部显露出来。观察挡位指示器时，其中一个数字的颜色可能与其他的完全不同，或者某个数字四周标有一个圆圈。如果所有数字看上去都是相同的，需要将右侧变速手柄切换到最大的数字上（8或者9），左侧则切换到数字1。

安装旋转式变速手柄

第1步：在变速线通过调节旋钮进入到变速手柄时，轻轻拉动变速线并切换到合适的齿轮上。将拆卸孔或者将其滑动到一侧（有时可能需要借助螺丝刀或者钳子才能达到目的）并观察变速手柄内部。可能会看到线头或者一个2.5毫米口径的内六角平头螺钉，线头上面还可能有一个黑色的塑料盖子。如果是平头螺钉，需要将其完全拆下来。注意不要将这个螺钉弄丢，因为它们很容易脱落到地上。

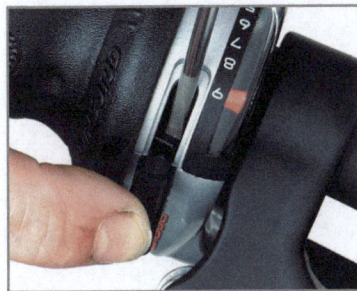

第2步：如果是一个塑料盖子，使用一个小螺丝刀轻轻将其撬开。将裸露的变速线推到变速手柄中。线头将从安装孔上显现出来。将变速线从变速手柄中拉出来。

第3步：在不移动变速手柄的情况下，滑动新的变速线内线使其穿过变速手柄。如果变速线的末端有磨损，则无法实现顺畅的安装。因此如果有任何不整洁的问题，需要将变速线的末端切掉。持续拉动变速线并且不要使新变速线与地面接触，否则会吸附地面上的灰尘。重新安装2.5毫米口径的平头螺钉（如果有的话）并牢牢拧紧。重新安装拆卸孔。

其他类型的旋转式变速手柄

有些类型的旋转式变速手柄上没有可拆卸的拆卸孔——线头隐藏在橡胶把手边缘的下方位置。将右侧变速手柄切换到最大的数字，或者将左侧切换到1，轻轻将数字下方的橡胶把手剥开，此时可以看到线头——将变速线通过调节旋钮向上推动，线头会从变速手柄中显露出来。在不切换齿轮的情况下，使变速线穿过变速手柄。

要顺畅地穿过变速手柄，变速线的末端需要处于非常整洁的状态。对于新变速线来说，无须担心这个问题，因为其末端会有一个小锡块包裹。如果变速线末端并不整洁，可以使用一把好用的剪线钳剪出一个整洁的切口。要使安装更加顺畅，可以使变速线末端的2厘米形成一点弯曲，然后在使其穿过变速手柄时轻轻扭动。将变速线穿过变速手柄后，对最后部分进行润滑，也就是位于变速手柄内部的那部分变速线。使用Jonnisnot或者其他类似的塑料专用润滑油都能够获得理想的效果。

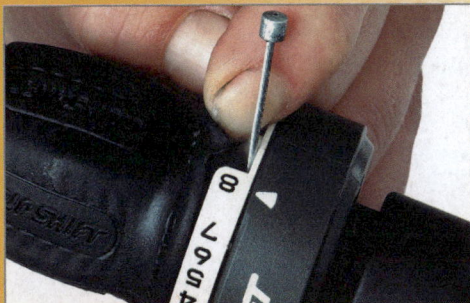

安装弯把变速线

STi变速手柄源自于公路自行车，能够允许骑行者在不将双手离开车把的情况下操控变速手柄，实现挡位的切换。

这种变速手柄一共分为两种类型，第一种在每个刹车杆上各有一个独立的部件，朝自行车的中央摆动这两个部件会将变速线拉到变速手柄中；向两侧车把处推动则会将变速线从变速手柄中释放出来，连续向内推动则会使变速线变得更加松弛。第二种类型的变速手柄只使用一个刹车杆，朝自行车中间摆动该部件会拉紧变速线。在刹车杆主体的侧面还有一个通过拇指操控的按钮，重复按下这个按钮会释放变速线，能够获得最大的松弛度。将自行车上的旧变速线拆除后，可以按照下面介绍的步骤安装新变速线。

从STI变速手柄上拆下变速线

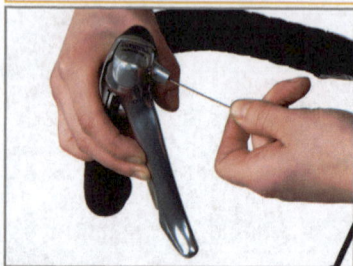

第1步：测试变速手柄的工作方式。朝自行车的中央轻轻拉动变速线。向两个方向操控两个变速杆——会发现朝一个方向操控会将变速线拉向变速手柄，朝另一个方向操控则会有节奏地释放变速线。如果变速线有跳跃现象或者无法稳定地维持在某一个齿轮上，说明变速手柄磨损严重，需要进行更换。连续操控变速杆将变速线释放到极限位置。

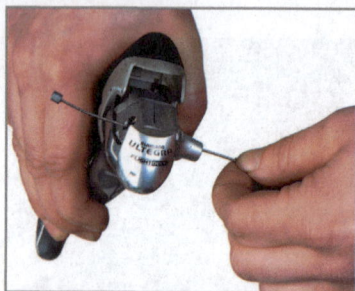

第2步：朝车把方向拉动刹车杆。这会显露出变速线的出口，位于外管与变速手柄连接处的另一侧，上面可能还会有一个黑色的塑料盖子。将盖子拆下来，推动裸露的变速线使其穿过变速手柄，线头会从外面一侧露出来。将新变速线再送回变速手柄中，但是在变速线彻底穿过变速手柄前不要释放刹车杆，否则会使变速线出现打结的情况。

第3步：依次使变速线穿过每部分外管并穿过变速器。将变速线拧进变速器后面调节旋钮中。将变速线安到夹紧螺栓的下面。变速器或者夹紧螺栓上会有一个狭槽，用于指示变速线的安装方向。拉紧变速线并使用左手拧紧变速线夹紧螺栓。整理变速线的末端。现在可以参见本书第148页中的介绍调节变速线的松紧度了。

后变速器的悬垂角度

检查后变速器的悬垂角度。引导轮应该接近飞轮的下方位置，但是距离不能太近，否则导轮上部会与飞轮的底部发生摩擦。链条应该顺畅运行于飞轮底部和引导轮顶部的中间位置，转动B型螺钉可以调节中间的距离，顺时针方向转动会使距离增加，逆时针转动则会使引导轮向飞轮靠近。但距离太近的话，链条会在骑行过程中剐擦到飞轮，太远则会导致变速效果变得非常迟缓，这是因为骑行者尝试变速时，链条会向旁边移动，而不是直接切换到下一个齿轮上。

使用B型螺钉将引导轮固定在距离飞轮较近的位置，然后通过转动螺钉进行调节以获得自己需要的距离 ▶

为前后变速器安装新变速线

第一次为变速手柄安装新的变速线时，可以参见本书第162页中的介绍，按照相应的步骤将变速线连接到前后变速器上。安装好变速线后，需要调节变速线的松紧度，后变速器的调节可以参见本书第148页中介绍的内容，前变速器的调节可以参见本书第175页中介绍的内容。

传统变速器（包括Shadow变速器）

对于后变速器来说，推动变速线使其穿过变速器后部的调节旋钮。抬起自行车的后轮并转动脚踏，使链条返回到中间位置——大多数变速器上都是最小的飞轮，速升变速器则是最大的飞轮（请参见本书后面的介绍）。向变速器内部转动调节旋钮（即转动时调节旋钮顶部朝自己所在的方向移动），然后向回转动几圈。仔细观察变速线夹紧螺栓。有几种能够将变速线安装到夹紧螺栓下方的方式，但是只有其中一种能够带来需要的变速效果。找到用于安装指示的狭槽并根据指示进行安装。狭槽最可能存在的位置是夹紧螺栓的远端一侧，几乎完全指向前方。将变速线正确地安装到夹紧螺栓下方后，轻轻向右朝自行车的前方拉动变速线。操控变速手柄向下和向上在不同齿轮之间进行切换。向下切换时会感觉到变速线拉动手部朝变速器移动，在向上切换时则释放变速线使手部远离变速器。保持对变速线施加一定的压力，一直向上切换齿轮使变速线处于最松弛的状态且手部处于距离变速器最远的位置。将变速线引导至夹紧螺栓下并使用9毫米口径或者5毫米口径的内六角扳手拧紧螺栓。转动脚踏在齿轮之间来回切换，这会使变速线变得更加松弛。这时再次松开夹紧螺栓，轻轻拉紧变速线并牢固拧紧夹紧螺栓。切掉多余的变速线并安装端帽。现在，必须对分度效果进行调节，可以参见本书第146页中的介绍。

Low-normal（速升）变速器

推动变速线使其穿过变速器后部的调节旋钮。抬起自行车的后轮并转动脚踏，使链条返回到中间位置——最大的飞轮上。向变速器内部转动调节旋钮（即转动时调节旋钮顶部朝自己所在的方向移动），然后向回转动几圈。将变速线穿过夹紧螺栓下方——变速器上的狭槽会指示正确的安装方向。操控变速手柄向下和向上在不同齿轮之间进行切换。向上切换时会感觉到变速线拉动手部朝变速器移动，在向下切换时则释放变速线使手部远离变速器。保持对变速线施加一定的压力，一直向下切换齿轮使变速线处于最松弛的状态且手部处于距离变速器最远的位置。将变速线引导至夹紧螺栓下并使用5毫米口径的内六角扳手拧紧螺栓。转动脚踏在齿轮之间来回切换，这会使变速线变得更加松弛。这时再次松开夹紧螺栓，轻轻拉紧变速线并牢固拧紧夹紧螺栓。切掉多余的变速线并安装端帽。

前变速器

轻轻拉动变速线并来回操控变速手柄，熟悉变速手柄的变换对变速线带来的影响。需要先使变速线处于最松弛的状态，即链条处于最小的牙盘片上。在安装变速线前，检查变速器是否被正确地安装到了车架上。如果没有正确安装，调节变速器是一件非常困难的工作。握住变速器导板并将其从车架上拉开，使导板的外侧金属板与外侧的牙盘片处于平行的位置上。可能必须手动将链条抬升到中间的牙盘片上。

变速器导板外侧金属板的前部应该与牙盘片处于完全平行的位置。牙盘片齿牙顶部与导板底部的空隙应该为1毫米~2毫米。如果需要进行调节，先使导板弹回到车架位置，松开变速器固定螺栓（通常使用5毫米的内六角扳手），移动变速器，重新拧紧固定螺栓并再次检查。期间可能需要重复几次才能获得理想的效果。使变速线穿过夹紧螺栓的下面。这个环节经常会出现错误的布线问题。仔细检查变速器——上面有一个用于安装变速线的非常明显的狭槽。一般来说，如果变速线从下到上运行，那么应该位于夹紧螺栓的后部；如果是从上到下运行，则应该位于夹紧螺栓的前部。略微拉紧变速线并牢固地拧紧螺栓，确保变速线完全被固定在夹紧螺栓与变速器之间。转动脚踏并连续操控变速器几次。此时，如果链条无法到达最大的牙盘片上，也无须担心。切换回到最小的牙盘片上。松开变速线夹紧螺栓，用手拉紧变速线并重新拧紧夹紧螺栓。将多余的变速线切除并使末端弯曲，防止线头与链条发生刮擦，安装变速线端帽。最后，需要对分度效果进行调节，可以参见本书第155页中的相关介绍。

为STi变速手柄安装新变速线

STi变速手柄上的前变速线一般能够使用几年的时间，因为这段变速线在布线上没有急弯并且不像后变速线那样需要承担过大的劳动强度。

这段变速线的出口隐藏在变速手柄顶帽的下面。要找到它，需要捏刹车杆，出口应该位于刹车杆的外侧，外管与刹车杆连接点的另一侧。要想取出这段变速线，需要操控变速手柄使变速线处于松弛的状态。

一共有两种类型的STi变速手柄。在第一种类型中，刹车杆分为两个部分。朝自行车中央向内摆动这两部分会拉紧变速线；朝自行车中央摆动后半部分则会释放变速线。在第二种类型中，只有一个单一的刹车杆，向内摆动会拉紧变速线。在弯把内侧有一个使用拇指操作的按钮，按下该按钮会释放变速线。

安装新的前变速器

第1步：转动脚踏的同时，操控内侧刹车杆（或者按钮）使变速线处于松弛的状态。向上捏住下管或者上管位置的变速线的同时朝两个方向执行变速操作。将旧变速器的末端切除，松开变速线夹紧螺栓并将变速线从螺栓下拉出来。

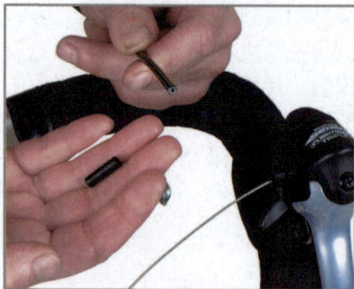

第2步：拉动外管的末端使其离开刹车杆上的底座，露出内部的变速线。从外管中向外朝刹车杆位置拉动变速线。观察变速线的布局，这样稍后可以按照相同的方式安装新变速线。操作的同时观察外管状况，如果有损坏或者长度不够的情况，需要进行更换。要了解更多关于外管的介绍，可以参见本书第159页中的内容。

第3步：捏刹车杆，可以看到变速线连接刹车杆的位置——变速线会从另一端穿过去且只有在变速线处于松弛的状态下时才能将其拆下来。出口处可能会有一个黑色的塑料盖遮挡，需要将盖子打开，操作过程中可能需要使用钳子。

第4步：拉动旧变速线直到线头从刹车杆的另一端显露出来。看见线头时，握住并将其完全拉出来。如果线头没有从刹车杆另一端显露出来，可能的原因是没有切换到正确的齿轮上。可以根据需要操作变速手柄切换齿轮。如果变速手柄内部的变速线有磨损情况，轻轻扭动能够更容易地将其拉出来。

第5步：将新变速线穿过刹车杆直到线头被牢牢固定住。将盖子等小部件重新安装到原位。检查变速手柄是否能够正常工作。变速线从变速手柄中露出来时用一只手握住，然后使用另一只手操控变速手柄切换齿轮。如果现在无法获得较好的分度效果，之后就无法与变速器进行很好的配合。向回切换齿轮使变速线处于松弛状态。

第6步：依次使变速线穿过各部分外管，一直到变速器位置。将变速线安装在夹紧螺栓下面。变速器上会有一个狭槽，用于指示变速线的安装位置。使用一只手拉紧变速线并使用另一只手拧紧夹紧螺栓。折叠变速线的末端防止与其他部件发生刮擦。

安装扳机式变速手柄

随着时间的推移，变速手柄会出现磨损。变速杆容易在冲撞中受到损坏。有时候，将自行车放在汽车中时，变速杆容易纠缠在一起，进而将自行车从汽车上卸下来时容易将其折断。更换了新的变速手柄后，你会对变速效果的改进程度感到惊讶——只有在更换后才意识到旧的变速手柄的变速效果是如此的迟缓。

新购买的变速手柄通常会附带新的变速线并且已经安装完毕，这样就不需要在花费时间将变速线安装到变速手柄中了。安装新的变速手柄时需要仔细一点——变速线从调节旋钮的一端穿过后不要使其发生弯曲，如果变速线有打结情况，则很难对其松紧度进行精确的调节。新变速手柄的包装盒能够对变速线起到很好的保护作用，如果只是想将变速手柄从盒子里拿出来看一下而不想立即安装，看过后需要小心将其重新放置到盒子中。不要使变速线与地面接触，否则会吸附地面上的灰尘。在安装到变速手柄上之前，需要保持变速线处于盘绕的状态。

既然安装了新的变速手柄和新的变速线，那么有必要将外管一同更换。旧外管可能已经吸附了灰尘，因而会将这些灰尘迅速传递到新的变速线上，进而使变速效果变得非常迟缓。务必在每段外管的末端安装金属箍。有些变速手柄在购买时会一同提供外管——需要使用合适的剪线钳对外管进行裁切，以便获得适合的长度。裁切新外管时可以参考旧外管的长度。

安装完新的变速手柄后，按照本书第165页中介绍的方法将变速线安装到前后变速器上。左手侧变速手柄用于操控前变速器，右手侧的变速手柄则用于操控后变速器。

安装扳机式变速手柄

拆掉副把和把套。即使要同时更换把套，也不要采取直接切割旧把套的拆除方式，因为那样可能会擦伤车把的表面，进而使其变得更加脆弱。最理想的工具是筷子——将其滑动到把套和车把之间，在把套下面使用一点轻质润滑油，转动把套并将其从车把上拉出来。（筷子能够很好地完成这个工作，叫外卖时可以将剩下的筷子放在工具箱中）。将把套从车把上滑动出来。松开固定刹车杆的内六角螺栓，然后松开旧变速手柄的固定螺栓。将两个旧变速手柄从车把上滑动出来，如果无法轻松将其拆下来，可以使用螺丝刀撬动固定螺栓将其打开一点点——不要用力过大，只要能够将刹车杆和夹紧部件拆下来即可，不要刮伤车把。

将新的变速手柄滑动到车把上，然后再重新安装刹车杆，可以根据需要再次使用螺丝刀进行安装。保持两个固定螺栓仍旧处于松开的状态，然后开始安装握把和副把。对于这个任务，每个人都有自己喜欢的辅助安装材料——脱脂剂、发胶（我本人比较喜欢使用）、照片衬纸、自行车商店售卖的Renthal握把胶以及其他一些材料。如果没有上面介绍的这些材料，可以将握把浸泡在热水中几分钟，然后就可以比较容易地将其安装到车把上了，注意不要让热水烫伤自己。以正常的骑行姿势坐在自行车上，转动刹车杆和变速杆，找到比较舒适的位置。如果不确定哪个位置比较合适，可以先使刹车杆处于与地面成45度角的位置，变速手柄位于刹车杆的下面。如果你的手掌比较大，可能需要在握把和刹车杆之间保留一定的空隙。找到合适的位置后，牢固地拧紧刹车杆和变速手柄。将变速线拧到相应的外管中，使用链条油对变速线与外管连接的部位进行润滑。分别参考本书第165页和148页中的介绍将变速线连接到前后变速器上并调节变速线的松紧度。

检查握把的安装是否牢固——在获得确切的答案前不要上路骑行！

▲ 打开变速手柄的夹紧部件防止刮伤车把
◀ 不断尝试确定能够获得骑行舒适感的变速手柄位置，然后牢固地拧紧固定螺栓

安装旋转式变速手柄

SRAM公司生产了三种不同类型的变速手柄。SRAM Attack变速手柄能够提供1:2的传动比，因此可以与禧玛诺后变速器配套使用；名称中包含一个字母X和一个数字的变速手柄，例如X3和X9，提供的是1:1的传动比（即变速手柄拉动1毫米的变速线会使链条横向移动1毫米）并且只能够与具有相同名称结构的SRAM后变速器配套使用，例如SRAM XX变速手柄只能与SRAM XX后变速器以及SRAM公路自行车后变速器（例如Rival、Red和Force）配套使用。

全新的旋转式变速手柄安装起来并不困难，尤其是有些新的变速手柄在购买时就已经附带安装好的变速线。在将变速手柄安装到车把上前，需要保持变速线处于盘绕的状态并使变速线处于外管中，这样做的目的是防止变速线与地面接触并吸附灰尘。

　　安装变速手柄时，需要避免变速线在进入到调节旋钮前发生打结现象。在安装到外管前，需要对变速线给予比较多的呵护。拆掉任何存在的副把以及把塞，然后拆掉握把上的静态部分——即执行变速操作时仍然保持静止的那部分握把。如果想要进行更换，那么直接将其切掉即可。在握把和车把之间插入一根筷子或者类似物体，注意不要刮伤车把，在握把下面喷一点轻质润滑油并将握把滑动出来。

　　找到旋转式变速手柄的夹紧螺栓。经过多年的发展，出现了很多不同尺寸的夹紧螺栓——但总体来说尺寸都不大！将螺栓松动到一定的程度使变速手柄处于松散状态——不需要完全将螺栓拆下来。然后轻轻将变速手柄滑动出来。将新的变速手柄滑动到车把上并设置合适的位置，使调节旋钮和变速线运行于刹车杆的下方。我个人比较喜欢使调节旋钮尽可能地靠近刹车杆，但是还必须留出足够的空间以便能够自由转动调节旋钮。拧紧变速手柄的固定螺栓。

　　将塑料垫圈安装到车把上，位于变速手柄的末端。接下来，重新安装配套的固定握把部分，这部分比标准握把要短一些并且非常紧实，因此安装时需要多花点精力。对于多出来的握把部分，可以使用扎带将其固定在握把的外侧。如果使用扎带无法获得理想的效果，说明握把有磨损问题并且需要更换一个更加紧实的新握把。虽然市面上也可以买到专门与超短旋转式变速手柄配套使用的握把，但是价格并不便宜，反倒不如使用锋利的小刀或者剪刀对标准握把进行裁剪成需要的尺寸更加可取。

重新安装副把和副把塞

接下来，需要将变速线安装到外管中。进行到这个步骤时，有必要将外管一同更换。只需要多花一点点精力，就可以避免旧外管将灰尘传递到新变速线上，何乐而不为呢？新购买的变速手柄通常自带一定长度的外管（但不绝对）。如果没有，可以从自行车商店中购买一些，同时还需要购买足够数量的金属箍以便安装到每段外管的末端。参照旧外管将新外管裁切成需要的长度，安装完金属箍后将外管安装到自行车上的止栓中。检查车上的每段外管——应该具有流畅的运行弧度且不能有过多的转弯。外管太长会产生不必要的刮擦，但是如果太短，则会发生缠绕打结的问题并对内部的变速线造成挤压。尤其需要检查车架到车把，以及自行车主车架到后减震这两部分外管——这两段外管中，变速线运行距离较长，需要确保各部分不存在刮擦问题。仔细将变速线穿过每一段外管并在每段外管的末端滴一点润滑油。不需要对于裸露的变速线进行润滑，否则容易吸附灰尘。将变速线穿过各个外管到达变速器位置后，可以参考本书第165页以及第148页中的介绍将变速线安装到变速器上并调节其松紧度。

调节旋钮

◀ 设置变速手柄的位置并保留可以自由转动调节旋钮的空间

维护扳机式变速手柄和旋转式变速手柄

要获得灵敏的变速效果，需要在每次执行变速动作时变速手柄都能拉紧和释放精确数量的变速线。随着时间的推移，用于将变速手柄保持在每个齿轮上的齿牙会发生磨损，进而会使变速效果变得更加迟缓。

维护扳机式变速手柄

扳机式变速手柄出现过度磨损时，基本不存在补救措施。无法购买所需的零部件，即使能买到，要想实现成功的安装，需要将手指的长度缩短一半才能实现。如果变速手柄和刹车杆是一体的就更为麻烦，因为需要同时更换这两种部件。我个人更喜欢选择独立存在的刹车杆和变速手柄——连体手柄的重量确实轻一些，但是能够单独调节每个部件的位置并且进行独立更换。虽然不能对这种变速手柄进行过多的维护，但是使用一点轻质润滑油，例如G85，仍然可以使其获得焕然一新的效果。

维护旋转式变速手柄

只能使用塑料材质专用的润滑油进行润滑。例如Finish Line Grip Shift润滑油。其他类型的润滑油可能含有化学成分，能够对塑料部件产生不利影响。拆掉旧变速线后安装新变速线前是进行这种工作的最佳时机。按照前面介绍的方法将变速手柄从车把上拆下来。不同类型的变速手柄的拆除方式也是不同的。一般来说，变速手柄上会使用一个十字螺栓，变速线从其下方穿过，可以将其同塑料盖一同拆除。这会使变速手柄的两部分分离开。轻轻将两部分拉开——必须观察这两部分内部的构造，尤其是弹簧（一个带弧度的金属条形部件）的安装方式。弹簧必须能够以相同的方式在原位弹回——如果不确定自己能否记住，可以绘制一个简单的图形。挤压变速手柄外侧的吊耳可以将其分开——安装到自行车上时，车把从变速手柄中间穿过并且能够阻止变速手柄发生解体。

　　使用肥皂水清洁各部分部件，然后擦干并使用塑料专用的润滑油（参见前面的内容）进行润滑。按照前面绘制的图形（如果已经绘制）重新安装各个部件。轻轻向中间位置扭动变速手柄的两部分。将变速手柄设置到最低位置时，安装最为容易。重新安装塑料盖和螺栓，然后重新将变速手柄安装到车把上。参见本书第165页中的介绍安装变速线并进行其他后续工作。

工具箱

调节变速线松紧度所需工具
- 5毫米口径内六角扳手。

安装新变速线所需工具
- 5毫米口径内六角扳手或者9毫米口径扳手。
- 质量较好的剪线钳。

安装新后变速器所需工具
- 用于安装固定螺栓以及变速线夹紧螺栓的5毫米口径或者6毫米口径内六角扳手。
- 变速线安装工具（同上）。

安装新前变速器所需工具
- 5毫米口径或者6毫米口径内六角扳手（同上）。

- 变速线安装工具（同上）。

安装或者修复链条所需工具
- 质量较好的链条工具，例如帕克或者禧玛诺的产品。
- 禧玛诺（8速或9速）专用的替换铆钉。
- SRAM专用的Powerlink（魔术扣）。

卡式飞轮所需工具
- 链条鞭。
- 卡式飞轮工具。
- 较大的可调扳手，用于拧动卡式飞轮工具。

旋式飞轮所需工具
- 正确类型的旋式飞轮工具——通常为禧玛诺花键飞轮工具。
- 较大的可调扳手，用于拧动旋式飞轮工具。

安装扳机式变速手柄所需工具
- 5毫米口径内六角扳手。
- 质量较好的剪线钳。

牙盘所需工具
- 处理牙盘螺栓所需的5毫米口径内六角扳手。
- 禧玛诺牙盘螺栓工具（TL–FL21）。

拆除和重新安装牙盘

拆除牙盘的原因有几种，可能是因为需要安装新的牙盘，或是安装新的中轴，或者为了使中轴更牢固地安装到车架上，或者是安装新的牙盘片，也可能是因为需要对牙盘后面的区域进行清洁。在拆除过程中，可能会接触到牙盘后面的减震套管或者螺栓。

拆除牙盘和曲柄——方锥型、ISIS花键型和八爪型。

◆ 将两个曲柄螺栓全部拆下来。大多数曲柄都是通过一个8毫米口径的内六角扳手对螺栓进行固定的。曲柄螺栓必须获得紧密的安装效果，因此在安装和拆卸时需要使用较长的内六角扳手——选择长度至少为200毫米的类型，否则无法轻松地将螺栓拆下来并重新进行安装。两个曲柄螺栓全部采用传统的螺纹排列方式，逆时针方向转动可以将其松开。检查曲柄内部的隐蔽位置，查看是否有垫圈，如果有，将其移除。

◆ 观察用于安装螺栓的孔洞。可能是传统的方锥类型或者是较新式的花键类型，后者看上去就像一个具有缺口的圆环。如果使用的是针对方锥轴承和花键轴承设计的老式的曲柄拆除工具，需要将一个特质的塞子插到轴承的一端，这样能够防止曲柄拆除工具落入到轴承内部。如果没有这种塞子，可以考虑购买禧玛诺公司出品的tl-fc15。

◆ 曲柄拆除工具由两部分组成，一部分以螺纹方式安装在另一部分中。外面的部分使用螺纹方式与曲柄相连，与里面的部分一同将轴承从曲柄中推出来。在将工具安装到曲柄前，松开里面的那部分使其隐藏在工具主体中。使用扳手牢固地抓住工具主体并向逆时针方向转动。

◆ 清洁曲柄内部的螺纹并进行润滑。曲柄内部的螺纹是由质地较软的合金制成的，因此在操作时需要十分小心，一不留神，螺纹很容易被曲柄拆除工具上较硬的螺纹破坏，这可是一个非常昂贵的代价。开始时，手动将曲柄拆除工具安装到曲柄中的螺纹上，然后使用扳手固定到位。不要急于求成。

◆ 使用正确尺寸的扳手转动曲柄拆除工具的手柄，在手柄接触到轴承末端前，非常容易转动，开始推动轴承离开牙盘时就会变得越来越费力。但是在通过曲柄后就可以很容易地滑动出来了。尽量使扳手与曲柄处于平行的位置，这样能够使操作更加容易。手臂不要弯曲并使用肩部的肌肉发力。在牙盘一侧，指关节不要太接近牙盘——扳手经常会出现突然松脱的情况，非常容易擦伤指关节部位。

◆ 拆下曲柄后进行观察。对于左侧曲柄来说，其与中轴轴承连接的位置特别容易出现损坏。曲柄上的螺纹一般为右旋螺纹，因此曲柄容易出现松动的情况，而转动脚踏的动作会进一步加剧这种问题，随着时间的推移，每次转动脚踏都会对曲柄与中轴轴承的接合面造成损伤。相对于花键曲柄来说，方锥曲柄更容易有这种问题，但无论使用哪种类型，都应该及时进行仔细检查。如果方锥曲柄出现损坏问题，必须更换曲柄和牙盘——否则锥形花键会在松散的状态下运行，最终对中轴的接合面造成损坏。

重新安装牙盘和曲柄——方锥型、ISIS花键型以及八爪型

相对于拆卸来说，重新安装要容易得多——曲柄螺栓本身可以充当安装工具的角色，因此不需要使用曲柄拆除工具。清洁轴承末端部位和曲柄或者牙盘上存在的孔洞。有些人喜欢在方锥和花键上使用润滑油，但是我不会这么做，因为我发现使用润滑油会造成转动脚踏时发出吱吱的声音。但是钛合金轴承则是一个例外——它们的外部需要使用较多的Ti-prep或者copperslip（铜滑脂）进行包裹。

将牙盘滑动安装到轴承上。在曲柄螺栓以及螺栓头下方使用一些润滑油。花键中轴的曲柄螺栓采用的螺栓较大且带有独立的垫圈，需要对两侧都进行相应的润滑。而老式的14厘米扳手适用螺栓使用的是整体式垫圈。安装曲柄螺栓并牢固拧紧。使用标准长度的内六角扳手无法获得足够的杠杆力——需要使用手柄长度至少为200厘米的扳手类型。使左侧曲柄竖直向上，指向另一侧——对于花键中轴来说可能需要一定的技巧——重新安装曲柄螺栓。

首次骑行后，需要对两个螺栓重新进行紧固。

如果有扭矩扳手的话，此时可以发挥最大的优势——没有完全拧紧的曲柄很快就会出现松动问题。建议针对曲柄螺栓使用的扭矩一般在35牛米～50牛米之间。要了解更多关于扭矩设置的介绍，请参见本书第53页中的内容。

拆除与安装与外挂中轴兼容的牙盘

外挂中轴的处理要简单得多，请参见本书第256～257页中的介绍。

快拆曲柄螺栓

这个部件同时可以充当曲柄拆除工具的角色，因此只需要使用一个8毫米口径的内六角扳手就可以完成曲柄的拆卸工作。曲柄盖并不是标准设置的塑料材质，而是由铝制成的，并以螺纹的方式与曲柄相连。曲柄螺栓头部的边缘位置位于曲柄盖下方，因此松动曲柄螺栓时，螺栓会靠在曲柄盖的内侧并将轴承从曲柄中推动出来。

鉴于这种拆除方式，更有必要使用较长的内六角扳手。使用普通长度的扳手无法完成松动螺栓的任务。在使用扳手松动螺栓时，开始时会比较吃力，然后会变得非常容易，但是曲柄螺栓开始推动曲柄时又会变得比较吃力。一直转动，曲柄会将轴承推出来。需要隔一段时间就将快拆部件拆下来并进行润滑。只有螺纹处于比较好的润滑且部件处于清洁状态时，才能获得较好的效果。曲柄盖上有两个比较小的孔洞，转动这两个孔洞可以将盖子拆下来。要执行这个工作，可以购买一把叉形扳手，使用针头钳也可以很好地完成这个任务。要了解拆除和安装细节，可以参考本书第170页中的内容。

链线

只有链条直线运行时才能发挥最大的效率。在单速自行车的设置上，总是使前后齿轮和链条处于同一条直线上，这样能够最大限度地减少体力的浪费。

对于其他全部的非单速自行车来说，为了拉动齿轮运行，链条必须在各个飞轮和牙盘片之间横向切换，因此在使用不同飞轮和牙盘片组合时会形成一定的角度。最极端的组合是链条使用最大的牙盘片和最大的飞轮，或者使用最小的牙盘片和飞轮，而这种组合是应该被避免的，因为会快速地对链条、牙盘片以及飞轮造成磨损。设置牙盘的位置，使牙盘的中央与飞轮组的中央处于同一条直线上，这能够最大限度地减小链条在不同牙盘片和飞轮上运行时的角度。

牙盘片通过螺纹与中轴轴承相连，因此改变中轴的长度会横向改变牙盘片的位置。较长的中轴会使牙盘片相应地向外侧移动，使其与飞轮组中最小的飞轮处于同一条直线上，反之亦然。链线有问题会导致变速效果的不稳定并加速链条自身的磨损。

要检查链线的运行状况，前部选择中间的牙盘片，后部则选择中间的飞轮（8速飞轮中选择第四小的飞轮）。从自行车的后面观察链条，可以看到链条从飞轮上通过，向前运行然后通过牙盘片。飞轮和牙盘片应该位于同一条直线上。对于双牙盘片配置来说，可以使用两个牙盘片之间的假想的中点作为参照。轻微的角度可以容忍，但是如果链条只有在最小或者最大的牙盘片上才能获得较好的链线效果时，则需要改变中轴的长度以便改进链线的状况。同时观察牙盘片和后下叉之间存在的缝隙。后下叉和牙盘片上任何部位之间都应该保持至少3毫米的距离（A）。如果距离过近，牙盘片在压力下会出现松动问题并且会对后下叉造成磨损。

牙盘在中轴上的位置会根据自行车型号的不同而有所区别，改变牙盘的位置会改变链线的状态，使其更加远离或者靠近自行车架。更换牙盘时，需要确定是否需要同时更换中轴。为了使骑行者操作起来更为方便，所有牙盘上都标有推荐使用的中轴长度，可以找到所需要的牙盘的介绍。

不要使牙盘片过于接近自行车——否则会对车架造成磨损 ▶

牙盘片：简介、拆除及安装

所有牙盘，就算是价格最低廉的类型，都是由星形叉和独立的牙盘片组成的。星形叉充当曲柄的作用，通过4个或者5个支架与牙盘片相连。随着多年的发展，出现了很多种不同尺寸和形状的牙盘片，每种都存在于一定的时间段内，这就导致了不同类型之间彼此不兼容的问题。无论如何，最好的方法就是在购买新牙盘片时将旧牙盘片一同带到商店中进行对比，确保购买到正确尺寸的产品。

牙盘片经过专业的加工后，能够使链条在骑行者执行变速操作时在牙盘片之间横向切换。难度最大的切换是由最小的牙盘片向中间的牙盘片进行的切换，因此质量较好的中间盘片具有能够加速切换效果的形状。这种牙盘片上的侧面边缘具有一定的坡度，能够对链条起到抬升的作用。链条向较大的牙盘片上移动时，必须抬升到下一个牙盘片的每一个轮齿上，然后才能够与其完全咬合并继续工作。质量较好的牙盘片在设计上会尽可能地使这种切换变得更加容易。

处于压力下的牙盘片

处于很小的压力下时，链条最容易在牙盘片之间进行切换，因此在设计上，倾向于使链条在脚踏转动到顶部或者底部位置时进行横向移动，因为此时它们受到的压力最小。在很多牙盘片上，上方和下方的轮齿要比侧面的轮齿更短一些，这种设计使链条爬升和下落变得更加容易。

这种设计有其自身的道理，鉴于这些轮齿在牙盘片上的特殊位置，脚踏连线处于与地面垂直的位置时，这些轮齿受到的压力非常小，进而没有较大的磨损问题。尽管这有点令人难以相信，可以在下次购买新的牙盘时观察一下，某些轮齿的长度实际上比你想象得更短。

吸链问题

牙盘片过度磨损是吸链（chainsuck）问题最主要的形成原因（要了解更多信息，可以参见本书第174页中的介绍）——使骑行者难以获得骑行乐趣，因此应该经常检查并更换牙盘片。有磨损的牙盘片还会快速拉伸链条的长度，因此更换牙盘片是一项很有必要的投入。

可以通过观察并与此处提供的图片进行对比，确定自己的牙盘片是否有磨损问题。如果直到牙盘片已经过度磨损，链条在运行过程中有跳齿问题时才想到更换牙盘片，那就太晚了！通常某一个牙盘片会在其他牙盘片前先出现磨损问题，这个牙盘片一般是骑行者最常使用的那个。可以每次只更换一个牙盘片，而无须对全部进行更换。在更换飞轮组和链条时，也是更换磨损最严重的牙盘片的最佳时机。

可以在不拆卸牙盘的情况下更换牙盘片，但是拆除牙盘能够使工作变得更加容易，而且能够避免手指被擦伤。可以按照本书的说明将牙盘拆下来。

将牙盘拆除后，将其翻转过来确定它的类型。牙盘片可能通过内六角式的螺栓与支架相连，有时也可能是通过固定环和卡簧相连的。

新盘片

旧盘片

轮齿磨损意味着链条会在牙盘片上出现跳齿问题 ▶

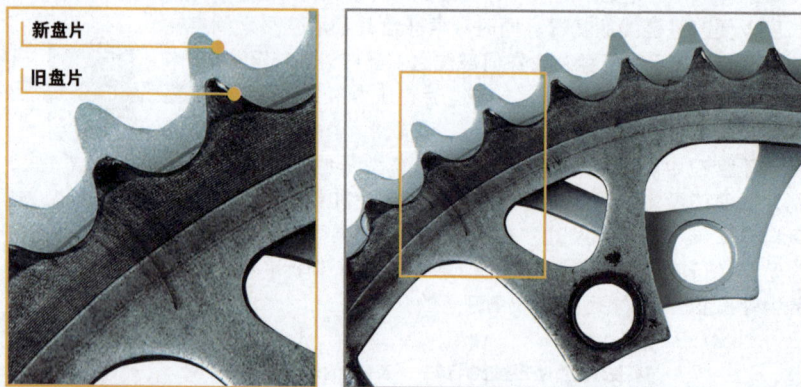

更换牙盘片

如果牙盘片外管出现如上页图中所示的情形，或者链条在压力下出现跳齿现象，说明需要更换牙盘片。处于最大压力下的轮齿——即脚踏曲柄位于水平位置时，位于牙盘片顶部和底部的轮齿——磨损得最快。如果轮齿被磨损得非常锋利或者轮齿的侧面向外延伸，说明需要对牙盘片进行更换。

骑行过程中，弯曲的轮齿会卡住链条，使链条无法在脚踏蹬到最低位置时从牙盘片上落下来。此时，并不意味着必须更换新的牙盘片。可以先将牙盘片拆下来，如下图所示，将牙盘片固定在某个狭槽中，然后使用钳子矫正有弯曲问题的轮齿。尽量通过一次操作就完成矫正工作——来回扭动轮齿会使其变得更加脆弱。

更换牙盘片

第1步：必须首先将最小的牙盘片拆下来。将牙盘放在工作台或者地板上，并使用硬纸板对最大牙盘片的轮齿进行保护。使用内六角扳手先将最小牙盘片上所有的螺栓松动半圈，然后再完全将其拆下来。观察牙盘片的方向，确定它们的朝向（向内还是向外）。如果牙盘片上使用了隔离垫圈，需要记住它们的位置以便稍后重新进行安装。

第2步：将处于中间和外侧牙盘片上的每个内六角螺栓松动半圈，然后将其完全拆下来。松动这些螺栓时一定要小心，开始转动时非常吃力，但可能突然变得松懈下来，因此注意不要擦伤自己的手指。大多数时候，内六角扳手就可以胜任这些工作，但有时候牙盘片背面的螺母会随着螺栓一同转动。这时需要用到一个称为牙盘片螺栓工具的特殊工具，它可以用来固定螺母，可以从自行车商店购买。

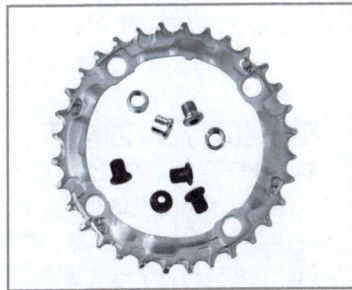

第3步：转动牙盘片时，注意它们的安装方向。中间牙盘片上通常会有一个抓耳，而外侧的牙盘片上则会有一个金属桩——安装牙盘片时，这两个小配件必须与曲柄对齐。确定牙盘片的朝向——中间的牙盘片上可能带有铆接上去的金属板。还需要确定各个牙盘片之间是否有垫圈，稍后还需要将这些垫圈以正确的方式重新安装上去。

第4步：清洁牙盘片并检查盘片的磨损程度。脚踏曲柄处于平行状态时，骑行者施加的压力最大，因此牙盘片上下两个与曲柄成90度角的区域的磨损速度最快。弯曲或者突出的轮齿，例如图中所示的区域，无法与链条实现很好的咬合。这种情况下需要更换牙盘片。在购买新牙盘片时，可以将磨损的牙盘片一同携带，这样就可以通过对比选择合适的螺栓类型的产品了。

第5步：清洁曲柄，尤其是与牙盘片连接的支架——清洁螺栓孔。还要清洁那些打算继续使用的旧牙盘片。仔细检查牙盘片上是否有弯曲的轮齿或者轮齿处于压力下时是否有向外张开的现象。部件之间是否对齐至关重要，应该多花点时间进行检查。如果有向外张开的轮齿，说明需要更换牙盘片了。

第6步：重新安装中间和外侧的牙盘片。确保选择正确的安装方向和位置——使牙盘片上的抓耳与曲柄对齐。如果曲柄下方有一个牙盘片螺栓，需要调节牙盘片的方向，使抓耳指向与曲柄相反的方向。重新安装任何存在的垫圈。润滑螺栓螺纹并重新进行安装，每次只安装一个。将每个螺栓拧紧，但是不要用力过大——螺栓上的螺纹非常精密，如果用力过大可能会对其造成损坏。最后重新安装最小的牙盘片。

吸链问题：原因和解决方法

没有遇到这种问题前，你无法现象它是多么的让人苦恼。在最终修复前，你会不停地抱怨。解决吸链问题需要极大的耐心，因为它可能是由众多原因导致的，有时候甚至是多个原因共同所致。

什么是吸链问题

链条和牙盘片都处于全新状态时，链条上每节之间的距离以及牙盘片上每个轮齿之间的距离都是相同的。骑行者对脚踏施加压力时，会拉动链条围绕牙盘片移动，所有的压力都会集中在顶部的几个轮齿上。随着牙盘片上轮齿的移动，每节链条承受的压力逐渐减少，直到链条在牙盘片的底部自由下落。来自脚踏的压力仅分布在牙盘片顶部的几个轮齿上，减少了每个牙盘片上的磨损区域。

牙盘片或者链条有磨损问题时，会影响所有部件的工作状态。有磨损问题的链条在新牙盘片上运行时，仅会与牙盘片顶部的单个轮齿实现咬合，这会加速牙盘片的磨损。链条底部的链条节会被底部的轮齿向后和向上拉动。随着链条的磨损和不断拉伸，每节链条之间的距离会不断增大。而随着牙盘片的磨损，轮齿之间的波谷区域会不断变宽和变深，此时，链条在压力下就会向后跳跃。

链条和牙盘片的损坏

链条处于平直的状态时，飞轮之间能够获得足够的空间。而有扭曲变形问题的链条会刮到相邻的飞轮并使链条随意切换齿轮或者卡在某个齿轮上。扭曲的链条还会成为链条上的薄弱点，所以在其出现问题前应该及时进行排除。足够细心的话，在慢慢向后转动脚踏的同时，从自行车后部观察链条，能够找到变形的位置。同时，还应该检查是否有僵硬连接的问题，这可以让链条在压力下出现跳跃问题，即使此时所有部件都获得了正确的调节且驱动链也不存在任何磨损问题。要检查链条上是否有僵硬链接的部位，可以向后慢慢转动脚踏，同时观察链条，蹲在自行车的旁边并用两根手指握住下方运行的链条，弯曲手部使其中一根手指略高于另一根手指，向后转动脚踏，使链条在两根手指之间运行。有的僵硬连接通过手指时，可以凭感觉找到这个部位。可以使用质量较好的链条工具将阻碍自由移动和导致僵硬连接的外侧链板分开。可以参见本书第140页中的相关介绍。

要进行全面的检查，可以将牙盘从自行车上拆下来并将牙盘片从牙盘上拆下来。尤其需要仔细检查是否有弯曲或者损坏的轮齿。找出链条在牙盘片上有问题的区域，因为有问题的相邻牙盘片之间会有彼此刮擦的现象。轮齿有扭曲的问题解决起来非常棘手——很难发现问题的位置，而且会钩住链条并将其向上拉升，而不是正常的使链条下落。只要足够小心，可以将弯曲的轮齿矫正过来。对于有侧面向外突起问题的轮齿，可以使用锉刀对突起进行打磨。牙盘片顶部轮齿的前表面与链条进行接触。链条处于压力下时，轮齿的这个区域会受到挤压并在一侧或者两侧形成小的突起。作为临时的解决方法，可以使用锉刀进行打磨。但是这种问题通常意味着牙盘片磨损过度并需要进行更换。

润滑和清洁

首先，尝试对每个部件进行清洁——这是投入最少的解决问题的办法，但是在这个过程中，可能会发现那些有严重磨损但是被灰尘覆盖的部件。可以尝试在自行车上安装ACSD（反吸链装置）。这是一个外表平滑的铝制的金属板，通过螺栓连接在牙盘后面后下叉管的底部。它具有的特殊形状能够匹配三个牙盘片的形状并且不会与其发生刮擦。链条被卡在牙盘片后面时，会挤压ACSD装置而不会对后下叉造成损坏。我建议选择找到这种问题的原因并进行解决，而不是指望ACSD来解决问题。但是碳材料车架是唯一的例外，这种车架需要在后下叉下方永久安装防护装置，因为链条能够快速对碳材质的后下叉造成损坏。

单速山地自行车：花鼓、链线和合适的齿轮

就像蔬菜一样，齿轮变速功能是一个很好的东西，但有时候我忽然不想吃蔬菜了，而是想尝尝巧克力的味道。正如向那些从来没有吃过巧克力的人解释巧克力的味道一样，很难说服一个习惯了变速功能的人去尝试单速骑行带来的体验（一个飞轮、一个牙盘片、没有变速器，因而只能以单一的速度骑行）。请你相信我所说的这些——或者自己亲自去尝试一下。

对于单速骑行来说，第一个吸引人的地方是可以立即减轻自行车的重量，无须花大价钱购买那些制造精密且具有先进材料的配件；第二个吸引人的地方在于使骑行者能够意识到自己曾经在不断变速操作中浪费了多少时间。没有了各种变速操作的困扰，骑行者只需要简单地向前骑行即可。但有时候，骑行者无法快速提升骑行速度，因为没有够用的高速齿轮；有时候还不得不从车上下来并推动前进，因为没有需要的低速齿轮。而对我来说，即使我选择变速自行车时，同样会遇到这类问题。最后，骑行者还能够了解单速骑行能够获得更加安静的骑行环境。如果你还没有被说服并看到单速骑行的优点，也没有关系，可以更好地理解一下本书中关于齿轮调节内容，继续享受变速骑行带来的乐趣。

对于单速骑行来说，需要注意两个重要的方面。首先，应该选择什么样的齿轮。这取决于个人喜好，建议选择尺寸大约为65英寸（约165厘米）的齿轮。齿轮尺寸等于牙盘片齿数除以飞轮齿数再乘以车轮尺寸。因此42齿的盘片与17齿的飞轮以及26英寸（约66厘米）的车轮组合使用时，得到的齿轮尺寸为42/17X26=64英寸（约162.5厘米）。在尝试阶段，这是一个比较好的选择。

第二需要关注的是链条松紧度。链条不能有松弛的问题，同样也不能太紧，否则脚踏无法自由转动。正常情况下，维持链条松紧度的任务由后变速器上的拉力轮来承担。在专门的单速自行车上，勾爪（车轮与车架的连接位置）处于水平位置，因此可以通过将车轮向车架后部移动来调节链条的松紧度。几乎所有具有变速功能的山地自行车上的勾爪都处于垂直状态，因此车轮无法向前方滑动。如果打算对自己目前使用的变速自行车进行改造，必须先找到能够拉紧链条的方法。在尝试的最初阶段，可以先使用旧变速器进行试验。

将变速器安装到车上并以正常方式安装链条。可以的话，向内转动位置较高的止动螺钉，使引导轮处于某个飞轮的下方。通常情况下止动螺钉无法移动足够的距离，因为它的设计初衷并没有考虑到这个环节。可以运用一点技巧，使用一段变速线将变速器固定到合适的位置上。找出一段变速线并保留上面的线头（变速线允许有一定的瑕疵，因为它只是固定在某个位置）。将变速器上的调节旋钮设置为半程位置。将变速线安装到调节旋钮中并固定线头。推动变速器使上部的引导轮正好处于某个飞轮的下方。将变速线固定在夹紧螺栓的下面。使用调节旋钮设置引导轮的位置，使其处于飞轮的下方。拆除牙盘以及最小和最大的牙盘片。重新安装中间的牙盘片和牙盘。

市面上还可以买到专用的链条拉紧装置，它的外观看上去与从中间切开的后变速器很像。这种装置同样可以完成拉紧链条的任务，而且效果更好。

重新安装链条

如果使用的是垂直的勾爪并且打算使用原有变速器来拉紧链条，需要将链条长度设置得非常短，使引导轮与地面成45度角；如果打算使用单速链条拉紧装置，可以参考包装中的说明书了解需要的链条长度。

如果使用的水平勾爪，需要先使链条处于被拉紧的状态，然后调节自行车后轮的位置，使上部的链条在垂直方向至少移动10毫米。转动脚踏时，链条松紧度会随之发生改变，因此可以先通过这种方法拉紧链条，然后再开始调节。

◀ 单速骑行——简单且安静

单速骑行

单速骑行意味着不需要应付各种复杂的齿轮，但同时也无法获得较快的骑行速度，因为没有能够实现更高速的齿轮可用，转动脚踏的频率也受到相应的限制。使用变速自行车时，可以根据需要切换齿轮并获得更高的骑行速度。但是选择单速骑行时，能够获得更加安静的骑行感受，保持愉快的心情并最终到达目的地，而不会出现大汗淋漓的情况，使自己自然而然地从骑行过程中获得最大的快乐。

▲ 质量轻、价格低且构造简单

作为自行车中的一种，现在可以从自行车商店中直接买到单速自行车——路上也经常可以看到单速自行车的身影。

也可以对变速自行车进行改造使其变成单速自行车。改造后，会使自行车的维护工作变得更加容易——将自行车上的某些配件拆掉并妥善保存起来，以便以后继续使用。

需要将变速手柄、变速线以及变速器全部拆除。同时还需要拆掉牙盘，如果车上使用的是可拆卸牙盘片，则只保留其中一个。只使用一个牙盘片时，原来用于固定多个牙盘片的螺栓现在显得太长了，幸运的是，可以购买到小尺寸的螺栓，这种螺栓被称为单盘螺栓，需要的数量与牙盘上的支架数量相同。如果牙盘片是不可拆卸的，可以选择继续使用原有的盘片，忽略那些不使用的盘片，或者将其更换成单盘。

决定齿轮比存在一定的难度，需要通过不断的尝试和试错最终找到适合自己的参数。选择齿轮时，以你不需要花费很大的力气就能够在比较陡的坡路上骑行为准。具体来说取决于是否能够给自己带来舒适感以及经常骑行的地形特点。将车上其他多余的配件拆掉后，需要将注意力集中在自行车的后部。如果打算将变速自行车改造成单速自行车，可以选择以下几种方式。

◆ 将飞轮组仍然保留在自行车上，选择一个适合自己的齿轮并使链条在该齿轮上运行。没有了变速手柄后，链条将保持在原有位置。这是最简单的解决方式，在尝试阶段是一个不错的选择，因为可以体验各种不同的齿轮比。

◆ 将飞轮组更换成单个飞轮并使用隔离装置填充飞轮组留下的空隙。可以选择DIY方式，即使用飞轮中的某个飞轮，然后使用塑料管制作所需的隔离装置，也可以使用飞轮隔离垫圈或者其他能够得到的配件。需要确保垫圈能够填充任何存在的空隙并使用固定环进行固定。市面上也有一些成品，例如Gusset转换部件。

◆ 如果车轮处于即将更换的状态下，可以选择换成专用的单速花鼓——Surly生产的产品很值得购买，但是如果想要获得更炫目的外观效果，可以选择购买Phil Wood（菲尔·伍德）出产的单速花鼓。

后勾爪的形状决定了接下来的选择。观察勾爪处车轮从自行车上拆下时的移动方向。如果向下移动，说明这是一个垂直勾爪；如果车轮向前（或者向后）移动，很幸运，这是最容易处理的勾爪类型。

垂直勾爪： 这种勾爪类型意味着需要使用某个小配件来拉紧链条，类似于变速器那样的配件，但是不需要导轮，因为链条无须进行横向移动。这种类型的配件被称为链条拉紧器或者分离器（singulator）——也可选择一种更有创意的做法，即将常规的后变速器固定在所选的飞轮的下方，承担拉紧链条的任务。

水平勾爪： 这种类型的勾爪并不需要完全处于水平状态——有一点倾斜也没有关系，因为在车架上前后移动车轮。通过这种方式可以精确地控制链条的松紧度。向后拉动车轮，直到链条从最松弛的状态开始移动1.5厘米的距离。最后将车轮固定在车架上。

固定轮（死飞）

除了单速骑行，另一个更加有趣的传动类型是固定轮（俗称"死飞"）。固定轮自行车只适合在专门的比赛场地或者非常熟悉的路上骑行。这种类型的自行车与单速自行车有些地方非常类似，例如只使用一套齿轮组合——即后面一个飞轮前面一个牙盘片，但不同之处在于后面并不使用自由飞轮。骑行常规自行车时，不转动脚踏并自由下坡滑行时，通常能够听到棘轮发出的滴滴的声音；而固定轮意味着骑行者直接控制脚踏和后轮，能够非常精确地控制自行车的速度。

骑行过程中，如果想要减速，只需放慢转动脚踏的速度即可。刚开始接触这种骑行方式会给人一种很奇怪的感觉。与常规的向前转动脚踏的方式非常像，但是后半程必须对脚踏施加向下的压力。选择固定轮骑行时，为了确保安全，需要多进行一些练习，因为骑行过程中会涉及一些与常规骑行不同的地方。

人们经常说，一旦学会了骑自行车，那么一辈子都不会忘记。而对于固定轮自行车来说，骑行者必须忘记以前掌握的那些最基本的骑行方式。最难的部分就是骑行时需要一直转动脚踏——需要保持车轮始终处于转动的状态，而车轮与脚踏直接相连。如果脚部停止转动脚踏，脚踏会自动向前带动双脚继续转动。这会给人一种很不安的感觉——有一点类似于在下楼梯时一脚踏空的感觉。转弯是另一个需要注意的问题。骑行速度较快时进行转弯通常意味着自行车在移动过程中会产生一定的倾斜。如果使用的是常规带自由轮的自行车，骑行者可以停止转动脚踏并使内侧脚处于较高的位置，这样能够防止脚踏与地面发生刮擦。但是对于固定轮骑行来说，需要一直转动脚踏，因此必须非常谨慎地对转弯处的情况进行判断，否则在转弯过程中脚踏会刮到地面上，进而使骑行者从车上跌落下来。

除了普通骑行和拐弯，还有另一个潜在的问题——停车。固定轮自行车最早出现于赛道上，选手们在一个两侧被木头拦起来的赛道中骑行，在这种情况下，刹车似乎成为一种多余的功能。如果每个人都以相同的速度骑行，很难发生冲撞问题。如果安装了刹车，骑行者最不希望看到的就是前面的人由于惊慌而突然使用刹车，因为每个骑行者之间的距离都很小，因此无法获得足够的反应时间，最终会发生冲撞。专门为比赛生产的自行车可能根本就没有刹车。就算有，也是出于符合某些规章制度的目的而加装的。

在普通的街道上使用固定轮自行车需要满足不同的需求。最大的风险来自于骑行者前面试图右转的汽车，而不是快速超过在你前面缓慢骑行的人。因此有必要安装功能良好的刹车系统。很多人只安装一个前刹车，因为他们认为可以通过脚踏来控制自行车后轮的速度。一些骑行者的做法更加极端，他们完全不安装任何刹车系统，而是仅依靠控制后轮的速度来实现停车的目的。这种做法是非常愚蠢的。不使用刹车确实能够使自行车看上去更加简洁，但是却有可能遭遇一些本来可以避免的冲撞。也有人认为选择颜色鲜艳的自行车有助于避免冲撞，但是这种方式并不能获得很好的效果。最好的办法就是安装性能可靠的刹车系统。

可以直接从商店中购买安装了固定轮（或者同时采用"flip-flop"式花鼓和自由轮的车型，使用时，只需将车轮拆下来并折叠花鼓就能够获得相应的功能）的单速自行车，也可以从网店中购买，还可以将旧变速车上复杂的变速配件全部拆下来，自己改造成固定轮自行车。对于固定轮自行车的改造来说，一个基本的要求是后轮上应该使用水平勾爪。因为大多数现代自行车上使用都是垂直勾爪，一些老式自行车无法改造成固定轮自行车，而较新式的车架已经在生产过程中进行了特殊的设计，可以改造成单速行驶的类型。

改造固定轮时，选择正确的花鼓类型也是一项基本要求。

除了常规的右旋螺纹，花鼓上还有一些较小的反向螺纹。这是用于安装固定环而设计的。固定环必须牢固地靠在飞轮上，出于减速或者停车的目的而向脚踏施加压力时，固定环能够防止飞轮出现松动的问题。

确保固定飞轮上的螺纹、固定环以及花鼓处于良好的安装状态是一个基本要求，这样才能保证飞轮在承受来自脚踏的压力时不会出现松动的情况。不要尝试对采用自由轮的常规车轮进行改造，或者采用任何与固定环外观类似的部件来充当固定的角色——只有专用花鼓上的反向螺纹才能确保每个部件牢固地组装在一起。

综上所述，使用固定轮骑行似乎不合时宜，并且让人觉得不值得花费力气去尝试，但是固定轮骑行能够获得更直接的体验，也能在骑行过程中获得更多的乐趣。

花鼓变速

在过去的几十年中，花鼓变速（也称"内变速"）经历了无数的高潮和低谷。曾经在一段时间之内，它是城市自行车的标配，广泛用于送货、购物以及旅行等各种活动中。毫无疑问，驶德美爱驰（Sturmey Archer）内三速花鼓是最受欢迎的产品，即使在疏于维护的情况下，这种花鼓也能使用几年的时间，如果偶尔向花鼓位置使用一点润滑油，那么它的使用寿命甚至可以达到十几年。

每个花鼓变速自行车上都会印有生产的年份和月份，因此现在还可以看到20世纪30年代生产的产品仍然处在使用中。但是随着山地自行车的出现，人们希望使用更多的变速齿轮，而仅有三个变速齿轮的自行车开始显得有些失宠。具有多种变速比车型的出现使三速自行车显得有点单一。后来，位于诺丁汉的驶德美爱驰车厂将它的全部机器出售给了远东（Far East）自行车厂，这似乎使花鼓变速自行车成为了历史。

但是这种类型的自行车并非从此销声匿迹。花鼓变速的有些方面确实具有吸引人的优势，让人无法忽视，尤其是对于城市骑行来说。自行车前面只用一个牙盘片使安装链条挡板变得非常容易，进而能够有效防止链条油剐蹭到裤腿上。此外，城市里的恶劣环境也对裸露的变速器有不利影响，使其很容易吸附来自汽车尾气中的化学物质，这些化学物质与灰尘混合在一起并形成能够对变速器造成磨损的凝固物，几百万米的骑行距离可能就会使变速器的部件处于报废的边缘。裸露的变速器上还会使用众多的小部件，这些小部件无法与其他类型的自行车实现很好的兼容性。因此一些人支持将复杂的变速结构放到花鼓的内部。

与此同时，也有反对使用花鼓变速的声音，因为花鼓变速几乎不需要进行维护。有人认为即使花鼓变速不像普通变速器那样需要经常维护，但是如果完全放任不管会造成更大的损失。对于花鼓变速来说，大多数损坏都是因为没有进行及时调节而导致的。其内部的变速机构是由大量小齿轮和棘爪构成的。这些小部件处于整齐排列的状态时，磨损速度非常缓慢，但是只要一点点的错位问题就能够导致快速的磨损。至此，问题就开始出现了——随着磨损的不断加剧，齿轮之间会产生很多金属屑。由于花鼓是密封的，导致金属屑无法排出并在花鼓内部不断移动，进而对所有接触到的部件产生磨损。尽管如此，可以简单地对花鼓进行调节以便获得流畅的运行效果，而且通常不需要使用任何工具就可以完成这个工作。最重要的是及时发现可能存在的问题。如果自行车的变速效果开始变得迟缓，无法获得像以前那样干脆的变速效果或者在骑行过程中自动变速，应该立即对花鼓进行检查并进行调节。

更换飞轮是另一个无须使用特殊工具就能够完成的简单任务，实际上，更换飞轮并不像想象中的那么复杂。每次更换链条时同时更换飞轮是一个不错的主意，因为二者彼此接触并会造成磨损，让新链条运行在旧飞轮上会加速链条的磨损。

有必要更换飞轮的另一个原因是能够改变变速范围。花鼓变速无法改变每个齿轮之间的空隙，因为这些是由花鼓的内部结构决定的，但是可以改变变速的范围。更换成较大的飞轮会使所有的齿轮处于更低的位置。齿轮之间的空隙不会改变，但是能够使变速操作变得更加容易。

改变飞轮的尺寸还会影响链条的长度。很小的改变——例如一个轮齿的改变——可以通过勾爪向前或者向后移动自行车后轮来保持平衡（由于没有了能够拉紧链条的后变速器，因此这是确保获得合适的链条松紧度的唯一方法）。如果安装的是较小的飞轮，可以稍稍缩短链条的长度；安装较大的飞轮则需要使用更长的链条。相对于向链条中添加更多的链条节，直接更换具有足够长度的全新链条是更好的选择，因为如果链条上有不均匀的磨损，意味着链条无法与飞轮或者牙盘片实现很好的咬合。幸运的是，购买质量较好的花鼓变速所使用的链条时，它的价格只有同等质量的常规变速器适用链条的一半，而使用寿命却是后者的两倍。因为花鼓变速所使用的链条不需要在飞轮组和牙盘上进行横向移动，它们只需要在飞轮和单盘片之间执行直线移动就可以了。

对于折叠自行车来说，花鼓变速也是一个非常理想的配置，因为不使用常规变速器意味着在发生冲撞或者对自行车进行拆卸时不需要处理太多的部件。将所有需要使用润滑油的部件置于花鼓的内部也更加适合通勤之用，在拥挤的车厢中，这种配置能够防止车上的润滑油沾到其他乘客的行李上。除了比较传统的三速花鼓变速，7速和8速的产品类型能够提供更多的变速选择，更加适合上坡和下坡路段的骑行。Rohloff公司生产的14速花鼓甚至能够提供三片牙盘才能实现的变速范围，其上的每个齿轮之间的空隙都很小并能够实现顺畅的变速效果。

调节花鼓变速

对于花鼓变速来说，最重要的维护工作就是保持其处于良好的工作状态。骑行者可以预先感觉到调节方面存在的问题，自行车会在不需要的时候自动执行变速操作。骑行过程中应该留意变速效果的变化并做出及时的调节。调节不当的花鼓的磨损速度非常快，进而需要更换整个高昂的内部件。

如果简单的调节并没有带来任何的效果，那么通常意味着花鼓内部的部件有过度磨损的问题并需要进行更换。这是一项比较复杂的工作，最好将它交给自行车维修店——现在有了越来越多的花鼓类型，因此要找到需要的配件并不容易。

　　此处介绍的花鼓类型是2006款禧玛诺8速花鼓，但是适用于所有禧玛诺的花鼓产品。禧玛诺生产的所有花鼓的调节方法都是相同的。变速线从车把位置的变速手柄上延伸出来并最终与花鼓右侧的飞轮连接部件相连。变速手柄上的齿轮根据挡位上的数字相应地拉动花鼓周围的飞轮连接部件。变速手柄上的齿轮中有一个特殊标记。例如上面的数字可能使用不同于其他数字的颜色，或者数字周围有一个圆圈标记。设置变速手柄使挡位指示器指向这个齿轮上并开始调节变速线的松紧度。

　　飞轮连接部件的两个组成部分——即位于自行车后轮中央，飞轮和车架之间的形状比较奇特的金属板——对齐后，说明变速线的松紧度处于比较合适的状态。飞轮连接部件上有两个彩色的抓耳，可以清楚地看到两部分是否处于对齐的状态。

　　有时候，抓耳可能不容易被找到，因为它们的体积非常小，容易被灰尘覆盖。抓耳可能就是一个金属质地的手指状部件，上面有红色的条纹，或者上面还会有塑料件覆盖。找到抓耳后，可以轻松将其对齐。变速手柄上通常会有调节旋钮——转动调节旋钮并熟悉它的工作方式：朝哪个方向转动能够使抓耳互相分离以及如何使抓耳互相靠近。需要尽可能地使两个彩色的抓耳处于完全对齐的状态，因此可以每次只转动四分之一圈，甚至八分之一圈，直到获得令人满意的效果。

　　调节旋钮可能存在于两个位置。可能位于变速手柄上，即安装变速线的地方，或者位于自行车后轮附近变速线的末端位置，甚至有可能上述两个位置上各有一个调节旋钮。无论使用哪个进行调节，最终效果都是相同的，但是非要做出选择的话，可以使用靠近后轮的那一个，因为这个位置更加容易找到调节抓耳。

调节禧玛诺8速花鼓

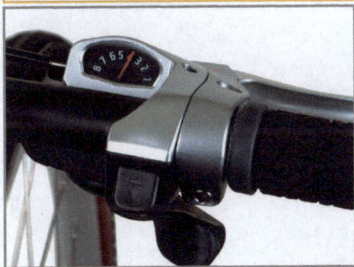

第1步：在图中位置处，可以看到变速手柄上的数字4是红色的。这说明需要将变速手柄设置在这个数字上时才能对花鼓进行调节。这是进行花鼓调节时找到合适齿轮的最常用的方法，另一种可能性是选择数字四周有圆圈的齿轮。旋转式变速手柄就采用这种设计理念——只需设置变速手柄使其与带标记的数字对齐即可。

第2步：图中视角是从上到下观察后花鼓与车架之间的空隙。在这里，抓耳位于一个干净的塑料部件下——有时候，必须先将塑料部件上的灰尘擦除才能清楚地看到抓耳的位置。老式花鼓上使用的抓耳是两个体积较小的手指状金属部件，每个部件上印有一条红线。在这幅图中，可以看到两条线并没有对齐，一条线比另一条稍低一些。

第3步：如果观察变速线在变速手柄上的安装位置，可以找到调节旋钮，可以通过它来改变变速线的松紧度。轻轻转动调节旋钮，同时观察抓耳之间的空隙。可以看到两个抓耳会相应地进行移动。不需要记住移动所产生的影响——只需要通过转动调节旋钮使抓耳互相靠近（而不是分开）即可。抓耳处于完全对齐的状态时，停止转动调节旋钮。

拆卸花鼓变速车轮

使用花鼓变速的骑行者通常非常害怕自行车后轮出现扎胎问题。只要掌握下面介绍的方法就无须再担心这类情况了。

拆卸花鼓变速车轮与拆卸使用常规变速器的车轮有些许不同，但幸运的是，需要用到的工具数量并不多。二者之间的主要区别在于花鼓变速的变速线是安装在后轮花鼓上的，因此要想将车轮拆卸下来，必须首先扭动变速线使其处于自由的状态。

尽管如此，需要注意的是在重新安装车轮时会有一点复杂——需要对自行车后轮在车架中的位置进行设置，以便使获得所需的链条长度。

拆卸后轮——禧玛诺NEXUS花鼓变速

第1步：执行变速操作的同时，观察后轮与车架之间的空隙。可以看到在变速的同时，飞轮连接部件会开始缠绕在花鼓上。看到变速操作对飞轮连接部件带来的影响后，设置变速手柄使变速线处于最松弛的状态，此时指示器应该指向数字1的位置。

第2步：这是最重要的步骤，同时也是大多数人容易忽略的步骤。作为最为基本的要求，重新安装变速线时，必须确保线缆运行路径的正确性。但在实际的操作中，将所有部件拆分开后，要将其重新安装到原位并不容易。花点时间从后面观察飞轮连接部件并查看变速线的走向，这样有助于重新对其进行安装。如果无法在脑海中形成画面，可以在纸上绘制一个草图。

第3步：从后面观察飞轮连接部件。可以看到一个小孔，它位于变速线夹紧螺栓的下方。可以选择一个2毫米口径的内六角扳手并将其插进孔中以便获得杠杆力，然后按逆时针方向轻轻转动飞轮连接部件，使变速线逐渐处于松弛的状态。也可以使用手指完成这个任务，但是由于花鼓有比较强力的弹簧，需要施加很大的力气，进而容易造成手指酸痛。

第4步：保持内六角扳手不动，握住飞轮连接部件。这样可以使变速线处于足够松弛的状态，轻轻向右侧推动外管使其离开飞轮连接部件的末端，如图所示。由于现在变速线已经处于足够松弛的状态，因此可以将变速线从飞轮连接部件中拉出来。松开并取下内六角扳手。

第5步：变速线获得了足够的松弛度后，可以扭动变速线夹紧螺栓将其完全从飞轮连接部件中解放出来。需要留意变速线安装的方向以便稍后重新进行安装。操作时可能需要使用两只手扭动变速线，才能使夹紧螺栓从狭槽中移出来。注意不要使变速线出现打结的情况。

第6步：现在，变速线已经完全从后轮上移出来了。对于V刹和吊刹来说，需要释放刹车线。如果使用的花鼓刹车，需要将连接花鼓刹车支架和车架/前叉的螺栓拆下来。重新安装车轮时，一定要记住重新安装这个螺栓。松开车架一侧的车轮固定螺母，向前滑动车轮使其从勾爪中摆脱出来。

重新安装自行车后轮

简单来说，后轮的安装步骤与拆卸步骤正好相反。注意要检查一下齿轮的对齐情况，因为变速线的位置可能会发生轻微的改变。

安装工作即将结束时，需要花点时间确定是否获得了正确的调节效果。如果调节不当，可能会在骑行过程中对骑行者和自行车造成损伤。

安装后轮时，最关键的是使链条获得合适的松紧度。对于常规的变速器来说，后变速器能够拉紧多余的链条，进而自动实现链条松紧度的调节。

使用单个飞轮时，必须在重新安装后轮时对链条松紧度进行调节。这也就是花鼓变速自行车（以及单速自行车）上使用水平勾爪的原因（请参见本书第182页中关于工具箱的内容）。

重新安装后轮

第1步：将后轮置于车架后部，后下叉的中间位置，使链条从飞轮的后面穿过。向后拉动后轮将其安装在勾爪中。将拆卸后轮时取下的螺母和垫圈重新安装到原位。在很多禧玛诺生产的花鼓产品上，勾爪上会有一个左右指向的抓耳，能够使轮轴保持在正确的角度上。将勾爪上的垫圈置于正确的位置。手动拧紧车轮固定螺母。

第2步：向后拉动车轮使其位于车架的末端。车轮应该竖直立于车架的中央位置，轮胎距离后下叉左右的距离应该是相同的。链条也应该处于拉紧状态。向后转动脚踏最大程度拉紧链条，但需要确保链条仍然可以在飞轮和牙盘片上顺畅移动。牢固地拧紧两个车轮固定螺母。重新安装刹车。

第3步：在进行下一步工作前，需要先检查变速线的工作状态。外管不能有任何裂开或者打结的问题。同时，变速线需要具有足够的长度，不会妨碍车把向左右两个方向自由转动。确保变速线上的夹紧螺母被牢固地拧紧。可能需要使用两个扳手：一个扳手用于保持后面部分固定不动，另一个扳手拧紧前部的螺母。

第4步：在将变速线安装回线缆止栓上前，将变速线夹紧螺母安装到飞轮连接部件中。安装时只有遵循移动的角度才能将变速线固定到安装孔中，为了找到合适的角度，必须顺时针方向转动变速线。安装好后使变速线向后从飞轮连接部件的后面穿过。可以按照固定变速线的狭槽来确定变速线的走向。

第5步：与拆除变速线的做法类似，可以将一个小的内六角扳手插到飞轮连接部件上的小孔中并顺时针转动。这样可以获得足够的变速线松弛度，进而可以更加轻松地将外管重新安装到止栓上。操控变速手柄并确定飞轮连接部件是否会在每一次操控时都进行相应的移动。

第6步：最后，检查变速线的松紧度。理论上讲，并不需要对花鼓进行调节，但实际上，变速线的位置经常会发生变化。此时，需要通过特定的齿轮进行调节。观察变速手柄——其中一个齿轮指示器的颜色有别于其他齿轮。切换到这个齿轮上。检查齿轮的吊耳是否完全对齐。如果没有，可以使用变速手柄上的调节旋钮进行调节，转动调节旋钮直到抓耳处于对齐的状态。

花鼓飞轮

与常规变速器相比，花鼓变速即使在不进行过多维护的情况下仍然能够保持良好的工作状态，但是由此就认为可以完全忽视这个部件无疑是一个错误的想法。

与使用了常规变速器的自行车类似，对于花鼓变速自行车来说，骑行者转动脚踏时同样会向链条施加一定的压力，这样就不可避免地使链条、飞轮，甚至牙盘片产生不同程度的磨损。

如果长时间置之不理，链条最终会在压力下在飞轮上产生跳齿现象。这种情况发生时，会让人觉得苦恼，如果在交通流量大的路段骑行甚至会带来风险。更换链条相对容易，但是飞轮通常安装于众多花鼓变速部件的后面。拆卸时需要更加仔细一些，如果在拆卸时记住各个旧部件的安装顺序和安装方向，那么在安装新部件时就会容易得多。

轮齿变得锋利或者轮齿两侧开始出现不对称的情况时，说明飞轮有磨损问题。同时，链条对每个轮齿施加的压力会导致轮齿表面向外延伸，进而在其中一侧形成锋利的突起。不要等到链条开始在飞轮上出现跳齿问题时才更换飞轮。因为到了那个程度时，磨损的飞轮已经开始对其他传动部件造成损坏了。

更换飞轮时，需要用到一种自行车维修中并不经常用到的工具——卡簧钳。这种工具仅用于更换飞轮，因此人们并不情愿花钱购买，但是没有这种工具，更换飞轮的工作就会变得非常困难。人们有时候会使用螺丝刀代替，但是这么做很容易被螺丝刀的头部戳伤手指。因此，最好花钱购买合适的工具。这种工具分为两种类型——内卡簧钳和外卡簧钳。外卡簧钳用于撬动管外的卡簧，而内卡簧钳则用于将卡簧从管内拉出来。此处需要使用的是外卡簧钳。可以购买价格比较便宜的两用型产品，但是这种产品使用时无法提供很好的稳定性，操作起来很困难，如果在操控过程中滑脱，很容易对手指造成严重的伤害。

更换齿轮还会使变速比发生改变。单个齿轮的移动范围无法改变，因为这是由花鼓的内部设计所决定的。但是变速范围确是可以变化的，因为它是由牙盘片尺寸和飞轮尺寸的参数比决定的。可以更换牙盘片和飞轮中的一种——安装较大的牙盘片与安装较小的飞轮所带来的结果是相同的，两者都会略微提高变速比。因此能够提高下坡骑行时的速度，但同时也会使上坡骑行变得吃力一些。

下页下方所有图片中展示的都是禧玛诺品牌的花鼓变速。这些是最常用的花鼓变速类型，但还存在其他品牌的花鼓变速。SRAM（美国自行车零件品牌）有着多年的花鼓变速生产历史，它们的产品具有可靠的性能，使用寿命可以达数百万米。

两个品牌的花鼓变速所使用的飞轮都是相同的。SRAM产品使用与卡簧类似的结构进行固定，但是拆卸起来更容易一些。SRAM花鼓变速使用飞轮连接部件，因此将自行车后轮拆下来后，直接可以看到卡簧和飞轮的安装位置。

勾爪——垂直型和水平型——各自的优点和区别

这个部件其实并没有它的名字听上去那样复杂，勾爪其实就是车架上用于安装车轮的狭槽——前轮和后轮的狭槽都使用"勾爪"这个术语来表达。长久以来，后轮勾爪狭槽几乎是水平的，可以使后轮在车架上前后移动。尽管如此，常规变速器自行车上并不需要这种类型的勾爪，因为可以依靠变速器本身来拉紧链条，因此垂直型勾爪变得更加普遍。垂直型勾爪能够实现非常牢固的安装效果，因为无论向脚踏施加多大的压力，后轮都不会从勾爪上脱落下来。在车轮螺母、快拆杆没有完全拧紧或者损坏时，后轮从狭槽中脱落会卡在后下叉上，这是非常危险的。

更换花鼓飞轮

理想情况下，每次更换链条时应该同时更换飞轮。如果在旧飞轮上使用新链条，那么会对新链条造成快速的磨损。

飞轮的尺寸有很多种并且通常都比较滑，这意味着将其安装到花鼓上后飞轮会朝一侧滑动。使飞轮和牙盘片互相对齐时，尽可能使链条在两者之间直线运行，进而减少链条的磨损。在拆卸旧飞轮时，记录飞轮的朝向，这样在安装新飞轮时就不会出现错误。所有飞轮的安装方式几乎都是相同的，因此具有很好的兼容性。

必须先依次将变速线和车轮拆下来（参见本书第180页中的内容）以到达飞轮的位置。将轴承右侧所有的螺母和垫圈拆下来，记录它们的顺序和安装方向。

更换花鼓飞轮

第1步：飞轮连接部件位于飞轮的中央的上方位置，因此必须先将该部件拆下来。需要分层级地进行拆卸。要想实现正确的拆卸和安装，需要遵循一系列的点和箭头标记来进行。第一层是固定环，逆时针转动可以将固定环拆下来。握住止栓以便固定飞轮连接部件，然后轻轻转动固定环。只需转动大约1/4圈就可以将其拆下来了。

第2步：接下来的一层为图中黄色的点标记的部件。仔细观察飞轮连接部件的下一层，可以看到这层是由两部分构成的。两个部分上都有黄色的点。如果上面被灰尘覆盖住，必须将灰尘擦除干净才能看到这些点。牢固握住飞轮连接部件的后部，然后转动飞轮连接部件最上面的一层，直到黄色的点互相对齐为止。现在，可以就轻松将这层拆下来了。

第3步：接下来出现了红色的点标记，重复上一个步骤使红色的点互相对齐并将飞轮连接部件的最后一层拆下来。将所有拆下来的部件按顺序并朝上摆放，这样可以清楚它们的安装放置。擦除所有部件上的灰尘，因为各层之间不存在灰尘或者沙砾时能够更容易地将其安装回位。

第4步：接下来的操作需要一定的技巧，需要使用卡簧钳。首先找到卡簧的位置——即靠在飞轮表面的金属环。卡簧的截面可能是圆形的，也可能是方形的。卡簧并没有形成一个完整的圆，找到其中存在的空隙，将钳子伸进空隙中并握住手柄将卡簧打开到一定程度，然后将其从花鼓中取出来。不要用手指触碰卡簧，否则容易弄伤手指。

第5步：在将飞轮取下来前，先确定它的朝向——飞轮并不是水平安装的。现在，可以去除旧飞轮并开始安装新飞轮。新飞轮需要按照原来的朝向进行安装。使飞轮上的三个手柄与花鼓上的狭槽对齐，然后就可以轻松安装到位。使用一把小螺丝刀将卡簧重新安装到原位，操作时注意手指远离卡簧以免受伤。

第6步：重新安装飞轮连接部件的第一层，使红色的点互相对齐然后轻轻扭动直到获得紧密的安装效果。接下来对黄色的点标记部件重复刚才的步骤。最后，将固定环安装到最上部，然后转动并锁定固定环。只需转动1/4圈就能够实现锁定。如果没有锁定，不要强力转动固定环，而是应该将前面两层拆下来并检查是否实现了紧密的安装。重新安装垫圈和螺母，最后重新安装自行车后轮（见第181页）。

传动系统疑难问题解答

问题描述	问题原因	解决办法	对应页面
链条在蹬踏时突然滑脱	飞轮和链条磨损过度	查看链条的磨损程度，根据需要决定是否更换，需要同时更换飞轮	137、141、143
	牙盘片磨损过度	更换牙盘片	172~173
	牙盘片轮齿损坏	矫正弯曲的轮齿	无
	后轴磨损或者损坏	更换后轴	199
	链条节扭曲变形	矫正或者拆除扭曲的链条节	68
	链条干燥且较脏	清洁并润滑链条	135~136
	后变速器分度调节不当	调节变速线松紧度	148
	链条、飞轮和牙盘片彼此不兼容	确保获得兼容性——尤其是链条和飞轮的兼容性——不要混淆8速和9速的部件	134
后变速器分度不准	变速线松紧度不当	拧紧飞轮组固定环并调节齿轮	148
	变速线较脏	清洁并润滑变速线/更换变速线和外管	159、160、162、165
	外管破裂	更换外管	159
	变速器弯曲变形	更换变速器	151
	变速器吊耳弯曲变形	更换或者矫正吊耳	153
	变速手柄磨损过度	断开变速线与变速器的连接，用手拉紧变速手柄处的变速线检查其运行效果，根据需要进行更换	148、154、166~169
	飞轮组固定环松动，导致飞轮绕后轴移动	调节变速线松紧度	148
后变速器分度效果良好，但骑行过程中自动变速	车把到车架，或者全减震车架各部分之间的变速线外管太短，导致车把或者车架拉动外管	更换长度更大的外管（可能需要同时更换变速线），确保外管与车架之间不存在刮擦现象	154、159、162、165
	链条磨损过度	检查链条磨损程度，根据需要更换链条和飞轮	137、143
链条无法切换到最小或者最大的飞轮上	止动螺钉过于深入	松开止动螺钉使链条能够在飞轮组上的各个飞轮之间自由切换	149
	变速线松紧度不当	调节变速线松紧度	148
	引导轮距离飞轮太远	调节B型螺钉	150

问题描述	问题原因	解决办法	对应页面
后变速器在较小的飞轮上能够获得良好的分度效果，但在较大飞轮上无法获得良好效果	变速器吊耳弯曲变形	更换或者矫正吊耳	153
	链线运行不当	牙盘距离车架过近——安装较短的中轴	170
前变速器无法获得良好的分度效果	变速线松紧度不当	调节变速线松紧度	155
	前变速器位置不当	调节前变速器的位置，使外侧金属板与牙盘片平行，牙盘片与变速器之间保持1~2毫米的空隙	155、157、158
	变速器弯曲变形	矫正或者更换变速器	157、158
	变速线较脏或者有腐蚀问题	清洁或者更换变速线	160、162、165
	变速线破损	更换变速线	162、165
	变速线外管破裂或打结	更换外管和变速线	159、162、165
	变速手柄磨损过度或者损坏	断开变速手柄与变速器的链接，轻轻拉动变速手柄上的变速线并操控变速手柄，检查三个不同位置的效果——根据需要更换变速手柄	166~169
变速效果迟缓	链条磨损过度	更换链条和飞轮组	141、143
	变速线旋转部件磨损过度	清洁并润滑变速器或者更换变速器	157、158
	外管上的金属箍丢失	确保每段外管的末端都装有金属箍，这能够有效防止外管从止栓中穿过	159
	变速线在夹紧螺栓下方的位置不当	拆下变速线并检查夹紧螺栓下面的区域——应该遵循变速器上的狭槽的方向来安装变速线	165
	将刹车线外管用作变速线外管	始终使用正确类型的变速线外管——刹车线外管虽然更加粗壮，但是受到压力时会变形，进而导致不规律的变速效果	159
前变速器无法切换到最大的飞轮上	"H"止动螺钉的位置过于深入	松动"H"止动螺钉，使链条能够自由切换到最大的牙盘片上	156
	牙盘距离车架太远，导致变速器无法完全伸展	安装较短的中轴或者使中轴的安装位置更接近车架	170
	不当的变速线松紧度	增加变速线拉力	165
前变速器无法切换到最小的飞轮上	不当的变速线松紧度	减小变速线拉力	155
	"L"止动螺钉过于深入	松开"L"止动螺钉，使链条能够由于落到最小的飞轮上	156
链条随机脱落到中间或者最小的牙盘片上	变速手柄磨损过度	更换变速手柄	166~169

第6章 车轮

车轮的质量和运行状况对自行车的正常运转来说比其他任何部件都要重要。毕竟，想改变轮子转动的快慢时，只需要变速器就可以完成，并且只需要刹车就可以制动，但无论骑到何处，车轮始终在转动。妥善对待车轮，它们才会在使用过程中不出问题。无视它们将会让你爬的每个坡如攀直壁、过的每个弯如陷泥淖。自己动手组装车轮其实也没有想象中的那么难。

如何拆卸和重新安装车轮

即便对车轮不进行任何保养，知道如何拆卸车轮以便修理被刺穿的轮胎也很重要，能牢固地重新安装车轮更加重要。如果没有把握，请求自行车店工作人员或者请经验丰富的骑手陪你完成整个过程。

标准快拆杆原本专门为公路比赛用自行车而设计。这个系统很棒，它允许你不使用工具便可将车轮锁固就位。但是快拆杆的原始设计者不会预料到现在人们对自行车所做的改变。自行车减震器早已问世，但却曾是屠夫或者邮递员用自行车的特色功能，并且他们很少用6英寸（约15厘米）的减震器去野外飞驰。人们一直在改进设计，让这些装置更安全——前叉底部的"lawyer tabs"强迫你拧几圈快拆杆螺母才能将车轮卸下。在前轮飞出并将你摔在地上前，这种设计为你争取了一点时间来发现不良状况。同理，移动水平后叉以便调整链条张力来避免掉链子，也是为了使车轮更安全，这种设计曾经在山地车上普遍应用，现在仅仅在单速专用车架上才能见到。

在山地车上，许多减震前叉和一些减震车架的背面都配备一个"快拆贯穿轮轴"。此系统更为结实和安全，它是为了抵抗碟刹盘片所能施加的较大摩擦力而设计的。

RockShox Maxle和Fox QR15是两个最常见的快拆贯穿轮轴系统。RockShox Maxle系统将20毫米的贯穿式轮轴应用在了110毫米宽的前花鼓上，而QR15将15毫米的轮轴应用在了100毫米宽的前花鼓上。每类系统都需要与之匹配的前叉和专门的花鼓来安装贯穿式轮轴。在禧玛诺和许多其他的制造商那里都可以买到兼容的花鼓。对于Maxle后叉端，RockShox公司也制造12毫米的Maxle后快拆贯穿轮轴。如果发现快拆杆出现松动，请带自行车去专卖店咨询。

对于快拆扳把的最佳位置存在一些争议。传统做法是，调整快拆杆的方向，使扳把位于自行车的左侧，并且沿着某一车叉合上以免被碰到。这又是一种从公路赛车上传播出来的做法，即扳把总是放在自行车的同一侧，这样可节省事故后至关重要的几秒时间。事先知道扳把在自行车的哪一侧，机械师跳下车就能开始工作，从而减少拖延。将扳把靠着后下叉安置可以降低与其他自行车缠绕在一起而意外松开车轮的概率。

在山地车上，不将扳把径直朝前安放至关重要，因为车压过树枝时，扳把会被树枝挂住而打开。我更乐意将扳把安装在碟刹盘对侧，因为这样降低了修理轮胎刺穿时扳把被灼热的碟刹盘烧焦的概率。但是车叉的形状通常会决定快拆杆的安装位置，尤其是后叉配有调节钮和锁紧螺栓时。确保扳把安装牢固是最重要的工作，在快拆杆上缠绕一根扎带作为额外的一道保障也是有益无害的，正因如此，我尤其喜欢禧玛诺XT型快拆杆，因为上面配备了方便扎带使用的小孔，并且尺寸非常合适。

将快拆杆安装牢固

第1步：为了抓紧车架，快拆杆和锁紧螺母应具有深且利的锯齿锁，并且在快拆杆的每一端都具有端头朝内的弹簧座。为了牢固地安装快拆杆，扳开扳把直到它向外垂直车架。抓住扳把，并且紧固另一端的锁紧螺母。合上（切忌扭动）快拆杆扳把，使"closed"标签方向朝外。

第2步：快拆杆不应轻松地便能合上。如果很容易就能合上，那么将扳把打开并紧固锁紧螺母，再将其合上；如果扳把不能完全合上，那么再打开扳把，松动锁紧螺母并将扳把合上。一旦感觉满意，再将扳把打开并将锁紧螺母和快拆杆绕相同的方向拧动相同的量，以便合上扳把后其位于车架或者前叉的边上。

贯穿式轮轴：RockShox Maxle和Fox QR15型快拆贯穿轮轴的工作原理都是将轮轴穿过一侧前叉和花鼓并拧入对侧的前叉。通过牢固地合上快拆轮轴，夹紧其他的松动部位。每类快拆贯穿轮轴都需要专门的前叉和与之匹配的花鼓，但是考虑到获得的额外安全性和刚性，还是非常值得的。

花鼓：轴承

轴承早在古罗马时代就已经存在，并且曾出现在达·芬奇的设计图纸中。他设计的早期坦克，其特点是装有一个能使炮塔朝不同方向转动的装置。他将结构的上部组件安放在一圈木制圆珠上，既能让其自由转动，又能支撑其重量（木材并不是最佳的轴承材料，但仍然在环形场地赛车上使用）。斯文·温奎斯特（Sven Wingquist）是一位富有远见的瑞典发明家也是现代轴承发展的先驱，他在1907年创立了SKF公司，该公司迄今仍在生产高质量的不锈钢轴承。

车轮中心处装有轴承。轴承形式各异，从各种的廉价钢珠到昂贵的密封轴承，但是它们都起到同样的作用，即不用面与面之间的运动，便可保证车轮牢固地安装在自行车上，同时尽可能使车轮自由地转动。调整优良的轴承可以使用多年不出故障。不论是轴承过松或者过紧都会减慢你的骑行速度，并且轴承也会迅速地磨损，所以定期检查轴承大有裨益。

抓起每个车轮，轻轻地转动它，即便非常轻地转一下，车轮也应该继续能自行转动几圈。如果转动速度迅速变慢，首先检查刹车块或刹车片有没有接触轮圈或碟刹盘，是的话则会产生和过紧轴承一样的效果。如果是刹车的问题，首先翻到与刹车有关的章节去解决问题，接着再回到轴承上来。如果并非刹车的问题，那么便是轴承太紧从而使你不能风驰电掣。

将车轮放下并蹲在车轮边上，抓住车圈穿过前叉（硬尾车可以是后上叉或后下叉，否则可以是主车架和后车轮之间的任意前叉）的部位，将车圈捏在大拇指和手指之间，另一只手抓住最近处的车架，将双手来回地摇动，把车圈拉向车架接着将其推离车架。车圈或许会轻微弯曲，但是这并不是要找的问题。需要检查的是来回拉车圈时，是否有敲击的感觉，甚至有咔嗒声。这些迹象表明轴承与其支撑面之间有相对运动，也意味着轴承需要进行检查。

对前轮重复相同的程序，抓住车圈穿过前叉的部位，并轻轻地摇动车圈。同样，车圈会轻微地弯曲，但不应出现丝毫敲击现象。车轮应能自由转动，即在转动数圈后速度慢慢降低。

花鼓
锁紧螺母
密封件
轴挡
钢珠
轮轴
轴挡
锁紧螺母

▲ 禧玛诺Deore后花鼓

自行车车轮轴承的分类

◆ **珠挡轴承（散珠轴承）**：传统上自行车轴承都是珠挡轴承——通过轴上的轴挡将一圈散珠限制在花鼓上的钢碗内。轴挡可以沿轴向调整，留有足够的空间让轴承转动，但是不足以让车轮侧向移动。通过顶着每个轴挡楔入锁紧螺母将其固定就位，然后顶着锁紧螺母将轴挡拧紧。这种轴承的优势在于仅需极少的工具便可进行轴承部件的检修。

◆ **密封轴承花鼓**：现代化的轴承形式称作密封轴承花鼓，尽管名称有点误导性，因为珠挡轴承通常也是密封的——无论如何，你可以打开任何一种轴承，你会发现轴承里的钢珠乱成一团。这种类型的花鼓每一侧都有一个平底圆孔，而不是杯形孔。钢珠及其运行轨道都集成于一个部件，接着被压入平底孔中。这种轴承安装较为麻烦，因为车轮两侧的轴承必须完全平行才能平稳地运行。这种轴承的优势在于，轴承磨损后，钢珠和轴承面都可以进行更换。而对于珠挡轴承，钢珠和轴挡可以更换，但是由于钢碗集成在花鼓上，让更换成本并不低。

花鼓的安装和调距、处理花鼓密封

开始大展身手拿扳手将花鼓拆开前，先检查一下花鼓是否整齐地装配于车架上——装配不佳的花鼓不能牢固地夹在车架或前叉上，并且很快便会磨损。

花鼓的安装与调距

几乎所有的山地车花鼓都具有相同的间距——前叉勾爪内侧的间距（专业上称之为"紧固螺栓间距"——OLND）。该间距在前叉处是100毫米，在后叉处是135毫米。"勾爪"是车架或前叉的一部分，其上加工有沟槽来安装轮轴。对于前叉，它的每个叉腿末端都有勾爪；对于车架，右侧的勾爪上还配有供后变速器安装的挂钩。公路自行车使用的距离前叉是100毫米，后叉是130毫米。

将花鼓合适地装配在勾爪之间至关重要。如果花鼓比车架或前叉宽或者窄不止几毫米，勾爪会夹在花鼓的边角上，而非直接夹在花鼓上。这会使花鼓轴承承受不均匀的压力，使轴承迅速磨损，极端情况下可能会折弯甚至折断轮轴或者勾爪。

勾爪的每一个面都要求状况良好，这样轮轴和快拆杆才能牢固地夹在面上。车轮另一端的锁紧螺母和快拆杆的内夹持面都进行过滚花（刻痕）处理以增加抓紧力。如果一直骑车轮松动的自行车，这些刻痕会毁坏勾爪表面，导致车轮安装不牢固，即便之后调紧合适也无济于事。

运输自行车时，也需要注意保护勾爪。勾爪在车轮卡装就位时非常坚固，但车轮卸掉后却非常的脆弱。如果卸掉车轮来将自行车装上飞机，那么要在勾爪之间安装一个轮轴支架。通常可以在自行车专卖店里找到这样的支架——新自行车在运输过程中为了保护前叉，都会在包装里面安装这个支架。

为了在车顶行李架上运输自行车，卸掉前轮并夹住勾爪会对减震前叉造成损坏。前叉和夹子之间的任何相对运动都会扭曲勾爪，让其强度降低。如果前叉以这种方式运输而导致勾爪产生裂纹的前叉，有些前叉制造商会拒绝保修。

花鼓密封

对于我个人而言，弄脏自行车是骑行的一大特色。虽然并不是每次出去都会弄脏自行车，但是假装（比如本书中的照片中那样）始终保持自行车干净并没有意义。泥泞的赛道和公路并不是设计者们在干净的工作室中所认为的轴承的"工作环境"，所以如果能保持轴承不与外界接触，那么轴承一定会运转得最佳。理想状况是，在轴承和外界之间创造一个防漏密封。不幸的是，轴承元件的特性之一就是一个部件要挨着另一个部件并顺畅地运动。这就意味着在某一时刻，车轮的运动部件（花鼓、车圈和辐条）与固定在车架上的部件（轮轴）之间会形成间隙。

在肮脏的地方骑行，就会存在尽量防止岩屑进入花鼓和轮轴之间间隙的问题。放入间隙中的任何东西都必须精挑细选来隔绝泥土（所以它必须与运动件和固定件都要接触），但是又不能有丝毫的摩擦（所以它最好不要与任意部件接触）。这是真实存在的矛盾——这个问题中涉及许多物理学知识。实际的结果是泥土会进入花鼓内，而且有时必须清理泥土。

不同类型的花鼓

便宜和昂贵花鼓之间的一大差别便是它们密封的好坏。越贵的设计和制造表明运动件之间的间隙能尽可能地被补偿，并且无零件之间的摩擦。越结实和刚硬的花鼓同样密封也越好——廉价的会在压力作用下弯曲，在密封周围产生间隙。然而，完全隔绝泥土的花鼓并不能转动，无论在零件上花费再多的资金，任何密封都存在不足。检修花鼓时，顺便检查密封的状态。密封件的破损会让雨水和泥土进到轴承里。

许多花鼓配有较大的外部密封件来包裹花鼓和轮轴的裸露部分。密封件一般是黑色锥形，并且通常会在后花鼓的左侧和前花鼓的两侧看到。它的作用很大，但是如果润滑油耗干，在转动时会吱吱作响。为了解决这个问题，剥离密封件的端部，如果脏的话清洗一下，并且在密封件和花鼓的接触面上滴一滴油。至于其他的事项，首先要学会如何拆卸和重装花鼓，这样花鼓才能顺畅地转动，并且从不会让可能影响轴承的杂质进入。

检查和调节轴挡

车轮轴承调节合理时，它们才能持久地运转。花鼓轴承的目的就是让你在蹬自行车时，车轮能自由转动，同时防止车轮在车架内侧来回移动。

第一部分非常明显——受到影响而无法出色转动的花鼓会明显地降低你的骑行速度，并且浪费你的体力。但是轴承的晃动也会降低你的骑行速度——如果车轮在车架内侧来回移动，刹车表面（碟刹的盘片或V型刹车的车圈）会经常和刹车垫或刹车块接触。松动的轴承会让你感到车轮在车架内摇动，而不是在蹬踏过程中精准地沿着运动轨迹。自行车会让人感到不稳定，伴随着微小的、令人不安的停顿后才会沿着你蹬踏的方向前进。

　　在前轮和后轮检查轴承是否松动的程序相同。抓住车圈穿过前叉或车架的部位，轻轻地向车架方向拉车圈。如果轴承松动，车圈会朝你摇动——你能感觉到，甚至能听到车圈在它的轴承上面移动。如果车圈轻微弯曲，这并不要紧，但不应存在丝毫的敲击声。松动的轴承需要立即进行调节——因为这不仅影响你的骑乘感受，也会使轴承快速磨损。如果允许轴承撞击轴承面，而不是顺畅地转动，会在轴承面上产生麻点。同时还要检查轴承是否过紧。依次拿起车轮并将其转动，车轮应在很小的力量下也能持续自由转动。如果过早地减速，首先检查刹车。如果不是刹车的问题，那么便是轴承过紧。前轮轴承要比后轮轴承更容易调节，因为前轮可以从两侧着手。而对于后轮，右侧轴挡和锁紧螺母都隐蔽在飞轮下面。

调节轴承

从车架上卸下车轮并拆掉快拆杆——因为它影响我们的操作。在手指间转动轮轴的末端，接着在车轮上来回摇动轮轴。如果检查车架上的车轮时发现轴承过紧，那么此时轮轴会有砂粒感——丝毫不会移动。如果在车架中感觉到松动，那么在来回摇动轮轴时，会察觉到车轮轻微的摇动。由于轮轴穿过车轮中心，只需要操作轮轴的一端便可实现轮轴两端的调节。后轮上右侧的轴挡被飞轮遮挡，迫使你不得不从左边进行调节。前轮可以从任意一端进行调节，所以下面就以调节后轮轴为例进行介绍。

　　开始前要检查右侧的锁紧螺母是否牢固地锁定在轮轴上。如果这一侧在你调节另一侧时出现移动，那么便不能精确地设定两侧之间的关键距离。抓住从锁紧螺母中间伸出的带螺纹的轮轴短节，并尝试拧动锁紧螺母。如果锁紧螺母能用手指轻松地转动，那么你确实需要检修花鼓，而不是进行调节。由于松动的轴挡会在轮轴上面移动，所以泥土和水会被吸入到花鼓内部。下面的图片只显示了花鼓本身，不包括辐条，这样你能一次性看到花鼓的两侧。实际操作时，车轮的其余部分会连接在花鼓上。

调节花鼓

第1步：翻转车轮使花鼓的左侧朝向你。拆除全部黑橡胶密封件，此时会看见轮轴端部附近的锁紧螺母及其后面的轴挡。轴挡和锁紧螺母之间或许会有一个或者多个垫圈。在轴挡上放一个薄轴挡扳手，并将轴挡保持不动。用扳手将锁紧螺母逆时针拧开一圈。

第2步：花鼓右侧的锁紧螺母和轴挡锁在一块，紧紧地夹在轮轴上，可以通过将扳手移到右侧的锁紧螺母上保持轮轴不动。将轴挡扳手留在左侧的轴挡上，并转动来调节轴承——顺时针紧、逆时针松。

第3步：保持轴挡不动，将扳手转移到花鼓左侧，并将轴挡牢牢地紧固在新位置。重新检查轴承调节效果——可能需要多试几次才能将轴挡的位置调节正确。将车轮装到车架上后，再次检查轴承调节效果——确实很烦人，但是通常在此时，你只能察觉到轴承轻微的松动。

前珠挡花鼓检修

前花鼓可以作为最先检修的部件——它远没有后花鼓检修那样棘手，因为上面没有杂乱布置的传动装置。如果以前从未修过花鼓，可以从前花鼓开始练习。

如果有碟刹，在检修过程中注意不要将润滑油沾到碟刹盘片上。我曾见过有人将塑料袋套在碟刹盘片上，接着在袋子上抠一个孔，通过孔来检修花鼓。然而，这种做法似乎有点多余——只要注意将沾油的手指和轴承远离碟刹盘片就可以了。需要看看用哪种尺寸的扳手来调节轴挡。轴挡本身需要一个特殊的扁平扳手，因为它的扳手夹持面非常的狭窄。所需的尺寸通常是13毫米或15毫米。锁紧螺母通常可以用普通的扳手来拧转，一般是17毫米，但是有时也会需要轴挡扳手来拆卸锁紧螺母。购买所需尺寸的部件时，将自行车拿到专卖店去是个好主意，因为可能有不同尺寸的部件。既然到了店里，顺便向他们要花鼓所需尺寸的钢珠，通常都是5毫米规格的。

前珠挡花鼓检修

第1步：将前轮拆下，并彻底取出快拆杆。检查花鼓的每一个面。轴挡或许会被密封件覆盖，如图所示。如果可以的话，用手拆下密封件以避免其损坏，否则，用平薄的螺丝刀从边上去削。你会依次看到轮轴的螺纹端、带扳手夹持面的锁紧螺母、垫圈和带扳手夹持面的轴挡。大多数轴挡并不可见，因为它在花鼓内部。

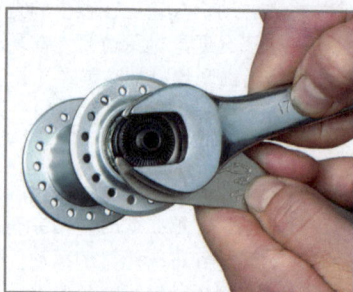

第2步：将薄轴挡扳手放到某个轴挡扳手面上，用轴挡扳手保持轮轴不动，接着用另一个扳手松开锁紧螺母。将其完全取下，移除所有的垫圈。将所有零件按顺序摆放在干净的碎布上，这样你在重新安装时能记得它们的顺序。对于前花鼓，如果零件弄混了，不难确定它们的顺序，但是检修比较困难的后花鼓时，按顺序摆放便是不错的做法。

第3步：将锁紧螺母扳手交换到车轮的另一侧夹住锁紧螺母，即夹住轮轴，在该侧保持不动。保持轴挡扳手在原先的轴挡上，彻底松开那个轴挡，并且从轮轴上取下来。此时应能将轮轴从花鼓中抽出。抽出轮轴时，一些钢珠可能会掉出来，准备好接住它们。

第4步：用平刃螺丝刀取出所有的钢珠。数清钢珠的数量，保证更换同样数量的钢珠。清洗轮轴以及其上的所有残留物。将碎布裹在螺丝刀的头部，并用它来清理轴承面上的润滑油。对于比较顽固的污垢，你或许会用到自行车洗涤剂或除污剂。冲洗轴承面，并用干碎布擦拭干净。清洗完所有的旧部件后，清洗双手并着手重装一切部件。

第5步：检查花鼓各侧的轴承面。轴碗和轴挡上都会磨有一道痕迹，寻找轴承面上的麻点。任何麻点都会阻碍轴承的精密调节。有时轴挡可以单独更换，尽管可能必须购买整个新的轮轴。花鼓的轴承面上有麻点的情况更加严重——必须更换花鼓，这意味着要么重新买一个新车轮，要么围绕花鼓重新组装车圈。

第6步：确认锁紧螺母紧靠在轴挡上。如果轴挡上有凹坑，注意轮轴伸出锁紧螺母的长度，接着用轴挡扳手保持轴挡不动，松开锁紧螺母。从轮轴上拆掉所有的部件。安装新的轴挡并且重新装回所有的垫圈和锁紧螺母。将锁紧螺母拧到轴上，使轮轴螺纹从锁紧螺母端部伸出相同的量，接着将轴挡拧回至锁紧螺母。保持锁紧螺母不动，将轴挡靠着锁紧螺母牢牢拧紧。

重装轮轴

重新安装轮轴前，有必要确保轴挡和轴承面是清洁和干燥的。花鼓内残留的任何泥土都将会缩短花鼓的寿命，并会使轴承更难调节。轻质润滑油（如GT85或者WD40）能帮助溶解压实在轴承表面的旧润滑油和泥土——向花鼓的每侧各喷一点，接着转动车轮，让润滑油有机会浸入到整个轴承面。牙刷是清除顽固泥渍的完美工具。清洗两轴承面之间的花鼓中间部分——用螺丝刀将一条布直接戳过花鼓最为简单，接着扭动螺丝刀并抽出，以清洗花鼓中间部分。将轴承面擦干，以便润滑油能很好地黏在上面。

所有的部件都清洗干净之后，再次检查两个轴承面和两个轴挡上的凹痕。平滑的摩擦痕迹并没关系，它们只是表明了轴承在这些地方运动。但是任何形式的凹痕——轴承面上的小坑或者粗糙的斑点——意味着应更换该部件。相比花鼓轴承面，轴挡的质地要稍软，这就是为什么轴挡先被磨损，因为它们更换起来更便捷和便宜。带着旧轴挡去自行车店进行更换，因为轴挡在长度和直径上存在许多差异。同时将两个轴挡都进行更换——如果一面的轴挡已经磨损，另一个的使用寿命也所剩无几。你可能会发现花鼓轴挡单独买不到，那么你或许不得不买整个新轮轴。如果花鼓面已经磨损，那么除了更换花鼓别无选择。如果车圈的状态良好，你可能希望考虑将车轮拆解开，并重新将车圈装在新的花鼓上。

第7步：在花鼓两侧的轴碗内抹上润滑油。润滑油的量应该足够，每个钢珠装上后，润滑油应该达到其中部位置。用干净的手在每侧安装与拿出时同等数量的钢珠。如果安装就位一个钢珠后，另一个跳了出来，那么就多了一个钢珠。足量的润滑油可保持钢珠就位。

第8步：将轮轴装配体穿过花鼓。如果有碟刹，那么从刹车一侧穿，否则从哪侧穿都没关系。将新的或清洗干净的松轴挡一直拧回轴轴，让它碰到钢珠，并将所有钢珠约束就位。此时重新装回所有的垫圈并将锁紧螺母拧到轮轴上，使其尾部顶到垫圈或轴挡上。

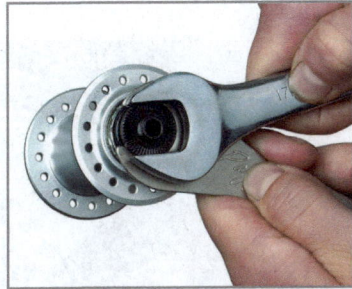

第9步：所有的调节必须在重新安装轴挡的轮轴侧进行，我们将该侧称之为"可调"侧。在安装前，需要将锁紧螺母和轴挡紧固在轮轴的另一侧，即静止侧，那么便可以利用它们来保持轮轴不动，以便调节另一侧的轴挡。丝毫不需要调节该侧的轴挡，它保持不动。

最终调节

现在到了最棘手的环节。调节轴挡和轴碗之间的间距，让车轮能顺畅地转动，但是要保持其足够紧固，以消除车轮的侧向移动。保持轴挡不动，并将锁紧螺母顶着轴挡紧固，这样轴挡无法离开原位置。问题是放松锁紧螺母时，通常会移动已经完成的调节。通过抓住穿过花鼓的轴挡摇动车轮，接着旋转来进行测试。如果车轮来回侧向晃动，那么说明轴挡太松；如果不能自由地转动，那么说明轴挡太紧。轻轻地顶着钢珠紧固轴挡，让车轮能自由转动，但是没有侧向的摇摆。将轴挡扳手放到静止轴挡上抓住轮轴，并保持其不动，接着用锁紧螺母扳手轻轻地将可调锁紧螺母拧到可调轴挡上。一旦它们接触，从花鼓静止侧将轴挡扳手移到可调侧，并将可调锁紧螺母牢固地楔在可调轴挡上。测试轴承调节——在手指间旋转轮轴，它也应该能顺畅地转动，阻力很小。将车轮面向你自己，并且侧向来回摆动轮轴——不应有晃动。有时第一次就能完美地调节成功，但这种情况很少，通常需要回过头再试一次。

如果轮轴转动得不流畅，向外移动一点可调轴挡。利用两个扳手，保持可调轴挡不动，将锁紧螺母松开整整一圈。把锁紧螺母扳手移动到静止侧，并将其放在锁紧螺母上保持轮轴不动。将可调轴挡松开一点。将两侧的扳手调换位置，用轴挡扳手保持在静止侧保持轮轴不动，并紧固锁紧螺母让其碰到可调轴挡。将两个扳手都换到可调侧，将两者相互顶着拧紧，这样它们便紧锁在一起。再测试一次并且重复，直到令你满意为止。如果轮轴和花鼓之间存在晃动，需要松开锁紧螺母，紧固轴挡而不是将其松开，并且把锁紧螺母锁回轮轴。装回先前卸下的所有密封件，并重新安装车轮。

后珠挡花鼓检修

后花鼓的调节方法和前花鼓一样，但是由于飞轮安装在后轮上，让操作更复杂一些。

为了检修后花鼓，就必须将飞轮拆除，参见本书第199页。一个复杂之处是右侧珠挡隐蔽在塔基内，迫使你从左侧进行调节。最常见的扳手尺寸是15毫米的轴挡扳手和17毫米的普通扳手以及18.25英寸（约46厘米）的滚珠轴承。后花鼓需要比前花鼓检修得更频繁，因为我们通过踏板迫使后轮转动，并且后轮承担了我们身体的大部分重量，所以它运转得更加吃力；后花鼓也更加靠近传动系统，导致它的工作环境恶劣，从链条上飞溅的岩屑，后花鼓处于首当其冲的位置。虽然右侧有时会比较凌乱，但为了更好的效果，要经常对其进行检修，并总是在检修花鼓时更换轴承。如果花鼓的轴碗出现严重的凹痕，那么要考虑对花鼓进行更换。通常最好带着车轮去自行车店征求意见。一种可选的做法是购买一个新花鼓以及辐条，然后围绕新花鼓重新组装车轮。组装方法参见车轮组装章节（见第209～216页）。一旦完成脏污零件的拆卸和清洁工作，洗净双手，这样便可以重新将零件安装在一起，并且不会弄脏轴承面。

后花鼓检修

第1步：卸下车轮并取出快拆杆。剥下封闭轴挡的所有外部密封件。最好徒手剥离密封件——用两个手指捏挤将其松开，接着抽出。否则的话，将螺丝刀伸到密封件的边缘下部并扭动。检查密封件的状况，如果边缘割破或者磨损，那么将其更换。

第2步：用轴挡扳手保持左侧轴挡不动，并用扳手松开锁紧螺母。将锁紧螺母完全取下，接着取下垫圈。握住扳手，这样你的手会随着锁紧螺母的松开而移开——通常锁紧螺母会突然松开并将手指痛苦地夹在扳手之间，所以要当心。

第3步：将锁紧螺母扳手交换到车轮的右侧，在将左侧轴挡完全拧开时，用锁紧螺母扳手保持轮轴不动。将拆下的零件线性摆放，这样你可以按正确的顺序和方式更换它们。将轮轴从车轮的右侧抽出，同时接住所有掉出来的钢珠。

第4步：保持右侧零件处于安装状态，将轮轴清洗干净，顺便也清洗从左侧拆卸下来的零件和花鼓内的轴承面。在螺丝刀顶部裹上碎布来清理轴承面。利用自行车洗涤剂或者除污剂清洗顽固油垢，但是在之后要冲洗和擦干花鼓。检查轴承面。轴碗和轴挡上都已经磨出一道痕迹，这并没有关系，但是痕迹应光滑，并且没有凹痕。凹痕严重的轴挡要进行更换。

第5步：如果更换右轴挡，注意轮轴伸出轴挡、垫圈和锁紧螺母的距离。用轴挡扳手将轴挡固定在轮轴上，用锁紧螺母扳手卸下锁紧螺母。将旧的轴挡和所有的垫圈从轮轴上拧下。把轮轴擦拭干净，并更换新的轴挡。重新装上垫圈，接着将锁紧螺母拧到之前相同的位置。保持锁紧螺母不动，将轴挡和锁紧螺母相互顶着牢固地拧紧。

第6步：在两侧的轴碗内抹上足够的润滑油，以便安装上钢珠后润滑油能送到它们的中间位置。在每侧安装上与拿出时相同数量的钢珠。两侧的数量通常都相等，并且通常是九颗。如果将一个钢珠塞进轴碗，另一个钢珠跳了出来，说明不需要安装钢珠了。

第7步：将右侧轴挡和锁紧螺母牢固地安装在轮轴上，接着将轮轴小心翼翼地从花鼓右侧穿过，确保不要将任意一个钢珠挤出来。轴挡可能会完全消失在花鼓中。

第8步：将左侧轴挡拧到伸出花鼓左侧的轮轴上，并且用手将轴挡拧紧，直到它碰到钢珠，但是仍然能自由地转动。

第9步：将垫圈重新安装就绪，随之安装锁紧螺母。用手拧紧锁紧螺母直到它顶到垫圈上，然后用两个扳手将轴挡和锁紧螺母紧固在一起，这样它们会牢固地楔在一块。对调节效果进行测试——轮轴应能自由转动，并且阻力很小（很少能第一次就调合适，多试几次）。

第10步：抓住车轮，使轮轴的左侧正对你自己，并且侧向左右摇动轮轴。应该没有丝毫的晃动——不应感觉到轮轴侧向来回的敲击。如果调节不合适，保持左侧轴挡不动，将左侧的锁紧螺母松开一圈。

第11步：将扳手放在右侧的锁紧螺母上保持轮轴不动，并且调节左侧轴挡——如果有敲击现象，那么顺时针拧轴挡以减小轴碗和轴挡之间的间距；如果轮轴过紧，那么逆时针拧轴挡以增加轴承间距，使其能自由转动。

第12步：保持左侧轴挡刚刚完成的调节，将左侧锁紧螺母顶着轴挡拧紧。这样通常会改变已完成的调节，所以通过调整来进行补偿——满意的调节通常需要几次尝试，是一个反复试验的过程。一旦调节满意，将所有密封件重新装回，并重装飞轮和快拆杆。安装车轮，并牢固地夹紧快拆杆。

工具箱

调节前轴挡所需的工具

- 轴挡扳手——通常大部分是13毫米口径。

调节后轴挡所需的工具

- 轴挡扳手——通常大部分是15毫米口径。
- 锁紧螺母扳手——普通的17毫米口径扳手对大部分情况都适用。然而，具有两个而不是六个胎面的锁紧螺母将会用到17毫米口径的轴挡扳手。

检修花鼓所需的工具

- 如前所述的各种扳手。
- 质量好的自行车润滑油，比如Finish Line或者Phil Wood的产品。
- 去污剂以及清洁花鼓面的清洁布。
- 钢珠替换件——通常大多数前轮是5毫米规格，后轮是7毫米规格。如果不确定，可以带着旧钢珠去专卖店去，以估量新的钢珠。

密封轴承花鼓的检修

密封轴承花鼓将一对封闭式轴承压装在珠挡花鼓安装珠挡轴承的位置。封闭式轴承比普通的滚珠轴承更昂贵，这种机制的优点在于封闭装置由钢珠和轴承面组成——更换封闭式轴承，就意味着已经高效地更换了一个新的花鼓。

在某些方面，检修密封轴承花鼓要比保养珠挡花鼓更容易，因为不需要进行调节——你只需敲出旧轴承，清洁或者将其更换，重新安装一个新轴承即可。

选择正确的轴承尺寸可能比较困难，因为好多轴承的形状相似，但尺寸不同。轴承通过3个尺寸来定义——封闭式轴承的外径、中间孔的直径和厚度。尺寸印在轴承的侧面。从店里购买轴承时，要求他们从花鼓制造商那里重新订购替换件，这样做能保证获取合适的替换件；也可以从专业轴承加工车间购买轴承，但是最好带着旧轴承作为参考。

下面以前花鼓为例（后花鼓除了必须拆除飞轮才能合理地操作轮轴之外，操作方法相同）。你或许会发现轴盖用内六角螺栓锁固在轮轴上——将内六角螺栓拧开几圈，从轮轴上将其松开，接着当作推合式轴套来对待。一旦检修完了花鼓，重新正常安装轴套，接着轻轻地拧紧内六角螺栓——并不需要很大的力来将它们固定就位。

执行本操作需要一个橡胶锤或者塑料锤。如果这两样东西都没有，那么一块木头也可以，但是不要尝试使用铁锤。铁锤与前面提到的锤子根本不是一样的东西，无疑会损坏轮轴的端部。

敲出轮轴时，需要将花鼓支撑住。我比较喜欢将一截废弃塑料水管作为支撑套筒。水管塑料要足够坚固来支撑花鼓，但又足够柔软以免损坏花鼓，并且水管的尺寸刚好合适花鼓坐落在上面，轮轴可以通过水管中间的孔掉出来。水管供应商店通常有废弃的水管，如果你在店里徘徊并且冲店员微笑，他们可能会免费送给你，完美！

安装新轴承时，注意确保轴承平装在花鼓内，以便密封式轴承的周边都具有相同的间隙。如果轴承安装歪斜，它将会迅速地磨损。

同时检查轮轴的状况。必须是花鼓专用的轮轴，损坏轮轴的替换件必须由自行车店从花鼓制造商重新订购。密封式轴承轮轴几乎不会折断，因为它由密封式轴承良好地支撑，但是轴承支撑肩和轴端位置会被磨损。将新轴承安装在轮轴上后，如果新轴承宽松地安装在轴上或者能四处摆动，必须对轮轴进行更换。

密封式花鼓检修

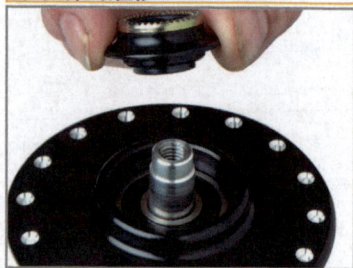

第1步：将轴套从轮轴上取下。通常徒手就可以取下。如果较硬，通过小螺丝刀放在轴套下面并向上松动来将其撬下。铝材质地软，所以要细心地操作，以免损坏轴套。

第2步：把废弃管子立起来，接着将花鼓平放在上面。通过花鼓敲轮轴端部。轮轴中间有一个凸起部分——每个轴承的内侧顶着该部分的轴肩放置，这样从轮轴的一侧敲击时，它会将轴承从另一个轴承上推出来。

第3步：把轮轴拆出来，一个轴承仍然安装在上面。将轮轴放在台钳上，并将长端悬挂在台钳牙内。用纸板或木头保护台钳牙，接着闭合台钳牙，这样台钳牙几乎夹在轮轴上，但并不完全夹上。穿过轴承敲击轮轴来将其拆除。将轮轴重新穿过仍然留在花鼓内部的轴承，并且用轮轴将轴承敲出，将花鼓重新支撑在塑料管上。

第4步：此时轮轴可能连在轴承上面，所以将轮轴放回台钳内，并将轮轴再次敲出。现在你应该有两个轴套、一个轮轴和两个轴承。如果你要更换轴承，将旧轴承拿到自行车店里去购买正确尺寸的替换件。如果要通过测量旧轴承来购买新的，需要知道旧轴承的外径、内径以及厚度。

第5步：彻底清洁花鼓的内部。比较轴承座深度和轴承的宽度，这样就知道轴承安装合适后，轴承座剩余的量。每个轴承需要坐实在轴承座底部。将花鼓内侧擦拭干净。在轴承座上涂上薄薄的一层乐泰胶有助于隔绝水分，并保持轴承就位，以免吱吱作响。

第6步：现在需要把新的或者润滑过的轴承小心地敲装就位，但是细心地支撑轴承至关重要，因为支撑的目的是避免轴承面受到损坏。你需要找到一些能放在轴承外圈上的轴承支撑，支撑中间要有一个足够宽的孔，让轮轴从中穿过。套筒装置的套筒通常比较完美，轴承架安装工具也很完美。

第7步：将花鼓支撑在塑料管上，接着将其中一个轴承敲装就位，利用轴承支撑来保证只有轴承的外圈承受载荷。把花鼓翻过来，并将轴承放在轴承支撑上面。穿过刚刚安装的轴承敲装轮轴。

第8步：将第二个轴承放在轮轴上。此时到了比较棘手的部分：在支撑上面，保持两个轴承共线，以便只有轴承的外圈承受荷载。将第二个轴承敲装就位，确保两个轴承相等地放进花鼓，轴承顶部的间隙与之前测量轴承座深度时所期望的间隙相等。

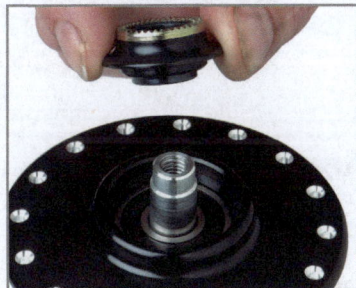

第9步：重新装上轴套。如果它们是压装式的，那么只要用手将它们套上就行。当重装车轮和快拆杆后，它们将会被适当地挤压就位。如果轴套有无头螺丝，用手将轴套装上，重装车轮和快拆杆，压紧快拆杆，接着再拧紧无头螺丝。

工具箱

密封式轴承花鼓检修所需的工具

- 用来拆卸轴盖无头螺丝的内六角扳手——但是绝大多数是压装式的。
- 橡胶锤、塑料锤或者木头块。
- 轴承替换件。
- 支撑轴承的托架——与轴承外圈的尺寸相同。
- 花鼓支撑套筒——塑料水管或者类似的东西。
- 软牙台钳或者简易的钳牙保护装置——小片纸板或者地毯。

清洁和润滑密封式轴承的重要性

已磨损的密封式轴承必须更换，但是如果它们只是脏了，一次快速检修就能让轮子顺畅地运转。拆卸车轮前检查轴承是否值得检修——将车轮放平并且轻轻地来回侧向摇动轮轴，如果能感觉到运动，或者轮轴来回敲击，那么说明该对轴承进行更换了。否则，按照下面的步骤进行清洁和润滑。

密封轴承的旧润滑油通常会在轴承或轴承面上牢牢地结块，任何能进入到密封轴承内部的杂质都无法出来，所以只能压实在轴承表面，通常需要利用除污剂来清洗这些污垢。

一旦将密封件拆除（以便有清除泥垢的通道），将密封式轴承浸泡在除污剂中。理想情况下，把密封式轴承放在一个小壶里面，并用除污剂将其覆盖，让轴承被完全浸没。放置一个小时，更换除污剂并再浸泡一个小时，并时不时地摇动。这样做应该能松软大部分以前的旧润滑油。用硬毛刷子将轴承刷洗干净，牙刷就很完美。用除污剂再冲洗一次，重复直到轴承变得闪亮，并且将所有滚珠之间的旧润滑油都已清除。查看除污剂操作说明书——如果必须用水冲去除污剂，那么用足够的水去冲。

干燥密闭式轴承

合理地让密闭式轴承干燥的方法是利用压缩空气干燥，但是我所认识的人中没有一个人家里有压缩机。热风干手器或者吹风机都是比较好的替代品。如果借给你吹风机的人不知道你要用吹风机干什么，最好在归还前非常仔细地将油指纹擦干净。

一旦完成干燥工作，必须立即对轴承进行再润滑——除去润滑油后的表面很容易生锈，因为你已经除去了它的油脂保护层。

质量好的润滑油物有所值——你不用经常进到密封式轴承内部，所以润滑油不需要很多。最好是防水润滑油。我喜欢绿色Phil Wood牌的润滑油，其密度很棒。把润滑油装进密封式轴承，但是别装太满——需要留有足够的空间让轴承运动。

清洁密封轴承

第1步：将密封式轴承平放在洁净的表面上。用手指将其抓住，压紧，这样它就不会滑动。用一个很薄的刀片来撬起密封件的边缘，注意不要弯曲或者割坏塑料，同时确保将刀片远离你自己——这很简单，但是我曾经粗心愚蠢地不止一次割破手指。把密封件彻底拿下，重复操作另一侧。

第2步：用除污剂冲洗轴承。用小刷子将以前的润滑油除去——一支旧牙刷就可以。冲洗轴承以除去除污剂，并进行干燥。用新润滑油重装轴承。不要将轴承装得太满，应留有一点空间让滚珠滚动。

第3步：用大拇指将密封件压在轴承上面。密封件的边缘安装在轴承套的边缘下面。安装配合比较紧，所以小心翼翼地将它们安装就位。安装完成后，在密封件的边缘处不能有皱褶和折痕。将密封式轴承外面多余的润滑油擦拭干净。

为检修后花鼓而拆卸和重装飞轮

检修后花鼓比前花鼓更为棘手，因为轮轴的右侧隐藏在飞轮的下面。不拆除飞轮来检修后花鼓也并非不可能，但要困难得多——轴承面在飞轮的后面，所以很难清洁干净。按照下面的步骤拆卸卡式飞轮，接着再清洁和再润滑花鼓后将飞轮重新装回。

几乎所有的卡式飞轮都使用相同的安装方法和相同的工具，让飞轮能在不同样式的花鼓之间便捷地进行互换。卡式飞轮的主体套在塔基的花键上面——塔基周围具有长条的平行凹槽，这些凹槽与飞轮内部相同形状的凹槽配合安装。在蹬踏时，迫使链条转动，牙盘始终由每个花键的前缘支撑。飞轮由一个固定环安装在花鼓上，固定环拧入到塔基的端部。一旦将固定环卸下，飞轮便很容易从塔基上拿下来。

标准安装意味着一种工具适用于所有的固定环。工具同样也有一组花键，可以放入固定环上相匹配的狭槽内。对于中空、快拆杆式轮轴的最佳工具有一个额外从工具中间伸出来的杆。当工具在受压时该杆起支撑作用，在转动工具时防止工具滑出来。

转动固定环和转动活动扳手来转动工具时，还需要一个链条扳手来保持飞轮不动，而重新安装飞轮时不需要链条扳手——塔基内部的棘齿会阻止飞轮的转动。更多关于飞轮的细节，请参见传动章节。

◆ 彻底拆除快拆杆。将飞轮工具安放在轮轴的端部，这样工具和飞轮中间的花键孔相啮合。将工具安放牢固，使它不会滑下来。如果工具上有从中心伸出的杆，将杆插进轮轴端部的孔内。如果工具中间有孔，将快拆杆装回去并利用它将工具夹在车轮上。否则的话，只要将工具安放牢固即可。

◆ 将轮子立在脚边的地上，并使飞轮背朝你自己。左手拿链条扳手。将链条扳手的松端缠绕在飞轮的顶部牙盘片上，以便其绕过飞轮顶部并绕回到飞轮底部，并将链条扳手的把手水平伸向你的左边。

◆ 在飞轮工具的上面装一个大的活动扳手，并使其把手水平向右伸出。倾斜车轮，并且向下推两个工具，在你的双脚之间保持车轮稳定。链条扳手会阻止飞轮旋转，这样飞轮工具便可以松动飞轮固定环。在松卸时，将会发出嘎吱的响声。不要惊慌，这种现象完全正常。

◆ 固定环松动后，将其彻底拆下。此时你便可以从塔基上轻轻地拿下飞轮——牙盘片只需简单地从车轮上笔直拉出即可。有些外层的牙盘片是分离的，小心地拿下，并连同附在一起的垫圈按顺序放置。

检修花鼓后重新安装飞轮

◆ 观察用来将飞轮安装在其上面的塔基体，并观察飞轮中间的孔。你会看到塔基体外缘的花键以及飞轮上面与之相匹配的花键。其中一个花键比其他的稍宽。将塔基上的宽花键与飞轮上面的宽键槽对齐，并将整块飞轮套在塔基体上面。如果本来就有垫圈，为每个松动的牙盘片安装垫圈。

◆ 重新安装固定环，刚开始时用手去拧。仔细将固定环对齐——由于螺纹非常精细，很容易出现错扣现象。一旦紧到拧不动，把飞轮工具重新装上，并用一个活动扳手转动工具。在拧紧的过程中会出现嘎吱的响声，同样，这并没有关系。在开始出现响声后，还需要转动扳手半圈左右。

拆卸和重装禧玛诺塔基

我们在此只处理禧玛诺塔基。它是最常用的类型和最方便获取替换件的零件。检修塔基必须要拆卸后轮轴，所以最好同时对花鼓进行检修。塔基不能无限期地使用，它可能会被污物阻塞。如果你用喷射软管在错误的角度将其缠住，它同样会处境艰难。

出现问题的最初迹象通常是蹬踏时会出现有规律的轻微滑脱现象。这和链条和飞轮磨损的感觉相似，所以首先检查它们，如果检查牙盘片发现其状态良好，那么塔基就是下一个可疑零件。将后轮从自行车上卸下，并逆时针轻轻地转动飞轮，你能听见棘轮机构的棘爪发出咔嗒声。试着将飞轮再次顺时针转动——就能感受到棘爪抓住棘轮并阻止你转动飞轮。如果棘爪抓死，逆时针再转动一下飞轮，并且重新进行测试。逆时针将飞轮转动一整圈，对每一个棘齿进行测试，并且棘爪每次都应能抓死。如果棘齿出现滑脱，那么你可以顺时针将飞轮转动不止一点点，说明在塔基内有黏住不动或者破损的棘爪，需要对塔基进行更换。

按照检修后花鼓的操作方法操作（见第192～193页）。一旦你拆卸了所有的零件——锁紧螺母、轴挡、轮轴和轴承——按照下面的步骤更换塔基，接着完成花鼓检修的程序。

不同塔基体之间的兼容性

以前后轮有一种老式的旋式飞轮，它具有6个牙盘片。几年后，该标准零件被更加结实的设计所取代——具有更宽间距的轴承和7速牙盘片的卡式塔基。几年内，又通过将塔基体加长为额外的牙盘片制造出空间。

7速飞轮不能安装在更长的8速塔基上，8速飞轮也不能安装在7速塔基上。然而，由于每个牙盘片之间的距离一样，以上两种的塔基均能用于相同宽度的链条。

随后增加的一个牙盘片，将飞轮从8速增加到9速，但它以不同的方式出现。9速飞轮的各个牙盘片更加狭窄，每个牙盘片之间的间距更小。所以，9速牙盘片和10速飞轮能安装在相同的塔基上面，但是9速系统使用比8速系更窄的链条，以便能安装在间距减小的间隙中。8速链条不能在9速牙盘片上运行，9速链条也不能在8速牙盘片上运行。

拆卸塔基

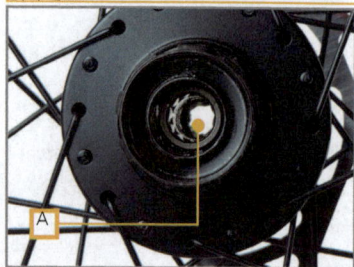

第1步：塔基（A）用内六角螺栓连接在车轮上。螺栓深深地隐蔽在花鼓内，所以一定细心地从花鼓的右侧拧动内六角螺栓。将内六角螺栓啮合牢固。

第2步：塔基螺栓应安装得非常紧固，所以在拆卸它时要用力。将车轮立在脚边的地上，并使塔基背向你。转动车轮，让内六角扳手水平位于你的右侧。用左手抓住车轮，并用右手使劲向下推内六角扳手。你会发现你需要更长的杠杆。如果能找到一根可以安装在内六角扳手上的管子，那么可用它作为额外的帮助。

第3步：一旦塔基螺栓（B）出现松动，完全将其拧开并抽出来。将螺栓清洁干净，可以重新用于新的塔基（C）。清洁暴露在塔基后面的区域，将新的塔基对齐，并将螺栓插进去。要将螺栓拧得非常非常的紧——与之拆下来时一样紧。如果需要利用"加长管"来卸下螺栓，那么再次使用它。

轮胎的选择

轮胎（外胎）是自行车唯一接触标道或柏油路的零件。真正去仔细琢磨，会发现接触的区域小得惊人，在某些情形下，仅仅是几个拇指指纹的宽度。这些小块的橡胶必须要传递踩脚蹬的力来驱动你前进，带你转过各种疏松、滑溜的拐角，在帽子掉落时为你提供一个迅速、可控的急停。所以值得花点时间考虑它们以及关注它们。

防刺穿

在过去几年内让许多人重新骑自行车的唯一因素并不是华丽的装备或者先进的车架材料和设计——而是编织在轮胎结构中的一条前所未见的防刺穿材料，位于胎面花纹的下面，大部分用于公路轮胎。防刺穿带可以阻止绝大多数肮脏且锋利的小东西蠕动至内胎。虽然防刺穿材料会让轮胎稍微重一些并且更加昂贵，但是却物有所值。

品质

优质的轮胎由更厚的橡胶制成，能更好地抓住公路或标道的路面。

▲ 平滑的轮胎意味着在柏油路上有更多的抓地力

胎压

胎压至关重要。轮胎内部的空气是唯一决定轮胎使用时间长短的因素。合适的胎压印在轮胎的侧壁上，因为它是规定必须包含的内容。起初，你会需要压力装置来检测胎压。一段时间以后，当捏轮胎时你便能感觉到合适的胎压是什么样子，但是需要一段时间来学习。许多打气筒附带有压力装置。尽管廉价的迷你打气筒给出的数值应看作是一种标示值而非精确读数，然而这些也很有价值。

胎面花纹

如果在野外林道路面上骑行，那么凸块的形状、深度和布局至关重要；如果在泥泞路况上骑行，那么选用后轮上布有宽间距的条纹的轮胎较好，它能抓住其他轮胎抓不住的地方；对于坚硬地形，选用凸块间距更近的轮胎，其具有更小的滚动阻力。较重的骑手需要较宽的轮胎，较轻的骑手可以选用比较窄的轮胎。但是对于沥青碎石路面，通常只需要将与公路相接触的橡胶量最大化即可，所以越光滑越好。如果在诸如纤路以及沥青碎石路面上骑行，那么轮胎中间具有一个光滑的隆起，并且两侧布满凸块会有所帮助。

轮胎状况

轮胎经常与路面接触，它们出现磨损在所难免，所以应该经常定期地检查轮胎。对于公路轮胎，每周花几分钟时间沿着每个轮子外围查看一下，并将小玻璃片和其他杂物抠出来，便能将扎胎概率减少一半。诸如此类的杂物从轮胎到达内胎需要一段时间，如果在到达内胎前就将其取出，那么便能为自己省一条内胎并减少一些困扰。轮胎表面上的裂痕和破洞是玻璃刺穿内胎的捷径，一旦裂痕和破洞开始累积，那么便要及时对轮胎进行更换。对于山地车轮胎，凸块边缘开始磨损便进行更换，磨损会对轮胎所能提供的抓地力水平有影响——不论选取哪种轮胎，新轮胎的抓地力始终比磨损的轮胎更好。

UST无内胎轮胎

UST（无内胎通用标准）山地车轮胎摈弃了内胎，并且为了获取气密性将轮胎顶着车圈密封。没有内胎意味着更低的转动质量（完美适用于赛车）以及不再出现挤压穿刺现象（即"蛇咬"，内胎与车圈挤压并被割破）。公路自行车也可以使用无内胎轮胎。

车圈和车圈衬带

由于锋利物体穿透外胎，并扎破内胎导致的扎胎非常烦人，但又无法避免。另一方面，由于内胎被车圈壁刺穿，或者由于气嘴在车圈内左右移动将其自身拉断的现象则完全可以避免。

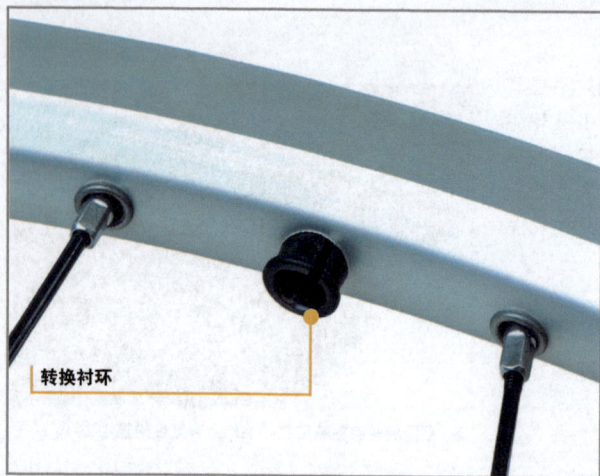

转换衬环

▲ 美嘴向法嘴转换的衬环

气嘴孔

气嘴有两种尺寸。较窄的法嘴安装于大约6毫米口径的气嘴孔，而较宽的美嘴则安装于大约8.5毫米口径的气嘴孔。

如果骑低胎压的轮胎（这会降低速度，但是能增加抓地力），你会发现内胎在轮胎内部来回移动。因为气嘴是由气嘴孔保持就位的，气嘴附近的区域会被拉伸，并且可能会撕裂。气门杆上的固定环通过减小气嘴的运动量提供一些帮助，但是如果在美嘴尺寸的气嘴孔内使用法嘴，固定环所能提供的帮助通常并不够。较好的解决方法是购买能安装在美嘴尺寸的气嘴孔中的塑料或者橡胶环以将其缩至法嘴尺寸。它帮助支撑气门杆并且阻止水分进入到气嘴和车圈之间的缝隙。通常称其为"美嘴–法嘴转换衬环"，但是更多地以它们的功能描述定义为"美嘴–法嘴转换头"。

一些轮圈具有较小的气嘴孔，仅有足够安装法嘴气嘴的大小。如果想使用美嘴气嘴，你可以将这些孔扩大——用大约8.5毫米口径的钻头，并且从外向内钻穿。用布将花鼓和飞轮盖住，防止细铁屑落在它们上面。锉掉气嘴孔周围的尖角，否则它们会切入气门杆。

车圈衬带（胎垫）

车圈衬带绕着轮圈内部安装，以防止辐条帽的头部在内胎上割孔。确保车圈衬带均匀地安装于车圈槽内，但是在任何部位都不要卷到侧壁上，因为这会妨碍轮胎的合适安装。我喜欢厚塑料车圈衬带，在安装轮胎时它们不会来回移动，并且必须要拉伸通过轮圈才能安装。

一旦车圈衬带安装结束，检查衬带是否完全覆盖所有的辐条孔——如果存在丝毫的缝隙，在打气时内胎便会蠕动进去。辐条孔和车圈衬带的锋利边缘会逐渐地割穿内胎，最终导致刺穿。这可能不会立刻发生——很可能内胎会坚持到最后的一刻，然后开始出现问题。

安装了车圈衬带，你会经常发现衬带上的气嘴孔与车圈上的孔无法对齐。将螺丝刀伸到车圈衬带的下面，抬起一点并推动螺丝刀，让其搭在车圈的两壁上面，衬带则绷在螺丝刀上面。绕车圈滚动螺丝刀直到两个孔对齐，然后移除螺丝刀。

布料衬带较之塑料衬带更重，但是对于喜欢高胎压的人却是更好的选择，因为其具有较小的柔性。当为轮胎加压时，较薄的衬带会陷进辐条帽孔中。如果车圈衬带在每个辐条孔处都有鼓泡，用更厚的衬带将其替换。可是不要将车圈衬带叠起来——如果将一层衬带放在另一层上面，它们会将车圈槽填满，让拆卸和重装轮胎变得更加棘手。

车轮校正——保持车轮平衡的技术

通过实践你才能更好地进行车轮校正。这些指导方法能让你入门，并且如果车轮变形严重不能骑了，这些指导方法可以用来救急。更多关于撞击后的基础应急指导，请参见第70页。

将自行车倒立，接着拆下变形的车轮。拆掉轮胎和内胎，这样更加便于你观察，同时也释放了车圈上的压力，能够更精确地校正。将车轮重新装在车架上，转动车轮并仔细观察车圈转过刹车块之间的部分。如果车圈变形太严重以至于不能穿过刹车块之间，保持调整旋钮安装在刹车杆或者刹车装置上，尽可能地松开刹车。极端情况下，可移除一个或全部刹车块。

拿出辐条扳手前观察车圈，确认你决定要做哪些校正。观察车圈离你最近的部分，同时也观察其后能看到的花鼓零件。能看到辐条从轮圈离开，朝向花鼓。有相同数量的辐条交替连接到花鼓的左侧和右侧。

收紧连接到花鼓右侧上的辐条可以将辐条连接的一小部分车圈向右拉；收紧连接到左侧花鼓上的辐条可以将车圈部分向左拉。在右侧辐条向右拉和左侧辐条向左拉的过程中，将车圈保持张紧。

松弛一根左侧的辐条，允许右侧的辐条将车圈向右拉——就如同拔河比赛，一队可以通过拉得更用力来移动中间的旗标，但是如果另一队累了或者不那么使劲地拉，也可以造成同样的效果。车轮校正的目标是平衡所有辐条之间的张力，让左侧的辐条和右侧的辐条的拉力相同，保持车圈正好居中。

记住这些，轻轻地转动车轮，同时观察刹车块和车圈之间的间隙。随着车轮的转动，会看到车圈侧向来回移动。想象车圈沿着假想的中线运转，两个刹车块之间应有相同的距离，以此来确定车圈变形最大的区域。

变形中心

仔细观察变形区域，并且找出变形中心处的辐条。必须调整这根辐条的张力，让车圈更加居中。如果变形将车圈拉向假想中线的右侧，那么偏向花鼓右侧的辐条必须被松开，而偏向左侧的辐条必须被收紧。

将车圈中心的辐条帽调整半圈。辐条被交替编织在花鼓的左侧和右侧，如果一根辐条向左走，那么与之相邻的两根辐条都必须向右走。所以，一旦将变形中心的辐条调节半圈，要将与之相邻的两根辐条向相反方向调节四分之一圈。再次转动车轮，寻找下一个最大的变形。可能在同一位置或者其他位置。最好慢慢操作，调节三根辐条，接着通过转动车轮来检验成果。

弄明白向哪个方向拧辐条帽来收紧或放松辐条难倒了很多人。如果搞错了并向错误的方向拧辐条帽，只会适得其反，使变形加剧。最终，如果你固执己见，车轮会分崩离析。在校正时如果发现情况变得更糟而不是更好，停下来想想自己在干什么。

更松还是更紧

我在学习时，一直不得不考虑该向哪个方向拧。最终，我在一张纸上画了两个圆，一个标有顺时针箭头并在中间写着"更松"，另一个标有逆时针箭头并写着"更紧"。

这页纸在我的工具箱里存了好多年，并且每次我必须校正车轮时，我都将其放在车轮下面的地上。我会转动车轮来找出变形，接着转动车轮，让必须进行校正的区域位于底部，在纸的上方。这样，我始终知道该向哪个方向拧辐条帽。

一段时间后双手会记住，你也不必再去考虑拧的方向。培养在这种位置使用辐条扳手的习惯是个不错的主意，因为在拧辐条帽时，如果一根辐条发生断裂（这种情况会出现），它会毫无危害地撞击地面。不要转动车轮，以便能看见正在拧的辐条帽头部，否则会将眼睛和脸置于险境。

有可能无法完全校直车轮。如果车轮没有任何变化了，就应该停止。只要车轮能穿过刹车块，就可骑着车去能正确处理变形的地方。

安装一根新辐条，让车轮保持张力

撞击通常会导致辐条断裂，但磨损也会导致断裂。观察轮子时，它通常有一个很大的变形区域。用手指轻轻地拂过辐条，有一根可能会突出来进入手中。尽快修好它至关重要。车轮依靠均匀的张力来保持强度。一根断裂的辐条会削弱整个车轮结构的强度，并且会让迅速校正变得愈发困难。

更换已断裂的辐条

如果有一根断裂的辐条，可将车轮拆下，并接着拆除轮胎、内胎和车圈衬带。对于后车轮，拆除飞轮（方法参见第199页）。定位断裂的辐条，并将其拆除。如果断裂靠近辐条头部位置，那么从辐条帽孔中抽出辐条，并且从花鼓的法兰上推出辐条头。如果是在辐条帽处断裂，将辐条帽抽出，并将辐条重新放回去，以便从花鼓法兰上将其抽出。可能必须折弯它才能将之取出。

测量其他幅条来确定所需要的长度。确保是从同一个车轮的同一侧测量与断裂的那根一样的辐条——左侧和右侧的辐条可能长度不同。辐条长度是从辐条头弯曲的弯头内侧到辐条的最端部，端部在车圈的里面——从车圈外侧观察相邻的辐条，以估计辐条伸出车圈的距离。替换的辐条必须不能比其他的辐条长或短2毫米以上。

将辐条按正确的顺序编织回去至关重要。观察花鼓，你会发现辐条按"头部在里"和"头部在外"相交替。法兰上离你最近的"头部在外"的辐条看起来是一个圆圈，因为你只能看到它的头部（或许上面还会印有制造商的商标）；而"头部在内"的辐条展现在整个法兰上，所以你能看见辐条的弯头，接着弯头偏开朝向车圈。新辐条必须要按照这种模式安装。

"头部在内"的辐条最容易安装。从花鼓的远侧开始，将辐条伸进花鼓处穿过小孔。此时辐条在车轮外面摇晃，而其头部处于两个法兰之间。轻轻地拉动辐条将其完全穿入，让辐条头部在花鼓内尾端朝上。来回扭动辐条，让其对准车圈。将辐条弯头轻轻地安置在花鼓孔中非常重要。孔的大小仅仅足够辐条穿过，以至于在使用中不会左右移动，这样在不折弯辐条的情况下将辐条弯头安装到花鼓孔内变得很困难。

辐条编法

辐条编法的特点是每隔四根便会重复一次，车圈每一侧所有"头部在内"的辐条都向相同的方向辐射。找出下一根相似的辐条，并用它作为导向。新辐条在装到车圈的过程中会穿过三根其他的辐条。第一根需要越过的是邻近的辐条——"头部在内"的那根辐条。这两根辐条离得非常近，所以花鼓的法兰在两根辐条之间。新辐条越过下一个与之相遇的辐条，但是必须编织到第三根辐条的下面。试着轻轻地弯曲辐条，而不是将其折弯，并且避免用辐条的尖端划伤车圈。将辐条与车圈上面的空孔对齐，确认相邻的辐条走向花鼓的另一侧。

"头部在外"的辐条安装比较棘手——并且也更加常见！将新辐条穿过花鼓近侧一点点。先不要将辐条全部穿过——这样辐条最终会卡在车轮另一侧第二和第三根辐条的交叉处。轻轻地将辐条从花鼓向外弯曲，并引导辐条的端部从花鼓的远侧出来，超出辐条交叉的位置。需要将辐条弯曲得非常厉害，所以在花鼓孔内的滑移就会变得不那么轻松。用一只手推入辐条头部，同时用另一手保持辐条的弯曲。

与"头部在内"的辐条一样，编法每隔四根重复一次。从新辐条开始依次数三根，朝哪个方向都可以，并用数到的这一根作为导向。新辐条在花鼓附近穿过相邻的辐条，从下一次与之相遇的辐条下面穿过，并且接着必须进行编织，以便其穿过第三根外侧。将辐条与车圈上面的空孔对齐，确认相邻的辐条走向花鼓的另一侧。

对两种类型的辐条，在螺纹上面滴上一滴油，将辐条帽从车圈的外侧放入，并将其拧到辐条上面。用辐条帽收紧辐条松弛的部分，并参见本书第203页来校正车轮。

是什么导致辐条断裂

辐条通常在后轮的右侧断裂。后轮比前轮承担更多的重量，因为骑行者几乎坐在后轮的上面。带有变速器装置意味着飞轮安装在花鼓的右侧，所以右侧的辐条要以更陡的角度去接近车圈。它们必须更紧以将车圈保持在车架的中间，所以它们更容易断裂。

它们也是最不方便换的辐条，必须拆除飞轮才能将一根标准的辐条安装在法兰孔内。这些辐条经常被链条破坏。

调节较差的后变速器会让链条滑入飞轮和辐条之间的间隙。如果此时正好使劲蹬（这非常有可能，因为你已经调到了最小的飞轮），链条对辐条的作用就像锯子一样，将其切断。如果必须要拆卸飞轮来更换其后面的辐条，那么检查其他的辐条是否有链条造成的损坏。更换任何被切破或者磨损的辐条。最好一次只更换一根，这样能保持车轮的张力和形状。将每一次更换的辐条帽拧得足够紧，以便在拆除和更换下一根辐条前支撑车圈。安装在飞轮后面的塑料辐条保护盘虽然不怎么好看，但它们确实防止链条掉进间隙内——安装新的辐条后一定要装回辐条保护盘。

车圈损坏

车圈损坏非常令人沮丧，并且通常由扎胎所导致。如果轮胎泄气非常迅速，那么可能没有足够的时间让正在运行的车圈上停下来。如果车轮负载较重或者正从多岩石的山上颠簸而下，那么破坏尤其严重。车圈的侧壁可能会出现小坑，频繁同刹车块相撞，并且让自行车在刹车时很难控制。有时车圈会出现一个扁平点，以至于随着轮子的转动，扁平点穿梭于刹车块之间，刹车块会摩擦轮胎。轮胎的侧壁非常柔软，刹车块会迅速地磨穿轮胎以及内胎，导致爆胎。碟刹的优点之一便是刹车不会以相同的方式去影响变形的车轮，但是出现扁平点和折弯的车圈仍然会降低车圈的强度。

作为一种应急措施，折弯的侧壁能重新折回来，尽管车圈的强度有所降低，因此应该一有机会就对其进行更换。一个小型的活动扳手是理想的工具，将其牢固地夹在车圈上的喇叭口处，并将其掰直。如果喇叭口很大，可分几步进行恢复，从喇叭口的任意一侧向中间操作。

如果车圈有一个扁平点，那么检查刹车不影响轮胎侧壁。如果影响的话，向下调整刹车，这样甚至轮胎在相对刹车的最低点时，也有空隙。检查时轮胎充满气非常重要，因为在较高压力时，轮胎侧壁会膨胀，挡在刹车的轨道上面。一旦车圈上有一个大的扁平点，你对车圈的校正几乎无能为力——如果车圈向内弯曲超过几毫米，那么准备用新车圈重新编制一个车轮吧。

工具箱

车轮修理工具——撞击后的车轮校正

- 辐条扳手——独立的扳手优于多功能工具上的辐条扳手，后者非常难用。

车轮修理工具——辐条更换工具

- 辐条扳手——如上所述。
- 撬胎棒——用来拆卸和重装轮胎。
- 打气筒——重新为轮胎打气。
- 飞轮工具外加链条扳手——用来拆卸和重装飞轮。

编制车轮术语介绍

购买组装好的成品车轮现在十分方便，但是自己用一捆辐条将花鼓连接到车圈上，你会收获很多。如果编制和张紧工作都由自己完成，可以将省下来的额外费用花在车圈升级上面。

首次尝试自己组装一个车轮通常会花点时间，但却是令人非常有满足感的一次经历。一旦成功地完成了首次尝试，以后的每次组装都会变得更容易。不要尝试用二手车圈和旧辐条来开始操作，对二手车圈进行校正非常困难，车圈可能有小坑或者发生变形，所以会令你感到沮丧，因为会发现你正在做正确的事，却没有任何效果。

编制工作最先进行，即用位置安装正确的辐条将车圈和花鼓连接起来。这项工作比看起来要更容易。下一项工作是校正车轮，让车轮变得圆、平并且居中。这项工作看起来容易，但其实不然，需要许多耐心和细心。

前轮处理起来比后轮更容易。后轮有飞轮安装在上面，这就意味着车圈并不居于花鼓的正中间。因此，飞轮一侧的辐条必须比另一侧的辐条更紧。所以如果可以的话，以前轮开始做车轮组装大业，以便慢慢上手。

碟刹一般会有推荐的辐条编法。这是由于刹车只对车轮的一侧施加制动力，所以受刹车压力的辐条正好是最能承受制动力的那些辐条非常重要。在此给出的编法最适用于碟刹自行车，对其他自行车也适用。

交叉编法

大多数车轮都按"三交叉（3x）"编法组装。为了了解它的含义，观察一根辐条，并跟随它从花鼓一直到车圈。辐条要么从下面，要么从上面穿过其路径上的其他辐条。如果它穿过了三根另外的辐条，那么便是一个标准的三交叉车轮。另一个常用的编法是"放射编法"，辐条直接从花鼓到达车圈而不与其他任何辐条相交叉，同样也称之为零交叉（0x）编法。

放射编法几乎专门用于前轮。交叉的编法更适用于后轮，因为你用脚踏驱动使后花鼓转动，辐条将花鼓转动传递到车圈和轮胎。交叉编法意味着辐条以一定的角度离开法兰，这样会降低法兰和辐条上面的应力。

三交叉

对于放射编法和交叉编法，交替的辐条被连接到对面的法兰上。这样使你能调整车圈的各个位置，通过收紧连接在右侧或放松连接在左侧法兰上的辐条可以将车圈向右移动，并且可以通过收紧左侧或者放松右侧的辐条来将车圈向左移动。

在交叉编法中，辐条可分为受拉辐条和受压辐条。受拉辐条在蹬踏时变得更紧，拉动花鼓转动，拖动其后面的车圈；而受压辐条提供一个平衡反力，以此来保持车轮结实的圆形形状。

在刹车时，情况恰恰相反——受压辐条突然要完成所有的工作，而受拉辐条起支撑作用。

◀ **三交叉是标准的编法**

辐条长度

无论是组装新车轮还是更换已断裂的辐条，都需要选择正确的辐条。长度要求恰好合适——长于或短于2毫米的辐条均无法安装。法兰（花鼓每侧较宽的部分，上面有辐条可以穿过的孔）尺寸上的微小差异和车圈的剖面形状都会影响辐条的长度。

更换辐条时，通过测量同个车轮同一侧的另一根辐条来确认长度。当测量一根编制在车轮上的辐条时，必须要将车圈衬带拆除，并且从车圈外侧向内观察以估计辐条在车圈内的长度。

过长的辐条会伸进车圈里面，在那会刺穿内胎。你可以将端部锉掉，让它们和辐条帽的顶部一样高，但是仍然不够好——辐条帽只有端部加工螺纹，所以如果辐条太长，辐条帽必须将自身的螺纹拧到辐条上未加工螺纹的区域。这样通常会损坏辐条帽的螺纹，以至于不能安全地保持辐条张力。

辐条必须足够长以便于大部分辐条拧在辐条帽上——如果辐条帽只是通过最后几圈螺纹挂在辐条上，辐条一受压就会将螺纹拉穿。

如果组装一个新车轮，就是从零开始。可以利用三维三角学计算出正确的长度，但计算比较困难。更便捷的方法是请求自行车店为你找——专卖店通常会有常用的花鼓和车圈组合表，或者是计算机中的辐条长度计算程序。选择一个安静的时间，而非七月份忙碌的星期六。如果你同时要买辐条的话，自行车店很有可能会帮助你。为了知道正确的长度，自行车店需要知道花鼓型、车圈型、辐条根数和编法，所以要么随身携带所使用的部件，要么同时购买它们。

如果正在组装新车轮，那么额外买几根辐条，以备后之需。别忘了同时购买辐条帽——它们并不自动地与辐条一起出售。

辐条有两种类型："无锈辐条"（意味着它们比较便宜）或者"不锈钢辐条"。建议始终使用不锈钢的辐条（从无锈辐条上省出来的费用很快会花费在更多的辐条上面）。好的产品包括DT和Sapim。

辐条规格

辐条通常要么是普通规格（通体是2毫米的直径）要么是变径辐条（在经常断裂的两端是2毫米，在中间位置是1.8毫米以节省重量）。尽管辐条并不是非常重的组件，但是在该处节省重量意义重大——车轮绕自身的轴转动，所以此处节省的重量对加速的难易程度影响甚大。对于较重的骑手，普通规格的辐条不易变形，所以它们有助于在上下颠簸时保持车轮形状不变。

花鼓法兰上的孔的大小仅仅足够辐条穿过。如果配合非常紧，辐条更不容易安装，但车轮将会更持久地保持准直。宽松的孔允许辐条来回移动，磨损安装孔并释放辐条张力。法兰的宽度也同样重要。重申一次，组装的简便性和车轮使用寿命之间要进行折中——如果法兰仅比辐条弯头稍微窄一点，那么辐条上的弯曲将很难轻易穿过小孔。然而，辐条弯头的整个宽度将会被花鼓孔的内侧支撑，从而降低了辐条断裂的可能性。有些辐条在螺纹端直径较小，这样确实节省了一些重量，但是却意味着你必须使用特殊的1.8毫米辐条帽（虽然使用2毫米辐条帽也能安装，但通常在骑行的前几千米辐条帽就会松弛）。由于辐条规格不会在不同的制造商之间发生变化，但是使用相同厂家生产的辐条帽和辐条是明智的——即便是它们的尺寸一样，由混合搭配组件组装成的车轮不能长久地保持准直。

辐条孔数

目前，山地车圈绝大多数固定在32个孔。以前的标准是36个，但是随着车圈变得更结实，让通过去掉几根辐条以节省重量变得有可能。现在，28根辐条的车圈也变得越来越常见，然而36孔对于较重的骑手或者骑行风格极其激进的骑手来说仍不失为一个好主意。昂贵的车轮朝着更少的辐条发展，但是它们组装起来更加困难，由于减少了辐条的数量，每根辐条的张力变得更大，并且每根辐条张力之间的平衡性变得至关重要。如果你之前并未组装过，我推荐先熟练32和36孔车轮编制后再进行昂贵车轮的组装！公路自行车圈前轮可以少至16个孔，后轮可以少至20个孔（编注：仍在不断减少中）。

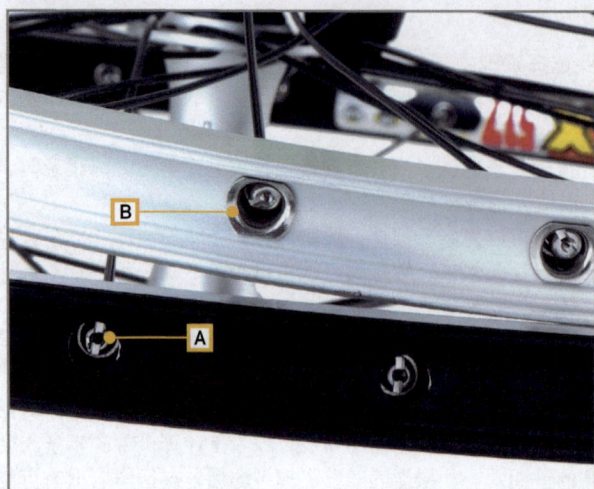

▲ 有两个加强环的车圈更坚固

加强环

车圈由铝材制成，虽然较轻但是相对较软。质量好的车圈在每个辐条孔上压装一个加强环，这些加强环将辐条上的张力分散到车圈更广的范围内，并且为辐条帽底部的拧固提供了一个平滑的平面。单个加强环（A）安置于车圈方形区域的内侧；双层加强环（B）加工成能将压力分散到内部和外部面上的形状，让车圈更结实，但会增加一点重量。

左面和右面

以前只有后轮才不容易确定右侧和左侧，但是碟刹车轮的出现让前轮也不容易确定。辐条编法比较重要，因为碟刹比车圈刹车更加有力。辐条需要合理排列，以便于最结实的辐条排在一起来抵抗刹车力。也可以用同样的方式组装非碟刹车圈。

组装车轮时，会有许多朝左和朝右的方向。碟刹始终连接在花鼓的左侧，飞轮连接在右侧。非碟刹前花鼓两边一样，但是习惯上按下面的要求组装：如果你骑在自行车上朝下看花鼓上的标签，其应沿着正确的方向。通常将车圈编制成能从右侧读标签。重申一下，以上这些并不是非常重要，但是却是一个不错的修饰。

偏心车圈

有几款不同的偏心车圈产品，包括Bontrager和Ritchy。组装时务必用心——它们非常混乱。辐条孔不在中间，而是偏向某一侧。组装前碟刹轮，使其在左侧的伸出量最大；对于后车轮，伸出量应在右侧。伸出量用来补偿强迫出现在后轮上的碟形区域，这是因为额外的零件——要么是飞轮要么是碟刹——安装在了花鼓上。缩小碟形区域会获得更结实的车轮。车圈上面始终有一个箭头帮助你找到正确的方向。

深槽车圈

深槽车圈有利于较重的骑手，因为它们可以很好地保持其形状，但可能不太好组装。质量好的深槽车圈由成型的管材制成，弯曲成圆形。使用深槽车圈，很容易将辐条帽错误地掉进管子，而非从一侧进去另一侧出来。一旦辐条帽掉进去，就必须将它们取出来，否则辐条帽会在车圈内来回滚动，一直吱吱作响。有时，来回摇晃车圈，直到辐条帽靠近气嘴孔时，辐条帽会掉出来，否则必须用辐条从其中一个辐条孔中将它套取出来。

如果所使用的车圈很深，将每个辐条帽的顶部在额外的辐条上面拧上几圈，并用它来将辐条帽穿过车圈孔。旋开额外的辐条，接着将辐条帽拧到编制好的辐条上面。如果要组装大量的深槽车圈，可以购买一个特殊的深槽车圈辐条帽螺丝刀，它可以抓住辐条帽的头部，这样便可以安全地穿过车圈。

组装工作接近尾声时，必须要弯曲辐条，将其布置在已经安装好的辐条附近。这比较简单，但不要彻底弄弯它们。让较长的辐条形成轻微的弯曲，而不是一个急弯。编制辐条时，始终要轻轻地弯曲辐条，但是组装深槽车圈意味着要将更短的辐条安装在更小的空间内，所以必须弯曲得更紧。

碟刹车轮

碟刹车轮并不比非碟刹车轮的组装更复杂，其花鼓的法兰通常更大，这样让编制起来更加容易。但是前轮必须稍微地呈碟形来为左侧碟刹盘留出空间。不过，蝶形的量非常小，所以车轮两侧的张力要保持相对的均衡。

组装属于自己的一套车轮没有想象中的那么困难

车轮组装通常被当作是一项神秘的技术，对普通人来说深不可测。其实它没有所表现得那么困难。在半小时之内制作一套完美张紧的车轮，并且能准直地运行好多年，的确需要很多练习，但只要有一点耐心和一个闲暇的下午，就能用一套辐条、一个车圈和花鼓制作出属于自己的车轮。

组装自己的车轮是一个非常令人有满足感的工作，给其他自行车手留下的印象也比大多数其他自行车修理工作要更加深刻。车轮组装分解为两个部分——编制和张紧。编制——编织所有的辐条以便将花鼓和辐条连接起来——看起来很复杂，但是其实很简单；张紧——紧固所有的辐条以保持车圈圆、正和居中——看起来容易，但其实很复杂。

仔细根据编制步骤操作，这看起来非常令人迷惑，但是只要你不恐惧，就不会有什么问题。成功编制车轮的秘诀在牢记有四套辐条，每套均按照相同的方式编制。对于每一套辐条，将第一根辐条安装就位，接着绕着车轮按照相同的方式编制，直到回到初始的位置。你其实只要必须考虑四根辐条——而不是32或者36根。在车轮的每一侧，交替的辐条朝向法兰内部或者朝向外部，并且从花鼓到车圈顺时针或者逆时针辐射。在车圈处，交替的辐条连接到花鼓的不同侧面。

辐条扳手

首先要购买一个顺手的辐条扳手用来组装车轮。多功能工具上的小辐条扳手可以在紧急情况下使用，但很难用于许多难拧的辐条帽。大而精巧的辐条扳手比小而廉价的扳手更舒适，小扳手在施加最终的张力时会很难拧动辐条帽，从而导致手指疼痛。常见的有两种不同的辐条帽尺寸，指代的方式也不尽相同，如"日式的"和"美式的"、"小的"和"大的"。"红色的"和"黄色的"则指的是用来区分两种常用不同尺寸辐条扳手的颜色，该辐条扳手由Buddy公司制造。这些工具对于车轮组装非常棒——它们在四个面上抓住辐条帽，这样辐条帽面不会受到损坏。在购买前要确保辐条帽恰好能装在辐条扳手内。

车轮夹具

学习组装完美车轮的必备工具是车轮夹具。50英镑（1英镑约为人民币8.8元）的基础款式对于学习在其上面组装车轮完全够用，尽管普通工作室中的款式的费用在400英镑（1英镑约为人民币8.8元）。不用车轮夹具来组装车轮也并非不可能，用自行车架作为导向，但这是较难的学习方法。建议花钱购买一个车轮夹具，如果可以的话，借一个。

车轮夹具将车轮保持稳定在两个钳子之间。不同的产品其特征会有轻微的差异，但工作方式都是相同的：指示臂从夹具中伸出来，并安放在车圈的旁边。指示器和车圈之间的距离能进行调节，并设定至车圈刚刚接触到指示器。通过旋转车轮并观察车圈和指示器之间间距的变化规律来检查车轮的圆度。对间距最小或者最大处辐条的张力进行调节，以此来减少车圈总的摇晃量。接着将指示器靠得更近，重复上述过程直到车圈平直。更廉价、更便于携带和存放的模型仅有一侧车圈的指示器，而较昂贵的类型两侧都有指示器。

车轮在转动时惊人的重。如果能将夹具夹在或者拴接在工作台上面，有助于防止夹具来回晃动，让观察车圈和夹具上的指示装置之间的间距变得更加容易。光线也有所帮助，夹具下面放一片白板或者白纸也有用，以便于在纸板上面观察间距。

下面的车轮组装指南教你用最常见的三交叉法组装前轮和后轮。如果关于车轮组装你想了解更多，可以购买一本乔布斯特·勃兰特（Jobst Brandt）所著的*The Bicycle Wheel*，这本书包含有很多技术资料，解释了辐条车轮实际的工作原理、如何用其他编法组装车轮以及怎样知道何时应采用其他的编法。

为新前轮编制辐条的精妙艺术

我们以前轮作为开始，因为编制前轮更容易。车轮由4组辐条组成，各组从花鼓的每个侧面向各方向辐散。在开始前将辐条分为数量相等的4批：32根辐条车轮分为4组，每组8根；36辐条车轮分为4组，每组9根，依此类推……

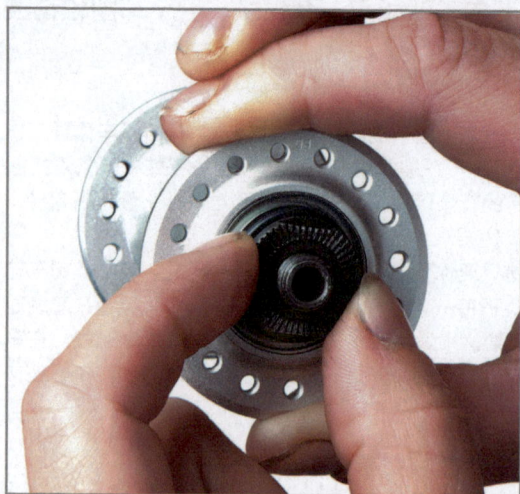

▲ 检查花鼓是否能平顺地转动，不会左右摇晃

组装所有的部件。如果要重复使用花鼓，那么要先将花鼓清洗干净，特别关注一下辐条孔。如果孔很脏，那么穿过孔的新辐条会在螺纹处发生摩擦，让拧辐条帽变得困难。为花鼓上的每一个辐条孔和车圈上的所有孔上油，这样辐条帽能轻松地拧上。同样也为辐条螺纹上油。握住花鼓，让花鼓的右侧朝上。

检修花鼓

如果在旧花鼓上组装车轮，检查以确保车轮能自由地转动，并且没有侧向移动。如果感觉轮轴卡涩或者有敲击现象，在开始向上编制辐条前，先对花鼓进行检修。首先清洁一下花鼓，这个操作很简单，同时这也是检查花鼓状况的好时机，在开始组装前就发现花鼓几乎被磨坏要好过你意识到已经将张紧完美的车圈安装在了一个废掉的花鼓上。

对法兰上辐条孔的状况也进行检查。它们应整齐并且呈圆形。磨坏的孔已经被拉曳成泪滴的形状。一旦出现这些情况，便更换花鼓——因为新组装车轮里的辐条无法保持张力。

编制前轮

第1步：拿起第一组的8根辐条，每隔一个孔从花鼓的上法兰穿过。辐条的头部在法兰的外侧上面。

第2步：随便抓起一根辐条。这是该组的第一根辐条，所以你必须将其安装在正确的辐条孔内。将花鼓保持垂直，其余松弛的辐条向下垂。接着将车圈持平，标签倒置。正确的孔位于气嘴孔的左侧。将辐条穿过该孔，并通过拧几圈辐条帽来约束辐条。

第3步：绕花鼓的逆时针方向拿起下一根辐条。沿逆时针绕车圈移动，错过三个孔，接着将辐条穿入第四个孔中。用另一个辐条帽将其约束。拿起接下一根逆时针方向的辐条，错过三个孔，再安装下一根辐条。继续直至回到气嘴孔位置。由于每个车轮由四组相交的辐条构成，每隔四个孔的安装方式均适用，与车圈上孔的数量无关。

第4步：保持车圈正对着你。可以看到花鼓的远侧和近侧具有相同数量的孔，但是位置却所偏移——每个远侧孔位于两个近侧孔之间。找到你的第一根辐条，即靠近气嘴孔的那根——我们称之为1号辐条。保持车轮直立，气嘴孔位于顶部。下一根辐条落在1号辐条左侧的法兰孔内，并且编制在1号辐条左侧的相邻孔内。

第5步：在交替的远侧法兰上放置一根辐条，并且沿车圈按照一样的方式，每隔四个孔安装一根辐条。现在，从气嘴孔开始，并且沿逆时针移动，你应在接下来的两个孔中有辐条，两个孔没有辐条，依此类推。就能看到所有辐条的头部。保持车圈不动，逆时针扭动花鼓，使车圈看起来和图片相似。

第6步：翻转车轮，让另一侧面向你。轻微地摇动花鼓，便于辐条帽落入车圈，但是确保保持住花鼓上的扭动。在离你最近法兰上的所有剩余孔中穿入辐条。拿起这些辐条中的其中一根。目前，它正垂在已经编制好的一对辐条中间，但是你必须绕车圈顺时针将其移动。轻轻地将其弯曲，松弛置于两根辐条之间。

第7步：在安装到车圈的路径上，它要穿过三根辐条，位于两根下部和一根上部。穿过的第一根辐条靠近法兰，是与之相邻的辐条。它也同样穿过下一根辐条的下面。轻轻地将其编织于再下一根的上面。检查这根穿越辐条与车圈相遇的位置——辐条安装于顺时针方向两个孔以外的孔中。完成编制方式，每隔4个孔安装辐条。注意：对有和没有辐条的孔都要计数，但是绝不要将气嘴孔计入其内！

第8步：不要将车轮翻过来，在花鼓远侧的所有剩余孔中放置辐条。依次拿起每一根辐条。它从首先遇到的两根辐条的上面穿过，从相邻的辐条开始，并从第三根辐条的下穿过。该穿进哪一个孔显而易见，因为孔所剩无几。安装的孔是从它最后跨过的辐条再过两个。

第9步：完成编制方式，一次编制一根，位于两根上面，一根下面。此刻，已经全部完成编制。从气嘴孔开始，紧固每一根辐条，直到螺纹刚刚消失于辐条帽之内。螺丝刀或者辐条扳手能加速完成这项工作。现在，要准备为每根辐条施加张力。参见第214~216页的校正和张力章节。

工具箱

组装车轮所需的工具

- 顺手且完美适配的辐条扳手。
- 车轮夹具——基本款式就够用。
- 辐条螺纹润滑油。
- 最终张紧后用来喷在辐条上的丝扣黏结剂（可选）。
- 如果必要的话，准备新的车圈衬带。

编制后轮

现在你已经为下一步做好了准备。如果能组装前轮，便可以组装后轮，但是由于后面有飞轮，会使编制工作更复杂一些。

为了安装飞轮，必须将花鼓右侧的法兰向花鼓的中心方向推，这样一来，右侧的辐条的任务更重。这就是为什么断裂的辐条通常位于驱动侧，即与飞轮连接的那一侧。所以，用较短的辐条从驱动侧开始组装变得有理可循。长度的差异通常大约是2毫米，看起来不多，但是影响却很大。

两种不同长度辐条的存在让在编制车轮时的情况变得稍微有些复杂——必须当心不要将不同长度的辐条混在一起。在开始编制前就分成四组会有所帮助，即驱动侧两批较短的辐条和非驱动侧两批较长的辐条。每组辐条的数量是总孔数的四分之一，所以如果编制的是32孔的车轮，每组有八根辐条，如果编制的是36孔的车轮，每组有九根辐条。后轮编制的方法也与前轮略有不同。

编制后轮

第1步：保持花鼓的驱动侧（飞轮安装的那一侧）朝上，将第一批（7、8或者9根）较短的驱动侧辐条每隔一孔放置在法兰顶部。

第2步：保持车圈直立。其他的要点是确保标签正对着你。随便拿起一根辐条，并穿过紧接着气嘴孔左边的车圈孔。用辐条帽将其约束。

第3步：绕逆时针方向进行操作，将接下来的每根辐条每隔四个孔安装，亦即，错开三个孔，安装一根辐条，依此类推。对全部有或没有辐条的孔都要计数，但绝对不要将气嘴孔计入其内！将车轮翻转过来，让非驱动侧正对你，保持气嘴孔位于顶部。

第4步：拿一批较长的非驱动侧辐条。观察该侧辐条孔的排列方式。你会看到远侧上的每一个孔都位于近侧的两个孔之间。在近侧法兰上选择一个孔，以便于在穿辐条时，其悬挂于已经安装在气嘴孔左侧辐条的右侧。

第5步：将这根福条安装于辐条孔旁边辐条的右侧。用辐条帽将其固定。绕着花鼓每隔一孔放置一根较长的辐条。

第6步：沿顺时针方向按照辐条编法编制，错过三个孔，接着安装一根辐条，直到再次到达气嘴孔。检查编法——从气嘴孔处开始，沿顺时针方向检查，应有两根辐条，接着空两根，依此类推直到回到气嘴孔。

第7步：不要翻转车轮，将下一组较短的辐条放置于远侧法兰剩余的孔中，让辐条的头部位于两个法兰之间。抓住花鼓并顺时针扭转，同时保持车圈不动。

第8步：已经安装好的辐条从车圈逆时针辐散而出。接下来的辐条必须朝向反方向。其穿过的第一根辐条是与其紧邻的辐条——它们相交让法兰位于它们之间。保持在下一根辐条的外侧，接着将辐条编制在第三根辐条的下面。检查这根辐条与车圈相遇的位置。顺时针的相邻车圈孔内会已经有一根辐条——将辐条安装在顺时针的下一个孔内。

第9步：重复操作该组其余的辐条，将接下来的辐条从上一根开始，每隔四个孔安装一根，无论车圈孔中有无辐条都要进行计数。再次检查编法。从气嘴孔处开始，并沿顺时针检查，应是三根辐条，接着空一根，依此类推直到回到气嘴孔。

第10步：拿起最后的一套较长的非驱动侧辐条。将它们从驱动侧穿入最后的一套孔中，让它们的头部位于两个法兰之间。现在花鼓区域非常的密集，所以尽可能小心地，并且伴随轻微的弯曲将辐条穿过法兰板。

第11步：面向车轮非驱动侧，辐条顺时针辐散。其穿过的第一根辐条是与之紧邻的辐条，交叉后法兰位于两根辐条中间。该辐条跨过最先遇上的下一根辐条。轻轻地将其弯曲以从再下一根的下面穿过。将其安装于下一个可以安装的孔，并用辐条帽保持就位。重复操作该组中的其他辐条，将辐条安装在剩下的孔中。

第12步：校正时，后轮要比前轮花费更多的时间。不要着急，一小步一小步地进行。最终，驱动侧的辐条比非驱动侧的辐条要紧得多；最常见的就是非驱动侧的张力是驱动侧的三分之二。碟面的成型也是一个问题，车轮想从左侧更远处开始，你必须要将其拉回来。

辐条编制快速指南

后轮

- 驱动侧朝上，从法兰顶部放置辐条。
- 保持车圈直立，气嘴孔位于顶部。
- 保持花鼓驱动侧正对你，将任意一根辐条编制在与气嘴孔相邻且位于左侧的车圈孔中。
- 沿逆时针继续编制——每隔四个孔编制一根辐条。
- 翻转车轮，让非驱动侧面向你。
- 将辐条穿过最近的法兰，并让其辐到花鼓远侧上面的顶部辐条的右侧。
- 将该辐条安装在与已装好的第一根相邻的右边，气嘴孔的远侧。
- 沿顺时针继续编制。
- 逆时针扭动花鼓。
- 车轮保持原来的位置，将辐条安装到远侧法兰的剩余孔中。
- 将车轮翻转过来，拿起任意一根辐条，从相邻辐条的上面穿过（法兰位于交叉的两根辐条之间），并从下一根的上面和第三根的下面穿过。
- 从最后穿过的辐条起数两个孔，并将辐条安装到下一个孔中。
- 继续编制该组其余的辐条。
- 将辐条穿过远侧法兰剩下的孔内。
- 将车轮翻转过来，拿起任意一根辐条，从相邻辐条的上面穿过（法兰位于交叉的两根辐条之间），并从下一根的上面和第三根的下面穿过。
- 从最后穿过的辐条起数两个孔，并将辐条安装下一个孔中。
- 继续编制该组其余的辐条。

组装属于自己的车轮：张紧和校正辐条

这一部分看起来比实际操作简单。辐条必须全部紧固，这样车轮才会结实、完美地实现平衡并且让车圈平稳地运转。车轮平衡由四个独立的操作组成：校正准度、校正凸起、校正碟形区域和校正张力。实际上，平衡车轮一直被认为是组装车轮中最困难的部分，原因是调节某一因素会影响所有其他因素。

以上列出的四个操作分解如下。

准度
辐条交替地编制在花鼓的左侧和右侧。比如，可以通过紧固走向右侧的辐条来校正偏移至左边的车圈区域。由于每隔一根辐条连接到花鼓的对侧，校正可以分解为一系列的小步骤，始终仅校正变形最厉害的那部分车圈。

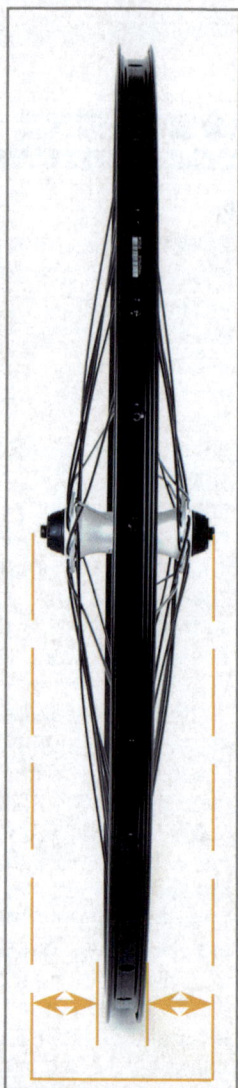

凸起
车圈到花鼓中心的距离必须全部相等。如果不是的话，刹车块的设置会非常困难，并且你会像袋鼠那样沿着道路跳动，车轮会很快分崩离析。如果车圈的某个区域向外凸，即到花鼓的距离太远，可以通过收紧以突出区域最高点为中心的两个或四根辐条来将该区域向里拉。将右侧与左侧收紧相同的量。调节突出通常会让车轮轻微的不正，但是尝试将影响最小化。

校正向外的凸起，即车圈的某个区域离花鼓太远，校正这里比校正扁平点更加容易。

碟形区域
最终车圈必须居于两个锁紧螺母的中间，这样一来将车轮安装到车架上时，车圈可以在叉腿之间、车座和后下叉之间以及摆臂之间均匀地运行。收紧所有右侧的辐条可让整个车圈向右移动，收紧所有左侧的辐条可让车圈向左移动。

变速车后轮右侧安装有飞轮，以至于该侧的辐条头部距离花鼓的中心更近。这就意味着右侧的辐条必须要比左侧的辐条更紧，目的是保持车圈居中——这就是为什么它们比后花鼓左侧的辐条更有可能断裂。前碟刹花鼓同样也必须在左侧留出额外的区域，但是仅需要很小的碟形区域。

张力
张力很难调节正确。通过增加辐条的张力直到车圈崩溃，能轻易地破坏车圈。对于家庭机械师，确保所组装车轮张力正确的最简单方法是通过和另外一套车轮进行比较。

抓住一个完整且功能正常的车轮上面的一对近乎平行的辐条，然后挤捏它们。接着对正在组装的车轮上面的一对近乎平行的辐条进行同样的操作。确保是同类之间的比较，前轮辐条的张力比后轮的低，并且如果碟形区域合适的话，后轮的右侧具有的张力比左侧高。

◀ 碟形区域：这两个距离的宽度必须相同

收紧辐条

一旦编制完辐条，下一步就是将其张紧。逐步完成该工作非常重要，逐渐和均匀地增加张力，同时要不时检查车轮是否保持圆形。最常见的错误是过快地调高张力，在每次收紧辐条过程之间没有校正车圈。

按照下面的第1到6步操作就能得到一个相当圆、正和有正确碟形区域的车轮。接着从气嘴孔开始，有条理地绕着车圈将每根辐条收紧1/4圈。重复第3到6步，更加精确地校正车轮。再紧一次，将每根辐条再收紧一圈。

参照一套运转正常的车轮，这样你可以比较辐条的张力。持续收紧所有的辐条，接着校正准度、碟形区域和突出。一旦与运转正常的车轮张力相接近，对辐条进行应力释放（见第216页）。

收紧辐条

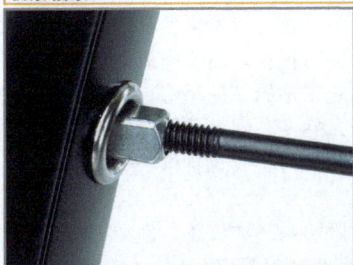

第1步：如果刚刚组装完成车轮，那么绝大多数辐条处于松弛状态。对所有辐条施加相同的张力。拧紧每一个辐条帽，直到辐条上的螺纹刚刚消失。将车轮安放在夹具上并转动。用指甲拨动辐条，为了开始校正程序，大多数辐条需要紧到能发出音符。如果绝大多数能发出，直接到下一步，否则的话从气嘴孔开始，将每个辐条帽拧紧1/4圈。一直重复该操作，直到车轮有了一些张力。

第2步：一旦车轮有了一定程度的张力，便可以开始对其进行校正。再次转动车轮。它有可能丝毫都不会转动。夹具有一个可调节的指示器——对它进行设置，在转动车轮时，指示器只和车圈的一个位置相接触。这个位置便是最不正的区域。

第3步：找出最不正区域的中心，将弯曲外侧的辐条松开半圈，并将两侧的辐条收紧1/4圈。这样做的效果并不明显，但是没有关系。这一步有出现严重错误的可能性，所以我们逐步完成工作，最大限度确保能获得成功。

第4步：重复上述流程。转动车轮，确定最严重的变形，放松中间的辐条，收紧两侧的辐条，直到车轮的侧向移动甩动距离不超过10毫米。可以在同一区域重复使用该方法——只要始终校正最大的变形，就没有什么值得担心的。

第5步：一旦车轮马马虎虎地正了，转动车轮并且检查凸起。将车轮夹具上的凸起指示器能移近就移多近，随着车轮的转动观察间距的变化。将车圈向花鼓方向拽要比使其远离更加容易，所以将注意力集中在凸起朝外的区域上。与校正车轮一样，对最大的凸起进行操作。找到凸起时，将中心的两根辐条收紧半圈。一直重复直到车圈上总的凸起不超过3毫米。

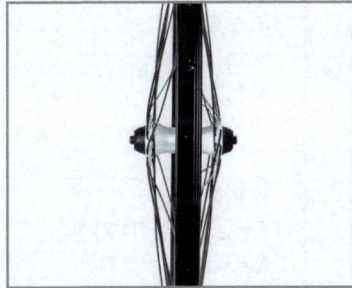

第6步：检查碟形区域是否正确，如果不太确定碟形区域的工作原理，参见第166页获取更多的细节。将车轮在夹具或者自行车上翻过来，不要移动指示器。如果车轮的碟形区域很完美，车圈会再次坐落在相同的位置。如果它偏向一侧，就会超过夹具。通过将偏出一侧的所有辐条收紧1/4圈来校正。如果不够的话，将对侧的所有辐条松开半圈。一直重复直到车轮居中就位。

车轮组装：如何确保辐条上的张力正确

向车轮施加张力并对其进行校正，辐条可能会被扭曲。可以扭曲整根辐条，而不是拧在辐条螺纹上的辐条帽。或许张力看起来正确，但首次在颠簸的路上使用闪闪发亮的新车轮，随着辐条张力的改变，扭曲的辐条会松开，接着车轮会立即变得不准直。

▲ 用力握住辐条，释放辐条上的应力

车轮将要完全张紧完毕时，转动车轮并释放辐条上的应力是一个不错的主意。从气嘴孔开始，从花鼓的同侧选择一对近乎平行的辐条。紧紧地将它们握在一起。对整个车轮进行这样的操作，首先从车轮的一侧开始，接着进行另一侧。

这样做时，可能会听到辐条咯吱作响或者砰的一声。回到气嘴孔之后，可再次检查车轮是否有侧向摆动。校正，接着再释放应力，可能需要这样进行几次。对所有辐条都进行应力释放，而没有影响到车轮的准度并且与张力和功能正常的车轮相似，那么车轮已经做好了准备。一些人站在车圈上面骂骂咧咧地来作为最后的压力释放。我认为不要这样做——有点多余并且没有必要。

如果在组装车轮时做两到三次校正，新组装好的车轮会使用得最久。非常值得在骑100英里（约161千米）后将车轮重新放回到夹具上面来保持其准直。

辐条长度 L

有效车圈直径 . . . . D
法兰孔定位圆直径 . . . . d
法兰宽度 . . . . W
法兰孔直径 . . . . S
编制方法 X
辐条数量 . . . . N

首先算出：
$T = 360 \times X/(N/2)$
$A = (d/2) \times \sin(T)$
$B = D/2 - ([d/2] \times \cos[T])$
$C = W/2$

辐条长度：
$$L = \sqrt{A^2+B^2+C^2} - \frac{S}{2}$$
为了节省时间，可以直接从网上查。

辐条长度计算

◆ 有效车圈直径——是直接跨过车圈的距离，从一个辐条帽头部下缘测量到对面辐条帽头部的下侧。很难直接进行测量，因为辐条帽头部的下缘在车圈的内部。我测量辐条帽的长度是从头部下面到端部，即整个长度减去头部的长度。对于DT的辐条帽，测量结果为10毫米左右。接着将辐条帽放在车圈上，测量露出来的长度。两个长度相减，就能得到辐条在车圈内部的长度。测量车圈的内径，两个相对辐条孔之间的距离，并且加上两倍的隐藏辐条帽的长度——两倍是对每端各加一次。这样便会得到车圈的有效直径。

◆ 如果从花鼓的一侧观察，花鼓呈一个圆形。沿着这个圆测量法兰孔定位圆的直径，从一个花鼓孔的中心到对侧花鼓孔的中心。

◆ 沿花鼓方向测量法兰宽度，从一个法兰的中心到另一个法兰的中心。

◆ 法兰孔的直径是花鼓上辐条孔的尺寸——通常是2毫米左右。

车轮疑难问题解答

问题描述	问题原因	解决办法	对应页面
自行车骑起来缓慢，在短途骑行之后感觉很累	前轮和/或后轮的轴挡过紧	调节轴挡以便车轮平顺地转动	191
自行车转弯时不稳定	轴挡过松——车轮在车架上来回晃动	调节轴挡以便车轮不能在车架上来回摇动	191
	车轮变形	校正车轮以便车圈平直地转动，并且在车轮转动时不会来回晃动	203
	轮胎压力不足	向轮胎充气达到轮胎侧壁上标记的最小压力	无
车圈刹车的车圈在V刹或吊刹刹车块上摩擦	车轮变形	校正车轮以便车圈准直地转动，并且在车轮转动时不会来回晃动	203
刹车块磨损得很快	车圈很脏	用去污剂清洗车圈	78
	车圈产生磨损	检查前叉上的刷痕、沟槽或皱褶——更换车圈或车轮	88、209~216
辐条反复地发生松动	车圈变形	变形车圈上的不均匀辐条张力导致辐条松动——用新车圈重新组装车轮	209~216
频繁扎胎	有锋利的物体卡在外胎里面	仔细检查外胎，触摸外胎内侧突出的刺或玻璃——将外胎内侧翻出来，以便更清楚地观察	61
	辐条穿过了车圈	用手指滑过车圈的内侧，检查有无锋利的辐条端部——打磨掉锋利的端部	无
	车圈衬带发生了移动，从而暴露出了辐条孔	更换更宽、更紧的车圈衬带	202
无内胎轮胎发生泄漏	在每次骑行之前都需要打气	这种现象很正常！正常骑行时装上内胎，在比赛时取出内胎，这是一个意想不到的训练加分项	62

第7章 减震器

减震器，不论是减震前叉、后减震器抑或是两种形式，是山地自行车也是某些公路自行车的标配。设计减震器的目的是消除林道或者公路上面的凸起对骑行的影响。本章节提供了关于一些最常见减震器类型的概述，但并未涵盖每一个类型，每种类型都可能需要独立成册。你需要结合用户手册使用此处的操作方法，手册可以从制造商的网站上下载。大多数操作程序并没有想象中的那么复杂。

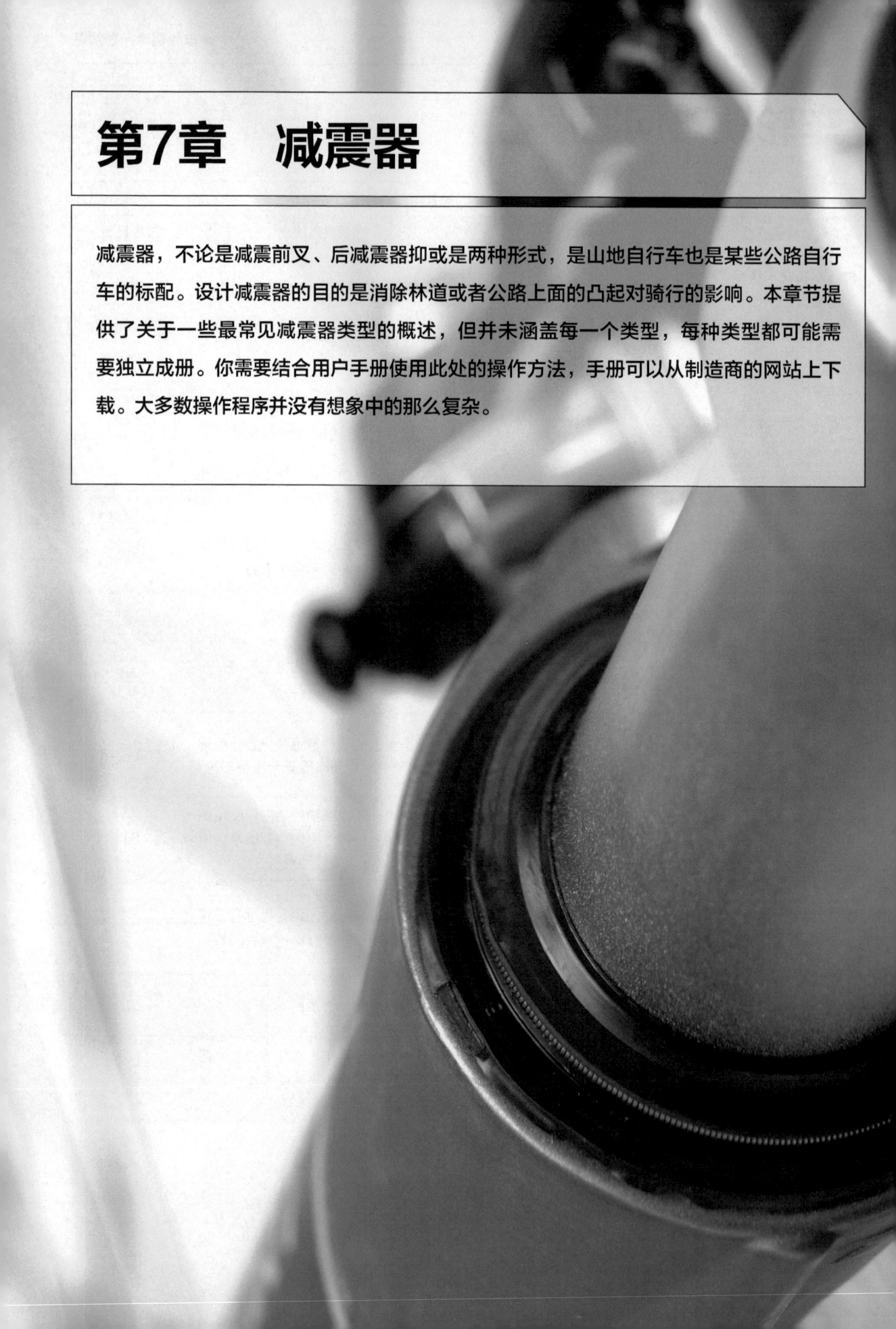

减震器：为什么需要减震器以及减震器如何工作

减震器是山地自行车的关键部分，是现在科技发展的产物，实际上更可能成为其所处进程中的伟大作品，而并非事物的最终形式。这样的一个好处是让高质量、可靠的设计不断地变得更加便宜和优秀。人们很容易就忘记现在的减震前叉比六七年前要好多少，也很难意识到，那时候为车前所支付的金额，可以在现在买到一整辆配有更好前叉的自行车。

许多车手最初抵触减震前叉——需要为笨重减震器的额外重量支付高昂的金额，并且减震器似乎需要每骑一小时就要保养一小时。然而，即便是早期的减震前叉也能让自行车骑起来更快，并且有助于自行车更好地撑在地面上。

尽管现在更少见到完全另类的设计，但是彻底不同的减震方式却在持续发展，并且没有迹象表明减震器会定型在显然仅有这一种的"最佳设计"。事实上，有时预见可能成为下一个新宠的设计最容易的方法是通过观察现在哪种设计被贬损为过时的设计。

你可能早已想到，一旦我们决定要在自行车上安装减震器，便可以从其他的科学原理进行借鉴。但实现似乎并不是想象的那样。尽管许多最优秀的设计者致力于其他领域的难题，比如来自F1方程式赛车的约翰·怀特（John Whyte）和摩托车越野领域的基思·邦崔格（Keith Bontrager），但自行车似乎需要从不同的方面去考虑。

一个原因便是动力源（骑手）的输出很低，并且不能随意安装一个较大的引擎。另一个原因是骑手的重量占减震重量的绝大部分，但是该重量在不同的骑手之间的差异相当大，甚至对于相同尺寸的自行车也是如此。

对减震器的不信任

那么，所有这些又有什么关系呢？你几乎无法能再买到一辆体面的具有刚性前叉的山地自行车，并且全减震的质量变得更好，价格却越来越低。所有那些声称"减震器对孩子来说都不错，但是太弹以至于根本骑不上车"的人们，如今已不再正确。早期的减震器很沉并且在骑上车时弹跳得非常厉害，就仿佛你在试图跳上一个弹簧单高跷一样。现在有些人仍然这样说，但是我们却再也无法听到，因为我们已经将他们甩在了山脚处。

现在的全减震足够轻，能方便地骑上去，并且好的设计意味着全减震能够通过保持将后轮压入地面，找到任何的抓地点来帮助你爬山。减震器并不是仅仅适用于那些想从房顶跳下的人们——它让你不用像刚性自行车那样仔细选择行走路线便能穿过凸起路面。

减震器确实要比自行车其他的零件需要更多的关注和维护。最先让人惊奇的是当它是新的时，便立即需要调节。买了一个新的前叉或者一个具有前叉和后减震器的自行车，你需要花点时间来调节减震器。调节因人而异——没人能为你设置，因为调节必须根据体重和反应速度来进行。调节最多需要一个半小时，并且需要将自行车带到没有汽车飞驰，可以安全骑行的地方。按照设置前叉章节（见第228页）和设置减震器章节（见第237~238页）的指导进行调节。

减震器设置合适后，还要定期对其进行检查和清洁，忽视会导致减震器状况不良。一番检查和清洁不需要特殊的工具，并且容易操作，但是应定期进行。每次骑行后进行检查也无妨，但是减震器也需要每月进行一次彻底检查——对于前叉参见第230~234页，后减震器参见第239~241页。

对减震前叉和减震器进行一次全面的检修更加高深，并且经常需要特殊的工具，以专门适用于自行车的品牌和款式。以前，与前叉有关的指导教程非常全面——制造商们积极地鼓励每个人去进行检修——但是在过去的几年拚弃了这种做法。确实，制造商们采取了相反的立场，在用户手册中对除基本的保养和定期检查之外的其他操作明确地禁止。然而，前叉和减震器仍然必须经常进行检修，那么要么去自行车专卖店，要么将前叉或减震器邮寄给减震器检修专家。我在第230页展示前叉结构图的目的是向你展示授权机构在检修减震器时会进行的工作。

以上同样适用于后减震器——应保持它们干净和润滑，但不要对内部构件进行操作，因为这会使保修无效。

如果热衷在多沙、多盐或泥泞的环境内骑行，或者骑行风格异常激进，那么记住增加检修的频率。

减震器神秘之处的一部分在于谈论它需要各种行话——零件、调节以及自行车如何对地形进行反应的术语。大多数词汇具有实际世界的意思和减震器世界的意思，它们虽然并不是完全不同，但却更加的正规，正因如此，会引起许多困惑。

至关重要的因素

每个制造商都声称他们的设计是最好和最独特的，但所有减震器的功能都一样。前叉的运行仅需要两个因素：一个是弹簧，它允许车轮移动，而你不必去移动；还有一个是阻尼，它控制弹簧运动的速度。

弹簧可以是空气腔、螺旋弹簧、有弹性的弹性体或者以上三者的组合。弹簧发挥着显而易见的作用——吸收震动。撞到物体时，弹簧会变得更短，从而吸收压力。弹簧的刚性控制撞到物体时弹簧移动的距离——软弹簧移动得多，硬弹簧移动得少。

更加奇妙的因素是阻尼。阻尼之所以重要是因为它控制弹簧作用的速度。弹簧单高跷是一个无阻尼弹簧的例子——如果在它上面蹦，它会一直弹跳。这用在弹簧单高跷上乐趣无穷，但在自行车上却毫无用处，自行车需要阻尼来控制弹簧运动的速度。你可以用外部旋钮来控制阻尼的速度，或者由工厂预设。较贵的前叉使你能够与前叉回弹速度分离开，单独控制前叉压缩的速度。

按钮，华而不实的零件

更多的控制并不总是意味着更好。拥有华而不实零件的问题之一便是存在和正确位置一样多的错误位置，并且如果你没有系统性，会让事情适得其反。

最为人熟知的功能便是锁死螺母，它的作用和包装上所写的完全一样。它能够锁死减震器，这样自行车便不会上下摆动，尤其对于平顺地爬坡和公路骑行非常有用，因为在这些路况并不需要减震器。对爬坡最有用的是锁死在压缩位置的前叉，它有助于在陡峭的路上将你的体重保持在前轮上。

术语：行程

行程是减震器行业词汇之一，其表达了和其字面一样的意思——前叉从最伸展位置移动到最压缩位置的距离。

许多早期的减震前叉引以为豪的行程均为63毫米（约2.5英寸）。如今，常见的前叉行程已达100毫米（约4英寸），而150毫米（约6英寸）左右的行程也并不少见。

不过，更长的行程需要较高的价格——它们通常更重，因为它们采用了更多的材料制成，并且它们也必须更加结实，否则会有较大的变形。柔性前叉并不实用，因为它们不能够很好地拐弯，并且会浪费蹬踏的力量。更短前叉的优点会在爬坡时显现出来——长前叉会举起自行车的前端，让在爬陡坡期间很难将前轮保持在地面上。在后减震器上面也存在相同的折中：较大的行程对于从高处跳下的情况来说很棒，但是在爬上高处时却没那么方便。

行程为130毫米（约5英寸）或者150毫米（约6英寸）的前叉适用于自由骑行和速降，因为长弹簧能够很轻松地吸收巨大的着落荷载。

可调行程

长行程非常适用于吸收较大凸起引起的震动，而短行程能够更有效地爬坡，为了取两者之间的折中，人们做了很多努力。现在市面上某些种类的减震前叉和减震器，可以使你不用下车，在运动过程中便能改变行程，尽管我个人并不喜欢在骑行过程中拨动行程调节旋钮。在前叉上包含可调行程会增加成本，但为了多功能也是物有所值。要知道对于某些前叉来说，可通过对弹簧施加预载来获得行程的可调性，从而使更短的行程设置得到更高的弹簧刚性。这能够作为一个优点——在短行程、爬坡模式下压紧弹簧——但是有些人并不喜欢其改变自行车骑感的方式。在表态前，要对可调行程前叉的所有行程范围都进行试骑。

减震器术语：预压行程和预载

减震器可完成一项简单的任务——处理短促、剧烈的震动，并将其转化为更平顺、可控的荷载。这样可让你快速地通过不平的地形，在山地碎石地尽可能地如履平地，并节省体力。此外，还允许你在林道上选择更短、更快的路线。

预压行程

经过林道上的凸起或者坑洞时，减震器会上下运动。由于理想的情况是身体能够尽可能地沿直线运动，并消除不平整的路况，所以减震器的安装位置大约在其行程的中间位置这点很有意义——这样它既能够延伸到小坑里，也可以在遇到凸起时压缩。如果前叉延伸到小坑内，那么你便不会掉入其中，也不必绕开它们，从而节省一些体力。

预压行程是指当以正常的骑行姿势坐稳在自行车上时，前叉或者减震器压缩的距离。通过测量你在自行车和不在自行车上时前叉或减震器的长度，然后从后一个数中减去前一个数即可得到。该值表明你的体重压缩前叉或减震器的距离。

坐在自行车上时，前叉的压缩量部分取决于体重的大小，部分取决于自行车的几何形状，所以需要为每个人的自行车单独进行设置。对于那些嫌麻烦而不去测量和调节的用户，新的前叉和减震器会提供一个预设的平均预压行程，但是根据你和自行车进行调整，减震器用起来会更加顺手。

各减震器制造商针对特定前叉会推荐一个理想的预压行程值。预压行程并没有明确的规定，并且建议起始点的区间为总行程的10%~40%。与更短前叉相比，更长前叉总是需要设置更大的预压行程。

同样也需要考虑自己想要的骑行类型——如果是比赛，那么可以为前叉设置较小的预压行程来将上下移动的能量损失最小化；如果要全天候的骑行，为前叉设置较大的预压行程，这样自行车骑起来会很舒适，并吸收林道上的噪声，让你不会感觉到那么累。较硬实的林道仍然需要较大的预压行程，并且如果将自行车蹦来蹦去，更应该将前叉设置得软一些来吸收着陆时的冲击力。

预载

预载是为了改变预压行程而对弹簧所做的调整。通过向空气弹簧中泵入空气或者压缩螺旋弹簧来增加预载，这样会使弹簧变得更硬，从而将你保持在更高的位置，即较小的预压行程；减小空气弹簧的压力或者释放螺旋弹簧的预载力，会增大预压行程，并将你保持在较低位置。

改变预载是唯一对前叉和减震器做出的最重要的调节，因为这样的设置会让骑手的体重和自行车几何形状与前叉和减震相匹配。对于螺旋弹簧，你或许需要将标准的弹簧更换为更硬或者更软的螺旋弹簧来获得最佳的预载设置。

一旦设置完成，螺旋弹簧会保持对其所做的调节，但是空气弹簧前叉容易慢慢地漏气，所以隔几个月便需要对它们进行检查，需要一个减震器泵来测量和调节空气压力。空气前叉偶尔会附带一个泵，但是有些必需单独购买，这对用户来说更为常见。减震器泵配有较窄的泵筒和压力装置，便于你精确地设置压力。

触顶和触底

这两个术语意思都是"碰到了可用行程的端部"。触底是车子撞到了坚硬的物体，并且前叉或减震器完全压缩。触顶是当前叉延伸时，达到了其行程的极限位置。过去的初代减震前叉会让你清晰地明白该术语——立柱的端部会碰到前叉的内部，产生明显的撞击。这种现象非常让人不安，所以前叉制造商们很快便在行程的每端设计了一种截止零件，这样现在碰到的是端部的缓冲器而不是直接撞上行程边界。通常认为触顶或触底是一件坏事——但是不必担心。理想状况下，前叉应设置成每骑行一次大概能触底一次——否则的话，便说明没有充分地利用前叉或减震器的行程。在减震器轴或前叉立柱上宽松地绑上一个扎带，并在骑行前，将它向下推至密封件处。前叉或者减震器在运动过程中，会将扎带重新推上去，这样便会显示出减震器移动的距离。

减震器术语：与弹簧有关的知识

前叉内部的弹簧从许多方面看来都是最简单的构件——压缩前叉时，弹簧会抵抗压缩，而一旦释放压缩力，弹簧便会重新伸展前叉。

空气弹簧、螺旋弹簧、弹性体

空气弹簧很容易买到，质轻并且高度可调，但是空气会很烦人，因为很难将它封闭在前叉内。前叉制造商们必须用用户的钱来确保空气弹簧不发生泄漏。空气弹簧通过将空气封闭在前叉上部的腔内来工作。压缩前叉（遇上了障碍物）时，将空气挤入了更小的空间内，而空气会做出抵抗，通过向外推前叉来为它获得更多的空间，从而起到弹簧的作用。

螺旋弹簧构造非常简单，并且既不会泄漏也不会受温度的影响。但是如果你想较大程度地改变弹性，你必须要么买一个新的前叉，要么更换弹簧。如果你要购买配有螺旋弹簧的前叉，在购买时，要检查预压行程是否能够根据体重来进行调节，通过这样来确保刚度是合适的。你可以通过改变预载来调节少量的刚度，但是不能做较大的改变——弹簧必须从一开始就具有合适的刚度。将钢制弹簧替换成钛制弹簧虽然价格昂贵，但是却可以节省一点重量。

弹性体过去是最常见的弹簧类型，但是现在已经大规模地被螺旋弹簧所取代。弹性体由聚氨酯棒制成，通常使用不同的颜色来标识刚度。弹性体是一种廉价的弹簧介质，但是其刚度系数受温度的影响，所以在冷时会变得更硬，热时变得更软。对初代弹性体弹簧进行微调的技巧包括在弹性体上钻通孔来使其变得较软。

前叉或许在两个腿上都装有弹簧，但常见的是在一个腿上安装弹簧，在另一个腿上安装阻尼机构。如果只在一个腿上有弹簧，通常是左腿，其离碟刹最近，这样会让阻尼机构远离碟刹所产生的热量，因为热量会影响阻尼油的黏度。只在一个腿上安装弹簧并不会使前叉不平衡——两侧的腿仍然作为一个单元来工作。

为了最大限度地利用不同弹簧的优点，有些前叉还采用了空气和螺旋弹簧的结合体。

弹簧比率

该参数是减震器在压力下移动的距离。在相同的作用力下，高弹簧比率的弹簧比低弹簧比率的弹簧压缩得少。如果你的体重较轻，相比于起体重较重的用户，你可以使用更低弹簧比率的弹簧。

累进弹簧比率

所有的减震器的性能都取决于弹簧，无论空气还是螺旋弹簧。两种类型的弹簧都发挥相同的作用——你压缩弹簧时，它会轻微地缩短。骑车时如果撞到了一块石头，便会对前叉施加荷载，而前叉接着会压缩。空气和螺旋弹簧前叉的一个区别是撞击时的行为。螺旋弹簧是线性的——压缩后半程时所吸收的力与压缩前半程时所吸收的力大致相同。

空气弹簧有着不同的行为。对前叉加压时，将大量的空气挤入了很小的空间。空气压根就不喜欢被压缩，而在碰到一个凸起并压缩前叉时，进一步挤压了空气，空气便会进行抵抗，并且将前叉重新向外推——实现弹簧的功能。而随着前叉的压缩，空气所在的空间会变得越来越小，而空气不喜欢被进一步压缩。换句话说，撞击开始阶段压缩所需的力比结束时要小。空气前叉的缺点是对小凸起反应不是很灵敏。

负空气弹簧

除了普通的正空气弹簧，许多前叉（包括Rock Shox的大多数型号）有另一套空气弹簧，即负空气弹簧，其安装在前叉大腿的顶部，并且向上压缩（而非向下压缩）。这样能够调节前叉对小凸起的响应。较小的负空气压力让前叉在行程的开始阶段更硬，骑手从车座上下来时，前叉不会上下摆动；较大的负空气压力让前叉在其行程的开始阶段移动得更多，从而吸收小凸起所造成的影响。

减震器术语：阻尼

无论何时碰上凸起，前叉或后减震器（或者两者）就会压缩，从而吸收冲击力。通过凸起后，弹簧重新伸展，并为下一个凸起做好准备。但是我们并不想让弹簧回弹得太快，并将你从自行车上颠下来（如果想那样玩的话，还不如回到刚性自行车），所以要对运动进行"阻抑"，通过使回弹伸展发生得比原始压缩更慢来实现。

阻尼是一个很好的东西，然而，不能将其应用得太过分。如果回弹发生得太慢，而你正在经过一系列的凸起，前叉在经过第一个凸起时就会压缩，在遇上第二个凸起时将没有时间来延伸，随着你经过一系列的凸起，前叉会变得越来越短，减震功能也越来越弱，直到等同于骑在了一个短小、刚性的前叉上。这种现象称为"层叠"，这可以通过减小回弹阻尼来进行避免。阻尼的调节也会对转向产生影响——迫使前轮通过拐角会压缩前叉，而如果阻尼太大，前叉会在转弯过程中保持压缩状态，从而前叉会收缩在车把下面，而不是帮助转向。

设计减震前叉的目的是为了便于控制移动的速度，调节阻尼来找到太快和太慢的折中位置。在最理想的设置情况下，前叉始终准备迎接新的冲击，但又始终不会运动得比你运动得快，所以你总是处于主导地位。理想的阻尼设置因人而异。

早期对阻尼控制所做的尝试非常基础。一种设计为制造商们口中的"摩擦阻尼"，似乎是一件有用的东西。实际上，它指的是起弹簧作用的弹性体与安装弹性体的管子之间进行摩擦，从而减缓运动。我有一副这样的减震器——它们花费了我一个星期的薪水，但在三个月内便被磨损——但是我觉得它们非常棒。

自那以后的每一代减震器都变得更加复杂。油是现在通用的阻尼介质。所有的制造商都运用同样的原理，不论他们使用何种三字母缩略词来说服用户他们的产品是先进且新颖的。下面我将对减震前叉的流程进行描述，而后减震器的工作原理完全相同。

前叉内装有在前叉大腿内来回晃动的阻尼油，前叉处于延伸状态，油处于腔的底部位置，随着前叉产生压缩，内柱穿过油被向下推。但是两者之间有一个活塞，即一个能够阻塞阻尼油的圆盘。活塞上的小孔允许油流过，但是油其实并不喜欢被强制流过小孔，并且流过的速度也不会很快。前叉压缩的速度只能和阻尼油流过小孔的速度一样。

一旦前叉被完全压缩，弹簧便开始进行工作，发挥强迫前叉再次向外延伸的作用。为了让前叉能够回伸，阻尼油必须再次流过活塞上的小孔，而回伸的速度只能和油流过小孔的速度一样。有效的阻尼关键在于控制油流过小孔的速度。这可以通过改变油层的厚度来实现（参见阻尼油重度部分）。或者更简单的方法是通过改变流油小孔的尺寸。更大的孔相当于更快的流油速度，即相当于更小的阻尼。

拧动前叉上的阻尼调节旋钮会开启或关闭阻尼油端口，从而改变阻尼油流过活塞的速度，因此会改变前叉对冲击的响应速度。

理想的状况下，我们希望在不同的方向对油的运移分别进行控制，这样我们便可以在不影响压缩速度的同时改变回弹速度。实现该功能的一种方法是在活塞的一侧安装一个薄且柔性的垫片，这样便遮住了一组相对较大的活塞孔。遇到大的凸起时，前叉产生压缩，从而推着阻尼油通过活塞流向垫片。推力将垫片弯曲移开，让油自由地流过。一旦弹簧开始回伸前叉，油会向相反的方向流动。在这一侧，油的压力会将垫片贴着活塞压平，阻塞小孔并且阻止油的流动。附加的垫片意味着活塞的作用就像十字转门，允许油在一个方向自由流动，而在另一个方向却不然。

然而，你并不希望完全阻塞油的流动，因为这样会直接锁死前叉。所以在活塞的中间处设置了一个更小的孔，此处不会被垫片挡住。这样就允许阻尼油回流，但是流动的速度也不会太慢。控制该孔的尺寸能够调节回弹的速度。最常用的控制设置是当转动回弹调节旋钮时，一个针状物被推进中心孔。这会使中心孔有效地变小，从而增加阻尼，以便于前叉回弹得更慢。

回弹阻尼

除了预载调节器，在前叉上能够找到的最常见调节器便是回弹调节器，它控制前叉遇到障碍物被挤压后的回弹速度。在此给出某种回弹机制的一个例子——活塞安装在前叉内柱的内部。回弹油被强制流过阻尼轴上的小孔。孔的尺寸通过拧动回弹阻尼旋钮来控制，它将一根杆推入到阻尼轴内，从而逐渐地关闭小孔来减少油的流量，以此增加阻尼并减缓前叉回弹。

压缩阻尼

压缩阻尼影响减震器对被压缩做出响应的快慢——如果阻尼非常的小，减震器会对每个凸起都会做出反应，这样很好，但是它会很快便会到达行程的端部，从而在遇到大的凸起时发生触底现象。随着前叉的压缩，阻尼油被强制流过很小的孔，通常前叉的阻尼通过这样的方式来进行控制。更大的孔或者更薄的油层会让前叉更快地压缩。

所有的前叉都具有某种类型的压缩阻尼。随着前叉的价格越贵，阻尼更也有可能从外部进行调节。压缩阻尼机制也可以用来锁死（关闭）前叉或者减震器，这样在爬坡时它便不会上下摆动。拧动锁死旋钮会关闭阻尼油流过的小孔，从而有效地阻止前叉压缩。这种设计几乎总是会"爆炸"——或者在承受很多压力后会自动释放——如果忘记关闭锁死并且遇到了很大的障碍物的情况下。这样做的目的是防止前叉受到破坏（并且有望在破坏过程中帮你脱身）。

阻尼油重度

被强制流过小孔的阻尼油会产生抵抗。油运动的速度取决于两个因素——孔的尺寸和阻尼油的浓度。大孔和黏度小意味着油流动的速度快；小孔和黏度大意味着油流动的速度慢。油黏度越大，越不容易被压缩经过小孔。

油的黏度称为它的重度（单位是wt）。更黏稠的油，比方说15wt，更加不容易穿过小孔，这样便增加了回弹阻尼；黏度小的油，比方说5wt，更轻，这会使前叉响应更快。然而，每种前叉都是为某种特定重度的阻尼油而设计的，并且通过改变重度来改变前叉的性能是一门非常精细的学问。除非你特别的重或轻，否则的话应该使用前叉制造商推荐的阻尼油重度，并且通过利用阻尼调节旋钮改变流动孔的尺寸来调节阻尼速度。

极限温度会影响阻尼油的流动性。热量会让油更易流动，并且能够更快地流过小孔，从而减小阻尼；极度冷的天气有截然相反的影响。所以气候热时增加油的重度，气候冷时降低油的重度。5wt的改变应该足够了，但是你必须要进行实验。

阻尼油确实会随着时间被消耗。它还能够吸收前叉内部的泥土和水分。因此需要周期性地对其进行更换。正常使用的话能够使用两年时间，如果对前叉使用比较苛刻，持续的周期会更短。新前叉有时会残留制造过程中的小金属屑，它们会被前叉油带进去，所以大约在六个月后安排一次初始油的更换是一个不错的主意。

活塞
阻尼轴上的小孔

▲ 阻尼轴

减震前叉

前叉检修并不是很神秘莫测的工作。检修甚至都谈不上难，但是它的确需要细心和耐心。通常需要非常专用的部件，而这些部件通常必须进行订购——在市场上至少有一百万种备用的减震前叉部件。不要想当然地认为你能够买到较老前叉的备用件。虽然有些公司会囤积过时很久的产品，但是如果前叉停产超过了三年时间，那么有可能已经买不到备用件。最好从前叉第一次生产就开始计时，而如果购买了便宜的扫尾型号，你会更快地进入过时状态。

前叉通常修起来比保养起来困难——一旦某零件出问题或者损坏，它们便需要特殊的部件，并且通常也会需要特殊的工具。通常最好将这些事情交给自行车专卖店或前叉制造商。如果自行车专卖店没有前叉修理业务，你可以将前叉寄出去进行修理。下面我附上了一张前叉分解样本，目的是说明自行车专卖店将前叉作为部件检修时的操作原理。

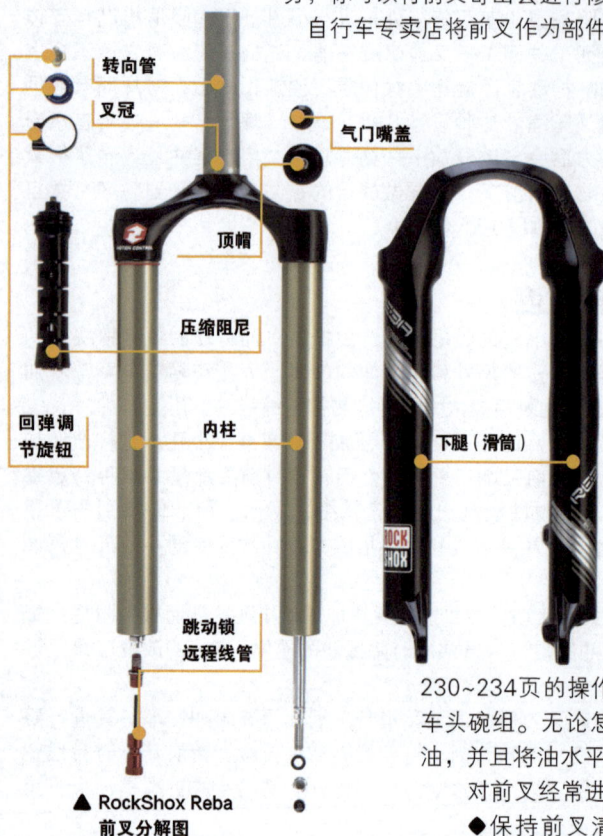

转向管
叉冠
气门嘴盖
顶帽
压缩阻尼
回弹调节旋钮
内柱
下腿（滑筒）
跳动锁远程线管

▲ RockShox Reba
前叉分解图

市场上有若干种不同的前叉设计。本书中没有篇幅对每一种前叉进行彻底的分解，所以我只附上了几个例子。最主要的参考文献始终是用户手册。如果没有自己前叉所附带的手册，那么从网上重新打印一份。确保打印的恰好是正确的年份和型号——即便前叉看起来一样，但小的细节逐年都在发生改变。

那么应该进行到怎样的程度呢？利用用户手册作为向导——要意识到拆解得比所推荐的更加深入可能会导致保修无效。对任何配有空气弹簧的前叉要格外地细心。始终确保在拆卸任何零件前，将空气压力从前叉中释放。这很容易被忘记，但要牢记——在压力下着手拆卸零件，零件会被喷射出去。如果它们没有撞到并伤害到你，那么你将会丢失重要的零件。

你可以检修安装在自行车上的前叉，但是可能会发现拆下来检修更加方便。按照第230~234页的操作方法检修——既然要检修前叉，不妨也检修一下车头碗组。无论怎样，你都需要将前叉竖直夹住来向顶部加入阻尼油，并且将油水平地注射到前叉下腿的底部。

对前叉经常进行的保养中最重要的仅有以下三项。

◆保持前叉清洁，但是不要拿喷射软管去冲洗。泥土在内柱和密封件之间运动，留下划痕，是最常见的造成前叉报销的原因。

◆要察觉到在骑行过程中任何骑行特征的变化——没有什么能比在零件稍微松动时使用更快地搞垮前叉了。

◆定期地骑行。如果不经常骑行，前叉会变得很难用。

有些人为什么要比大多数人进行更加频繁的轻度保养，其原因有两个。第一个原因是经济，前叉购买起来越贵，维修起来也越贵，更早而非更晚地发现问题，你可以为自己省一笔钱；第二个原因是安全，减震器擅长将车轮保持在地面上，将抓地力和转向能力最大化，但是如果零件出现松动且不受约束，会致使你对自行车失去控制。

清洁前叉的最佳时机是上次骑行刚刚结束后，而不是正好在下次骑行前。脏兮兮就丢下的前叉不会与在两次骑行之间进行清洁的前叉使用得一样久。及时发现有问题的零件，这样你就会在下次出行前有时间修好它。

前叉零件如何装配在一起

对于不同的年份和不同的型号，前叉设计师们会改变阻尼和预载调节器的位置，通过这种方式来让我们保持警觉。此处给出一些例子，但是更应该参考用户手册来找到前叉上各个旋钮的功能。有时，慷慨的设计师会对前叉上的旋钮为用户贴上标签——这种做法使生活变得更加便捷。

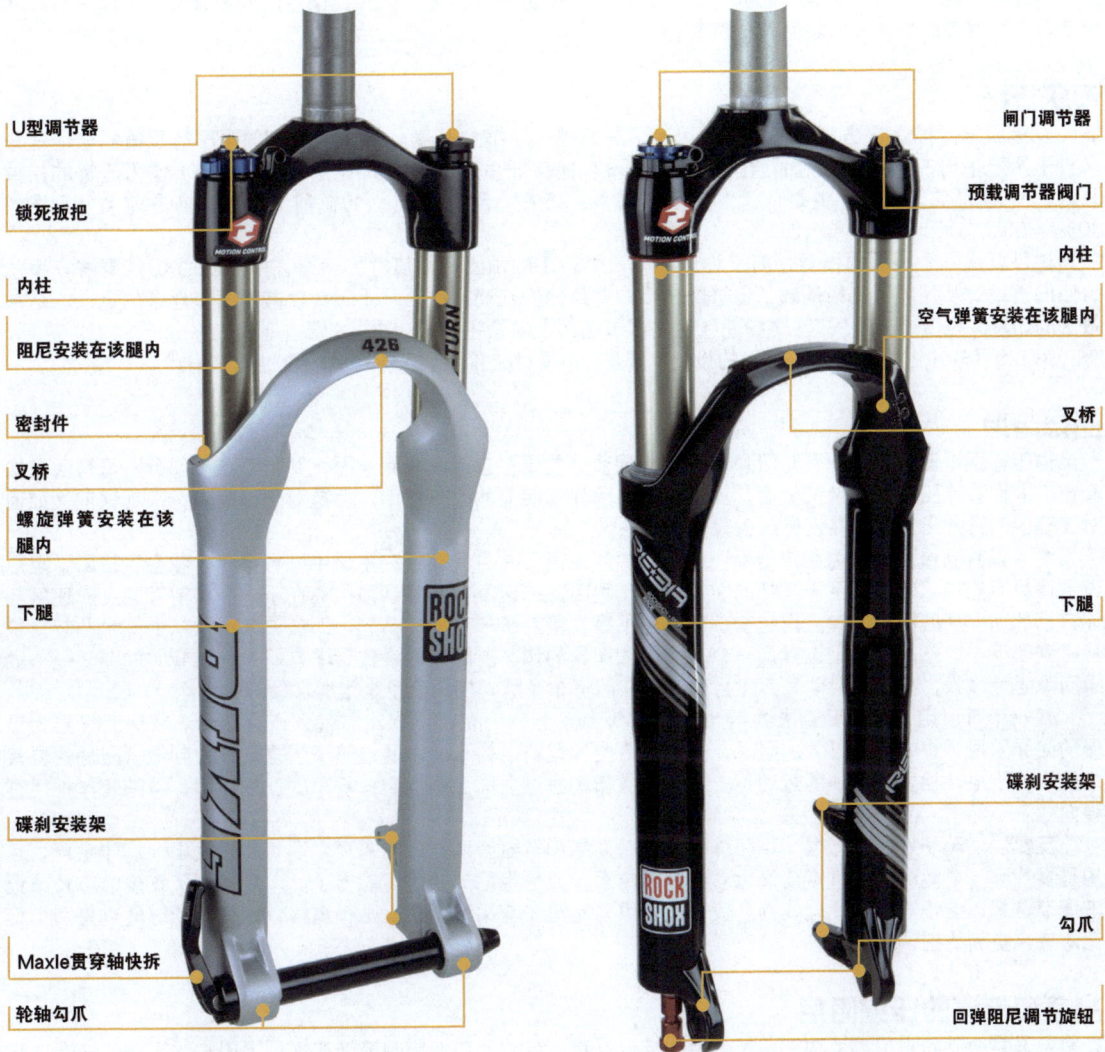

U型调节器

锁死扳把

内柱

阻尼安装在该腿内

密封件

叉桥

螺旋弹簧安装在该腿内

下腿

碟刹安装架

Maxle贯穿轴快拆

轮轴勾爪

闸门调节器

预载调节器阀门

内柱

空气弹簧安装在该腿内

叉桥

下腿

碟刹安装架

勾爪

回弹阻尼调节旋钮

▲ RockShox Pike 前叉

▲ RockShox Reba 前叉

正确设置前叉

对于许多人兴高采烈地花了一沓钱买了一副新的前叉，但却不能抽出一小时时间来正确设置前叉的做法，我感到很震惊。设置起来并不是很难，并且设置会让昂贵的前叉骑起来有昂贵前叉该有的感觉。

基本的前叉允许用户设置预载，用来改变预压行程。前叉的价格越贵，用户也越能够对回弹阻尼、压缩阻尼和行程进行调节，并且可以暂时地锁死前叉来使其变硬。所有不同的制造商将这些调节的控制器安装在不同的位置——比方说，回弹旋钮安装在左腿的顶部或者右腿的底部。在更深入地操作前，翻出自己前叉的用户手册，找出能够进行的调节，并且找到调节器的位置。

设置和调节前叉时，每次只能改变一个参数，这点至关重要。不要尝试拧动所有的旋钮，想看看会发生什么情况——碰上"恰好错误"和碰上"恰好正确"位置的可能性一样大！记住所做的调节，以便一旦找到适合自己的调节时能够及时找到那个位置。

预压行程

最先设置预压行程，它是在用户体重作用下，前叉稍微压缩的长度。关于前叉所需预压行程值的最佳信息来自于用户手册——正如我前面所提及，如果没有保存好手册，可以从网上再打印一份。作为通常的指导原则，XC越野前叉的起始值是前叉总行程的20%~25%，全山地/自由骑行前叉的起始值是前叉总行程的30%~35%。

这仅仅是一个粗略的指导，前叉设计时有一个特定的预压行程值。仍然有许多顽固的XC越野赛车手认为他们通过安装减震器已经是做了足够的让步，并且他们在骑行时，几乎不会让减震器有丝毫的运动。这种做法的无意义程度不亚于安装一个9速飞轮并调节端部止动螺钉来只让中间的五个齿轮工作。

第229页教你进行前叉预压行程的设置，而第238页对减震器预压行程的设置进行了描述。

回弹阻尼

一旦预压行程设置完成，便可对回弹阻尼进行调节。需要将自行车拿到外面，并针对这一部分进行来回多次骑行。人们喜欢压在减震前叉上面，观察前叉的回弹和明显的上下摆动，但是对于出去骑行来观察前叉如何对正确的骑行做出反应，并没有什么替代的做法。

绝大多数制造商们会为用户给出一个不错的起始值，并且会在用户手册中进行推荐。我喜欢将回弹阻尼设置得尽可能快，但又不至于车把的回位速度比我回位的速度快。我认为关键在于——将前叉的反应速度与你自己的速度相匹配。回弹阻尼越快，前叉越不经常受制于一系列的凸起，即还没来得及从上一个凸起复位就碰到了下一个凸起。但是设置是一个非常因人而异的调节。阻尼的设置影响自行车在转弯时的感受——如果回弹阻尼过大，在转弯时前叉会保持压缩，从而将车轮陷入拐角而不是推着你转过去。

找一个可以用来反复骑过去的婴儿箱（bady box）——高10厘米左右就大概合适了。将前叉设置为最慢的回弹阻尼（也就是说最大的阻尼，相当于最慢的运动）并且骑车通过箱子。重新设置到最快阻尼的位置（最小的阻尼，相当于最快的运动），并且再次骑车通过。你会感觉到自行车的反应不同，伴随着车把径直弹向你。

反复骑过箱子，每次减慢一点回弹阻尼——如果调节器有明显的咔嗒声，而每次只发出一次咔嗒声。目的是要找到一个能够完全掌控前叉运动周期的位置，但是阻尼却要尽可能得小。一旦找到了正确的位置，记下调节位置以便于再次方便地找到。我一般使用马克笔在前叉和旋钮上画一道线，这样我能够通过将两个标记对齐来重新找到调节位置。

高速和低速的压缩阻尼

如果前叉具有压缩阻尼调节功能，那么最后进行设置。该调节功能影响前叉在撞到障碍物时压缩的快慢。正确的设置再次地与反应速度紧密联系。如果正确地设置了预载仍然出现了触底的现象，那么这便是不具有足够的压缩阻尼；如果前叉对小的障碍物未做出响应，那么说明压缩阻尼过大。对于许多前叉，压缩阻尼是预设的，并且不能被调节。我并不认为这是一个很大的损失，我总是发现预设水平刚刚好。如果同时具有前后减震器，最先设置减震前叉，接着再对后减震器进行相匹配的设置。为你自己选定一个时间和地点，在此地不用看状况便可以安全地骑行，而理想的地方是非常平坦并仅有一个可以反复骑车通过的障碍物。你需要若干次骑行通过相同的障碍物来观察所做调节的效果。

将预压行程设置为可能得到的最好结果

利用下面的步骤测量预压行程，并调节预载来获得推荐的预压行程。不过要记住，这仅仅是一个起始值——可按自己的骑行风格对预载进行微调。

一旦按照步骤完成了设置，骑上车来体会骑乘感受。如果撞到了坚硬的东西，你用到前叉的全部行程，一直到上部零件撞击下部零件的点，这就是"前叉触底"现象。这并不是一件坏事——如果在正常骑行期间不撞到那个点，便没有使用到所有可利用的前叉行程。对初始预压行程进行设置，以每次骑行大约只出现一次触底为目标。

设置预压行程

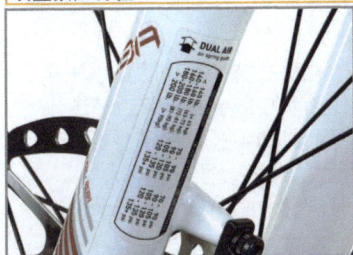

第1步：弄清楚前叉行程。如果它写在用户手册上或者如图所示方便地印在前叉上，便使用该尺寸。空气减震器通常会根据体重给出推荐的空气压力，但是值得骑在自行车上测试一下实际的预压行程，因为预压行程依赖于骑自行车的姿势和减震器的结构。

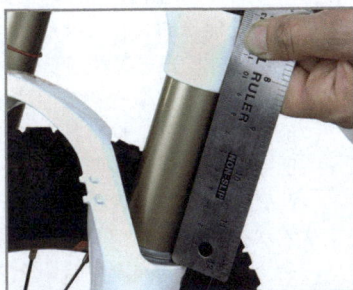

第2步：如果没有用户手册，可以像这样测量行程：完全伸展前叉，并测量叉冠底部到下腿密封件顶部的距离，也就是检查内柱显露出来的长短。

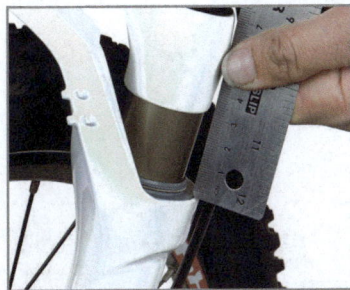

第3步：释放空气前叉中的空气压力或者拆除螺旋前叉中的螺旋弹簧，并且将前叉向下推至极限位置。测量相同位置的距离。用第一个数减去第二个数，便得到了总行程。装回螺旋弹簧，对气腔重新充气。

第4步：拿一根扎带并缠绕在前叉内柱上，要缠绕得够紧但是仍然能够轻松地上下推动。向下推使它刚好位于密封件的正上方。为了这个目的，在前叉的某个腿上也会配有O形环，或者是印在腿上的标记。

第5步：将自行车靠在墙上并且小心地骑上去。以正常的骑行姿势在自行车上坐定。不要上下跳动。从自行车上下来。你在自行车上的重量压缩了前叉，从而将扎带向上推。现在测量扎带到密封件顶部的距离。该距离就是预压行程。

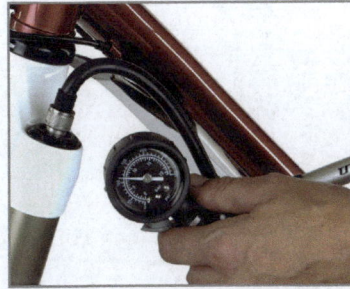

第6步：调节空气压力或螺旋弹簧预载，直到预压行程符合所要求的总行程占比。

为了乐趣和利益检查和保养前叉

定期、仔细地对前叉进行保养会为你省钱——保持前叉干净有助于降低检修的频率。检修也是检查前叉的好机会，这使你可以迅速地找出和辨别出潜在的问题。

所有的前叉保养都以清洁开始。拆开V型刹车并且从前叉上拆下车轮，这样你便能够完全地接触到前叉。对于碟刹，将卡钳附带的隔离器（你还保留着，对吧？）或者干净的纸板楔塞在碟刹垫之间，这样便不会意外地将刹车垫从卡钳上崩下来。完成下列的步骤，如果发现磨损的或破裂的组件，说明是时候进行前叉检修了。不要骑行前叉损坏的自行车——它们会将你毫无预警地摔在地上。

◆从清洗下腿、内柱和叉冠开始。淡水就不错，如果前叉上满是污垢，可以使用Muc-Off或者其他类似的自行车清洗剂。对于镁质下腿，仔细检查涂漆上的起泡——这通常表明是时候更换新前叉了。如果存在疑问，可以去当地的自行车专卖店征求意见。

◆在清洗泥土时，仔细并有条不紊地检查前叉。从前叉勾爪开始。从里到外检查前叉和勾爪之间接头处有无裂缝。

◆从里到外观察车轮夹持面的情况。这些面夹持轮轴，防止车轮从前叉上掉出来。快拆杆和轮轴上的锯齿状突起会在前叉上留下小凹痕——确保这些凹痕干净并且出现的时间不久，而不是磨损的凹痕，磨损的凹痕表明车轮已经发生左右移动。

◆依次检查每一个前叉腿。你要找的是裂缝或者凹坑。较大的凹坑会降低前叉的强度并且阻止内柱在下腿中自由地移动。裂缝和凹痕均表明是时候更换新前叉了。

◆检查一下碟刹和V刹安装座。检查碟刹上有无裂缝并确认卡钳上所有的固定螺栓都是紧固的。

◆检查前叉腿底部的螺栓——这些螺栓将所有的零件结合在一起，所以确保它们没有出现松动。检查润滑油从螺栓下面漏出来的迹象。

◆清洗叉桥后面的污泥——沙砾倾向于聚集在该部位。

◆检查在内柱进入下腿时清洁内柱用的擦具。上面有裂痕的话会让沙砾进入到擦具内部，会在内柱上留下擦痕。擦具的顶部通常由良好的环形弹簧卡住就位，弹簧应安装在擦具顶部的边缘处。

◆检查内柱。如果沙砾卡进擦具或者密封件，随着前叉循环运动，沙砾也会被拖着上下移动，从而在前叉内柱上磨出竖直的沟槽。这些沟槽反过来又为更多的泥土提供了通道。

◆检查所有的调节器旋钮。通常旋钮都突出来以便于能够便捷地拧动，但是这样也会让它们变得很脆弱。

◆重新安装车轮并且重新连接V型刹车。将前刹车装好，并且将其中一个内柱刚刚保持在下腿上部。轻轻地前后摇动自行车，你或许会感觉到前叉有一点变形，但是不应该感觉到下腿有敲击。该部位出现大量的运动，意味着你需要新的衬套。

◆使劲地压车把，从而压缩前叉。释放车把后，前叉应该能够平顺地回弹归位。如果前叉回位不顺畅或者有停顿，那么是时候进行前叉检修了。

◆最后，通过将下腿擦光来收尾。擦光会让前叉看起来更棒，对其自身很重要，擦光后会留下一层蜡，这就意味着泥土不会轻易地粘在前叉上。

内柱
擦具/密封环
426
下腿
碟刹安装座
勾爪

▲ RockShox Pike 428型减震前叉

清洁和润滑内柱

擦具是位于前叉下腿顶部的黑色橡胶环，内柱套在下腿内部。在骑行过程中，前叉上下运动，遇上泥泞的环境时，内柱会持续受到沙砾的撞击。如果沙砾进入到了密封件内，前叉的运动会拖曳着沙砾上下移动，从而在内柱上摩擦出较长的竖直沟槽，这些沟槽会让泥土进入到前叉内，并且油会从沟槽中流出来。

擦具充当阻挡有害沙砾的第一道防线，有助于保持沙砾远离密封件。定期清理擦具上的泥土沉积，防止泥土进入到密封环内，密封环位于擦具的下面，并在此处被压入到下腿的顶部。

前叉密封环必须随着内柱的运动发生相应的变形，从而形成一个贴紧的屏障来阻止泥土进入或者油流出。但是密封环不必配合的过紧，否则它们会阻止前叉平顺地运动。好的密封件是前叉最重要的质量特性。密封件需要定期地进行更换，所以在前叉检修时确保进行了更换。

前叉在过去都会配备前叉内柱套，它们是柔性的橡胶长筒护套，目的是保持内柱清洁。除了不美观之外，装着它们还容易在下腿顶部附近的区域聚集水分，而这个部位最不需要水分。现在很少有前叉再配备前叉内柱套——擦具已经替代了它们，并且密封件也已经变得更加有效。

擦具护理

清洁完前叉外部后，轻轻地向内柱喷类似GT85的轻油，并且做"前叉打气筒"。这是一个假想的术语，意思是站在自行车的旁边，压缩并释放车把若干次，以此来将喷在内柱上部的油涂抹开。接着利用一个小钳子小心地剥开擦具顶部，并滴几滴稍重的油。无论对链条使用什么样的油，此处使用刚刚好——我喜欢类似终点线Cross Country品牌的润滑油。沿着擦具的圆周剥开，并顺着钳子滴上一道油。再次做前叉打气筒几次，并且用干净的布擦掉任何露出来的泥土。

在进行该操作时，不要刮擦内柱，这点非常重要。如果通常的骑行环境是泥泞道路，值得花点时间为自己定制一个护理用的工具。一个准备丢掉的旧薄刃一字螺丝刀能够有效地被赋予新的用途和循环利用——将最后几厘米夹在台钳上，并且折弯90度。仔细地清洁刃部，并且放进工具箱内。一根旧辐条，将端部的弯曲部分敲直，也能发挥同样的功能。你也可以购买专门用于护理擦具的工具，但是我想不出你想买的理由……

即便是内柱沉积了厚厚的一层泥土，也不要尝试在内柱上使用除污剂。除污剂会流进内柱和擦具之间的任何空隙，并且分解前叉内部的润滑油。结果是前叉漂亮且干净，但是却没有弹性。

廉价的前叉采用的是铬钢内柱。尽管比更贵且经阳极处理后的铝质内柱更重，但是铬钢更加平顺，并且对缺口和剐痕的抵抗性更好。有些前叉由两种材料制成——比如，RockShox Recon具有和Tora相同的操控性，但是内柱却被升级到了更轻的铝质版本。

RockShox Reba前叉：骑行50小时和100小时后的检修

相对于断断续续的因负疚而进行的检修，所有前叉会对持续的精心呵护做出更好的响应。

令人遗憾的是，本书没有足够的篇幅来介绍所有的常用前叉结构，但是本节能够让你对前叉内部原理有所了解。我使用了RockShox前叉作为例子，因为它们应用广泛，并且会对给予的关注做出很好的回应。

该前叉左腿装有一个空气弹簧，右腿安装阻尼组件。回弹调节旋钮位于右腿的底部，压缩阻尼调节器和锁死螺母位于右腿的顶部，并且两条腿都有一个润滑用的油槽。这样的布置方案使整个阻尼机制距离安装在左腿上的碟刹所发出的热量尽可能远。

阻尼性能依赖于阻尼油的黏度，而黏度受温度的影响。如果在极限温度下骑行，那么去当地的自行车专卖店询问关于油重度的推荐值。阻尼油位和状况至关重要，所以每年对其检查两次，并且根据自己的骑行里程每年更换一次或两次。

检修有以下三个层次。

◆层次1：每骑行50小时，将前叉拆开，清洁下腿和内柱，并且利用新油重新装组。按照第1~5步进行拆解，接着按照第13~14步重组。

◆层次2：每骑行100小时，需要对空气和阻尼腔进行清洁并注上新油。按照第1~14步的所有程序进行。如果对该层次的工作不自信，那么将前叉拿到自行车专卖店并请求他们进行检修。

◆层次3：专业的减震器调节师可以定制阻尼内件来适应用户的体重和骑行风格。要么将前叉拿到自行车专卖店，要么将前叉寄到第240页中所列的检修中心。

在开始检修前叉前，确保所有的外部表面都是干净的。所有左边和右边的零件均能够看到，仿佛骑在自行车上看前叉一样。

检查RockShox Reba前叉

第1步：在开始前，记录当前使用的空气压力和回弹设置。从左前叉腿底部移除气门嘴盖。通过按压美式气门嘴的中心杆来释放所有的负空气压力，如图所示。对位于左前叉腿的底部正空气压力气门嘴，重复同样的操作。

第2步：从右前叉腿底部拆下回弹阻尼旋钮。从底部观察前叉。将右前叉腿上底部的5毫米口径内六角螺栓拧松五圈整。在左腿上，使用10毫米口径套筒扳手拆卸腿柄上的螺母，直到螺母顶部与轴柄端部平齐。

第3步：阻尼油从前叉腿底部流出时，拿一个容器方便盛装阻尼油。将5毫米口径的内六角扳手放进右腿的底部。用塑料锤轻轻地敲击内六角扳手来从下腿上卸下阻尼轴，从而释放阻尼油。在右腿上重复进行同样的操作，将10毫米口径套筒扳手套在螺母上来保护螺母。

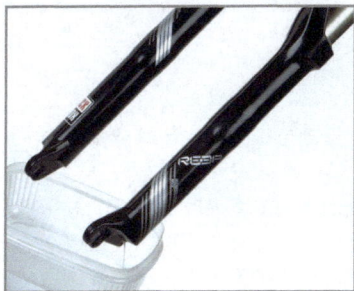

第4步：从下腿内轻轻地抽出内柱。将下腿保持在容器的上方以盛装用过的阻尼油。在清洁和检查上腿时，让下腿中的油流完。

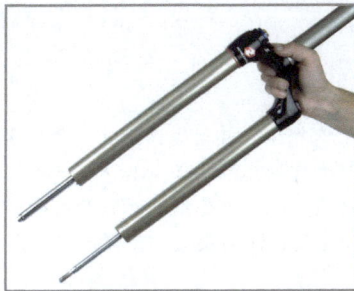

第5步：清洁并检查前叉上的划痕。严重刮伤的内柱需要进行更换——如果不确定的话，征求自行车专卖店的意见。通过将一块干净的碎布裹在木棒上并旋转放进去来清洁下腿的内部——重复操作，直到出来时碎布是干净的。如果仅仅做的是下腿检修（每骑行50小时），直接跳到第234页的第13步；否则的话，继续进行第6步。

第6步：再次检查已经通过左前叉腿顶部的气门嘴释放了所有的正空气压力。用24毫米口径套筒扳手小心地卸掉空气盖，并且排出空气活塞顶部的所有油。

第7步：用弹性挡圈钳从左前叉腿的下侧拆除弹性挡圈。抽出空气轴，接住任何流出来的油。此时如果愿意的话，可以通过向活塞下面增加或移除黑色塑料垫圈来改变行程。清洁空气管和空气轴，接着重新组装，从叉冠向空气活塞里倒入5毫升15wt的阻尼油。然后重新装上顶盖。

第8步：用1.5毫米口径的内六角扳手拆除闸门调节器，接着用弹性挡圈钳拆除锁死螺母或远程锁死线管（取决于前叉的型号）。用24毫米口径套筒扳手卸掉顶盖。

第9步：拆卸运动控制阻尼器并进行清洁。

工具箱

50小时骑行检修所用的工具

- 5毫米口径的内六角扳手。
- 10毫米口径套筒扳手。
- 塑料锤。
- 15wt减震油。
- 用来向下腿注油的注射器。

100小时骑行检修所用的工具

除了所有上述的工具还需要以下几种。

- 24毫米口径套筒扳手。
- 1.5毫米和2毫米口径内六角扳手。
- 从自行车专卖店购买的5wt减震油。
- 一个能盛装旧油的盘子和用来擦拭溅出油的干净布。
- 异丙醇或者碟刹清洗剂。

如果要利用检修的机会来改变前叉的行程，在开始前你需要获得合适的垫片。新的前叉通常会在盒子里附带额外的20毫米长的垫片，但是如果没有保留它，或者还需要一个，那么可以去当地自行车专卖店或者RockShox零销商那里看一下。

检修前叉的几点建议

◆ 弹性挡圈始终需要重新装回到它们的沟槽中，并且尖边朝外。在任意一侧上滑动手指——你能够感觉到尖边。它钩在用来安装它的沟槽上，从而保持组装件牢牢地连在一块。

◆ 有的厂家会随前叉给你提供随机的20毫米长的C型垫圈。它们可以垫在空气活塞的下面来改变前叉的总行程（参见第6步）。为更陡的地形和比赛日转向要减小行程，为了控制快速的下坡要增加行程。也可以从当地零销商那里买到15或20毫米长的垫片。对于全减震自行车，作为通用的准则，前叉的行程不值得比后减震的行程多20毫米。

◆ 始终用蓝色的乐泰243胶水来重组下腿螺栓，以确保它们不会摇松。在每次检修时，值得在这些螺栓上面安装橡胶密封垫片——自行车专卖店可能必须为你订购，但是它们非常便宜。在第13步中安装它们。

◆ 如果你计划定期地对前叉进行检修，值得花钱买一个扭矩扳手来精确地紧固螺栓（见第53页）。可以从制造商网站上获得所有的正确扭矩值，注意要查看专门适用于自己型号的扭矩值。

更换阻尼油

第10步：将前叉颠倒过来，把阻尼油倒进平盘内，循环移动阻尼器轴帮助阻尼油流出。移除内柱下侧的弹性挡圈，盛接剩余的阻尼油。拆除并清洁阻尼器轴。将干净的布拧成一束，仔细清洁前叉腿的内部——可能需要清洁若干次。重新插入阻尼器轴。在沟槽内重新安装弹性挡圈，尖边朝外。

第11步：检查运动控制阻尼器顶部的O型密封件，如果有任何的裂痕，那么进行更换。从叉冠用110毫升5wt的阻尼油重新填充阻尼腔。

第12步：重新安装运动控制阻尼器。为了克服阻尼油的阻力，推向螺纹时要轻轻地旋转。接着扣上顶盖并重新安装锁死螺母把手或者锁死线管以及弹性挡圈。用1.5毫米口径的内六角扳手重新安装闸门调节器。

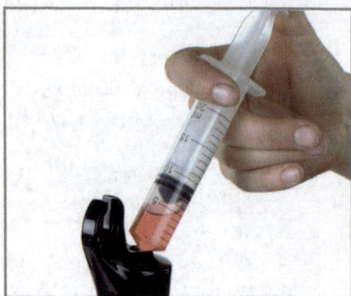

第13步：小心翼翼地将内柱滑入到下腿内。它们会滑移很小的距离，接着必须扭动它们来穿进前叉腿内的上部衬套。将内柱穿过衬套，（轻轻地扭动！）但是不要将它们完全推装就位。将前叉颠倒过来，用注射器通过每个腿底部的小孔细心地注入15毫升5wt的阻尼油。

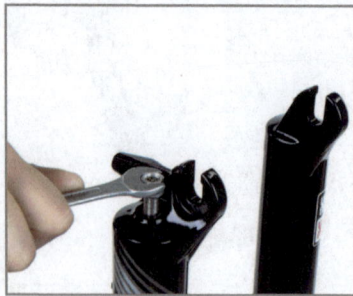

第14步：等待5分钟让油流入前叉，以使油位在上下衬套之间。保持前叉颠倒，小心翼翼地将下腿推装就位，扭动着穿过下部衬套。空气轴会通过下腿底部的小孔露出来。安装压溃垫片，接着将5毫米口径的内六角螺栓重新安装在阻尼器轴上并将10毫米口径螺母安装在空气轴上。

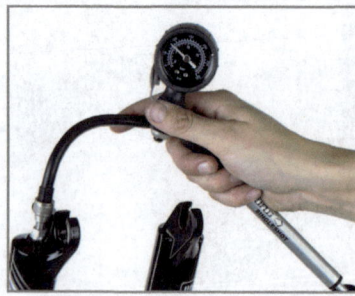

第15步：用开始前记录的空气压力对正空气弹簧重新充气，接着是负空气弹簧。如果可能的话，使用扭矩扳手再次确认所有的螺母、螺栓和控制器。重新安装回弹阻尼器旋钮和气门嘴盖。

后减震器

在运动、科技和贸易领域中激烈竞争的山地自行车研发者，与自行车公司一样吹嘘各自不同的后减震器设计。每一个得意的设计师都觉得他的作品击败了所有其他的作品。虽然型号在细节上有所差异，但是可将大多数后减震器分成三类，分别是：悬臂式、连杆式和URT（悬吊式）。随着时间的推移，所有三种类型的流行程度也有所差异。对于每一种类型，都有利用计算机辅助以及高科技装置设计的自行车，但是仍然骑起来不舒服。与此同时，虽然有些自行车上周你还听到了针对它们的有说服力的反调，但是骑起来仍然能感觉到速度与激情。

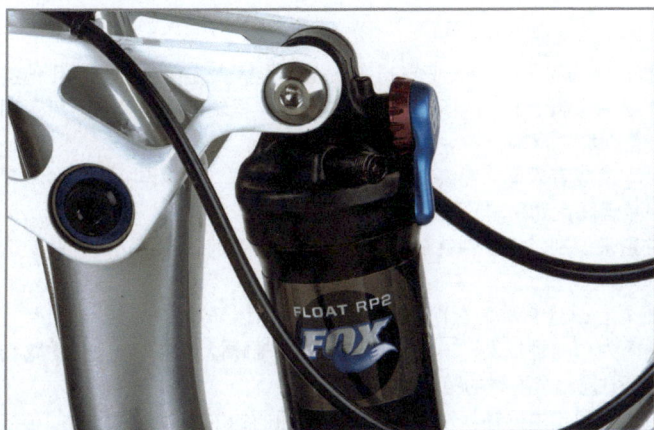

▲ Fox Float型减震装置

挑选一辆减震自行车会让人头疼。任何有一点经验的人都对你应该考虑的自行车有看法，但是看法全都不同。然而，在市面上存在某人设计的自行车，而他对骑行的要求和你一样。我的建议是在做决定前，尽可能多地试骑不同的设计。

适合的设计取决于身材和骑行风格。有些人尽可能长时间地坐在车座上，非常节约地使用体力（他们或许有公路骑行的背景）。对于后叉端位置会影响链条长度，从而在蹬踏时会快速回弹的设计，他们可能通常不太喜欢。其他人，或许有越野或者林道骑行的背景，无须理由便起来并离开车座，从而利用他们的肩膀和体重而不是腿来驱动自行车。或许浪费了大量的体力，但是他们喜欢巨大而短促的爆发力。

后减震器的设计有两个因素——车架形状和减震特性。所有车架基于的原则是，车架的尾部用铰链连接，这样一来，后轮便相对于车架的主体移动。为了控制轮轴路径（或者说，在其行程内运动时，轮轴相对于车架的位置），用中枢轴和支杆位置来补偿后叉端，在调整中枢轴和支杆位置上花费了许多心思。

林道载荷来自于不同的方向。从下落点着地时，会施加直接向上的载荷，并且如果这是后轮上唯一的载荷，那么方程就会变得简单不少。但是你还在通过蹬踏来驱动后轮，从而给后轮施加一个水平方向的荷载，沿着链条从牙盘到飞轮。如果自行车后部和前部之间的铰链位于牙盘和轮轴之间，那么蹬踏就会激发减震器。随着对地形做出反应，后叉端的运动会引起脚蹬的运动——"链条反作用"。这种现象并非总是坏事，在爬坡时，蹬踏倾向于延伸减震器，并且将后轮陷入地面，从而提供额外的抓地力。只要不是很大，链条反作用也没有那么令人担忧。双脚会迅速地熟悉对这种现象的处理，直到注意不到。成功的减震器设计会使后轮轴尽可能地对不平地形做出响应，同时将蹬踏对减震的压缩和体力的浪费程度最小化。

一旦车架组建完成，后减震器的任务就是控制后轮沿其轮轴路径运动的速度。减震器内的弹簧吸收荷载，而阻尼确保弹簧以可控的速度回伸，并且不会让你从车座上摔下来。完美的减震会对小荷载立即做出响应，让自行车感觉起来柔软，并且有助于找到存在的任何抓地点。它也能够承受大的冲击而不会达到行程的极限位置。

在自行车的后端要塞入许多零件，尤其是人们同时还想要一切变得轻盈、结实、刚硬，并且要涂上本周流行的颜色。少数人会质疑不同种类的"完美"设计和设计师一样多。减震器设计的演化过程在断断续续地发生，有些人冲进了死胡同，而其他人致力于改进经过验证的设计。完美的设计没有正确的答案，所以浪费过多的骑行时间来琢磨中枢轴是否在"正确的"位置岂不是太蠢了？

为什么全减震自行车形态各异

虽然精确地对全减震自行车进行分类很困难，但是它们大多数都属于一个或两个大类——悬臂式或连杆式。这两种类型骑起来是美梦，而其他的类型骑起来可以说是噩梦。

悬臂式

早期的全减震自行车采用的是悬臂式设计：后轮连接在一个摆臂上面，摆臂绕底架附近的中枢轴旋转，而减震器直接连接在主车架上。该设计的最大优点是——唯一的中枢轴，并且具有很少的运动部件——从而让车架质轻、经久耐用、刚硬并且结实，而且又不用花一大笔钱。它仍然在使用中——可以在Santa Cruz Built减震器上看到。

悬臂式设计的缺点是很难控制链条反作用的影响。无论在哪安装中枢轴，后轮都绕中枢轴沿弧线运动，这样一来，随着轮轴在其行程内运动，轮轴和牙盘之间的距离改变会相当的可观。

连杆式

连杆的增加会增加额外的中枢轴，随着在行程内的运动，从而改变自行车后端的形状。连杆自行车有几种类型，包括"四杆""多连杆"和"主动刹车中枢轴（ABP）"。所有类型都依赖于中枢轴的平顺运转，应定期清洁和润滑它，但注意如果使用喷射清洗会严重损坏中枢轴！

多连杆本质上是杆驱动悬臂系统，因为后下叉或者摆臂仍然绕着中枢轴沿弧线运动。增加连杆来驱动减震器的优点是可以允许设计师微调杠杆比率——减震器运动和车轮位移之间的关系。

多连杆自行车可以通过靠最后的中枢轴位置来识别，中枢轴就在后轮轴的上面。目前还使用该设计的制造商包括Kona和Commencal。

四连杆自行车具有位于后轮轴下面的中枢轴。这通常称为霍斯特（Horst）杆，以开发它的设计者命名。以这样的形式，连杆会像四边形一样工作，从而为后轮轴提供了一个接近竖直的轮轴路径。这有效地将蹬踏和刹车荷载与减震器作用隔离开来。Specialized FSR是一个不朽的范例。

一个新产生的设计来自于Trek公司，称为主动刹车中枢轴。在该机构内，最后面的中枢轴绕最后面的花鼓旋转。这样将减震器与刹车和蹬踏荷载更远地隔离开来，但是需要一个定制的后贯穿式轮轴或者快拆杆。

短杆四连杆设计在主车架和尾部三角之间，利用两根很短的连杆来形成平行四边形。修改每根连杆的布局，让设计者可以设定竖直荷载下轮轴运动的路径，从而改变刹车和蹬踏荷载与减震器之间相互作用的程度。例子包括Santa Cruz公司和Intense公司的VPP（虚拟转点）型号，捷安特（Giant）公司的Maestro系统和Marin公司的Quad-Link系统。

减震器种类

和减震前叉一样，后减震器有若干种形式，但是两个主要组件保持一致——某种形式的弹簧和某种形式的阻尼。弹簧可以是空气弹簧或者螺旋弹簧；阻尼可以是空气、油或者油和空气的混合物。

空气弹簧通过向弹簧腔内泵入更多的空气来硬化。空气的空间很小，所以增加微量的空气就会产生较大的影响。可利用一个带测量仪器的减震器泵来完成这项任务。通过利用泵上的排放阀（如果有一个的话），或者通过移除泵并按压美式气门嘴中间的针来排放空气，接着利用减震器泵重新回充至正确的压力。注意不要对减震器过度充气，否则会损坏减震器。减震器所能承受的最大压力大多数情况下总是印在减震器主体上，没有的话，可查看用户手册。

螺旋弹簧有一个钢质弹簧绕在阻尼装置上面。预载可以通过绕螺纹转动支撑减震器一端的圆盘来调节，从而压缩弹簧。弹簧不具有巨大的重量范围，并且如果不在它们上面施加过多的预载，那么会工作得更好。不要总想着转动过松弹簧上的预载调节器来改变预压行程。作为一个通用的准则，不要使用超过两圈的预载调节来获得正确的预压行程，除非用户手册中明确地说明可以使用更多。

尽管使用钛质弹簧而不用钢质弹簧会减小重量差异，但是空气弹簧比螺旋弹簧减震器稍微轻一点。对于更大范围的骑手体重，空气弹簧更加容易调节，然而螺旋弹簧只能在弹簧的范围内是可调的——体重比平均重量更重或更轻的骑手将需要更换弹簧，然而空气弹簧可以简单地加压和释放。

不过螺旋弹簧和空气弹簧确实感觉不一样。螺旋弹簧非常柔软并且通常是首选。我喜欢空气弹簧是因为我不是很重。不过如果随身携带减震器泵，则会消除空气和螺旋减震器之间的大部分重量差异……

后减震器：测量总行程

行程是减震器装置能够移动的总距离——从完全伸展到完全压缩。更长的行程意味着减震器装置能够吸收更大的冲击力，从而消除短小、剧烈的力量，以便于你能够保持对自行车的控制。如今，更长的行程允许人们在自行车上所做的事情在五年前是想象不到的——从物体上跳下来又跳上去，做这些游戏在先前又会导致自行车的损坏以及摔碎骨头。

不过，更长的行程并不总是好事。车架必须更加结实和沉重来保持刚性，以及来承受滥用。长行程车架的形状在行程中会发生改变，从而在长距离骑行或者爬陡坡时车架会让人感觉疲累。具有适中行程值的XC越野车架设法在吸收不平地形，从而通过将后轮贴在地面上来将抓地力最大化和提供一个舒适、稳定的蹬踏平台之间找到折中点。微行程车架——其尾部三角可以移动大约5厘米的距离——会吸收恶劣路况上的冲击，从而增加了一点舒适性，而重量损失也最小。

与减震前又一样，需要对后减震器进行设置，便于骑行者坐在自行车上时减震器轻微地下沉。这样的设置很重要——它意味着后车轮能够落入凹陷内，也能够向上叠压来通过路径上的块状物和障碍物。这会保持你沿水平直线上下浮动，而不用爬进和爬出每个车道上的不规则地形，从而节省体力。

关于初始预压行程应该占总行程的比例值，每个制造商都有自己的理念，所以你需要查阅减震器手册或者访问制造商的网站来获悉他们的推荐值。由于预压行程通常以总行程占比的形式给出，在开始设置预压行程前你还需要知道行程。如果还不知道行程值，运用下面的步骤来进行测量。

测量总行程

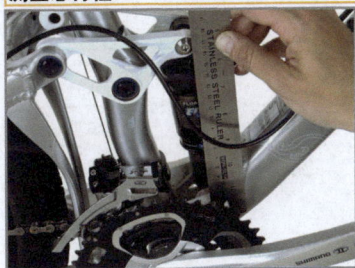

第1步：将自行车立起来，并且测量减震器上两孔眼中心的距离。该值是伸展的长度。

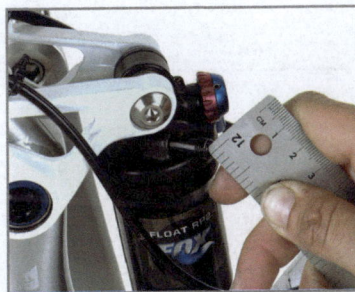

第2步：释放弹簧：对于空气弹簧减震器，卸掉气门嘴帽，按下气门嘴中间的气针，向泵一样上下按几次自行车，接着再次按下气针来释放剩余的空气。对于螺旋弹簧减震器，拧开预载调节器，拧到所能到达的最远处，以便弹簧松弛地晃荡。

第3步：向下压自行车来压缩减震器，并且再次测量两孔眼之间的距离。从第一个测量值中减去第二个测量值，得到的值便是总的可用行程。

设置预压行程

一旦弄清了自行车的行程距离，向后减震器中泵入少量的空气或者重新装上螺旋弹簧并施加一圈的预载。

10%预压行程=总行程除以10
15%预压行程=总行程除以7
20%预压行程=总行程除以5
25%预压行程=总行程除以4
33%预压行程=总行程除以3

下一步是计算目标预压行程值。不同的自行车形状和减震器型号在不同的预压行程值下会运行得最好，但是一般来说，对于XC越野赛车手，预压行程值是总行程的15%~25%；对于普通的XC越野，其值是20%~30%；而对于山地/自由骑行，其值是30%~35%。这些只是指导原则——推荐值可以参考前叉手册。它会提供一个起始点，可以利用该点根据自己的偏好进行调节。现在不必担心它，我们会在测试阶段来进行考虑。

现在要搞清楚你想要怎样的预压行程。

螺旋弹簧减震器

你需要朋友帮助你完成该项任务。先测量出减震器安装螺栓之间的距离，然后以正常的骑行姿势坐在自行车上（靠在墙上有助于完成该动作），并且让朋友再次测量减震器孔眼中心之间的距离。用原始的未加载的减震器长度减去刚才的测量值，便可以得到预压行程。如果值比预想的要大，为螺旋弹簧增加预压；如果它比预想的要小，拧开弹簧或者泄放空气，直到让预压行程值大概正确。

空气弹簧在你想要的整个范围内都是可调的，但是螺旋弹簧的可调范围更窄。例如，Fox Vanilla弹簧的设计最多能拧两圈预载调节环。拧得太多，那么它们便不会正常地工作；让它们过松，那么它们便会动来动去。理想状况下，若弹簧比率正确，你根本不需要使用预载。如果不能从你所拥有的弹簧上得到想要的调节，那么买一个更软或者更硬的弹簧。为自行车专卖店提供你自行车（车型和年份）和弹簧（印在弹簧上面的弹簧比率和行程）的详细参数，以及你的体重，以便于他们为你算出正确的弹簧数据。

空气弹簧减震器

你不用强迫朋友帮你测量就可以搞清楚空气弹簧减震器的预压行程——减震器轴上的O型圈会在你压缩减震器时被推下去，并且减震器回伸后O型圈会留在那里，从而让测量坐在自行车上压缩减震器的距离变得更加简单。你需要一个减震器泵来增加空气压力，以及测量减震器内的压力。

空气减震器

第1步：对于空气减震器，将行程O型圈向上推至减震器轴处，使其贴靠着空气套筒。

第2步：穿戴着骑行时的装备，以正常的姿势坐在自行车上。仅坐着就可以，不要跳动或者转动。从自行车上下来。体重就已经压缩了减震器，将O型圈沿着轴推动。测量空气套筒和O型圈之间的距离，便是预压行程。

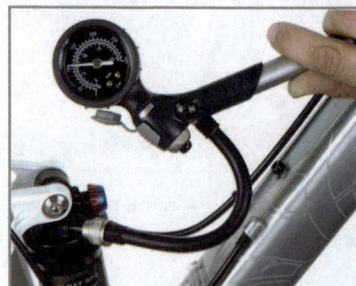

第3步：如果测量值比预期的要小，从减震器中释放一点空气。如果它比预想的要多，增加一点气体——将减震器泵拧在气门嘴上，拧到能够听到一丁点的气体泄漏，接着再拧半圈。增加一点压力。移除减震器泵并且再次测试。记下最后结束时的压力值。

测试并调节回弹阻尼以获得最佳设置

如果你的减震器没有阻尼调节装置，并不意味着没有回弹阻尼，而是制造商已经决定好了什么样的阻尼工作得最好，并且他们不想让你调节阻尼……

首先，在找到正确设置前对回弹阻尼的调节效果有一个感觉。找一个能够重复简单的五分钟环形的地方——不需要很特别，一个停车场就可以。在回弹阻尼处于两个极限处骑行两圈来对设置的改变有一个感觉。接着将回弹阻尼设置在中间位置处，比如如果有12挡，那么从6挡开始。

找一个干净、平坦的地方，没有车辆只有一个婴儿箱（Baby Box）——大约5厘米或者10厘米高——来重复骑过。理念是骑行穿过婴儿箱，减震器压缩，回弹到比起始更远的位置，再回到原始位置。如果在着陆时减震器回弹并将你向外弹，那么便是回弹过快，并且你需要增加阻尼。如果在着陆时往下陷，那么便是回弹过慢，并且需要被减少。起初，你或许想对调节做一些巨大的改变来了解效果。无论进行什么操作，记得对所做的改变做清晰、持续的记录，并且要抵制随意摆弄不同组合的诱惑——如果要乱拨弄回弹阻尼，那么不要动预压行程。

现在讨论试骑。出去并骑行。你在每次骑行中至少触底一次。如果没有触底，那么便没能使用全行程，而这是一种浪费。调节预压行程，每次调节一点。这正是个人品位和骑行风格发挥作用时。如果你经常在车子上站起来，离开车座，你或许会更喜欢更硬的骑行，使用推荐的预压行程范围下限值。

保养后减震器

后减震器要进行两个层次的检修：需要保持它们清洁，以及对运动部件定期润滑。允许它们运动的衬套必须保持清洁，并且在磨损后要进行更换。需要对它们进行定期检查来确保恰当地工作。在后减震器的内部构件坏了后继续骑行，会很快让减震器报废。所有的检修可以运用简单的工具操作，并且也值得去定期进行检修。

后轮会掀起泥土，而后减震器通常直接位于首当其冲的位置，并且如果忽视的话，它们的性能会很快地变差。反过来，保持它们清洁，并进行润滑，它们会更加经久耐用——空气减震器的检修参见第240页。

更进一步，内部构件的检修和调整必须由减震器检修师来实施。无论你对外部零件已经多么有自信，也不要总想着继续拆开减震器的内部。取决于型号的不同，内部构件或许会充满了氮气或者在高压下储存。不要参与其中，很容易会伤到你自己，并且该行为还会使保修无效。应该将减震器寄到检修中心。

幸运的是，有足够多的专家在进行这项工作，再次幸运的是，一旦将减震器从自行车上卸下来，它足够小从而很容易邮寄。如果有一件事你能做，并且会对检修程序有所帮助，那么便是在打包前将减震器清洗干净。在邮件接收端也会进行清洗，但是在装箱前将上周留下来的污渍擦干净显得很有礼貌。合适的检修中心取决于减震器的型号。检修也非常快，你可以在两个星期的时间内收回减震器。

保养要求

- ◆ 拆开减震器来涂抹润滑油。在开始前要清洁自行车，否则泥块会掉进减震器体内——众所周知，泥块的回弹特性可变性大。
- ◆ 空气减震器：千万不要忘了在开始操作前，放掉减震器内的所有空气。拆开仍然受压的装置，装置会突然释放，飞向空中。通常会撞到你，因为你正在拆卸它。会很痛并且你会觉得自己很蠢。
- ◆ 千万不要拆开减震器内部的阻尼盒。
- ◆ 有时，空气减震器会卡在压缩位置。从气门嘴泄放所有的空气，接着重新充气至为减震器设定的最大压力。如果不起作用，再次泄气，并送到检修师那儿。千万不要拆开空气套筒——让专家对其进行处理！

螺旋弹簧在螺旋上印有一组数字，第一个是弹簧比率（刚度），第二个是行程，且是以英寸为单位的。为了便于更换更硬或更软的弹簧，你需要知道自己弹簧的重要数据。

安装和调节Fox Float空气减震器

我喜欢Fox Float空气减震器，它工作得很好，调节便捷并且很容易保持清洁。别总想着进行比下列检修更进一步的操作。对于更深层次的检修，送到授权的检修中心让专业人员负责，否则会让保修无效。阻尼腔内充有加压的氮气，这让拆开它非常危险，并且没有氮气瓶不可能重新充气。

所有类型的减震器，无论是螺旋弹簧和空气弹簧，都应该保持清洁和良好的润滑——如果没有让内部构件产生磨损，检修起来花费的钱会更少。大多数减震器居中安装在后轮的上方，残留在后轮上任何的泥土、沙砾和细沙会朝背部甩出，击打在减震器主体上。定期将这些清理掉。沙砾会想方设法地进入到任何的密封件内，从而在中轴上擦磨形成沟槽，反过来会让更多的泥土进入。

这个特殊的减震器型号允许你调节回弹阻尼和行程，但是其他的组合在其他的自行车上很常见——预载和回弹是最有用的，锁死对于爬坡和公路骑行很棒。有些人喜欢能够进行压缩阻尼的调节。压缩阻尼影响减震器压缩的速度，而回弹阻尼影响它回弹的速度。

润滑空气套筒

如果你对减震器的表现很满意——它很好地吸收不平地形的冲击力，并且不会出现持续的触底——那么在开始保养前，测量和记录压力值，这样便可以在重组减震器后重新充到这个压力值。同样也值得检查和记录回弹设置——将回调挡位调至全开状态（在操作过程中会很容易碰到调节轮）。一如既往地，操作空气弹簧时，在开始操作前释放掉所有的空气压力。

回弹阻尼

空气气门嘴

Fox Float空气减震器 ▶

润滑空气套筒

第1步：通过移除气门嘴帽并按压气门嘴中心的气针来从减震器释放空气。像泵一样上下压动几次自行车，经历后减震器的全行程来从负空气弹簧中排出空气。再次在气门嘴处释放空气。从任意一端拆下中枢轴固定螺栓，通常使用内六角扳手和套筒扳手，或者两个内六角扳手从减震器的每端抽出铝质缓冲器，并清洁它们。

第2步：将减震器的主体端（具有空气阀以及任何的旋钮或者标度盘的一端）夹在台钳上。用木头保护螺栓孔眼——否则会损坏减震器。注意不要压坏气门嘴或者锁死开关，或者任何位于那下面的零件。将螺丝刀或者类似的东西穿过上部的孔眼来阻止在拧开螺丝时空气套筒突然弹开。

第3步：用手拆卸空气套筒。它具有一套正螺纹，并且沿逆时针方向拧开。如果太紧的话，一个叫作gator的小装置（能够从车店买到）能够抓住套筒，用来帮助拧果酱罐的盖子的起子也可以。不要应用夹具或者钳子。螺纹非常精细，拧开需要一些时间。坚持直到可以自由地取下套筒。移除螺丝刀并且将行程O型圈与套筒一并取下。

第4步：现在已经将零件分离开来，仔细地对它们进行清洁。如果零件看起来非常干净，仅仅用干净的碎布擦一下就行。如果零件很脏，你需要进行清洁和除污（确认除污剂对O型圈无害，诸如Finish Line Ecotec 2就不错）。如果不存在任何的润滑油，或者润滑油变色或者变脏了，那么你需要更加频繁地清洁和涂抹润滑油。

第5步：下一步，涂抹润滑油。使用高品质、干净的润滑油至关重要。我喜欢用快步（Pace）牌润滑油，但是可选择的产品很多——RockShox Judy Butter最好。总共有三套O型圈。在外侧的有两套，即空气套筒每端各一套（目前连在减震器上，就位于空气套筒螺纹的下面），都需要涂上一些润滑油——只需要一点，但是要确保在整个上面呈连续珠状。

第6步：对空气套筒端部的轴承和密封件进行同样的操作。空气套筒的螺纹也需要一点润滑油。确保油珠连续涂抹在整个面上，不留间隙。

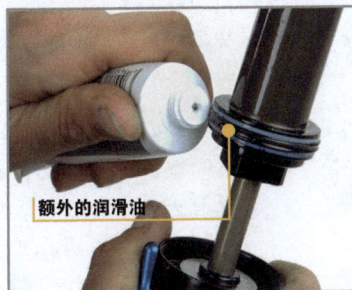

额外的润滑油

第7步：对于O型圈和减震器中间的轴承，即位于空气套筒之间的那个轴承，不要吝惜润滑油。在主体轴承上面的台肩上涂抹额外的一层润滑油，它会在减震器循环过程中被携带到轴承和O型圈上。

第8步：松松地将空气套筒滑装到减震器主体上。空气将会被封闭在套筒内，所以将扎带的薄端（不要有任何的金属物）塞到密封件下面（参见图中的箭头），以允许空气漏出。将空气套筒全部推送到轴上。一旦螺纹拧在了一起，移除扎带，接着用手将空气套筒牢牢地拧紧。

第9步：重新安装行程O型圈。清洁和重装铝质缓冲器，在外侧面上滴一滴油。向固定螺栓上面喷上乐泰胶水，接着将减震器重新安装到原始的位置。牢固地拧紧两个固定螺栓。为减震器充气至最大压力（印在减震器以及用户手册上面），接着释放空气至合适的压力。重新装上气门嘴帽，复检所有螺母和螺栓。

工具箱

清洁和润滑空气轴所用的工具

- 内六角扳手，用来将减震器从自行车上卸下来——尺寸通常是5毫米口径或者6毫米口径。
- 螺丝刀。
- 大量的高品质的减震器润滑油，比如RockShox Judy Butter，或者Pace RC7。
- 大量的干净布或者洗碗巾。
- 减震器泵，用来在完工后重新充气。
- 薄扎带。

安装新的缓冲器和衬套

减震器通过两端的中枢轴螺栓保持就位。这些中枢轴需要平顺地运转，这样减震器在其行程内运动时，才会绕着自行车的后端旋转。如果中枢轴变得滞涩，那么减震器轴被强制以一定的角度滑进和滑出，从而磨损密封件和轴。宽松的中枢轴会让自行车有不稳定的感觉，因为在急转弯时，后端在跟随前端时会有停顿。

检查中枢轴是否松动

◆ 通过保持主车架不动，并且摇动自行车的后端来检查中枢轴是否有松动。不应有横向移动，并且绝对没有敲击声和沉闷的金属声。如果中枢轴产生了磨损，在开始工作前先订购新的，这样你可以在操作进行的过程中进行更换。参见第243页。

所有零件都拆开时，应同时更换衬套和缓冲器。这需要一点额外的工作，但是所做的努力是值得的。

◆ 使用内六角扳手和套筒扳手或者两个内六角扳手来卸开减震器每端的螺栓。

▲ 通过侧向摇摆自行车的后端来检查晃动

▼ 更换磨损的缓冲器

◆ 释放弹簧。

对于空气弹簧减震器，记录下减震器内的压力，以便于在结束时重新进行设置。接着释放掉所有的压力。

对于螺旋弹簧减震器，拧开预载螺母，以便于弹簧变得松弛。

◆ 检查减震器的安装方向，这样你可以在晚些时候正确地重新安装。

从自行车上拆下减震器。拆掉减震器时，自行车会向上折叠——对其进行支撑以便于软管或者线缆不会出现伸展或者打结，并且脆弱的车漆也得到了保护。

◆ 从两端的孔眼内抽出缓冲器。衬套是衬在孔眼内部的零件。你需要用新的衬套将旧的推出来，从而在此过程中将其本身安装就位。这是个很紧的安装，所以需要一个台钳来控制力道。我曾见过用锤子进行操作的，但不是那么好用。

◆ 用中空的物体支撑孔眼的远侧，旧的衬套可以被推出并掉入中空部位。套筒是理想的支撑物。挑选一个孔比衬套稍微大点的套筒，这样在衬套退出时不会碰到套筒。

◆ 仔细观察孔眼。衬套比孔眼的长度稍微短一点，大概0.5毫米。这会形成一个可供新衬套安放的台肩，精确地将其对齐。在新衬套上放一个旧缓冲器来保护衬套。

◆ 将减震器夹在台钳上，并将所有的零件按顺序排好——套筒与减震器孔眼、减震器、新衬套和旧缓冲器对齐。

◆ 小心地合上台钳的钳牙。这会将新衬套推入到孔眼内，从而在此过程中挤出旧衬套，最终新衬套会位于套筒内。让新衬套在一端精确地平齐，从而在另一端留下一个浅台肩，这样你可以在下次重复该过程。

◆ 重新装回或更换缓冲器。对与衬套接触的零件涂抹润滑油。

◆ 将减震器重新装回到自行车上，检查方向和定位。重新安装螺栓，在螺纹上使用乐泰胶水。通过对弹簧施加预载或者重新充气来重新设置预压行程。

中枢轴的保养

中枢轴将支架和摆臂连接在车架上，后减震器的性能完全取决于中枢轴的自由运转。如果中枢轴不干净或没有润骨，那么在设计、组建车架和减震器上投入的所有努力工作都是完全徒劳的。目前市面上存在的中枢轴类型和设计师一样多，但它们都有一个共同的敌人——喷洗。千万不要直接从自行车的侧面进行喷洗——这样会将轴承的所有润滑剂冲掉！

将自行车的后部吊起来，拆掉后轮，彻底拆开后减震器，并且让自行车后部在其行程内运动，通过这种方式对中枢轴进行一年两次的检查。不要将软管或线缆打结或弯曲。侧向摇动自行车的后端，不应该有任何移动。

如果中枢轴有松动，或者后减震器不能自由转动，那么是时候进行中枢轴的保养了。细节取决于车架，所以要查看用户手册。通常中枢轴的保养一点都不难。

从中枢轴上拧下螺栓，并且仔细地拆开。记下所有垫片的位置和方向。卸下并检查衬套或者轴承。衬套必须从车架制造商那里订购，但是密封轴承大多数都是常见的尺寸，所以自行车专卖店或者汽车用品店能够提供新的轴承。你也可以检修轴承，使用一把锋利的小刀来剥开轴承两侧的塑料密封件，除污、冲洗、干燥并用新润滑油重新安装。装回密封件，用两个大拇指轻轻地将它们按压就位。抓住轴承的中间部分，并且旋转外部零件来确认它们能够流畅地运转。重新装回到车架内。在螺栓螺纹上使用乐泰胶水，以防止它们自由晃动。重新将螺栓牢牢地拧紧。安装好轴承后，在重装减震器前，将自行车后端再次在其行程内移动来确认已经解决了问题。在第一次骑行后确认螺栓仍然紧固。

减震前叉疑难问题解答

问题描述	问题原因	解决办法	对应页面
前叉具有正确的预压行程，但是穿过在一系列的凸起时停止工作	层叠现象——前叉没有时间在两个障碍物之间回伸	减小回弹阻尼	228
自行车前端有敲击声	衬套产生了磨损（也要检查车头碗组的调节度和卡钳的螺栓）	更换衬套——邮寄至检修中心	242~243
前叉在冲击后回弹时出现摇动	阻尼不够	增加回弹阻尼	228
尽管调节没有改变，但是前叉突然回位得太快	阻尼机制被损坏	更换阻尼机制——邮寄至检修中心	231~234
即便是最小的回弹阻尼，前叉仍回弹缓慢	润滑不足	更换或者补充润滑油	231~234
	油的重度太高	使用重度更低的油——试试比现在重度低5wt的油	172
从前叉腿的上部漏油	密封件产生了磨损或者损坏	更换密封件——邮寄至检修中心	无
从前叉下腿的固定螺栓漏油	固定螺栓出现了松动	检查固定螺栓的紧固度	243
	固定螺栓上的O型圈产生了磨损或者丢失	更换O型圈	172
空气减震器反复出现触底现象	预载不够	增加空气压力或者弹簧重量	238

第8章 中轴和车头碗组

中轴和车头碗组是车架上的两个主要轴承。中轴穿过车架转动，将两个曲柄连接在一起，并将通过脚蹬输入的垂直力转化为旋转运动，拖着链条绕着牙盘转动。车头碗组将前叉连接在车架上，从而在保持前轮牢固连接的同时，允许骑行者转动车把来操控自行车。二者都可以无故障地运行许多年，但最终都需要进行更换。

中轴的常规保养

中轴是穿过车架的大主轴承，位于两个曲柄之间。实际上，它是一对轴承，每侧一个安装在车架五通两侧加工好的螺纹内。与自行车上所有的密封零件一样，随着使用时间的增加以及滥用，水和泥土会进入其中，这会使其转动速度变慢并出现磨损，所以需要定期（比方说每年）更换中轴。

最早中轴以单独零件的形式售卖：在中间转动的轴、安装在五通上的轴碗，以及位于上述两者间隙内的轴承。这套系统的优点在于轴承之间的间隙能够调节，这样轴承可以没有迟滞感，能平顺地运转，并且我们能够对这些零件进行定期拆解、清洁、重新润滑、重组和调节。但是我们都太懒，不会经常进行这些操作，所以现在所有的中轴都密封在暗盒内。它们能够保持得更干净，如果出现磨损，必须作为一个整体进行更换。

中轴在右侧具有反螺纹，所以牙盘一侧的轴碗必须顺时针拧来拆卸、逆时针拧来安装。这在所有的山地自行车和几乎所其他的自行车上都是如此。一些高档的意大利公路自行车是例外，它们在两侧都具有标准的顺时针紧固螺纹。这些自行车有助于证明为什么反螺纹是必要的——在来自脚蹬的压力下，具有意大利式螺纹的中轴易于松开，所以需要维修工特别注意，阻止这种现象的发生。

不同类型的中轴

大约在20世纪90年代，我们才最终选定了用来将曲柄连接到中轴上的标准安装方式，但此时有人提出了另一种改进方法。随着许多新型设计的出现，现在历史在不断地重演。标准一度被称作"方锥"，它用起来不错。更新型的中轴加工有键槽并且总体上更轻。中轴类型必须要和曲柄类型相匹配。不同的类型之间根本没有兼容性；你不能在两个系统之间互换曲柄或中轴。

方锥

一个方形的轴安装于具有类似孔的曲柄上。由于轴与曲柄上的孔都有锥度，所以拧紧轴端的螺栓时，便将曲柄装在了轴上，从而牢牢地楔住就位。理念很简单，但是如果曲柄在轴上出现了丝毫的松动，它会趋向于变得更松，在变得更松的同时会损坏轴上的软质金属。这个问题在左侧尤为明显——由于曲柄螺栓均具有标准的螺纹，在向脚蹬施加压力时，左侧的螺栓趋向于松开，而右侧的螺栓通常会自紧。需要定期对螺栓进行检查。

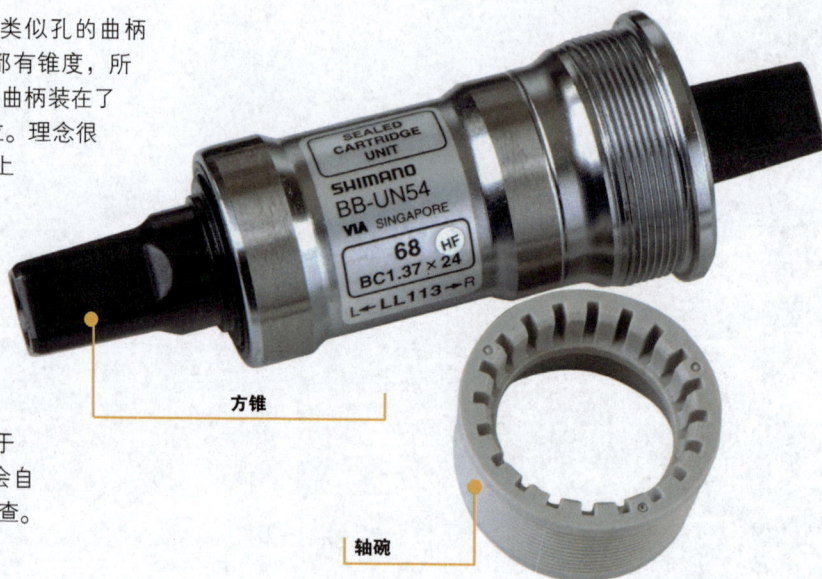

方锥

轴碗

ISIS花键

ISIS代表国际花键接口标准。这是Bontrager、Race Face、Middelburn及其他的制造商采用的中轴类型。轴端每侧有10个花键。牙盘具有相匹配的花键。为了将牙盘安装在中轴上，将其套在花键上并且紧固，直到牙盘的背部紧贴在中轴的台肩上。

　　注意将第二个曲柄对齐——曲柄能够轻松地套在10个花键的每个键内，所以在拧紧螺栓前，确保曲柄精确地指向相反的方向。

ISIS

曲柄螺栓

轴碗

禧玛诺花键中轴

右图所示为禧玛诺花键中轴。它具有8个花键，而不是像ISIS中轴具有10个花键。ISIS中轴和牙盘与禧玛诺的并不兼容。安装牙盘时，始终要仔细地清洁牙盘以及中轴上的花键，否则在蹬踏过程中牙盘会自行产生松动。新车骑行50英里（约80.5千米）后，应重新紧固曲柄螺栓。

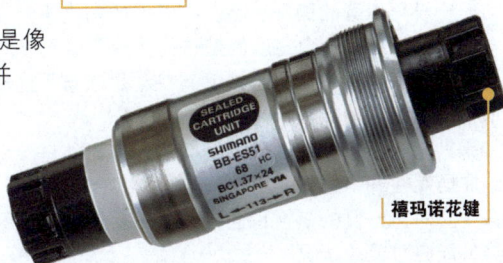

禧玛诺花键

轴碗

2.5毫米垫片

外置中轴

外置中轴

该标准由禧玛诺开创，但是现在被许多制造商采用，外置中轴使用更宽、更硬、中空的轴，并且轴永久地安装在牙盘上并拴接在左侧的曲柄上。轴承更大并且位于车架的外侧。中轴更换很直接，并且同样能够安装在适用方锥和花键形式中轴的车架螺纹内。

压装式BB30中轴

最初由Cannonadale开发，BB30中轴具有可以直接压入到车架内的大轴承。而禧玛诺有他们自己的版本，即压装系统。

禧玛诺花键中轴

外置中轴轴承

方锥中轴

ISIS 中轴

中轴：晃动和磨损的常规检查

中轴在大多数时间都是我们看不到的。它是一个至关重要的轴承，而你踩上脚踏才会想起希望它平滑转动。因为看不到，所以它很容易被忽略，但是磨损的中轴会毫无警告地减缓你的骑行速度，并且会使得链条和牙盘磨损速度更快。定期检查晃动，中轴应该自由地转动并且不应有丝毫的侧向移动。

蹲在自行车的右侧。将右侧的曲柄和车架的零件（后下叉、座管、下管，诸如此类）对齐。一只手抓住曲柄（并非脚踏），另一只手抓住车架。双手轻轻地来回摇动。不应听到或感觉到曲柄和车架之间有任何的敲击或晃动——没有丝毫的侧向移动。在其他的角度重复操作，每次将曲柄与车架上的某个零件对齐，并且摇动自行车——或许在某一个角度的敲击比其他角度更多。在自行车的另一侧重复同样的操作。

一旦检查完两侧，就必须搞清楚晃动是来自于曲柄在中轴上的运动，还是来自中轴在车架上的转动，抑或是来自磨损的中轴轴承。

如果只能在一个曲柄上感觉到敲击，很可能是该曲柄产生了松动。对于方锥和花键中轴，牢牢地紧固敲击侧的曲柄螺栓——通常使用8毫米口径或10毫米口径的内六角扳手；对于更旧款的车型，使用1毫米口径的套筒扳手。对另一侧的螺栓也进行额外的紧固。你需要一个足够长的内六角扳手来获得足够的杠杆力——随车工具只能应对紧急状况。

对于空心技术（Hollowtech）的中轴，检查左侧曲轴上的系紧螺栓，如果松动，可进行紧固。进行这些操作时需要注意，因为拧得过紧，系紧螺栓会滑丝——如果你已经花钱买了一个扭矩扳手，那应该感到庆幸。

如果不是上述问题，那么检查轴碗是否在车架内移动。在摇动曲柄时，仔细观察左侧的轴碗——轴碗和车架之间不能有丝毫的移动。如果它们来回移动，或许可以通过拆下曲柄并紧固轴碗来解决该问题——方锥和花键中轴参见第250页，空心技术轴参见第256页。无论是哪种情况，轴碗需要紧紧地安装在车架内，以消除运动。然而，如果曲柄没有在中轴上产生移动，轴碗也紧紧地装在车架上，那么便是中轴产生了磨损，需要对其进行更换。不要被吓到，除了挑选合适尺寸的更换件，没什么大不了的。如果不确定，那么将旧的中轴卸下来，拿到自行车专卖店，让他们为你配一个新中轴。

接下来确认中轴轴承能够自由转动。将前面变到最小的牙盘片上面，接着来到牙盘的后端附近，将链条从最小的盘片上面挑下来。将链条放在牙盘与前变速器下面的五通之间的间隙内，这样链条丝毫没有连接在牙盘上面。转动脚蹬，它们应该自由、安静地转动。有摩擦、嘎吱声或阻力意味着是时候更换中轴了。将链条重新挑回到小盘片的顶部，并且慢慢地向前蹬踏来让链条和牙盘重新啮合。

◀ 查看五通及中轴状况

嘎吱嘎吱的异响

从中轴区域传来的这种异响会毁掉一场完美的骑行。与所有嘎吱嘎吱的异响一样，立即对其进行调查——除非某个零件出现了松动、磨损或即将断裂，否则自行车很少会抱怨。如果自行车有礼貌地向你发出警告性的异响，值得花时间关注一下。

具有大直径管的铝质自行车会将最小的声音放大。具有管结构的任何物体，若管径一只手握不住，其基本上就是一个共鸣箱，并且它会尽最大努力确保你听到一切。最终的结果是，用过小直径管的意大利赛车并开始喜欢自行车运动后，一旦用了大直径管的自行车，会失去所有的兴趣的⋯⋯一定要拧紧曲柄⋯⋯

尝试下列消除异响的措施，接着进行测试来查看异响是否消失了。如果都不管用，记住车架会以奇怪的方式传播异响，所以异响听起来像是从其他地方发出的。常见的原因包括车把、把立螺栓以及后花鼓。

消除异响

第1步： 沿顺时针方向拧紧两个曲柄螺栓。二者都需要拧紧——需要一个长柄（至少200毫米）的内六角扳手，而非仅仅一件多功能工具。多功能工具上的8毫米口径内六角扳手仅适用于紧急状况。

第2步： 如果拧紧螺栓不起作用，那么将两个曲柄拆下，为螺纹和螺栓头下面涂抹润滑油，并重新牢固地安装。

第3步： 拧紧两个脚踏。记住左侧的脚踏具有反螺纹——更多的细节请参见脚踏章节（见第279页）。

第4步： 如果还不起作用，拆下两个脚踏，为螺纹涂抹润滑油，并重新牢固地安装。该操作听起来很牵强，但是成功解决问题的次数比想象的要多。脚踏螺纹内的泥土或细沙也会引起嘎吱的异响，所以对脚踏上和曲柄内的螺纹进行清洁。

第5步： 握住每个脚踏并且扭动它。脚踏不应该在其轴线方向移动。如果有移动，那么很可能是嘎吱异响的根源，并且需要拆解和检修（见第279页）。在锁鞋释放部件上喷一点轻油，比如GT85。不要使用链条油，因为它太黏稠并且会吸附尘土。

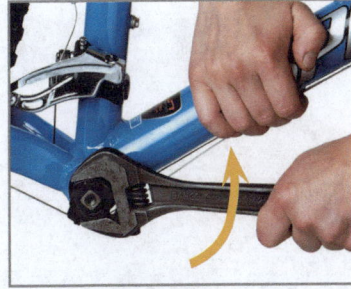

第6步： 拆卸曲柄和牙盘，松开左侧的中轴轴碗，牢牢地拧紧右侧的轴碗（记住它具有反螺纹，所以沿逆时针拧紧），接着拧紧左侧的轴碗（正螺纹，沿顺时针拧紧）。重新安装曲柄和牙盘，并牢牢地拧紧螺栓。更多的细节参见第250~251页。

拆卸和重装曲柄：方锥和花键中轴

从自行车的左侧开始。拆掉固定曲柄用的14mm口径的内六角螺栓。检查曲柄的内侧，并移除里面所有的垫片。观察孔的形状来确定轴的类型。

如果自行车比较旧或是入门级的型号，将会看到轴的方形端。要不然，会看到带花键的轴的圆形端。

使用合适的曲柄取出器——花键轴更粗，所以较旧的专门为方锥曲柄设计的曲柄取出器无法将花键轴推出。相反，工具会消失在轴中间的孔内。花键轴的曲柄取出器具有更大的头部，并且不能套入较旧的方锥曲柄。如果有花键轴却只有较旧的曲柄取出器，禧玛诺公司制造了一个小插头，能够放进花键轴的端部里面，这样一来，方锥曲柄取出器便可使用，该工具为TLEC15。有时新的牙盘会包装有曲柄取出器。如果曲柄取出器是为更粗的花键中轴而设计的，那么它在方锥曲柄上毫不适用。

拆卸曲柄

第1步：要紧固地安装曲柄螺栓，所以需要长柄的内六角扳手（或14mm口径的套筒扳手）来卸开螺栓。如果发现不需要太大劲就能卸下螺栓，那么下次要拧得更紧。

第2步：抓住扳把，或抓住曲柄取出器内件的螺母端，并且转动曲柄取出器的外件。你会看到两个件相互挨着转动，意味着工具的内件正移入或移除外件。

第3步：接着，将工具的内件向后拧，以使它的头部消失于工具的外件内。

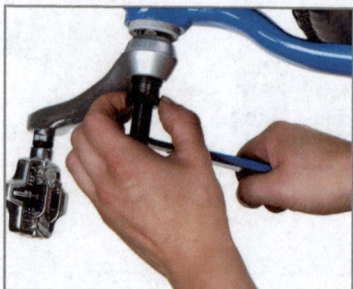

第4步：拆卸曲柄螺栓以露出螺纹，将工具的外件拧入曲柄内的螺纹中。与工具比起来，曲柄质地较软，所以注意不要将工具错扣，从而损坏价格高昂的曲柄。把工具拧到其极限位置。

第5步：开始拧入工具的内件。起初，移动它很轻松，但是接着会碰到轴端并变硬，这时你需要用很大的劲。一旦内件开始移动，随着将中轴从曲柄上推出，工具的旋转会变得越发容易。

第6步：一旦已经让曲柄开始在轴上移动，那么曲柄将会掉入手中。将曲柄从轴上拽下来并且从曲柄上卸下工具。

曲柄取出器有两个零件。外件拧到曲柄上，内件拧在外件内部并且支撑在轴端。只要外件牢固地安装在曲柄内，随着内件的拧入，便会将曲柄从曲柄上推下来。工具的内件要么具有一个集成的扳把，如第250页图中的Park One工具，要么具有单独的扳手夹持面。无论哪种版本用起来都不错。

如果在某个时刻，工具的外件开始将牙盘推出来，那么要立即停止操作。如果继续，会让牙盘的螺纹滑丝，从而导致不破坏牙盘便很难将其拆下来。从曲柄上卸下工具，并确认已经取下了所有的螺栓和垫片。如果不小心留在了里面，那么将它们取出来，再次尝试拆卸曲柄。如果找不到螺纹滑丝的原因，或许是时候放弃尝试，并去自行车专卖店让维修工来试一下。

拆下了左侧的曲柄后，在牙盘一侧重复拆卸程序，操作方式完全一样。完成了需要在中轴上进行的操作之后，需要将牙盘和曲柄重新装回去。既然牙盘被拆掉了，那么很值得对牙盘的后面进行一次全面的清洁，并且你最好也用除污剂好好地擦一下牙盘。随后冲洗干净。没必要涂润滑油。

重新安装曲柄和牙盘

安装曲柄和牙盘所用的程序一样。先安装牙盘。在开始前，彻底清洁中轴和牙盘上的孔，确保没有泥土残留在方锥或花键之间，否则会产生异响。对所有的钛制零件应用防卡剂。

关于在将中轴安装到曲柄前是否需要润滑，有两种不同的观点。争论双方的拥护者通常都非常忠于他们的观点。为中轴涂润滑油的优点是润滑会更好地让曲柄推入到中轴上，从而安装后更加牢固。而不喜欢在中轴上涂润滑油的人们声称润滑油层会让两个表面贴着彼此进行运动，从而导致潜在的异响，随后使得零件产生松动。就个人而言，我能够被任何一种的理由说服，但是我认为轴和曲柄表面是否干净比是否涂润滑油的影响更大。新的中轴通常会在右侧的轴上已经应用了防卡剂，应该对其保留。

检查中轴和曲柄孔的表面。方锥轴应该平整无小坑。曲柄孔是最有可能发现损坏的地方——孔必须是完美的方形，并且必须能平滑地安装到轴上。最常见的问题是松动的曲柄孔在轴上被磨圆了，从而将方形的一个或更多的角的形状变得模糊不清。通过在松动的状态骑行，花键轴也会被损坏。每一个花键都应该是平整且干净的。要立即更换损坏的曲柄——它们永远无法牢牢地固定，并且会对中轴造成损坏，这样代价就很大了。

将牙盘套在轴端上。将其与方锥或花键中轴对齐，并紧紧地将其推入。在固定螺栓的螺纹上涂润滑油，并且在螺栓头的下面施加少许润滑油，否则会产生异响。安装螺栓并牢固地拧紧。

最后的一项操作是将曲柄与内六角扳手或套筒扳手对齐，让它们几乎平行。每个手各握住一个，并且站在牙盘的前面。将两个胳膊伸直，用肩部来拧紧曲柄螺栓。（这样操作使用的是肩部力气，并且会降低因滑手导致盘齿刺伤自己的概率。）

下一步是将曲柄安装在中轴的另一端。将其对齐使它指向另一侧曲柄的相反方向。这对于方锥来说很容易，但是对于花键则要注意一下——如果将曲柄安装在了相邻的花键上，自行车骑起来会感觉非常奇怪。将这个曲柄也牢固地拧紧。

在首次骑行后，值得再次紧固所有类型的螺栓——通常会发现在磨合过程中，螺栓出现了一些松动。两种类型的曲柄，即方锥和花键，都取决于曲柄上孔形状的正确性。骑行曲柄松动的自行车会将孔的形状拉伸变形，这样将永远无法足够牢固地安装曲柄，从而使更换曲柄成了唯一的选择。曲柄的材料质地比轴更软，所以它会先发生磨损。如果没有及时更换曲柄，它最终也会磨损掉中轴轴端的形状。

◀ 稳稳地握住曲柄，重新牢牢地拧紧曲柄螺栓

一键式拆卸工具

有些牙盘标配一键式拆卸工具。你也可以单独进行购买——它们能够装到标准的曲柄螺纹内。

这些拆卸工具的发明，让你不用曲柄取出器便可以卸下曲柄。但它们也可能会轻易地卡住，从而在拆下时很费时间。

一键式拆卸工具装在袋子里，并且没有说明书。大直径的垫片（通常是黑色的）安装在螺栓头的下面，小点的垫片（通常是白色的）位于顶部，在螺栓和一键式拆卸工具帽之间。白色垫片至关重要，它允许螺栓的顶部顶着一键式帽的工具内部轻松地转动。一键式拆卸工具帽安装在垫片的上面，这样一来，垫片最后被限制在了螺栓和帽之间。两个垫片都应涂润滑油，目的是在安装和拆卸曲柄时帮助螺栓轻松地转动。

有些一键式拆卸螺栓使用的是6毫米口径的内六角扳手而不是标准的8毫米口径。你需要从自行车专卖店获取一个超长的内六角扳手以得到足够的杠杆力，或者你可以通过在扳手上面套一节稍长的管子来延伸标准的扳手。

安装一键式拆卸工具

第1步：从牙盘一侧着手。安装左侧的曲柄时，确保它对齐，以便它指向正好相反的方向——这在方锥轴上比较容易，但是对于花键轴需要花费一些心思。

第2步：一键式拆卸装备附带有两个垫片。一个紧紧地安装在螺栓头的上面，另一个位于螺栓的下面。挑选能够紧贴于螺栓螺纹部分的垫片，并且附带少许润滑油将其安装在曲柄内。

第3步：将螺栓拧入轴内，并将第二个垫片放在螺栓头的上面。这同样也需要一点润滑油，在拆卸曲柄时，帮助螺栓顶着一键式拆卸工具帽转动。

第4步：用臂长至少20厘米的内六角扳手将曲柄螺栓牢牢地拧紧。握住内六角扳手和曲柄的端部，这样能够获得最大的杠杆力，并且要拧得非常紧，否则曲柄会出现松动，并且掉下来。

第5步：为一键式拆卸工具帽及其内表面涂抹润滑油，并拧入到曲柄螺栓螺纹内。一个小的销子扳手是该操作的完美工具，但是也可以使用挡圈钳。如果有用来拧紧牙盘背面螺栓的专用禧玛诺工具（TL-FC20），那么它的另一端具有一键式拆卸工具帽扳手。

第6步：为了拆卸曲柄，只要简单地拧开曲柄螺母就可以。它一开始会轻松地转动，但是接着会顶着一键式拆卸工具帽的内侧。随着继续转动，螺栓会将曲柄从中轴上推下来。

内置中轴：需要什么尺寸

对于内置中轴来说，每一个品牌的每一款车型在设计上都与特定长度的中轴相配合工作，中轴的特定长度决定了牙盘的安装位置伸出车架的距离。如果距离太近，牙盘片会在车架上摩擦，伸出太远，前变速器将很难到达外圈的牙盘片。

正确对齐的牙盘可将最外圈飞轮上的链条角度最小化，从而减少链条磨损。

拆除旧中轴前，对其进行检查以确定是否是正确的长度。即便是新自行车有时也会装配有错误长度的中轴，所以值得进行检查，而非不假思索地再次使用相同的尺寸更换。

◆ 通过变挡至中间的牙盘片和飞轮来检查链线。从飞轮的后面沿着链条观察。链条应笔直地延伸，在与飞轮和牙盘齿啮合的地方没有明显的打结。

◆ 检查后下叉和牙盘之间的间隙——需要有2~3毫米的空隙，以允许牙盘在压力下的变形。如果牙盘在后下叉上摩擦，那么它们会很快将后下叉磨损。

◆ 变挡到最小的牙盘片上，并且确认前变速器的后部没有接触车架。你在该处需要足够的空隙，以便调节前变速器。

◆ 变挡到中间的牙盘片以及后面的最小牙盘片上。如果在此挡位上，链条和外圈牙盘片的底部发生摩擦，那么说明外圈牙盘片需要向外移动。

如果当前的中轴长度正确，用相同长度的中轴进行更换。估计使用怎样的长度来纠正上述中的任一问题可能会比较棘手——值得将自行车带到自行车专卖店去寻求帮助。将曲柄拆下以便测量当前的中轴尺寸，

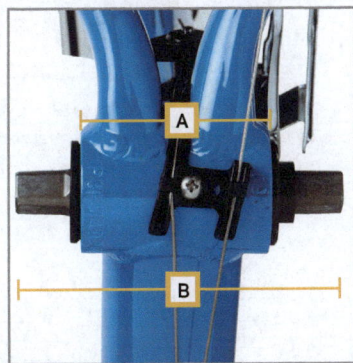

一旦曲柄拆卸完成，当中轴还在车架上时，便可以对它进行测量。中轴安装在车架中，五通宽度（A）是通过测量该车架部分的距离来得到的。仅仅测量车架五通，不要测量重叠在车架边缘上的中轴法兰。比如，如果车架是蓝色的，那么仅测量蓝色部分的跨距，而不是测量银色中轴的跨距。最常见的两种尺寸是68毫米和73毫米。如果车架测量得到了任何其他的尺寸，那么重新进行测量——其他的宽度也存在，但是非常罕见。轴的总宽度（B）为从轴的一端到另一端（包括从两侧伸出来的量），并且测量量精确到毫米。尺寸之间的差异非常小——对于方锥轴，禧玛诺制造的长度分别为107毫米、110毫米、113毫米、115毫米、118毫米和122毫米。

它们看起来是许多类似的尺寸，但是一个尺寸和下一个尺寸之间的差异会彻底地影响变挡。

工具箱

方锥和花键（内）中轴

拆卸和重新安装牙盘和曲柄：

- 曲柄螺栓扳手——8毫米口径或10毫米口径的内六角扳手，或（对于更旧款的自行车）需要14毫米口径的套筒扳手。对于所有的样式，都需要一个长柄——大约200毫米——这样便可以施加足够的杠杆。螺栓将被牢固地安装。
- 曲柄取出器——为曲柄选择合适的类型。具有较小头的取出器是为较小曲柄而设计的，而具有更大头部的是为花键曲柄而设计的。
- 为重新安装的曲柄螺栓螺纹涂抹润滑油。

拆卸和重新安装中轴轴碗

- 花键中轴轴碗拆卸工具。对于ISIS的中轴，需要中间具有较大孔的版本，目的是容纳更加粗的轴——该工具也能够很好地适用于禧玛诺方锥和花键版本。
- 用来拧动中轴的大扳手。你在此处会用到许多的杠杆力，所以长柄的扳手会有所帮助。如果实在拧不动，找一根合适长度的管子，并且套在扳手扳把上来增加其有效长度。

一键式拆卸工具

- 挡圈钳，小销子扳手或特殊工具（TL-FC20）的反向端，该工具是禧玛诺公司制造用来在拧内六角扳手时，保持牙盘螺栓固定不动的（我花了许多年才弄明白牙盘螺栓工具另一端的作用）。

内置中轴：拆除

这一部分的关键是要记住右侧的轴碗具有反螺纹，所以要反向进行拆卸。对于所有山地自行车和大多数的公路自行车都是如此。

在开始前，查看中轴的类型，以便知道所需的工具。检查安装。现在几乎所有的安装都是禧玛诺型花键安装，每个轴碗里面有20个窄键。ISIS中轴使用相同尺寸的花键，但是工具中间的孔必须要更大，以便能套在更粗的轴上。不过，ISIS工具在禧玛诺型的中轴上用起来也不错。大部分的这些中轴在轴碗的外缘开有8个槽口。

如果中轴兼有内花键和沿着外侧的槽口，始终使用内置花键来拆除和重装——内置花键能够安装得更加牢固，并且工具滑手并损坏自行车或槽口的可能性更小。

拆除中轴

第1步：从左侧开始操作。清理中轴轴碗上的所有花键，以便工具牢牢地装在花键上面。在开始前，值得拿一个小螺丝刀将花键上的所有泥土挑出来——花键位于下部的近地面处，从而很容易聚集各种污物，这会妨碍工具与全部深度键槽之间的啮合。

第2步：插入工具，牢牢地夹在一个大的可调扳手上，并且沿逆时针方向转动来松卸轴碗。轴碗可能安装得非常紧。注意不要让工具滑脱——这样会损坏花键，并且很容易是伤到你自己。如果轴碗轻易地拆不下来，那么将工具夹在中轴上。这种做法需要技巧，需要制作一个垫片，其尺寸允许利用原始的曲柄扳手固定工具。

第3步：彻底拆下左侧的轴碗。检查花键和螺纹的状况，尤其要检查廉价的塑料轴碗。塑料轴碗用起来不错，并且质轻，但是花键很容易损坏。

第4步：将工具转移到右侧并牢牢地装进花键内。通过沿顺时针方向转动来拆卸工具。转动起来可能很困难。如果必要，夹住工具。中轴通常会卡住，所以类似禧玛诺Get-a-Grip的脱离剂会很方便。如果要使用脱离剂，确保你处于通风良好的地方。喷或滴在上面。在开始再次尝试转动轴碗前，让脱离剂进行半个小时的化学反应。

第5步：拆除中轴体。不要立即将它扔掉——你需要对其进行测量来得到新中轴的正确尺寸。

第6步：一旦两侧都显露出来了，观察一下车架的内侧。仔细进行清洁。如果有许多垃圾，弄清楚泥土进入的位置，并对孔进行封堵。即便是没有水壶架安装在车架上，也要确保所有的水壶架螺母内都有螺栓。

内置中轴：重新安装

检查新中轴。安装螺纹要么在两侧都是金属的，要么一侧是金属，另一侧是塑料。对和金属螺纹相配合的螺纹涂润滑油，但是不要对和塑料螺纹相配合的螺纹涂润滑油。所有的钛质螺纹则需要一层浓厚的防卡剂。

通常轴碗会标记"L（左）"和"R（右）"。一般情况下，中轴主体是右侧，并有一个松动的轴碗从左侧连接在上面。但这并不是通用的。如果是其他情况，可颠倒安装的顺序。中轴的螺纹非常精细，所以安装时要留心，不要"错扣"（弯曲地）拧轴碗，这很重要。每侧都徒手开始，这样一来，除非螺纹安装得合适，否则无法让螺纹开始转动。骑行中轴松动的自行车会损坏螺纹。崭新的以及那些经过重新喷涂的车架，或许有油漆残留在螺纹内，从而会妨碍新中轴的安装。如果螺纹被损坏，那么将车架拿到自行车专卖店。除非损坏得非常严重，否则可以用丝锥（一种大工具，其具有与中轴尺寸和形状一样的螺纹，但是采用的是更坚实、锋利的切刃，而不是普通的螺纹）重新攻丝。

重新安装中轴

第1步： 将左侧的轴碗转动几圈，拧入到左侧的螺纹内。开始将右侧（中轴的主体）安装到车架的右侧内，徒手沿着逆时针方向拧紧。拧入了若干圈之后，便从中轴的左侧进行观察，目的是确认轴从刚才所安装轴碗的正中间伸出。

第2步： 沿逆时针方向拧紧。需要将它安装得非常紧固——你需要大约300毫米的杠杆和较大的力气。一旦牢固地安装了中轴主体，拧紧左边的轴碗。注意塑料轴碗——需要将它们安装得相当紧，但是它们却不能承受和中轴主体一样大的力，过度拧紧会损坏塑料花键，从而使得下次的拆卸变得十分困难。

第3步： 与第250~251页一样重新安装曲柄。如果安装了一个新的中轴，在安装牙盘侧的曲柄时要注意观察。即便你进行了仔细的测量，但是也值得在拧紧曲柄螺栓时确保牙盘没有卡在后下叉上。在牙盘和后下叉之间至少需要2毫米的间隙——如果间隙不够，拆除并安装一个更长的中轴。

拆不下来的中轴

有时中轴被楔入得非常紧。通常，这意味着从一开始安装时就没有用足够的润滑油或防卡剂，抑或仅仅是因为它们安装在位的时间太长了。如果你生活在海边，那么含盐的空气也会雪上加霜。尝试以下的措施。

在几天时间内应用3或4次大剂量的脱离剂会有所帮助——尤其是如果在等待过程中，将所有的零件重新装回去，并进行一次艰苦的骑行。尽管可以从五金店或车店买到效果更强的东西，但是轻轻地喷一点类似WD40的除锈剂也会起到基本渗透剂的作用。你也可以从专卖店购买自行车专用的脱离剂——禧玛诺制造了一种称为Get-A-Grip的脱离剂，其有效性非常惊人。所有的脱离剂都包含有各种难闻的化学物质，所以在通风良好的地方谨慎地使用，并且不要沾到皮肤上面。再次检查你在尝试绕着正确的方向转动——很

容易搞糊涂。从自行车的右侧观察，通过沿顺时针方向转动来拆除右侧的轴碗——其具有反螺纹；从自行车的左侧观察，通过沿拧时针方向转动来拆除左侧的轴碗——其具有正螺纹。

彻底浸透了中轴之后，尝试在工具上使用尽可能长的杠杆。找一根能够套在可调扳手端部的管子，并用它来增加杠杆力，小心地将自己支撑好，这样在工具开始运动时，不会滑手并伤到自己。将工具夹好有助于阻止工具滑脱并且伤到自己和花键。你需要摆弄垫片以使其成功地夹住。使用曲柄螺栓，并找一个垫片，该垫片能够阻止曲柄螺栓滑入到工具中间的孔内，并且不会干涉搭扳手的台面。

如果有台钳和朋友的协助，那么拆掉车轮，将工具放入到台钳内并夹住，这样自行车被水平地固定在了工作台上。把自行车作为杠杆，并转动自行车来松开工具。

外置中轴

在更高端的车型上，外置中轴已经取代了内置（方锥和花键）中轴。外置中轴的卖点是运行起来更结实、更轻盈和更便捷，并且能够安装到标准的车架结构内，所以可以作为一项升级，安装到当前是方锥或花键中轴的自行车上。内置和外置中轴之间的元件不能混用和匹配——因为对于外置中轴，中轴集成在牙盘上作为一个整体。安装和拆卸外置中轴相对比较容易。对于预压帽和中轴轴碗会用到特殊形状的工具，以及5毫米口径的内六角扳手。系紧螺栓在安装时需要注意——它们挂接在曲柄的软质铝材上，并且如果过紧很容易滑丝。然而，如果太松地装上不管，曲柄会出现松动并掉下来。紧密度多少刚刚合适的判断非常棘手，而这正好是花钱购买扭矩扳手的又一个推动力。这些似乎有点过度烦琐了，但是渴求更轻自行车零件的结果就是现代的构件具有更少的误差容许量。扭矩扳手的尺寸种类很多——挑选具有2~20牛米区间范围的扭矩扳手。传动系统、减震器和刹车系统上的大部分小螺母和螺栓会用到该区间范围内的力矩。标准禧玛诺版本的外置中轴无法进行检修——一旦轴承被磨损，必须更换轴碗。但是，诸如Race Face的制造商售卖可检修的版本，以及拆开和重组它们所需要的工具。如果骑行里程长或在相当恶劣的环境内骑行，那么值得考虑。这些操作方法涵盖了XT以下的禧玛诺版本——XTR装置有所差异，具有更加复杂的预压调节设置。

拆卸中轴

第1步：用5毫米口径的内六角扳手松开左侧曲柄上的系紧螺栓。如果螺栓头很脏，使用一个小刷子或螺丝刀挑出所有的杂质，这样你便可以将内六角扳手紧紧地插入螺栓头内。每个螺栓上面都需要拧几圈。

第2步：松开并拆下预压帽。为此你会用到禧玛诺Hollow tech II工具。预压帽应该很容易地取下来。将它塞在安全的地方，我经常丢失黑色小塑料件。

第3步：用小螺丝刀轻轻地挑起位于曲柄槽内的黑色小塑料安全环。取出来的是距离自行车最远端的安全环。另一端被最深处的螺栓固定住——不要动它。安全环的作用是，如果固定螺栓失效，防止轴掉出来。

第4步：曲柄应该伴随有轻微的摆动脱离开来，从而将轴的花键端暴露出来。用一个小的塑料锤轻轻地敲击轴碗从穿过车架。一个木块是可以接受的替代品，而铁锤不是，导致花键变形将会是一个昂贵的失误。在敲击过程中要支撑住牙盘，这样牙盘便不会直接跳出去。驱动侧从车架上脱离开时，用手轻轻地取下。

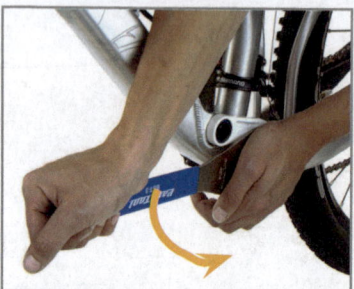

第5步：先拆除左侧（非驱动侧）的轴碗，使用正确的Hollowtech II工具沿逆时针方向拆卸。将工具顶着轴碗放稳，如图所示，这样工具便不会滑脱，从而损坏轴碗（或伤到你）。你需要用到工具的全部长度来获得足够的杠杆力。轴碗非常牢固地安装在车架上——如果轻松地脱离开，那么便是轴碗安装得不够紧固。把所有的垫片放在一边。

第6步：对右侧（驱动侧）轴碗重复同样的操作，但是注意车架的该侧具有反螺纹，所以沿顺时针方向松卸。记下所有垫片的位置，并将它们放在一边，安装新的中轴时，需要按照相同的顺序装回垫片。

重新安装中轴

由于禧玛诺中轴轴碗内没有需要用户检修的零件，所以重新安装中轴通常仅是在更换中轴时进行的操作。轴承集成在轴碗内，不能单独进行更换。如果你在用另一个外置中轴更换更旧的外置中轴，应该不是很艰巨的任务，前提是你配备有正确的工具。然而，如果要利用该机会从内置（方锥或花键）中轴升级到外置中轴，那么还有一些小小的附加说明。后者需要牢固地安装在五通的面上，因此五通面必须要非常平整和光滑。如果自行车本来就是为外置中轴而设计，那么这点已经被考虑进去了。如果五通面不平整光滑，那么值得让自行车专卖店为你加工一下五通。该操作涉及将一个特殊的工具拧入到中轴车架螺纹内（顺便清洁它），接着从五通的每侧磨掉薄薄的一层，直到五通非常的平整。该工具很昂贵，并且你可能自始至终就使用一次，所以最好让专卖店帮你完成。不过，没有理由不自己完成剩下的工作了——拆下旧的中轴，将车架拿去磨平，接着重新安装新中轴。

重新安装中轴

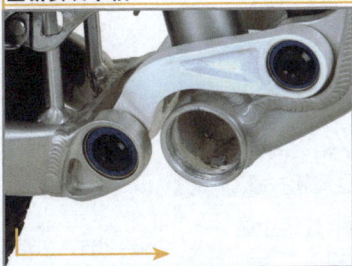

第7步：现在可以对中轴内部进行一次仔细的观察。彻底地进行清洁——许多干净的布料用起来就不错。对螺纹和五通面表面的要求要格外的高——如果从侧面仔细观察中轴，所看见的车架上的薄环就是五通面。

第8步：为新中轴轴碗上面的螺纹涂抹润滑油，接着将驱动侧轴碗（保持轴套安装在上面）插入到车架的右侧，应用原先的垫圈。开始时用手，以此来避免错扣。沿逆时针方向紧固，直到轴碗和车架齐平。对左侧（非驱动侧）的轴碗重复操作，沿顺时针方向拧紧。接着使用工具的完全杠杆来牢固地拧紧两侧的轴碗（40牛米）。

第9步：从驱动侧将轴穿过去。重新安装曲柄臂，确保它指向与另一个曲柄正好相反的方向。重新安装黑色的安全环，接着安装预压垫片，并用特殊工具徒手拧紧。它不需要比徒手拧紧更大的力。拧紧系紧螺栓上松弛的部分，接着交替地将它们拧紧到12~14牛米，最好使用扭矩扳手。

工具箱

外置中轴

- 用于曲柄螺栓的5毫米口径内六角扳手。
- 用于预压螺栓和轴碗——禧玛诺Hollowtech预压帽和轴碗工具。帕克公司制造了一件不错的组合工具，其一端是预压工具，另一端是轴碗工具，并且在之间具有一个舒适的蓝色手柄。
- 拧紧系紧螺栓时需要注意——它们拧入的铝质曲柄材料相对比较软，如果太使劲，会很容易滑丝。所以，如果正在考虑购买扭矩扳手，现在就是投资的最佳时机，这样便可以按要求（12~14牛米）拧紧系紧螺栓。
- 为新中轴的花键以及内螺纹涂抹润滑油或防卡剂。

外置中轴——垫圈应该放置在哪里？

垫圈的数量及其位置取决于五通的宽度（见第253页）和前变速器的类型。夹环式前变速器安装在座管上，E型前变速器和右侧中轴轴碗一同安装在夹在五通的支架上。

- 68毫米五通，夹环式前变速器：在中轴的驱动侧需要2个2.5毫米厚的垫圈，在非驱动侧需要1个2.5毫米厚的垫圈。
- 68毫米五通，E型前变速器：需要1个2.5毫米厚的垫圈，顶着中轴轴碗安装与E型安装架上；非驱动侧需要1个2.5毫米厚的垫圈。
- 73毫米五通，夹环式前变速器：驱动侧需要1个2.5毫米厚的垫圈。
- 73毫米五通，E型前变速器：不需要垫圈。

中轴疑难问题解答

内置中轴

问题描述	问题原因	解决办法	对应页面
一个曲柄侧向摇动，而另一个很牢固	曲柄螺栓松动	拧紧曲柄螺栓	249、251
两个曲柄都侧向摇动	中轴组件在车架上产生松动	拆除两个曲柄，在车架上拧紧中轴，重装两个曲柄	250~251、255
	中轴产生了磨损	更换中轴	254~255
曲柄反复地出现松动	曲柄螺栓松动	牢固地拧紧——使用更长的扳手以得到更大的扭短	249、251
	在松动时骑行磨损了曲柄的接触面	更换曲柄	250~251
	新中轴依然反复产生松动	更换中轴	254~255
中轴区域产生异响	部件之间的接触面干燥或产生松动	拆除曲柄，清洁曲柄和中轴之间的接触面，装回，并牢固地重新拧紧	249~251
	中轴在车架上产生松动	拆除两个曲柄，在车架上拧紧中轴，重装两个曲柄	250~251、255
中轴经常出现松动	没有足够牢地拧紧在车架上	在中轴工具上使用更长的扳手以得到更大的扭短	249~251
	中轴出现松动还继续骑行，将五通拉伸变形	对于微小的拉伸变形，使用乐泰螺纹胶水来填充间隙；对于大的拉伸变形，唯一的选择是更换车架	无
前变速器无法变挡到最大的牙盘片上面	中轴过长	用更短的中轴替换	254~255
牙盘片在车架上摩擦	中轴过短	用更长的中轴替换	254~255
牙盘片的间隙看上去足够，但是牙盘片在压力作用下会摩擦车架	需要更多的间隙来允许盘片变形	安装更长的中轴	254~255
	牙盘片螺栓出现松动或丢失，使得盘片过度变形	拧紧或更换牙盘片螺栓	172

外置中轴

问题描述	问题原因	解决办法	对应页面
左侧曲柄出现松动	系紧螺栓松动	增加扭矩至12~14牛米	257
中轴区域产生异响	中轴轴碗在车架上出现松动	拆除曲柄并牢固地拧紧轴碗	256~257
	牙盘片螺栓出现松动	拆除螺栓，为螺纹和螺栓头下面涂抹润滑油，重新牢固地安装	172
当曲柄侧向摇动时，轴在轴碗内移动	中轴出现了磨损	更换中轴	256~257

车头碗组

车头碗组是自行车前部用于连接前叉和车架的一对轴承。与中轴一样，属于"眼不见，心不想"的组件，人们经常忽略它去追求更具有吸引力的升级——但是车头碗组对自行车的骑行感受影响巨大。不正确的车头碗组调节以及磨损的轴承都意味着转向的不稳定。较紧的车头碗组会让转向感觉沉重并且快速地产生磨损。松的车头碗组在刹车时，会出现摇摆和振动，从而牺牲了操控性。

类型和样式

对于几乎所有类型的自行车，无牙车头碗组是车头碗组系统的主导样式。它们调节和维护起来很简单，并且几乎不需要特殊的工具。一对轴承安装于自行车前管的上部和下部。它们通过一对特殊形状的锥体牢固地限制就位。下锥体紧紧地安装在转向管上，正好在下部轴承的下方；而上锥体安置在上部轴承的正上方，并且可以在转向管上面滑动。

为了调节轴承的摆动，需要松开把立螺栓，这样把立便能够在转向管（前叉上管）上移动。接着调节位于把立顶部的螺栓。该螺栓拧在转向管的顶部，所以紧固它时，它会向下推动把立及把立下面的垫片，接着是转向管内的上轴承锥体，从而挤压轴承。一旦调节正确，需要重新紧固把立，从而将调节锁住。所有的无牙车头碗组都以类似方式调节，但是轴承在车架上的安装方式却有一些差异。常规的设置里面，将一个简单的钢碗压入到自行车前管的上部和下部，并将可更换的轴承安装在钢碗内。轴承出现磨损后，可以对它们进行更换。钢碗最终被磨损后，要将它们移出车架，并且压装一套新的钢碗——这是自行车专卖店的工作。

在这一主题上，现在有若干不同的变种。比如集成车头碗组，在前管的上部和下部切割一个台肩，可以徒手将盒式轴承直接安装在台肩内部，这样便消除了向车架压装单独钢碗的需要。台肩被切割成非常精确的尺寸，以便于能够恰好安装正确尺寸和形状的轴承盒，设计轴承盒的目的是用来容纳盒式轴承。当这一理念最初变得流行时，关于尺寸进行了激烈的竞争，但是对于轴承盒的尺寸很快出现了两个"标准"——Gane Creek（36/45）和Campagnolo（45/45）。尽管更加简洁，但是这种设计的确需要加工精确的轴承盒座。如果轴承盒座发生了损坏，那么唯一的解决方法便是更换车架。

还有一种是内置车头碗组，两个轴承以及车头碗组作为一个整体被压装入前管。轴承能够轻松地进行更换，但是如果需要新的钢碗，这再一次是自行车的工作。

有牙车头碗组

现今仍然有一些老式的有牙车头碗组可用——你可以通过把立和车架之间的两个大螺母来对它们进行识别。两者的下面是一个可调的轴承座圈，用来改变车头碗组轴承转入的空间量。上部是一个锁紧螺母，用来将调节正确的轴承座圈牢牢地固定。通过在把立顶部使用内六角扳手，单独调节把立高度。

检查车头碗组的调节

第1步：用车把将自行车提起来，并且转动车把。车把应该能够轻松、流畅地转动，不需要费很大的劲。不应该感觉到有任何的缺口。

第2步：将自行车放到地上，将车把转动90度，这样车把便指向一侧。捏住前刹，以阻止车轮转动，并且沿着车架（而不是车轮）方向轻轻地摇动自行车。车轮或许会变形，并且轮胎会轻微的压缩，但是不应该有任何的敲击或摆动。将车把转到一边会将车头碗组的摆动隔离开来。从而避免了由刹车中枢轴或减震器的运动造成的困惑。

第3步：有时在钢碗附近（上面或下面）握住自行车会有所帮助，并且在摇动自行车时，不应该感觉到有丝毫的松动。

无牙车头碗组：调节轴承

轴承需调节至没有丝毫活动量，同时允许前叉和车把在车架内没有阻力平顺地转动。如果过紧或有摆动，使用第259页所示的步骤检查轴承的调节。如果骑行轴承松动或过紧的自行车会非常迅速地磨损轴承。

完成轴承调节后确认把立螺栓是紧固的至关重要——你很容易在调节上虎头蛇尾，从而忘记了对轴承调节工作进行收尾。有些人会告诉你保持把立螺栓稍微有些松动，这样在发生撞击事件时，把立会在转向管上发生扭转，而不会导致车把弯曲。你不应这样操作。在骑行过程中，把立意外地在转向管上扭转造成的后果要更加的严重和危险。始终牢固地拧紧把立螺栓。不过，顶帽螺栓的松动并没有关系——顶帽螺栓只有在车头碗组调节时才会用到，并且如果某个零件折断，可以作为一个方便的应急螺栓。

调节车头碗组轴承

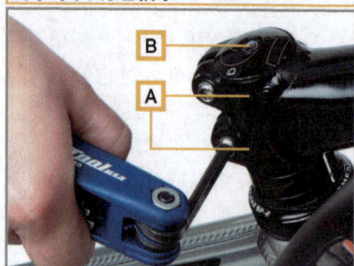

第1步：松卸把立螺栓（A），这样把立便可以在转向管上轻松地转动。拧开顶帽（B）使车头碗组更加轻松地转动，而拧紧它能够消除摆动。逐渐地接近正确的调节，并对摇摆进行测试。通过拧紧一个松的车头碗组来得到正确的调节要比通过松开一个紧固的车头碗组更加容易。如果车头碗组太紧，将顶帽回拧几圈，捏住前刹车并轻轻地来回摇动车把。

第2步：慢慢地重新拧紧顶帽，时刻进行检查，并且在消除摆动时停止拧动。记得在车把转向一侧的前提下检查摆动，这样你可以确定所感觉到的任何敲击都是车头碗组，而不是刹车中枢轴或前叉内柱。

第3步：完成了正确的调节之后，将把立和前轮对齐，并牢固地拧紧把立螺栓。通过将前轮夹在膝盖之间并扭动车把来确认把立是牢固的。如果把立在转向管上移动，把立螺栓需要拧得更紧。再次检查调节，如果必要，重复调节——有时，拧紧把立螺栓会让所有的零件来回移动。

工具箱

调节轴承

- 用来安装把立螺栓的内六角扳手。
- 用来安装顶帽的内六角扳手。
（尽管有时安装会用到4毫米口径的内六角扳手，但是上面这两种内六角扳手几乎总是5毫米口径或6毫米口径。）

调节把立高度

- 和上述一样的内六角扳手，用来安装把立螺栓和顶帽。

检修

- 如上所述的内六角扳手。
- 用来拆开刹车线、刹车杆或碟刹卡钳的工具——和上述一样的内六角扳手——4毫米口径、5毫米口径或6毫米口径的内六角扳手。
- 用来清洁轴承表面的除污剂。

- 高品质的润滑油——最好是防水的润滑油，比如Phil Wood。
- 新轴承——车头碗组用的钢珠轴承通常是4毫米规格（5/32英寸），建议带着旧钢珠去自行车专卖店进行匹配。
（轴承座圈可由松动的轴承替换，它安装起来比较费时间，但是可以转动得更加流畅和持久。）
（应将盒式轴承带到专卖店匹配新的轴承——有一些不同的类型在使用，所有的看起来都类似。）
（禧玛诺轴承是最常见的类型，也能够安装于其他制造商制造的车头碗组。）

截短转向管

这是你对车头碗组所能进行的操作中需要工具最多的一项。

- 所有上述的检修工具。
- 钢锯。
- 在切割时用来固定转向管的台钳。
- 软牙或简易的管夹来保护转向管免受台钳的损坏。

无牙车头碗组：调节把立高度

如果将把立设置在合适的高度，你会骑得更舒适、更稳定并具有良好操控状态。

改变车把高度的方法有若干种。最简单的方法是将把立更换为另一种型号，参见274页。对于把立的长度和角度有无数种选择，所以你能够发现完美的配置。然而，对于微小的高度调节，一种省钱的做法是将垫片层叠放置在把立和车头碗组之间。如果将把立拆下，并移走几个垫片，再将把立重新装回去，把立便会处于一个更低的位置。而你拆下来的垫片接着必须重新安置在把立上部，因为在拧紧顶帽时，要使用它们来将把立向下压入到转向管中。这种方法快捷，并且是免费升级。

　　最终的状态是整齐的一叠垫片安置在把立的上面。忽略它们，直到你确定对新的位置很满意，接着按照第264页的指导方法切除多余的转向管。要谨慎决定进行该项操作，直到你确定不想再增加把立的高度再进行——将转向管变得更短相对比较容易，但是却无法让它变得更长！

　　一旦重新组装了所有的零件，需要重新调节车头碗组轴承。

调节把立高度

第1步：拆除顶帽。需要彻底拧开顶帽，将顶帽摘下来。该操作会将转向管内的花芯螺母显露出来。掀起所有位于顶帽和把立之间的垫片。检查顶帽的状况，如果出现裂纹或用来安装螺栓头的凹槽产生了变形，可更换顶帽。

第2步：松开把立螺栓，以使把立在转向管上自由地移动。向上提把立并卸下来——或许需要转动来帮助它移动。将整个车把捆在上管上，这样在车把重量的作用下，其上的软管和线缆不会打结。

第3步：如果已将自行车挂在了工作台上，用一只手扶住前叉，以便前叉不会从车头碗组上滑出来。按个人需要在把立下面的垫片层上增加或移除垫片。如果要增加垫片，只能增加从把立上部拆下来的垫片。

第4步：重新装回把立，接着安装所有剩余的垫片——所有从转向管上拆下来的零件都应重新装回去。所有的垫片都是必需的，因为随着顶帽的拧紧，垫片被推压到把立上，接着压到轴承上，从而调节车头碗组。

第5步：检查垫片层距离转向管上部的高度。应该有2~3毫米的空隙。如果可能，应该是一个厚垫片，而不是几个薄垫片，因为相互独立的垫片很容易被卡住，从而妨碍合适地调节车头碗组。在垫片层的顶部增加或移除垫片来得到想要的空隙。

第6步：重新装回顶帽，并翻回到第260页的"无牙车头碗组：调节轴承"章节。一旦对调节满意，确保把立螺栓牢固地拧紧。

车头碗组：进行定期保养以确保流畅的骑行

车头碗组检修起来非常简单，不需要任何特殊的工具，仅需一个（或两个）内六角扳手、除污剂或其他的清洁剂，以及高品质的润滑油。

车头碗组与中轴一样，经常被人忽视，从而在不经意间逐渐磨损。定期的检修有助于它们流畅地转动，并且让自行车感觉响应更加积极。清理出泥土，并更换新润滑油，这会让轴承面更加经久耐用。对于钢珠形式的轴承，值得在每次检修时更换钢珠——新的钢珠只需花费几英镑（1英镑约为人民币8.8元）。盒式轴承更加昂贵，并且通常可以再利用——参见第268页获取检修它们的帮助。如果需要进行更换，记得将旧的盒式轴承带到自行车专卖店来匹配新的轴承。尺寸和形状至关重要。

　　清理干净了车头碗组之后，仔细检查轴承座圈上有无小坑。即便出现非常微小的坑也是需要更换车头碗组的迹象。承受危害最严重的表面是叉冠座圈，它是位于车头碗组最底部连接在前叉上的环状零件。轴承会迅速在该座圈上磨出一圈沟槽，表明它们走过的轨迹。叉冠座圈应该完全平滑。你应该能够用指甲沿着沟槽转动，并且不会捕捉到表面上的任何污垢。

　　车头碗组的更换是自行车专卖店的工作。新的车头碗组需要被压装入车架内，并要求顶部和底部表面要正好平行，否则车头碗组会迅速磨损，并在某个车把角度时会固定不动。钢碗需要紧密配合，所以必须要小心翼翼地压装，以免损坏车架前管的形状。有些人会告诉你，通过用一块木头猛击将新车头碗组钢碗装入前管没有关系，不要理睬这些人。

车头碗组提示

开始前将前轮全部拆除。如果从前刹车上拆开前把或从车把上拆开前刹把，最方便进行该操作。这样在拆卸前叉时不会损坏线缆或软管。

　　对于线缆刹车，从刹车上拆开管条（不要拧开固定螺栓，仅快速拆开就可以），将调节旋钮上的沟槽和刹把上的沟槽对齐，轻轻地将刹车线拽出来，并扭动将接头从刹把内的嵌套处取出。

　　对于碟刹，观察一下刹车杆，如果它由车把两侧的两个螺栓固定，简单地将两个螺栓拆掉，将油管从车把其他线管上分离，并将刹车杆捆在前叉上，以防止油管挂在任何物体上面。还可以拆掉前刹车侧的握把套，松开刹车固定螺栓，并且将刹车杆从车把的端部滑取下来。

　　从其他任何的控制器上解开油管，并且捆绑在前叉腿上。

检修车头碗组

第1步：拧开把立最上面的内六角螺栓，以及顶帽螺栓。彻底拆下顶帽，从而露出转向管内部的花芯螺母。手握在前叉上的同时，拧开固定把立的螺栓，并且把立应该能够轻松地抽取下来。

第2步：将把立捆或绑到车架上管上，以防挡路（用一块布来保护车架油漆）。取出所有的垫片，并放置在一边。轻轻、缓慢地从车架上抽下前叉。

第3步：前叉或许会很难抽出来。许多车头碗组具有一个塑料楔子，位于顶部轴承座圈的上面，并且有时它会牢牢地楔固就位。通过将一个小螺丝刀插入到塑料楔子的间隙内，并轻轻地扭动来拆卸楔子。你也可以尝试用塑料或橡胶锤敲击前叉的顶部。不要使用铁锤——这根本就不是一回事！

第4步：当零件掉出来时，接住所有的零件，并且记下轴承座圈和密封件的方向和顺序。

第5步：取出了前叉之后，将所有的轴承座圈和轴碗按顺序摆放。检查上管底部的轴承碗内是否有任何遗留的钢珠或密封件。仔细清洁所有的座圈，包括：连接在车架顶部和底部的座圈、取出前叉时从轴承顶块上松掉下来的座圈和仍然连接在前叉上的叉冠座圈。如果有盒式轴承，参见检修盒式轴承的章节。

第6步：仔细观察清洁干净的座圈，检查是否有小坑或毛糙块。轴承座圈出现小坑意味着需要更换新的车头碗组。更换新车头碗组需要特殊的工具，因此是自行车专卖店的工作。仔细清洁所有的轴承和密封件。如果使用了除污剂，将除污剂冲洗干净，并擦干所有的零件。对车架上的钢碗涂抹足够的润滑油，以使轴承安置于润滑油中时，润滑油可以没过轴承的中间。盒式轴承仅需要薄薄的一层润滑油来免受天气的影响。

第7步：不要为前叉上的叉冠座圈或松动的顶部座圈涂抹润滑油。在前管每端内侧安装一个轴承环，并重新装回密封件。座圈的朝向至关重要。所以重新装回，朝向和原先的一样。滑动前叉重新穿过车架，并将松动的顶部座圈向下滑装到转向管上方。如果它具有一个塑料楔子，安装在旁边，紧接着安装和拆卸时顺序一样的任何垫片或盖子。

第8步：重新安装把立，并在把立上部安装所有的垫片。将把立向下紧紧地推到转向管上。

第9步：确保转向管的顶部和把立的顶部有2~3毫米的间隙，如果必要，增加或移除垫片。重新安装顶帽，接着调节轴承（见第266页）。牢固地拧紧把立螺栓，接着重新安装刹车杆、刹车线和前轮。确认把立是笔直并指向正前方的。同样也要确认前刹能够正常工作。

检查转向管的状况

既然已经取出了前叉，可对转向管的状况进行检查。如果滥用，转向管会破裂，所以值得定期进行检查。轴承的调节也取决于在拧紧或松开顶帽时，把立能够方便地沿着转向管向上和向下的滑动性状况。

- 拿一把尺子靠在转向管上面。尺子的侧面应该平靠在转向管的长度方向。转向管的任何弯曲会以其和尺子之间存在间隙的形式显示出来。大于1毫米的间隙意味着转向管出现了弯曲，并且需要更换。
- 用手指沿着转向管感觉其表面状况。在转向管的表面不应该有凸起、凹坑或不规则的形状。
- 对裂缝进行检查，尤其是在转向管的下方，靠近叉冠座圈的位置。
- 检查叉冠座圈是否紧固地安装在前叉上——用手指应该不能移动。
- 检查把立螺栓安装的区域。确保此处是干净和平滑的非常重要。如果拧得过紧，有些把立会损坏转向管——如果出现变形要进行更换。
- 转向管的顶部必须要平滑。如果切短了转向管，锉平切割面以便上面没有伸出的金属钩丝——这些会被把立钩住，并且会妨碍轴承的调节。

无牙车头碗组：切除多余的转向管

若把立处于其最大高度，那么把立顶帽将直接位于把立的顶部。如果决定将把立向下移动，从把立下面拆除垫片，需要将它们重新装回到把立的顶部，这样当调节顶帽时，垫片会支撑在把立的顶部。多余的转向管接着会突出到把立上方。

从机械上讲，这种做法能够非常好地工作，但却不怎么招人喜欢，并且发生撞击着地时会伤到你自己。同样也是一点多余的不需要随处携带的重量。所以，一旦确定更喜欢新的、更低的把立高度——并且要十分确定，因为切除多余的转向管很容易，但是再次让它变长就意味着要买一副新的前叉——就可以切除掉伸出的部分。当安装一副新前叉时也要这样操作——通常提供的前叉要比所需要的长，要切除至所需的长度——对于制造商来说，比起制造不同的转向管长度来供客户选择，这种方法要便宜得多。

通过仔细地标记切割的位置来开始操作。很容易混淆，切除得过多，会留下一副毫无用处的前叉。马克笔用起来很好。将前叉完全组装起来，包括把立。标记转向管从把立顶部伸出的点。绕着把立顶部的一圈画一条线。再次从自行车上卸下前叉。

如果要截短先前安装的前叉，需要检查转向管内部花芯螺母的位置。如果从转向管上部朝里看，那么便能够看到它——很短长度的螺纹，嵌入在一个弧形、有尖牙的板上，尖牙轻微地朝上，这样一来，随着顶帽的拧紧，强迫将尖牙压入到转向管的内壁内。这意味着，顶帽拧得越紧，花芯螺母便将自己楔固得越牢。

花芯螺母需要刚好安装在转向管内部，这样螺母的顶部位于转向管顶部以下10毫米左右的位置。截短前叉时，通常会发现螺母当前的位置正好是你想切割转向管的位置。如果是这样，最好让螺母在管内向下移动，这样便可以对它进行再利用。将一个长的直径为6毫米左右的螺栓拧入到花芯螺母中，并用一个铁锤轻轻地向下敲击，直到螺母位于所标记的水平线以下10毫米左右的位置。要细心地沿直线敲击，不要让螺母偏移到一侧。

切割多余的转向管

现在已经做好切割转向管的准备。在开始切割前，我喜欢将前叉靠在自行车上，作为测量准确性的最终确认。

在切割时，需要将前叉牢固地夹住，但是不要挤压转向管，这点至关重要。由木头或塑料制成的软质台钳牙用起来不错，只要细心不要让台钳过紧就可以。如果你有一块木头（最好是50立方毫米的立方体）和一个钻头，在木块的长度方向钻一个大约和转向管直径相同的孔（直径25毫米应该够了）。接着从孔的中间，沿其长度方向切割木块。最终你会得到两块木头，每块都有一个半圆形的通道。将这两个木块放在转向管的两侧，这样便可以将转向管牢牢地卡固在台钳内，而不会挤压它。

需要将转向管切割得比所做的标记短2~3毫米。再画一条绕着转向管一整圈的线——切割得平整和方正至关重要。仔细地进行切割，确认没有将花芯螺母一起切割掉——有时或许需要将花芯螺母稍微往里敲一下。锉平尖边，因为把立需要能够在转向管的上方自由地滑动，没有刮擦。清理掉所有的金属刨花和锉屑，这些金属屑如果进入到车头碗组内，会对车头碗组轴承造成严重的破坏。

如果正在安装新前叉，或将花芯螺母切割掉了，需要安装一个新螺母。花芯螺母有两个平行的小牙盘。两个小牙盘都轻微地弯成弧形——螺母位于前叉内，所以尖牙朝向上方。将新的花芯螺母拧在一个长（大约45毫米）螺栓上——螺栓的尺寸通常是6毫米口径，但是有些螺栓使用的尺寸是5毫米口径。通过将前叉底部的勾爪立在一块木头上来对其进行保护。如果有调节器或气门嘴从前叉腿上突出来，要特别留心——对前叉进行支撑，以使这些零件不会接触到坚硬的表面。敲击螺栓的顶部，从而将花芯螺母敲入转向管的顶部。注意保持花芯螺母竖直。它应该位于转向管顶部以下10~20毫米。

有牙车头碗组

非常便于调节把立高度，并且不需要更换任何的零件，是旧款有牙车头碗组相对于新型无牙车头碗组的一个巨大优势。

调节把立高度

按照下面的指导方法改变把立的高度。接着通过站在自行车的前面，将前轮夹在双膝之间，来确认把立是紧固的。尝试着来回扭动车把。如果你可以移动车把，那么说明把立螺栓太松了，重新拧紧。如果把立很难拧紧，这可能表明转向管（前叉的中间部分，向上延伸穿过车架，并且把立拴接在上面）产生了损坏；或者是立管底部的楔子，就是那个在拧紧把立螺栓时被向上拉的零件，可能在转向管内出现了扭曲变形。不论哪种情况，如果你无法将把立拧紧，那么把自行车带到自行车专卖店，让他们观察一下把立和转向管，并且如有必要，对前叉进行更换。确保前轮笔直向前，如果不是，松开把立螺栓，扭动把立，以使车轮和车把呈90度角，然后再重新拧紧。

调节把立高度

第1步：拧开把立顶部的膨胀螺栓。该操作几乎始终需要的是6毫米口径内六角扳手，但是首先可能需要撬开一个橡胶塞子。

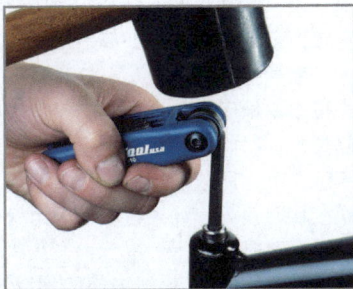

第2步：随着螺栓的转动，螺栓头从把立内部上升露出。用橡胶锤或木块敲击内六角扳手，这样内六角扳手向下移动至与把立再次齐平。该操作会松开用来固定就位把立的楔子。

安全标志

第3步：松开了把立之后，便可以调节其高度。确保不要将把立提升到高于安全标志（绕着把立的一个箭头或一排竖直线）位置。不能将它们显现出来，它们应该被隐藏在车头碗组内部。用6毫米口径内六角扳手重新拧紧。

工具箱

曾经随处可见的有牙车头碗组退位让贤的主要原因是调节它需要一副昂贵的扳手——不像可以用一个内六角扳手便可调节无牙车头碗组。

有牙车头碗组调节把立高度所需的工具

- 6毫米口径内六角扳手。
- 如果膨胀螺栓楔固得很牢，需要使用塑料锤或木块将其敲下来。

有牙车头碗组调节轴承所需的工具

- 理想状况下，需要两个车头碗组扳手。最常见的口径是36毫米；尽管款式更旧，但是1英寸（约2.5厘米）的车头碗组需要32毫米口径的扳手；也有可能在锁紧螺母的顶部使用一个可调扳手来代替车头碗组扳手，但是要花足够的时间将扳手仔细地夹紧到螺母的夹持面上，因为螺母质软，并且极易被损坏。

有牙车头碗组：调节轴承

需要两个扳手来调节轴承。对于1.125英寸（约2.9厘米）的车头碗组，最常用的扳手尺寸是36毫米口径；或许会遇到1英寸（约2.5厘米）的车头碗组，它们需要一个32毫米口径的扳手；甚至可能遇到罕见的1.5英寸（约3.8厘米）车头碗组，它们需要40毫米的扳手。可调节螺母非常窄，所以需要一个特殊的窄车头碗组扳手。顶部螺母比较宽，所以如果只有一个车头碗组扳手，可以在顶部使用可调扳手。

为了检查车头碗组，用车把提起自行车并且转动车把，车把应该能够自由、平顺地转动，不需要用多大的劲。应该无法感觉到任何的缺口。将自行车再次放回到地面上，并且转动90度，以使车轮指向一侧。捏住前刹车阻止车轮转动，并且前后轻轻地摆动自行车——摆动沿着车架所指的方向，而不是车轮所指的方向。车轮或许会变形，并且可能感觉到轮胎被轻微压缩，但是不应该感觉或听到任何的敲击或晃动。有时握在钢碗附近（上部或下部）会有所帮助，在摆动时——不应该感觉到任何的移动。

转向管的顶部拧入到车架内，并用两个大螺母进行固定。下面的螺母在底部具有一个顶住钢珠运动的轴承面。拧紧该螺母会将前叉在车架内向上提，从而将两个轴承面挤压得更近，并且消除了前叉和车架之间的晃动；松开该螺母会增加放置钢珠的空间，从而使它们转动得更加平顺。应该将该螺母拧动到一个既可以消除晃动，又允许前叉自由转动的位置，这即是正确的调节。一旦找到了这个神奇的位置，就可以将顶部螺母锁固到调节螺母的上面，从而将调节螺母牢牢地固定，这样在骑行过程中，调节螺母便不会出现松动。一旦轴承调节正确，并且牢牢地拧紧了顶部螺母，时间久了螺母也不应该出现松动，那么它们便不需要经常性的调节。然而，每次检修后，钢珠都会下沉一点，所以它们需要经常调节。如果发现自己需要经常重新调节轴承，那么要确认前叉和车头碗组上的螺纹状态良好。如果在车头碗组松动的情况下骑行，此时两个螺母会不断地在前叉的螺纹上面摩擦，那么螺纹会遭到损坏。

拆掉把立，接着拆掉顶部的锁紧螺母。观察一下螺母内部的螺纹，螺纹应该清晰和明显，具有锐边。前叉螺纹应该也一样。拧开下面的调节螺母，并检查其上面的螺纹，此外还要检查被调节螺母遮住的前叉螺纹。如果螺纹产生了轻微的损坏，使用乐泰胶水重新组装车头碗组，以防止螺母出现松动。更换新的顶部锁紧螺母也会有所帮助。然而，如果无论是前叉螺纹产生了严重的磨损，抑或螺母在前叉表面上磨出了沟槽，都应该立即更换前叉。

调节轴承

第1步：用一个扳手将调节螺母固定不动，并且用另一个扳手将顶部螺母拧开几圈。两个螺母会牢牢地锁固在一起，所以你必须用力转动扳手来拧动它们。一旦松开了顶部螺母，便可以使用扳手来对调节螺母的位置进行调节——沿顺时针方向拧紧来消除车头碗组上的晃动，沿逆时针方向松动来使得车把自由地转动。

第2步：理想状况下，要找的是一个既能让调节螺母尽可能得松，又不会使得前叉在车架内摆动的位置。沿顺时针方向转动可调钢碗来消除摆动——沿逆时针方向使得车头碗组更加自由地转动。通过捏住前刹车并向前摇摆自行车来进行测试。

第3步：找到了正确的位置之后，用一个扳手将底部螺母固定住不动，以保持所做的调节，并将顶部螺母牢牢地锁固在上面。再次测试所做的调节——通常会发现锁固顶部螺母会改变所做的调节，并且导致你只能重复一遍操作程序。在进行操作时注意不要将调节钢碗拧得过紧——如果你将它向下楔入到轴承面上，会损坏钢珠。

有牙车头碗组：检修

对车头碗组进行定期检修会给你带来更好的操控体验和安全性。抓住车把将自行车提起来，并扭动车把——车把应该能够自由地运动，不会出现嘎吱嘎吱的异响。

开始前确认现在检修并非为时已晚——弃之不顾的时间太长，那么出现问题时很可能要更换车头碗组。更换是一项需要昂贵和特殊工具的工作，所以值得让自行车专卖店为你进行操作。

轻轻地从一侧向另一侧转动车把。如果车头碗组出现了小坑，在车头碗组经过"正前方"位置时，会感觉到一个缺口——几乎好像对车头碗组进行了分度。如果这种现象发生了，便是更换新车头碗组之时了。否则检修一下就可以了。

拆掉前刹，从前刹车杆上解开线缆，以便其自由悬挂。将前轮拆除（由于一会儿要取出前叉，车轮会让前叉变得沉重和笨拙）。拆掉把立——将把立顶部的膨胀螺栓松开四圈，接着用木块或橡胶锤轻轻地敲击螺栓头。从转向管中向上抽出把立，并将它捆绑在前管上，使其不再妨碍操作。现在已经做好了检修车头碗组的准备工作。

检修车头碗组

第1步：拆除顶部螺母。它牢牢地顶着下部螺母楔固，所以需要两个正确尺寸的扳手，一个用来保持调节螺母不动，另一个用来松开顶部螺母。取下所有的垫片。将取下的所有零件按顺序摆放，这样便可知道如何重新装在一起。

第2步：保持前叉不动，并且松开调节螺母。完成了调节螺母的拆卸，应该发现可以从车架的底部将前叉滑取出来。确保接住了所有掉出来的轴承钢珠或密封件，并且记下它们安装的方向。尤其注意轴承座圈——它们必须按正确的顺序重新装在一起。

第3步：仔细清洁钢碗、钢珠和密封件。为了去除压实的润滑油和泥土，用旧牙刷和一些除污剂刷洗，然后进行冲洗和干燥。仔细检查轴承表面，任何种类的小坑都意味着要更换车头碗组，这是专卖店的工作。尤其注意叉冠座圈，它通常是最先受到损害的零件。如果钢珠很脏，更换钢珠——新钢珠使得车头碗组更加持久耐用。要确保购得了尺寸正确的钢珠。

第4步：对每侧的前管钢碗涂抹润滑油。润滑油应该足够覆盖到钢珠的中间位置。盒式轴承是一个例外，不需要对钢碗涂抹润滑油。对调节螺母和顶部螺母的螺纹涂抹润滑油，并在顶部钢碗的底部涂抹少量的润滑油。

第5步：安装轴承钢珠，接着将密封件安装在钢碗内，注意轴承的方向。向上滑装前叉从车架穿出，并且通过拧上调节螺母来将其限制就位。确保拧上调节螺母时，螺母是水平的——很容易不小心出现错扣。拧紧螺母，直到前叉不在车架上来回移动——暂时不要拧得更紧。

第6步：装回所有垫片。如果前叉上有一个切穿螺纹的沟槽，那么最好使用配套的带一个小突起的垫片，如图中所示，这样突起会位于沟槽内部。安装顶部螺母，向下拧紧，直到它接触到了调节螺母。为转向管的内部涂抹润滑油，并且重新装回把立。确认把立指向正前方，并安全标志在车架的内部。牢固地拧紧把立顶部的内六角螺栓。装回前轮和前刹，接着按照第266页的方法调节轴承。

车头碗组轴承类型以及盒式轴承的检修

车头碗组还很新时，其制造工艺产生的影响很小，只要进行合适的调节，便宜的轴承用起来和昂贵的轴承没什么大的区别。但稍微使用一段时间后，差异就会显现出来。

更好的车头碗组的主要优势通常在于其密封性。廉价的车头碗组会让雨水、泥浆和尘土进入，接着质量迅速下降。一旦车头碗组变得有黏性，它会将所有封闭在内部的杂质作为一种胶质保留下来。很快这会在轴承面上磨出小坑，并且接着转动车把时，钢珠会掉入到小坑里，而不是平顺地滚动。此时便需要购买这样新的车头碗组！基本的车头碗组使用两个钢珠轴承，用橡胶垫片密封在轴承的上部和下部。如果你具有该种类型的轴承，并且经常在潮湿或泥泞的条件下骑行，那么要养成定期检修的习惯，以保持自行车平顺地运转。可以考虑冬天两次，夏天一次的频度检修车头碗组。

滚针轴承是滚珠轴承理念的一个变种。它们使用的是一圈小钢柱（而不是钢珠）从中心呈扇形排列，并且具有一定的角度。有些人极其信赖滚针轴承，就个人而言，我喜欢自己的滚珠轴承。如果你使用了滚针轴承，和标准的圆形滚珠轴承一样处理它们就行。

盒式轴承车头碗组更加昂贵。作为滚珠轴承的替代，此类轴承钢珠放置在轴承盒的顶部和底部，而轴承盒安装在车头碗组钢碗的里面。该系统的优点在于当更换轴承盒时，便更换了轴承表面以及轴承本身。这对车头碗组是一个非常好的理念，因为更换轴承盒就相当于更换了车头碗组。盒式轴承比起购买滚珠轴承要更贵，但是却比购买车头碗组要更便宜，尤其是当把安装新车头碗组钢碗的时间成本，或别人替你完成后所支付的报酬考虑进去时。

盒式轴承

滚针轴承

滚珠轴承

盒式轴承有几款不同的类型和形状，所以购买新轴承时最好将旧轴承带到店里。不过可以对它们进行检修——参见下面的介绍。下部座圈工作得比上部垫片更加吃力，所以每次检修时将上部和底部座圈进行对调，以获得其最大的使用寿命。盒式轴承能够轻松地进行更换，具有更换钢珠的同时，也更换了钢珠运行表面的优势。如果在它们的状况变得太糟糕前就发现了问题，它们会对清洁和重新涂润滑油做出很好的响应。只有在它们具有塑料密封件的情况下，这些操作才会简单——否则，更换它们。

检修盒式轴承

第1步：用一把非常尖的小刀小心地剥开轴承一侧的密封件。注意不要弯曲或割破密封件。尽可能保持小刀与密封件平行。始终朝远离手指的方向推小刀，小刀很容易滑脱从而割伤你自己，一定要小心。掀起了密封圈之后，小心地将小刀绕密封件转一圈，无弯曲地将密封件卸下。在另一侧重复同样的操作。

第2步：将轴承浸在除污剂里，并刷除所有的旧润滑油。一支旧牙刷是该操作的最佳工具。干燥轴承，电吹风就很好用（我强烈推荐在完成干燥后，擦净电吹风上所有的润滑油，并收起来放好，从而将不会为电吹风产生的任何故障承担责任）。清洁密封件。

第3步：用高品质的润滑油将轴承装至半满状态。转动轴承让润滑油沿轴承均匀地分布。重新安装密封件，慢慢地用两个大拇指压入就位。擦掉轴承外部多余的润滑油。

车头碗组疑难问题解答

问题描述	问题原因	解决办法	对应页面 （无牙车头碗组）	对应页面 （有牙车头碗组）
转向迟缓，反应不积极	车头碗组太紧	松动车头碗组	260	266
	车头碗组阻塞	检修车头碗组	262~263	267
刹车时，自行车前部摆动	车头碗组出现了松动	紧固车头碗组	260	266
转向时，自行车状态不稳定	车头碗组出现了松动	紧固车头碗组	260	266
车头碗组呈明显的阶梯式转动，而不是平顺地转动	轴承脏或出现了磨损	检修车头碗组或更换车头碗组	262~263、268	267、268
车头碗组耐用的时间不长，频繁出现磨损	轴承表面出现了小坑	带到自行车专卖店更换新车头碗组	无	无
	车头碗组钢碗不和车架平行	带到自行车专卖店重新将车头碗组压装到车架内	无	无
		带到自行车专卖店将前管面加工成平面	无	无
车把转动时发出嘎吱异响	刹车线或变速线突出到了线管外	确认所有的套管部分具有金属箍和油管箍	无	无
	干燥的车头碗组——润滑油不足或被污染	检修车头碗组，用足量的高品质润滑油重新装配	262~263	267
无牙车头碗组——顶帽已经不能再紧了，但是车头碗组仍然在摇摆	转向管上面没有足够的垫圈，导致顶帽直接紧固在了顶部或转向管上	拆掉顶帽，在把立上面或下面安装一个额外的垫圈，装回顶帽，重新调节，牢固地拧紧把立	261	无
无牙车头碗组——轴承在调节后出现松动	把立螺栓没有拧得足够紧	拆掉，清洁并为把立固定螺栓涂抹润滑油，牢固地拧紧	261	无
	转向管太滑，以至于不能抓紧把立	拆卸把立，清理掉多余的润滑油，重新牢固安装，测试把立的紧密性	261	无

第9章　零件

在自行车的零件方面，你可以充分展示自己的个性。购买新车时，制造商会猜测骑行者的体型并据此精心选择各个零件——车把、副把、座杆和车座。这些零件都是因人而异，买到适合自己的自行车后会让你产生非凡的骑行体验。更换零件时，本章帮助你进行安全的安装和调整。

车把

你需要定期更新车把，不管它们是否有开裂的迹象。在所使用的零件中，车把的使用期限最短。我喜欢使用轻车把，因为我不太重，我喜欢它们握起来的感觉。我每隔几年换一次车把，但如果体重增加或是车况不好时，我一年会换一两次。

拆除和更换各式车把时，都要取下把带、把套、刹车杆和变速器。关键是记住不要拉扯把手，如果强行扭曲和拉扯，就会留下一条螺旋形的刮痕。但是如果确实不要它了，那最简单的方法就是用力和反复拉扯。听起来是不是很熟悉？

另一个需要注意的损害是撞车，尤其是握着副把骑自行车时。只要有一点弯曲就必须换掉它们。车把的两端应该完全对称，并且指向完全相反的方向。

另外，要注意避免在把立和车把连接处造成划痕或裂缝。吱吱作响的噪声是一种警告，不要不把它们当回事。有时，车把和把立之间进了灰尘才发出声响；但有时，这意味着某些零件要坏了。检查把立上的区域顺便也能清理一下。

现在标准把立夹子的直径为31.8毫米——以前的（小）尺寸已经很难找到了。

车把形状不同，骑车人的感受也就不同。笔直，平坦的车把会使你身体前段向下倾斜，这样能让自行车的前后端均匀地承载重量。除非经常上路骑行，否则空气动力学发挥不了什么优势，但是很多人认为这个姿势很舒服。

将车把向上升高一点，比如2厘米，方向感会更精确。把手稍微向后摆一点，比如5度，这样手腕和肩膀就比较轻松。安装车把时，旋转车把直到后摆部分向后上方指向肩膀方向。可以把它们升高，但不要太高，前端的高度太高，爬坡就比较困难，因为必须努力让车的前端着地。

重装刹车握把和变速器时，花点时间调整角度。我喜欢将车把调整成刹车握把与地面形成45度角，变速器向下拉得很紧——当然这是个人偏好。

自行车厂家为了节约成本，会在新车上安装一些很重的车把，这些车把要么是自家品牌，要么就没有品牌。如果想减轻车身重量，最好就从车把开始。轻薄的铝把手可以减轻自行车的振动，这有助于防止手腕在长途骑行中感到酸痛。

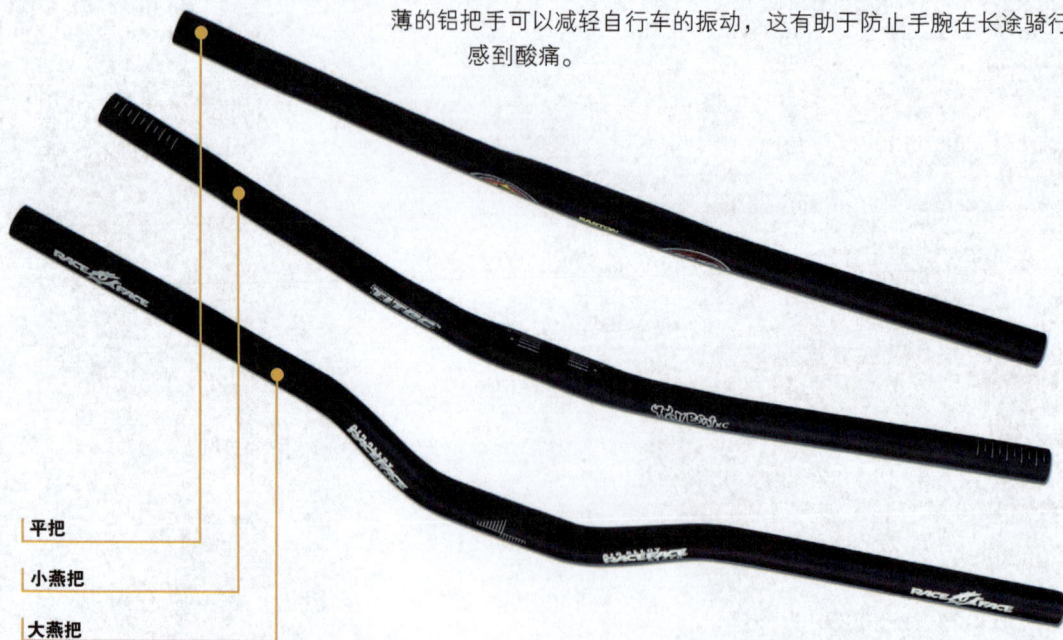

平把

小燕把

大燕把

安装新车把

那些在冲撞事故中被撞弯的车把必须立即更换——它们会受损，容易在最紧要的时刻出毛病。也可以将车把升级，把它们换成更轻或更结实的，或者换一种新形状的，比如大燕把，以便下坡时更好地控制自行车；或者是平把，以便在上坡时把重量压到前轮上。

碳车把很受欢迎，因为它们很硬，很轻，很结实。需要好好保养这种车把——表面上的一点划痕就会让其受损。在安装和调整时要注意。

下一步，褪下把套。在下面垫点东西，这样就可以将把套提起来一点。最容易想到的是螺丝刀，因为它们大小合适，使用起来很方便，但它很容易在车把上留下刮痕。用木头做的筷子就好多了。然后在把套内部，喷些发胶、脱脂剂或热的肥皂水润滑，一扭一拉就能将把套褪下来。

拧松螺丝，取下刹车握把和变速器。注意不要刮伤车把，因为细小的划痕最终会变为裂缝，尤其是碳车把。如果刹车握把和变速器不容易滑出，就把螺栓全部拆下来，用螺丝起子轻轻地松开夹子——刚好可以将握把滑出来。不过，不要将夹子弄弯！你可能会发现，控制线或液压软管太短，必须拉伸它们才能取下握把。不要用力拉扯它们。拧松将车把固定到把立上的螺丝，沿着把立滑动车把，使刹车握把不会脱离末端。取下车把。

▲ 轻轻松开夹子，不要刮伤把手

清理干净把立和车把的衔接部位，如果中间有灰尘，那么骑车时车把就不会紧紧地夹在把立上，容易出现嘎吱嘎吱声。新车把的中间部分需要润滑一下——铝车把用润滑油，碳车把用碳止滑剂。

接下来清理和润滑将车把固定到把立上的螺栓，把立上的螺纹很柔软，如果处理不当，会很容易损坏。这种疏忽会让你付出昂贵的代价，因为一旦螺纹损坏了，唯一的选择就是更换把立。因此要将螺纹里面和螺栓头下面的污垢清除掉，然后润滑螺纹和螺栓头。

将新车把轻轻放在把立上，然后将刹车和齿轮变速手柄滑到把立上。如果控制线或刹车软管很短，可能需要将车把穿过把立从一边递到另一边，这样车把上方能被控制住，而不会把控制线扭在一起。接下来重新安装把套。把套必须固定牢固，否则它们就会在骑车时突然从两端滑下来（这听起来比较好笑，但实际上很危险）。在安装前也需要润滑，但是不管用什么润滑它们，都需要让它们牢牢粘在车把上。最好用摩托车把套胶，但通常很难找到。其他的选择包括异丙醇、碟刹清洁剂和艺术家们使用的定型喷雾。不要使用喷雾油，因为它不能很好地干燥。将车把放在把立的中心，拧紧螺栓使其不会偏离中心，然后坐上自行车找到最舒适的角度，最后固定好。如果车把端是后摆的（燕把），最好把后摆的地方往上调并向后指向自己肩胛骨方向。即使小幅度的旋转，也会产生很大的不同，所以花点时间来调整角度很有用。调整好之后，可将刹车杆和变速手柄旋转到一个舒适的角度。调整到你能很轻松地抓握和操作它们。将刹车杆调整到不同角度来体验一下。这样设置刹车杆是为了尽量让你不用将手指抬得太高就能握住它们。

将所有东西都放到最佳位置之后，再检查一遍就可拧紧所有螺栓了。如果把立正面可以移动，确保平稳地固定住螺栓，让车把上下各有一个相等的距离。

一般的自行车店里都能买到车把，所以你可根据自己的喜好确定它的长短。购买前注意厂商的建议——如果他们告诉你不要改变长度，你最好遵照执行。

安装新把立

把立的长度和角度对骑行者的舒适感和骑行乐趣有很大的影响，同时也影响着自行车的性能。

较长的把立和汽车上的大方向盘具有相同的作用。如果把立很长，骑行起来就会比较轻松，这有利于平稳快速的长距离骑行，但是快速骑行时就比较辛苦；把立太短，自行车就会颠簸，手稍有动作，车轮就会动，这很适合有技术的人，但长时间的骑行很累人。正确的把立长度取决于上管长度、骑行方式和体形。女性通常比身材相同的男性更适合使用短一些的把立。现在几乎所有的把立都是抬升式的。优势之一是你可得到两种形状的把立：将把立取下来，翻转，这样就可重新调整到较高或较低的位置。

　　首先检查把立是如何安装在车把上的，它要么带有一个配两个或四个螺栓的前夹片，要么是单螺栓的（鹅颈把立）。前夹片最容易使用，把立的前部可以被全部取下来，从而让你可以轻轻松松地更换或翻转把立。对于老式的单螺栓把立，只有将固定装置从车把的一边全部取下，才能取下车把。

单螺栓把立（鹅颈把立）

将一根筷子滑进握把套和车把中间，涂点润滑油，然后把把套旋转下来。松开变速手柄和刹车把手上的螺栓，并在不刮车把的情况下将它们滑下来。如果太紧，用螺丝刀轻轻地把夹子撬开，注意不要把夹子撬弯。变速线往往太短，不能让变速手柄滑到车把的末端。松开将把立固定在车把上的螺栓，然后将车把顺着把立滑下来，这样就可以在不扭曲导线的情况下把所有的变速手柄取下来。将把立顶部的螺栓转四圈拧松，然后用橡胶锤或木头对它敲回把立，这样把立底部的楔形螺母就会掉下来。旋转取下后，仔细清洗舵管内部。清洁车把的中间部分，然后在车把和把立连接的地方涂一点润滑油。把新把立安装到车把上。舵管里多涂一些润滑油，然后调整车把。确保它们指向正前方，然后拧紧把立顶部的螺栓。用两个膝盖固定自行车的前轮，扭转车把以检查把立螺栓是否紧固。如果车把旋转，重新拧紧把立螺栓。将变速手柄和刹车把手滑回到车把上，然后将把套拧回到车把上，必要时用热水润滑。把套锁紧装置或副把滑回到握把套底端并拧紧固定螺栓。

前夹片把立

拆除

这些把立被两个或一个螺栓和铰链夹在车把上，拆掉螺栓时，可以把把立前面的夹片部分取下来或折起来，然后将车把全部取下来。

重新安装

第1步：将把立和车把连接的地方擦拭干净，任何留在这个衔接处的污垢都会引起烦人的嘎吱声。全部擦干净后，在把手上涂一层薄薄的润滑油或碳止滑剂，将其夹在把立上。在螺栓头下面加一点润滑油润滑螺栓螺纹。钛把手、把立和螺栓需要多涂一些铜滑脂。

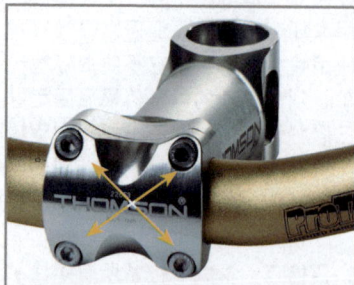

第2步：将螺栓均匀地紧固是很重要的。如果是两个螺栓的把立，拧紧两个螺栓，直到把立主体和把立前端之间有一个均匀的间隙，然后一次拧紧一个螺栓，直到两个螺栓都牢固；对于四个螺栓的把立，如上图所示，交叉紧固。

第3步：拧紧螺栓后，检查顶部和底部的间距是否均衡。对于四螺栓的把立，两端的距离也要均衡。这很重要，因为螺栓是向下移动的，会越来越坚固。如果一侧有更多的间隙，螺栓会以一个角度进入把立的主体部分，并使其承受压力，就更容易折断。如果把立是前部铰接式的，那就折叠铰链，拧紧螺栓。

座杆

座杆的尺寸必须非常精确，常见的尺寸就有３０种，每个尺寸之间相差０.２毫米。尺寸太大不适合车架；尺寸太小虽然适合，但每踩一次脚踏都有轻微的晃动，慢慢地就会破坏车架。如果你有换下的旧座杆，那合适本车的尺寸就贴在上面。如果有疑问，就去自行车店里确认尺寸。

所有的座杆都有一条极小的提示线，它就是座杆底部那一排打印的或者粘上去的垂直线条。垂直线条必须在车架内。如果你必须把座杆调到看到了标记线的位置才合适，那么说明你需要一个更长的座杆或者一个更大的车架。如果座杆上确实没有任何标记，就需要一根长度至少是车架内侧座杆直径２.５倍长的杆。座杆升得太高通常会损坏车架。

调整车座位置

第1步：这是最常见的车座安装方式。车座导轨由一颗螺栓固定在两个金属板之间。下板底部被扭弯与座杆顶部相连。松开螺栓（６毫米口径内六角扳手）可以前后滑动车座，或者转动它来改变角度。把车座安在导轨上。定期拆卸和润滑固定螺栓。

第2步：这个设计可以让你精确控制车座的角度。要将车座头向下倾斜，后螺栓稍稍拧松，前螺栓拧紧，一次拧一圈；要抬起车座头，前螺栓松一圈，然后拧紧后螺栓。沿着座弓滑动车座，均匀地松开两个螺栓，重新定位车座，然后重新紧固螺栓。在这里使用内六角扳手比较方便，因为前螺栓不好拧进去。

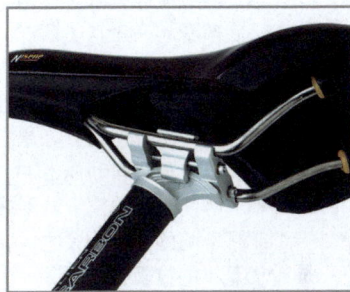

第3步：这种车座的夹子背面有两个小内六角螺栓。两个都松开，把导轨滑到夹子里，或转动夹子到座杆顶部。

调节车座角度

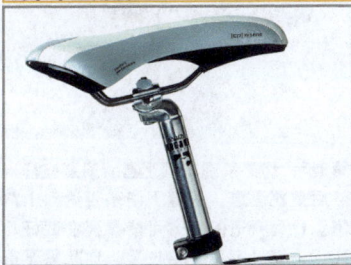

第1步：车座角度对舒适的骑行至关重要。在这个位置上蹬车，由于车座向上倾斜，会使你向后坐，在爬坡时前轮就会从地面上抬起来。对于没有后避震器的自行车来说，坐在自行车上会压住前叉，车座角度就会变小，只有你的体重压到自行车上时，车座角度才能趋于平行，所以这种角度较合适。

第2步：图中的车座位置可以减轻不适合的车座所带来的不舒适感，但是它会使你身体向车把前面倾斜，导致手腕和肩膀疼痛。这个位置也表明车座高了，试着把它放平并把座杆降下去几毫米。

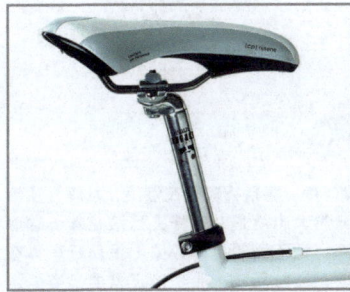

第3步：全避震自行车最好是把车座放平。

减震座杆

现在，减震座杆已经很普及，经常被安装到新型的混合动力车上。它们曾经被作为一个噱头来安慰那些认为自己错过了整个减震座杆变革的人。与此同时，减震座杆已经悄悄地变好了，实际上是很好了。如果骑行时，坐姿相当端正，车座会承载大部分体重，减震座杆会发挥最好的效果。通过坑洼时，减震座杆会减弱颠簸感。

如果骑行时背部和肩膀疼痛，减震座杆会帮助你减轻疼痛。结合使用质量好的车座效果会更好。

合适的车座高度需要稍微适应一下。坐上车座，座杆会受到一点点挤压。这叫作"下陷"，很正常。但它有另外一个效果，从车座上下来时，它会向上弹回一点，使它看起来好像太高了。你只需要习惯把自己抬高一点，坐上车座。如果将它设置为正常高度，从而更容易坐上去。但坐上去后，轻微的凹陷会让你觉得坐得太低，腿就无法得到标准车座模式的拉伸。

标准的减震座杆就是在两个伸缩部分之间夹一个弹簧，实际上至今设计原理几乎没有什么变化。车架里的座杆底部看起来正常。顶部的部分较窄，并会滑向底部。这个顶部可以包一个有弹性的橡胶护套，以保持清洁。弹簧位于两个部件之间，可以是长金属螺旋弹簧，也可以是弹性棒。

骑车前，座杆的下陷必须考虑，要使它在承受体重时降到合适的位置。这个座杆应该留长一点，使它有空间向上弹，这样的话，如果自行车掉进坑里，你才不会坐下去；它也必须能够压缩，这样的话，如果撞到凸起物，自行车会自动向上冲，而不把你弹出去。理想的做法是在座杆内的弹簧上施加预紧力，这样，坐在自行车上时，车座的位置就刚好在平衡点上。

座杆下陷的幅度不会太大，通常约40毫米，所以你要找到坐上自行车时，坐垫下降四分之一幅度，也就是约10毫米的位置。

在这一点上需要一些帮助，因为必须坐在自行车上，然后让别人测量中间的差距是多少。

调整减震座杆下陷幅度

第1步：将自行车靠在墙上，从座杆顶部测量，也就是从座杆夹到滚花螺母的底部。记下测量好的数据。把自行车靠在墙边，然后骑上去。以正常的坐姿坐端正，找一个朋友在从同样的位置再测量一次。两个测量值之间的差值应该在10毫米左右。

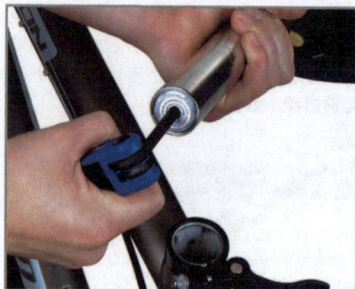

第2步：如果下陷的距离不正确，松开并拆下将座杆固定在车架内的夹子。把这个座杆翻过来。可以在底部的盖子里装上一把内六角扳手。如果下陷大于10毫米，弹簧太松，则顺时针方向转动内六角扳手，增加预紧力；如果小于10毫米，弹簧太紧，则逆时针方向转动内六角扳手，降低预紧力。重要的是把盖子松到座杆柱的末端。

第3步：你必须在车架上重新安装座杆，然后重复测量，检查下陷是否达到正常值。找到合适的地方可能需要尝试好几次。一旦确定了下陷位置，你就需要重新调整座椅高度。如果你不确定如何算出正确的高度，请参考第23页的说明。

减震座杆的维护

减震座杆常常被忽略，是因为你觉得它们适合新自行车就行，并不会精心去挑选，也或许是因为它们的性能下降太慢，不到它们彻底崩溃你根本就不会注意到。

最常见的问题是，把座杆两部分连接在一起的凸螺母会慢慢松动，夹在中间的弹簧很可能就会弯曲。

出现这种情况时，弹簧没有分担体重，它只是被压在下面，什么作用也没发挥。如果松动的凸螺母继续工作，座杆上部就会脱离底部。

通常它们不会自行分离，因为上部还连在底部，但是如果自行车翻了或者撞到路沿，很快它们就会断裂。

出现这种情况前，车子本身也会有所反应——遇到颠簸路段，它不能平稳渡过，座杆会慢慢往下滑，滑到最低端就不动了。这时每次颠簸时你都能明显感受到，紧要关头，甚至会感觉到座杆的撞击。

另一个可能发生的问题是，座杆上两个可伸缩部分之间的接口会生锈，这样就不容易滑动它们，不管弹簧有多结实，遇到颠簸时座杆也起不了作用。这并非偶然。在这之前一段时间，座杆很难升降，而且车座也需要很大的力气才能调整。如果在这个阶段就注意到了这个问题，你就可以延长其使用寿命，因为可以把它拆开，清理并重新润滑。下面的步骤就展示了如何做到这一点。如果长时间不管它，那么弹簧就会锈在座杆里。这时最简单、最便宜的解决方案就是换掉座杆。

有必要定期把座杆从车架中取下来，并把座杆外部和车架座管内部重新润滑。不用使用高档润滑油，普通的就行。如果不定期润滑，保持原样几年不管，座杆就会锈在车架里面拔不出来。如果经常把自行车停在露天场所会大大增加其腐蚀速度。

如果不想改变座杆的高度，那它生锈了拔不出来也无所谓，但是如果想通过座杆的底部来调整弹簧的预负荷就不太可能了。此外，如果想把自行车借给不同身高的人，或者卖给别人，那会很麻烦。

维护减震座杆

第1步：确保座杆底部上端的滚花螺母已经拧紧。这些螺母经常在不注意时就松了。旋转螺母时要把黑色的橡胶套揭起来。继续转动螺母——如果从坐垫上方来转动螺母，必须按顺时针方向，因为坐垫挡住了视线，可能看不到螺母。

第2步：把座杆取下来。在座杆底部有一个盖子。注意盖子嵌入的深度，然后用一个内六角扳手把它拆下来。弹簧会掉下来。掉下来的弹簧一般会沾满油，所以需要清洗。清洗干净后，就在上面涂一层厚厚的新润滑油，因为弹簧在座杆内会产生摩擦。换掉后盖。注意它是方形的，不是咬扣的。

第3步：盖子末端收紧，使得盖子嵌入的深度和开始取下来时一样。盖子末端一定不能突出在座杆末端。清洗座杆外侧和车架内侧，然后在座杆外侧涂上润滑油。将座杆重新安上去。把它插入到车架中直到"最低插入"标记线（一组短的平行线）看不见为止。如果车座过低，座杆长度太短，就应该更换了。

副把和握把

副把（适合平把）曾经特别流行。那时候几乎每个骑车人都拥有一副，而且每个名人都有一个签名版的。现在就比较少见了。我确信这是一件关乎审美的事情——它们在燕把上看起来有点奇怪。

副把在爬坡时最有用，因为体重向前转移到前车轮上使前轮不会脱离地面。对于短时间站在踏板上也很有用——角度更舒适，你可以张开肩膀，把大量的空气吸入肺部。长途骑行时，手不会固定在一个位置，可以变换，这样手不会僵硬。

副把样式很多，多到无从选择。一般来说，短而粗的适合攀爬，长而弯曲的能改变骑行姿势。我喜欢那种在金属上有机械加工图案的，这样能更好地抓握。

副把额外的杠杆作用在骑行时足以转动车把，安装副把后，要经常检查把立螺栓是否拧紧。站在车前，两膝盖夹紧前车轮来检查。两端用力向下推，副把不应该在车把上移动，车把也不应该在把立上移动。

副把的把端，像车把一样，最后应加一个塑料塞。如果撞车了，你碰到了车把或副把的把端，塑料塞会起到一点保护作用。如果没有塑料塞，你被撞到的地方就会留下一个整齐的圆形伤口。

车把的舒适度关键在于把套。现在的选择太多，多到让人困惑而不是觉得有用。最重要的变量是握柄的厚度。超薄版更轻，但不太舒服；加厚版会减弱振动，但会让自行车感觉不那么灵敏。如果缓冲太多，就很难感觉到变化。

手的大小也很重要，如果手小，要选择更薄的把套。它由两种不同密度的材质组成，外层柔软，有弹性，核心部分坚硬，是一个很好的结合。如果把套上沾了泥土，或者在天气酷热时骑车，一旦出汗，光滑的握把会变得更滑。

像Yeti生产的那种用螺栓固定的握把，虽然贵一点但更安全，而且如果频繁更换车把，拆卸安装都更便捷。握把两端各有一个锁紧的铝环，可以用内六角扳手拧紧。

不管制造商是否给出了建议，检查碳车把时都需要额外小心，并遵循所有扭矩指示仔细设置。

重装副把

第1步：松开副把的固定螺栓（通常用5毫米口径内六角扳手）。将副把从车把上滑下来，这个一般可以直接滑下来，如果不能，就拆下固定螺栓并用螺丝刀撬开间隙，使夹子松开。这样可以避免刮坏车把。

第2步：检查把端和副把。如果撞车，副把的杠杆作用足以损伤车把。如果把端已经弯曲或报废，要么换车把，要么换副把。清洁接口并在螺栓头下涂些润滑油。

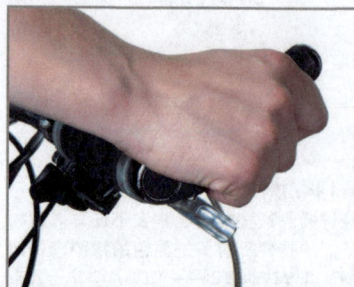

第3步：重新安装副把，拧紧螺栓到适当位置。坐在正常骑自行车的位置，然后旋转副把到舒适的位置（以便你能看到副把）。检查两个副把是否指向相同的方向，然后牢牢地收紧。站在自行车前面，向下推动副把，检查它们是否在车把上转动，看看车把在压力下是否会在把立上转动。

脚踏及其维护

自锁脚踏是几乎所有以速度为目标的自行车的标配。在最初的禧玛诺样式后，它们也被称为"SPD脚踏"（SPD就是Shimano Pedalling Dynamics的缩写）。不同厂商生产的样式不一样，所以可供选择的很多。目前没有标配的防滑齿，所以只能用你所买的自行车脚踏厂商生产的防滑齿，如果防滑齿不配套，虽然可以安进去，但如遇紧急情况你很难把它弄出来。

安装前，先用润滑油或防粘剂来处理一下脚踏上的螺纹。这种处理可以帮助轻松取下脚踏，而且踩脚踏时曲柄不会发出嘎吱嘎吱声。脚踏必须上牢固，否则它们就会松松垮垮的，螺纹也会慢慢损坏。这会让你付出昂贵的代价。固定左边脚踏的螺纹是反向的，左脚踏是按逆时针方向安装上的，按顺时针方向取下来。这就是说左右脚踏不能互换。

这一安装要求有助于防止脚踏松动，它最初被用于固定轮（死飞）赛车上。这种后轮没有棘轮的自行车依然用于今天的赛道上，但不能自由驾驶，你只能靠减少蹬脚踏的频率来减速。反向的螺纹至关重要，如果脚踏轴承卡住了，脚踏仍然被后轮驱动，那脚踏会从曲柄上脱落而不会弄伤骑车人的脚踝。

在冬天，脚踏需要更好的保养。在夏天用保护套就行，但一旦天气变冷，地面变得泥泞，泥浆就会进到里面。可以通过旋转脚踏来检查，状态良好的脚踏旋转两圈不成问题。如果不行，就要检查轴承。一般情况下人们都不会在意脚踏轴承。我经常看到一些保养优良的自行车，但脚踏却要用扳手来转动。你也可以骑那种刹车在车圈上的自行车。

通常情况下，一边的脚踏总比另一边的需要更多的注意力，而且总是那只你放倒车时着地的脚踏，这时这只脚踏，上面就沾满灰尘。大部分灰尘会自己掉落，剩下的都吸进了密封圈里面。灰尘可不是什么好的润滑剂。我每次保养脚踏时，不会只处理那只沾满灰尘的，反正工具都准备好了，就两只脚踏一起保养，这也不费事。

喷射冲洗对脚踏损害最大（除了直接撞坏）。这在一定程度上是因为人们通常会从侧面喷水——这是一个完美的角度来冲掉黏在保护套上的水和泥土，但保护套本身不能承受压力。而且因为这些黏合剂上面的泥土会越积越多，所以冲洗时间会更长。

脚踏轴比其他轴要承受更多压力，骑车人人只要一蹬脚踏，脚踏轴就会转动，所以这个轴总在转动，就像底部支架一样。不过相比之下，脚踏轴更小，连接更紧密。

工具箱

零件升级工具
- 内六角扳手——4毫米口径，5毫米口径和6毫米口径。
- 清洁接口和螺栓的除油器。
- 润滑剂。
- 取下套的筷子。
- 胶或发胶。
- 清洁布或纸巾。

截短车把的工具
- 钢锯。
- 卷尺。
- 桯子。

脚踏工具：拆卸和改装脚板
- 几乎通用：15毫米口径扳手。
- 对于老式的Time踏板：长6毫米的内六角扳手。
- 润滑油（或钛轴防腐蚀润滑剂）：不使用的话脚踏会嘎吱作响，并会卡住曲柄。

脚踏工具：Time Alium脚踏
- 6毫米口径内六角扳手。
- 10毫米口径套筒扳手。
- 润滑油。

脚踏工具：禧玛诺PD-M747脚踏
- 15毫米口径脚踏扳手。
- 禧玛诺塑料脚踏工具。
- 禧玛诺轴承调整工具或7毫米口径扳手和小10毫米口径扳手。
- 24个约2.4毫米（3/32英寸）规格的轴承。
- 清洁轴承表面的除油器。
- 高质量的自行车润滑油。

Time Alium脚踏

这种脚踏上的泥土可以快速清理。不用任何特殊的工具就可以更换盒式密封轴承。在开始拆卸脚踏前，检查脚踏拆卸装置的状况。夹在夹板周围的宽钢丝弹簧最终都会用坏，但幸运的是Time的所有零件都可以单独提供，所以你可以重修破旧的脚踏。我喜欢这种风格。

握住脚踏并转动，来检查轴承是否磨损。脚踏在车轴上应是牢固的，不应左右摆动，轴承在压力下不能平稳转动，每踩一下踏板都会浪费体力。在车轴上转动每个脚踏，它们转动起来应该没有杂音，可以连续转动六次。如果轴承松动或太紧，换一对新轴承，重装脚踏。

检修Time Alium轴承

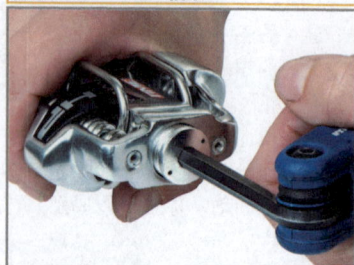

第1步：从曲柄上拆下脚踏，记住左边的脚踏有反向螺纹。最早的Time脚踏只能用内六角扳手拆卸，很麻烦。但是现在的脚踏只需使用一个普通的15毫米口径的脚踏扳手即可。拆掉脚踏末端的轴承盖。

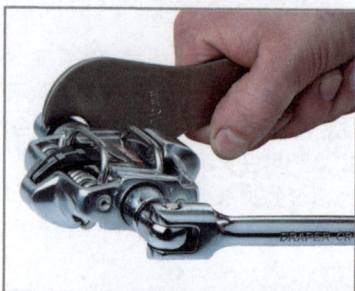

第2步：此图显示了一个用10毫米口径螺母固定的脚踏轴承。用脚踏扳手固定车轴，用10毫米口径的套筒扳手松开。拆下螺母，就可以逆时针松开两个脚踏。

第3步：将车轴从脚踏里拉出来。你可能要把车轴拧回到曲柄上，然后用力拉脚踏才能把它取下来。

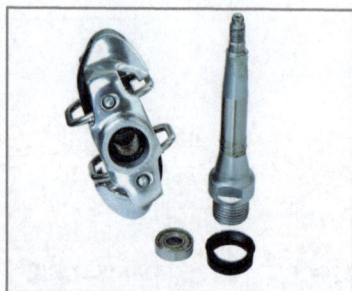

第4步：这个脚踏里面的零件很少。清洁车轴、密封圈和脚踏体内部。特别需要清理脚踏本体内侧端的轴承表面。更换或维修盒式轴承。盒式轴承并不贵，所以如果轴承不容易旋转，更换是一个更好的选择。

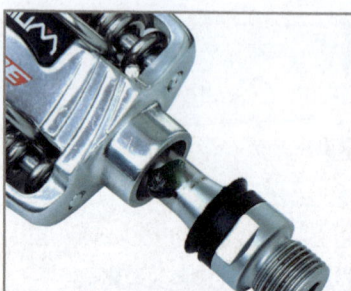

第5步：用贴在脚踏上的软法兰来替换轴上的密封圈。润滑车轴宽阔光亮的部分，并将其滑回到脚踏体。将盒式轴承从另一端推入。在轴承表面涂上薄薄一层润滑油，以免受到天气的影响。

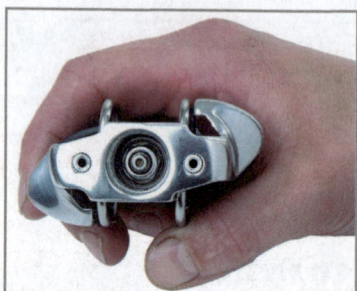

第6步：重新安装螺母，用10毫米口径扳手固定车轴。螺纹上方放一个塑料环，这样可以防止螺母松动，但一旦塑料环与轴螺纹接合，就会使螺母变硬。把它拧紧到车轴上，保证脚踏不能自由转动。更换轴盖。注意不要过紧，它的作用不是固定什么零件，而且是塑料做的，容易碎裂。

禧玛诺PD-M747脚踏

检查脚踏轴承，先按住脚踏，并将其向侧方扭转。脚踏应该是稳固的不会动来动去。在轴上旋转每一个脚踏，旋转起来不会有杂音而且很灵活。

如果脚踏转起来有响声而且不灵活，则说明需要换新的滚珠了。它们的尺寸很特殊——3/32英寸（约2.4厘米）。如果你买车的店里没有，那就去专卖滚珠的店找。如果滚珠表面或锥体有凹坑或其他损坏，则要更换整个轴承。注意不要左右更换脚踏的塑料套筒——我通常一次更换一只脚踏以防混淆。

把两个脚踏卸下来，记住左边的脚踏螺纹是反向的，所以要按顺时针方向转下来。按照下面的步骤来更换滚珠。滚珠的最后调整可能有点棘手——必须重装脚踏，然后将其重新安装到曲柄上，这样才能确保调整是正确的。调整脚踏滚珠有时可能需要好几次你才会满意，重新组装脚踏，然后检查。

重装脚踏

第1步： 要想取下脚踏，你需要的是禧玛诺灰色塑料脚踏工具，这个可以从自行车店订购。用台钳夹住工具，然后按照工具上的箭头方向旋转脚踏。如果有必要的话，用一块布缠绕在脚踏上以方便取下。螺纹是塑料的，如果反方向旋转的话，螺纹会损坏。所以要仔细检查方向。

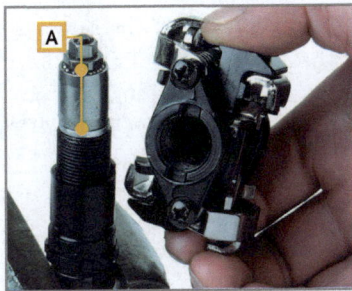

第2步： 把脚踏轴从脚踏轴上拉下来。把脚踏轴用台钳拿出来，取下塑料工具，用台钳重新夹住轴承，窄的一端向上。可以看到上面的滚珠（A）安在椎体下面。下面一圈滚珠安在下方钢管和垫圈之间。

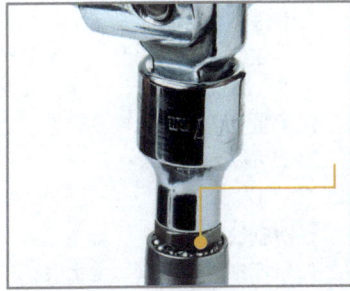

第3步： 脚踏的顶部有两个扳手平面，7毫米口径和10毫米口径。禧玛诺有一个简洁的锥体调节工具，这使这项工作变得简单些，不过也可以使用普通的扳手。10毫米口径的必须窄才能刚好装进去。首先取下防松螺母。然后是锥体，较低的那个是锥体，用一个小的10毫米口径扳手；上面的一个是防松螺母，需要一个7毫米口径的扳手。

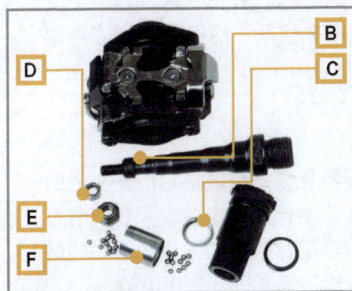

第4步： 拆卸锁紧螺母和锥体。取下所有的滚珠，然后拔下钢管。将橡胶隔片从脚踏轴上拉下来，然后将下面的垫圈拉出。把塑料套筒和橡胶密封圈扯下来。仔细清洗所有零件，检查有坑的滚珠表面。如果磨损了，就更换车轴。（B）橡胶套筒；（C）低垫圈；（D）防松螺母；（E）锥体；（F）钢垫圈。

第5步： 重装橡胶密封圈和塑料套筒。把弯曲的垫圈擦干，使润滑油能粘在上面来润滑它。将12个3/32英寸（约2.4毫米）的滚珠小心地放置在垫圈上，然后轻轻地将其滑动到塑料套筒上。重装橡胶垫片。对在金属管的一端的滚珠表面进行润滑，然后再装上另外12个滚珠。把它们小心地移到车轴上方。

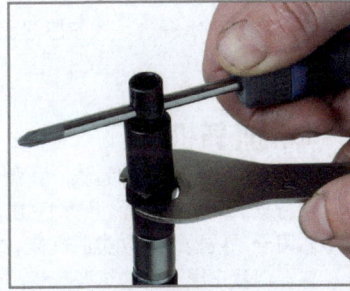

第6步： 用手将锥体固定在车轴上，曲面朝下。确保所有滚珠都安进去了。再装防松螺母。锥体必须紧固在滚珠上方，使得脚踏轴和金属管之间不会卡住，这样金属管仍然可以自由转动。把锥体放稳，再把防松螺母紧固在上面。这是一项烦琐的工作，可能需要多次重复才能安好。将脚踏轴组件重新安装到脚踏上，然后使用灰色工具紧固。

选择合适的装备

选择装备是一件很有趣的事。你会发现有些东西在生活中有一个永久的位置，而另一些东西，曾经貌似不错，最终却带来比它的价值更多的麻烦。

饮料

骑自行车不能不喝水。通常情况下，一小时要喝一升水，但在炎热的天气中，应该喝更多的水。车架上的水壶架是一个没什么科技含量却伟大的发明，不过在骑过农场时，记得保护壶嘴，虽然水壶上粘上泥巴并不会对我有什么影响，但我还是不想喝到掺杂了农场泥土的水。

行李

大多数人将行李背在背上或围在腰间。不过我喜欢把工具分开放，最好是放在车座下的座包里。这些工具上一般都有油渍，所以你肯定不希望它们粘到你包里的衣服和三明治上。如果跌倒了，你最不想看到的就是工具散落一地。对于白天的骑行而言，由CamelBak公司首创的根据行李容量配备的水袋是个伟大的创新。如果你住的地方很潮湿，一定要预备一些防水设备——额外带一件衣服，但是穿的时候却还要把水拧出来，毫无意义。天气热时，在背包和背部之间一定要保证有足够的空气循环，尽可能使自己保持凉爽。大一点的背包承重更多，所以要找更宽的透气带子。口袋多的背包虽然更贵，但是值得拥有——这样备用的袜子和三明治就可以分开放了。

挡泥板

如果你生活在干燥和尘土飞扬的地方，跳过这个部分。我喜欢在那些没有泥巴的地方骑行，这会很好玩，但总是事与愿违。所以，对那些会弄得脏兮兮的真正骑行者来说，需要了解挡泥板。

只有一些公路自行车适合装全长挡泥板，但山地自行车有更多选择。我认为，一块前挡泥板——一块连接在自行车下管上（或者相当的位置）的塑料板——是必不可少的一件工具。我已经吃了太多轮胎碾碎的牛粪，如果不想吃的话，最多也就是在自行车上绑一块不好看的塑料，那是值得的。挡泥板还会防止一些东西从前轮胎弹到眼睛里。即使你戴眼镜，也可能会有一些脏东西从轮胎后面弹到眼镜下面。现在就去绑一块挡泥板吧！如果不愿为塑料板花钱，那就把一个空水瓶切成两半，打几个洞。遇到紧急状况，挡泥板还可以当铲子用。清洗干净后，挡泥板在野营时也用得上。后挡泥板就没这么多用处了。但如果天冷又下雨，那后挡泥板也是必需的。我受不了后车轮把水弹到我的衣领上，然后背上还流着冰冷的雨水。再说一遍，如果要受冻还要被雨水浇透，我宁愿忍受这块难看的塑料板。我不想骑着一辆好看的自行车回家，然而自己却冻得要烤火。

车用计算机

关于这个，我有两种看法。我骑自行车就是为了逃避像计算机这样的东西，所以我只能勉强地把它们安在我的自行车上。另一方面，它们对看地图非常有帮助，可以让你在转弯前先调整距离，估计还要走多远。它们也可以用于系统地训练之类的事情。简单的款式通常包含你需要的一切。有那种可以读取你所在的海拔和心率的款式，但我宁愿不知道这些事情。这取决于自己，如果这些信息对你很重要，那你确实需要一台车用电脑。

灯

夜骑是非常有趣的。不用思考太多问题，可以骑得很快。我最喜欢有月亮的晚上，否则还需要灯光。骑得越快，你所需要的灯光就要越强——需要能够看到足够远的前方，以便有时间对亮光中出现的东西到达前做出反应。这里有一个安全提示——不要做任何危险的事情。看不见的地方，不要去！

用5瓦的灯，你必须慢慢骑，即使有一点月光。所有的电池都不太环保，而且我们使用了太多的一次性电池，所以请给自己准备至少600流明的充电池。一定要系好灯上的安全带以防脱落。

安装行李架

按照下面的步骤安装，确保行李架平整和安全。一旦完成就不需要用车两边的驮篮，可以直接把东西装在行李架上面。

如果车架没有特殊的支架来安装行李架，你必须把自行车拿去车店里看看。

除了在下一页提到的P型夹子，还有一大堆专门制作的小工具，用来把行李架安装到车架上。最常见的是一种单座适配器支架，就是说你可以将行李架用螺栓安装在车架上，这种车架的后上叉合并到后轮上方一根管中。行李架安装座环也可以节省时间，尤其是在较小的车架上。它们可以取代用来调节座椅高度的夹环，这些相似的替代环上增加了一些螺纹孔以便更好地把行李架固定在上面。

安装行李架

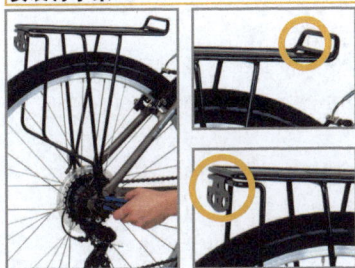

第1步：找到哪边是行李架前面，这个比想象中更难分清！后上叉要安到架子顶部的孔中。后面的孔是用来安装反射镜或尾灯的。在这幅图中，你可以看到后面有一个单独的金属板。你可能要把行李架的腿稍微分开以便把它安装在车架上，这样行李支架就可以放在后轮两边的车架外面了。

第2步：用螺栓将行李架的腿固定在车架外部，后轮轴上方。在每个螺栓头下面用一个垫圈。安装右边时要格外注意，因为螺栓不能突出在车架上，因为它可能会影响飞轮。如果突出来了，要么用短一点的螺栓，要么把螺栓拿出来，直接在螺栓头下面再垫几个垫圈。现在还不能拧紧螺栓。

第3步：接下来，将后上叉和行李架前端拴在一起，不要太紧。两种常见的类型包括一对薄的、有弹性的后上叉，或者一种更硬的可以调节长度的（如果长度不够，可以拧开螺栓来增加长度）后上叉。将叉子插进槽口，这样就可以调整行李架的位置以适应自行车的形状。如果你用的是防震垫圈，需要用扳手把它们固定住再拧紧螺栓。

第4步：接下来，将后上叉的前端上到车架上，不要太紧。如果叉子有弹性，可以稍稍弯曲一下，这样你就可以把螺栓放入车架里——注意不要错扣螺栓。如果有可供选择的连接件，选择一个长度能让后上叉伸到车架的。

第5步：所有的螺栓都到位以后，现在应该能够把架子拉到合适的位置，使得架子的顶部与地面平行。从上面看看方向对不对。如果不对，马上校正。

第6步：一旦就位，就一步一步地将所有的螺栓紧固——包括在行李架腿部的，后上叉处的，以及后上叉和车架连接部位的。再检查一下，确保腿底部的螺栓不会突出到框架的内部而影响飞轮。

安装驮包

行李架安装好后，就可以安装驮包了。驮包要安装牢固，因为如果在驮包里装满东西，骑车时驮包开始晃动，你会感觉到自行车很不稳定。最糟糕的情况是驮包弹出行李架，然后卡住了车轮，或者骑过一个坑时，弹到更远的地方。而你在车前面可能还注意不到发生了什么。

每个驮包都有一对挂钩可以挂在行李架杆上。行李架杆下端有挂钩的话更好，这样驮包就不会掉下来，除非你把它取下来。通常会发现行李架比挂钩之间的宽度长，所以可选择驮包放在行李架的什么位置。尽可能保持重量向前倾斜，这样可以最大限度地提高稳定性。但是，如果驮包离你太近，每次蹬踏板时，脚后跟都会踢到驮包，这非常烦人。所以你可以把驮包上的挂钩移到旁边，选择一个可以防止驮包晃动的位置。并保持负荷稳定，这有助于防止挂钩不断地动来动去磨损行李架杆。

　　包的底部也必须固定在行李架上。自行车静止不动时，这似乎是多余的，但在现实生活中，这是必要的。如果自行车后面左右晃，驮包的底部就会弹起来，当它落下去时，可能不会落到原位。

　　骑车出发前，确保把所有的带子或弹簧整齐地收好了。如果它们垂下来，将不可避免地晃荡，很可能会缠在后车轮里，你就不得不停下来。如果带的东西很沉，花一点时间检查后轮压力。充气足的轮胎会更好地保护车轮。

　　看起来只装一个大的驮包很好，可以把所有东西都放在里面。但我会建议装两个小一点的包而不是只装一个大的。虽然稍微贵一点，但很值得。有以下几个原因。首先是很容易整理。如果有两个包，你可以把工作文件放在一个包，把三明治放在另外一个包；与一个沉重的包相比，两个重量差不多的包，在骑行时不会那么累人；踩踏板时，你的身体会左右晃动，所以自行车会微微的一边高一边低，重量差不多的两个包会像钟摆一样摆动，平衡彼此，如果只有一个包，每踩一圈脚踏，这个包就会向后拖一点。

放置驮包

第1步：将驮包放在行李架上，然后坐上自行车。将脚放在脚踏的适当位置，脚掌直接放在踏板轴上，然后向后蹬。把驮包调整到脚后跟刚好碰不到的位置。检查尾灯是否清晰可见。将包的背面朝着车轮推，但是不能让它们被辐条卡住。

第2步：松开固定驮包挂钩的螺栓，滑动挂钩，让它们卡在行李架的横撑上，后者在行李架背面的导轨上。这样可以防止驮包在行李架上前后滑动。重新拧紧挂钩螺栓。

第3步：驮包的底部也需要固定在行李架上，这样就不会向外弹。在这种情况下，必须放置一个塑料标签，这样驮包底部就可以钩在行李架腿上。或者在行李架腿上挂一根带子或一个有弹性的圈。驮包可能自带挂钩，可以直接把带子缠在上面。你必须松开连接车架的螺栓，然后用钩子把它重新挂在下面。

安装发电机

很多人原本对自己的机械知识很有信心，但却被发电机吓到了，而且这一直都是使其困惑的问题。其实它们并不是那么复杂——必须有一个发电装置，必须有一个连接每一盏灯的不间断线路和回路。实现这一目标最简单的方法是用双芯线，一般使用的是将扬声器与放大器连接起来的那种类型。电流沿着双芯线的一条线运行到每一盏灯上，然后再从另一根电线上回到电机。

◆ 把发电机安装到自行车上有很大作用。如果使用的是花鼓式发电机，你只需把它安装到前轮上。注意方向——它们被设计成单向转动，方向箭头一般印在花鼓边缘上。如果是禧玛诺花鼓发电机，方向箭头就贴在车轴上。把车轮对齐，使箭头指向前方。

◆ 瓶型发电机一般安在轮胎的侧壁上，稍微复杂一点。需要一种支架才能把它们安装在自行车上，这种发电机通常会配备电机机体。发电机瓶装在前轮或后轮上都能运转良好，不过需要支架托住发电机机体，这样自行车爬坡时它才能向前倾。这个瓶子可以保证电机头不会脱离轮胎。如果车子向后退，轮胎就会把电机瓶拉近轮子，这样就会造成过度的阻力。Busch&Miller公司制造了一个特别灵活的发电机支架，它可以把刹车吊耳安在前叉上，将机体瓶牢牢固定在前刹的前面，并且不会妨碍前刹。

◆ 安放电机瓶的角度对于平稳的骑行和产生最小的阻力是至关重要的。如果从侧面观察发电机，想象一条直线穿过电机瓶的中心，瓶子应该在它的支架上旋转，这样直线也可以穿过车轮轴。一旦你确定了正确的位置，就能确保支架安装稳固了。由于你使用的是带有一根单独接地线的双芯线，所以不需要担心电机主体和车架之间只有一根裸金属线连接。

◆ 接下来安装车灯。把灯设置好，将它们尽可能装高，以便能照得更远，并且不会被其他行李挡住。

◆ 现在开始处置前灯。量出足够的双芯线，留出足够的线并将它绕在车架上，即使线没有缠太紧也不会造成任何伤害。确保灯线足够松弛让车把在两个方向都能转动而不需要拉扯到灯线。要用胶带或拉链把它固定在框架上。

◆ 将双芯线的末端10厘米左右分成两根单独的线——连接网是薄而软的，将会被拉开。剥去每根电线两端5毫米左右的塑料层。

◆ 把两根导线中的其中一根标记一下，通常在绝缘塑料中用一条白线或脊线来标记。将标记过的线连接到灯的火线端子和电机瓶上的火线端子。然后重复，用没有标记的线连接到灯和电机瓶的接地端子上。你会发现在灯、瓶子或者两者上都没有一个特定的接地端子。如果是这种情况，剥去外皮的一端必须压在支架的金属部分下面，不管是夹在一起的支架的两部分还是夹在车架上的支架。一旦一个线路接通了，裸金属线必须接通裸金属线。

◆ 后灯安装步骤也一样，记住，如果瓶子从前轮上掉下去了，就要让导线足够松弛来使前轮转动。需要剥掉每根电线两端5毫米的绝缘塑料，并将标记线的两端连接到火线终端，无标记线的两端连到接地端子。

现在，旋转车轮来测试一下。两盏灯都会亮。如果没有，按照以下顺序进行检查。

◆ 如果其中一盏灯亮，而另一盏不亮，那就是导线或灯泡出了问题。仔细检查线路，特别是在终端处的。然后尝试更换灯泡。注意，前后灯泡的功率等级不同，所以不能仅仅换掉就够了，需要选择不同的灯换。

◆ 如果两盏灯都不亮，那就先试着逐个断开它们。如果一个灯断开时，另一个就亮了，那么另一个灯就是线路故障，检查接地线和火线连接是否正确。如果两盏灯都不亮，那就是电机有故障或磨损了，请更换电机。

第10章 结束语

有时你会觉得自行车一直都在变，设计师们不断创新使它们更轻，更结实，更快。实质上，其原理基本一样——两个车轮，两个刹车，一些零件，上面一个车座，还有一些指引方向的东西。一旦你明白了变速自行车的原理，比如，飞轮里不管是7齿轮片还是10齿轮片，都是运用一样的程序，那么你将对自行车的维修与保养更加游刃有余。

自行车术语汇编

从无牙车头碗组到扎带，该列表涵盖了大多数奇怪的词语和短语，在谈论自行车及其神秘之处时会用到它们。由于许多表示特定零件的名称也具有更为通用的意思，所以很容易让人产生困惑。阅读完列表中的定义，你应该不会出现困惑了。

◆ **无牙车头碗组**：将前叉牢固卡装在车架上的轴承，同时允许前叉自由地转动，以便于实现转向。现在标准的无牙车头碗组设计通过将把立直接卡装在前叉的转向管上来工作，并且可以通过使用内六角扳手让把立在转向管内上下滑动来对轴承进行调节。

◆ **空气弹簧**：应用于减震前叉和减震器，空气弹簧由需要用泵加压的密封腔组成。腔体起弹簧的作用，它对压缩进行阻抗，并且一旦压缩荷载被释放便立即回弹。空气有作为自行车弹簧介质的先天优势——重量非常轻。

◆ **防卡剂**：该化合物被喷涂到两个零件的接触面上，从而防止两个面粘在一起。它对于钛质零件来说至关重要，因为该金属的活性很强，并且很乐意永久地卡在与它拈接的任何零件上。

◆ **平衡螺母**：在V型刹车和悬臂刹车（吊刹）上能够见到，允许改变将刹车拉离车圈所用弹簧的预压，以便于两侧的刹车均匀地运动，并且同时接触到车圈。

◆ **副把**：车把的延伸段，可以在爬坡的时候为你提供额外的杠杆力，并且在长时间外出时，允许你使用不同类型的握把姿势。

◆ **调节旋钮（桶调节器）**：这是一个加工有螺纹的固定挡块，应用于线缆外套管。转动桶状物让外套筒在它的壳体上移动，从而改变内线缆在接头和夹紧螺栓之间移动的距离，以此来改变线缆的张力。

◆ **贴身内衣**：一件在冷天贴身穿着的背心，它可以从皮肤上带走汗水，从而可以让你更加温暖、干燥和舒适。

◆ **排气**：打开液压刹车系统，从而使里面的空气逸出，接着用新油重新填充随之产生的空隙。排气非常必要，因为和刹车液不一样，气体具有可压缩性。如果系统中存在空气，捏刹车时会挤压空气，而不是迫使刹车垫接触到刹车盘片上。

◆ **中轴**：将曲柄穿过车架连接的主轴承。由于其不可见性，经常被忽略，该零件流畅运转的话会为你节省宝贵的体力。

◆ **中轴轴碗**：车架中轴两侧加工有螺纹的钢碗。右侧的轴碗具有反螺纹，并且通常集成到中轴装置的主体上。

◆ **触底**：该减震器术语的意思是减震前叉或者减震器完全压缩到了行程末端，有时候伴随着巨大的金属撞击声。触底也未必是一件坏事——如果在每次骑行中至少不触底一次的话，便说明没有最大限度地利用行程。

◆ **叉桥**：用于减震前叉上，是一个位于两个下腿之间的支架，其越过轮胎，并增加前叉的刚度。

◆ **刹车块**：安装在V型刹车或者悬臂刹车（吊刹）上的零件。拉动刹车线强迫它们与车圈接触，从而降低速度。

◆ **刹车垫**：在碟刹上，这些硬薄片安装在碟刹卡钳内，并且通过刹车钳内的活塞推压到刹车盘片上面。它们可以通过刹车线或者液压进行操作。因为由非常坚硬的材料制成，它们耐用的时间比凭其形状所预期的时间要长，并且和V型刹车不一样，如果只是轻微地摩擦刹车盘片，并不会降低速度。注意刹车液的污染会立即导致碟刹垫失效。

◆ **刹车中枢轴**：这是车架或者前叉上的螺柱，悬臂刹车（吊刹）或V型刹车安装在它的上面。刹车臂绕着中枢轴转动，以使刹车块碰到车圈。

◆ **B型螺丝**：该组件位于变速器挂钩的后面，并且能够调节挂钩的角度。设置得太近的话，链条会在飞轮上晃动；设置得太远的话，变挡会得缓慢。

◆ **磨合**：新的碟刹盘片需要进行磨合，刚从包装盒里拿出来，它们无法有力地制动。通过反复地刹车来磨合新的碟刹盘片，并且逐渐加快，直到刹车能够牢牢地刹住。

◆ **线管吊耳**：车架上的该零件将外部套管的端部固定住，但是允许线缆穿过它。

◆ **线缆**：该钢绳将刹车和变速杆连接到变速器和变速手柄上面。必须要保持线缆的清洁和润滑，以实现平顺的变挡和刹车。

◆ **卡钳**：该机械或者液压的碟刹装置，位于刹车盘片上面，并用来安置刹车垫。

◆ **夹器**：可以在公路自行车上见到，这类装置非常简单和轻盈。一个马蹄铁形的刹车装置，将刹车块靠着车圈的每侧固定。

◆ **悬臂**：（1）该种旧款的刹车类型通过另一根V形的刹车线将刹车连到刹车线上；（2）一种减震器设计，可以看到后轮连接在能够绕单点转动的摆臂上面。该款设计简单、优美。

◆ **悬臂刹车（吊刹）**：参见悬臂。

◆ **盒式轴承**：这类密封的轴承装置要比钢珠轴承更贵，但是它们通常也更加合算，因为轴承表面是装置的一部分，这样便可以同时进行更换。

◆ **套管**：通常是黑色的，这种柔软的管子用来包裹线缆。刹车线和变速线套管并不一样，刹车线套管有紧密的螺旋形缠绕，以此获得压缩时的最大强度；而变速线套管具有长距的螺旋缠绕，以获得最大的信号准确性。

◆ **卡式飞轮**：该零件是一簇安装在后轮上的齿轮。

◆ **卡式连接**：不要和卡式飞轮混淆，这是一个精细、奇妙的金属装置，其安装在禧玛诺变速花鼓齿轮的上面。使用变速线转动卡式连接，能够选择内置传动比中的一种。

◆ **链条清洁盒**：这种巧妙的装置使得链条的清洁工作不再算得上是凌乱的琐事，从而增加了你清洁链条的概率。（因为仅需要一个用来清洗链条清洁盒的盒子！）

◆ **牙盘片**：牙盘的其中一个盘片，上面带有一圈齿牙。

◆ **牙盘**：牙盘由3个盘片组成，在转动脚踏的时候，可以将链条拖绕在上面。

◆ **吸链**：一种糟糕的现象。当链条没有整齐地垂在牙盘片下面，而是绕着后面被拖起，链条便会卡在牙盘片和后下叉之间。吸链的原因有时候也无法解释，通常是由零件的磨损引起的。

◆ **城市车车把**：向上弯曲并指向你，这种车把很舒适，并且允许你坐得非常直——这种车把在休闲自行车上很常见。

◆ **夹固螺栓**：这种螺栓用来将线缆固定就位。该组件上通常有一个沟槽，准确地表明线缆应当被夹固的位置。

◆ **鞋底防滑钉**：拴接在鞋子的底部，这种金属键板牢固得锁在脚蹬上，并且在扭动脚时立即释放。

◆ **锁踏**：该脚踏绕着一个弹簧组装，弹簧可以锁固在鞋子上与之匹配的鞋底自锁防滑钉上，并且在扭动脚时立即释放。

◆ **螺旋弹簧**：通常是钢制的，但是也有钛制的，螺旋弹簧作为经久耐用、可靠的传统弹性体，可应用于前叉或者后减震器上。

◆ **压缩阻尼**：该术语指的是前叉或减震对压缩速度的控制。

◆ **轴挡（花鼓锥）**：该曲线型的螺母有一个平滑的轨道，可以限制钢珠，同时又允许钢珠绕着车轴自行运动，并且不会留有侧向移动的空间。钢珠的可用空间量可以通过沿轮轴移动轴挡来调节，接着用锁紧螺母将调节锁定就位。

◆ **曲柄**：脚踏拴接在曲柄上。左侧的曲柄具有反脚踏安装方向螺纹。

◆ **曲柄取出器**：该工具可以从中轴上拆卸曲柄。有两种不同的类型可供使用——一种是方锥轴，另一种是花键轴。

◆ **珠挡轴承**：这类轴承钢珠绕着花鼓两侧的轴碗转动，通过每侧的轴挡限制就位。这样一来，车轮能自由地转动，并且没有侧向移动，可以通过拧动轴挡使其沿车轴螺纹移动来设置两个轴挡之间的距离。

◆ **阻尼**：阻尼控制减震器装置对冲击荷载响应的快慢。

◆ **变速器挂钩**：后变速器拴接在该零件上面。该零件通常是碰撞时最先受到损害的零件，在变速器着地时发生弯曲。一旦产生弯曲，会导致变挡变得缓慢。幸运的是，挂钩可以迅速、方便地更换，但是没有标准的尺寸。在购买新挂钩时，最好带着旧的挂钩，并且也为下次更换准备一个备用件。

◆ **碟刹式**：这种刹车系统使用一个安装在前和后花鼓附近的卡钳，可以夹在安装于花鼓上的刹车盘片上。液压版本的碟刹非常有力。使用分离的刹车表面意味着车圈不会被刹车片磨损。

◆ **碟形区域**：需要将车圈调节至直接安装在车架的中线上，位于两个轮轴锁紧螺母外表面之间。在花鼓的一侧或者另一侧要安装飞轮或者碟刹盘片意味着车圈的这一侧要比另一侧张得更紧，以便为额外的零件提供空间。

◆ **碟区工具**：该工具可以用来测试车圈相对于每侧花鼓轴端的距离。

◆ **DOT刹车液**：该刹车液应用于DOT液压刹车上。较大的数字——即5.1而不是4.0——具有更高的沸点温度。

◆ **传动系统**：该术语是所有传动部件（链条、变速手柄、变速器、飞轮和牙盘）的总称。

◆ **弯把**：这种车把向前再向下弯曲，并且通常应用于公路自行车。刹车杆和变速杆组合进了一个装置内，以便快速、便捷地进行变挡。

◆ **胶带**：与作用力对应，它有深色的一面和浅色的一面，并且可以将常用的构件连接在一起。

◆ **发电机瓶**：一个小型的在轮胎侧壁上运行的发电机，可以为车灯发电。

◆ **弹性体**：简单的弹簧介质，现在通常只能在廉价的前叉上见到。

◆ **端帽（线缆端帽）**：该零件用于压装在线缆的端部，用来防止在调节线缆时磨损线缆和刺伤你自己。

◆ **止动（限位）螺钉**：应用于变速器，该零件能够限制变速器的行程，从而防止变速器将链条从飞轮或牙盘的任意一侧拨下来。

◆ **活节螺栓**：在吊刹上，刹车块螺柱穿过螺栓的活节。将螺母拧紧在螺栓的后面，以使螺柱楔顶在了一个弧形垫片上，从而将刹车块牢牢地固定就位。

◆ **金属箍**：这是外套管的保护端帽，用来支撑套管在桶调节器或止动螺钉上的安装位置。

◆ **固定轮（死飞）**：后轮里面没有棘轮机构，脚蹬必须与车轮一起保持转动。自行车邮递员钟爱这种类型，它允许你对后轮的速度进行精确地控制。

◆ **自由花鼓**：当停止蹬踏时，棘轮机构允许后轮自由地转动。它拴接在后轮上面，并且具有用来滑装飞轮的花键。它就是在骑行的过程中产生"滴答滴答滴答"声音的零件。

◆ **旋式飞轮**：这是后轮上飞轮簇较旧的版本，它将飞轮和棘轮机构组合在了一个装置内。旋式飞轮现在很少应用于多速自行车。卡式飞轮/自由花鼓装置要结实得多，因为它支撑着轮轴端部的轴承。旋式飞轮通常可以在单速自行车上见到。

◆ **前变速器**：该零件在牙盘上的盘片之间移动链条。

◆ **传动比**：通过英寸单位的牙盘片尺寸除以飞轮尺寸并乘以车轮尺寸来计算，传动比决定了脚踏转动一次后轮转动的圈数。

◆ **引导轮**：后变速器两个导向轮上部的一个，该小轮进行实际的变速操作，在变速器架在飞轮下部运移的过程中，引导链条从一个飞轮变到下一个飞轮上面。

◆ **凸起**：该术语所描述的是车圈上的一个部分，此部分的辐条没有足够的张力，从而比车圈的其他部分从花鼓位置凸出得更多。

◆ **花鼓变速**：亦称为内变速，该零件只有一个飞轮和牙盘片，并且在后花鼓内部封装了3、4、7、8、11或者14个齿轮。后花鼓所增加的体积导致它们被亲切地称为"易拉罐变速（tin can gear）"。

◆ **液压刹车**：通常是碟刹，该零件应用液压流体来将刹车钳内的活塞推到安装于花鼓的刹车盘片上。由于刹车液在压力作用下会几乎不会产生压缩，所以刹车杆的所有运动都会精确地传递到刹车钳上面。

◆ **分度拨链**：为变速线设置拉力的过程，这样一来，每个变速器挡位能够精确地将链条换至下一个牙盘片或者齿盘。

◆ **操作手册**：通常被无视和当作没用的东西，但是其中包含了至关重要的信息。保存好它，并进行参考。

◆ **国际标准**：该术语指代的是碟刹刹车盘片和刹车卡钳两种零件的安装。国际标准的刹车盘片和花鼓具有六个螺栓。固定国际标准刹车卡钳所用的螺栓指向车架，而不是沿着车架。

◆ **ISIS**：这是一个中轴和牙盘的标准，具有10个均匀分布的花键。

◆ **导轮**：这些具有黑色齿牙的小轮子限定了链条绕后变速器的路径。

◆ **编圈**：该项技术用来编织辐条，目的是将花鼓连到车圈上。组装车轮的该部分看起来很难，但是一旦知道了如何操作，其实很简单。

◆ **连接线**：用于吊刹，它将一对刹车靴和刹车线连在了一起。该零件被设计成具有失效保护性，如果刹车线发生了断裂，连接线会毫无伤害地掉下来，而不是卡进轮胎的胎纹内，并锁死车轮。不过这时你还是处于无刹车状态。

◆ **固定环**：用于中轴和调节旋钮上面，转动该零件来顶在车架或者刹车杆上，来防止所做的调节被晃松。

◆ **下腿**：减震前叉的下部零件，它们连接在刹车和车轮上面。

◆ **矿物油**：这种液压刹车液与DOT流体类似，但是只能应用于为矿物油而设计的系统。它通常要比DOT更绿些，并且腐蚀性更小。

◆ **调制**：刹车杆移动量和刹车片移动量之间的比值，可以说是刹车的实际感受。

◆ **滚针轴承**：与滚珠轴承类似，但滚针是细棒状，而不是球状。由于滚针和轴承表面之间的接触区域比滚珠轴承要多，因此它们更加经久耐用，但是调节起来比较麻烦。尽管有些非常精致的中轴上也使用滚针轴承，但它们通常见于车头碗组上。

◆ **嵌套**：这是一种在刹车杆或变速手柄上的挂钩或挡块，用来固定刹车或变速线的端部。

◆ **管接头**：（1）这个位于线缆端部的一小块金属防止钢索端滑出嵌套；（2）位于辐条端部的该螺母将辐条固定在轮圈上，并允许你调节张力。

◆ **连接管**：该金属管将刹车线的末端引导进V型刹车挂钩里面。

◆ **Octalink**：禧玛诺八键中轴或牙盘装置的名称。

◆ **一键式曲柄挡**：永久地安装在自行车上的中轴螺栓和特殊垫片的组合，同时兼做曲柄拆卸器。

◆ **鞋套**：尼龙或者戈尔特斯面料的短筒靴，用来套在自行车鞋的外面，可以阻绝暴风雨。它们非常笨重，所以穿上它们你会觉得有些傻，但总好过要风度不要温度。

◆ **驮包**：位于行李架一侧或两侧的一个或两个包。

◆ **棘爪**：该零件允许车轮自由地转动。棘爪是后花鼓棘轮机构里面的一根弹簧杆，在棘轮沿一个方向转动的时候，棘爪被弹到一边；沿另一个方向转动时，棘爪抓在棘轮的齿牙上面。

◆ **系紧螺栓**：使用这种类型的夹固螺栓时，线缆穿过螺栓中间的孔，而不是位于螺栓旁边的垫片下方。

有时候该螺栓也能够在吊刹刹车的吊钩上见到。

◆ **蛇咬**：该现象发生在轮胎撞到一个足够坚硬的尖角，导致内胎被挤压到了轮胎或者车圈上，并使内胎刺穿。该现象被称为蛇咬式爆胎是因为爆胎会形成两个整齐的小孔，分开的距离是车圈的宽度。尽管笔者从来没有遇到真蛇咬内胎的问题，但是很显然这是蛇咬痕的样子。

◆ **中枢轴**：（1）该用于减震器车架上的轴承，允许车架的一部分挨着另一部分移动；（2）这也是组件中零件所绕着转动的杆或者轴承。

◆ **柱式安装**：安装刹车钳所用的螺栓沿着车架，而不是指向车架。这种安装方式比另一种可用的方法——国际标准安装——更加少见，但是却更加便于调节。

◆ **预载**：对减震器弹簧所做的初始调节，目的是根据你的体重调节前叉或减震器的行程至合适位置，该调节可以通过拧动预载调节旋钮，或者通过增加或释放空气弹簧的空气来实现。

◆ **法嘴**：也被称之为高压气门嘴，比起为低压和摩托车轮胎而设计的美嘴，法嘴更加可靠。其唯一的缺点是不能在加气站的前院内充气。

◆ **防扎轮胎**：该轮胎在胎纹下面包含一条结实、柔软的材料，可以防止几乎所有公路上的碎玻璃和尖利碎片到达内胎位置。

◆ **速升变速器**：在该后变速器上，线缆将链条从较大的飞轮拖拉到较小的飞轮上，接着当线缆拉力释放时，弹簧会将链条从较小的飞轮上拉回到较大的飞轮上。

◆ **后变速器**：该机构在后轮的右侧，连接于车架上。当在车把上拨动变速手柄时，它将链条从一个飞轮移动到下一个飞轮上，从而改变传动比。当调节不合适时，它会发出奇怪的摩擦噪声。

◆ **回弹阻尼**：回弹阻尼控制前叉或减震器在被压缩之后重新延伸的速度。

◆ **储液器**：该液压阻尼流体储存池放置在刹车杆旁边的腔体内。注意将该低温储液器距离高温的刹车盘片和刹车卡钳离一段距离放置，这样有助于将急刹多刹情况下的流体膨胀最小化。

◆ **反螺纹**：螺纹的螺旋线路径沿着和正螺纹相反的方向——沿顺时针方向松开，逆时针方向拧紧。

◆ **刹车盘片**：拴接在花鼓上，该零件是碟式刹车用来刹车的表面。

◆ **预压行程**：这是骑车人正常坐在自行车上所要用的行程量。为减震器设置预压行程，能够提供一个中性位置之上的储备行程。

◆ **美嘴**：这是一种粗大、汽车用的气门嘴。

◆ **密封件**：密封件用来防止尘土、泥浆和灰尘蠕进花鼓，车头碗组，中轴，及其他组件的零件里面，这些组件最佳的润滑剂是润滑油而不是泥土。

◆ **座管夹**：这个组件的夹板和螺栓将座杆牢固地连接在车座上。

◆ **后上叉**：车架上的一个部分，该部分将后轮的中心连接到用来连接座杆的结点上。

◆ **薄垫片**：该薄金属片用来使两个零件精确地安装在一起。IS（国际标准）刹车卡钳和车架使用的垫片是薄垫片，因为它能够将刹车钳精确地固定就位。

◆ **禧玛诺链条连接销**：一旦分离开，禧玛诺链条必须只能用正确的连接销来连接。尝试使用原先的铆钉来重新连接链条会损坏链板。

◆ **单速自行车（1×1）**：这种形式的自行车通过摈弃变速齿轮，从错综复杂的现代生活中自我解放而产生。

◆ **套筒扳手**：造型像一个杯子，这种扳手能够从所有的夹持面上牢固地抓住螺栓。

◆ **花键**：这些工具或组件上的隆起被设计来与相匹配的零件啮合，这样一来，两个零件便可以一起转动。

◆ **魔术扣**：该链节能够分离开来并可以徒手重新连接，而不会损坏相邻的链节。

◆ **飞轮组**：该加工有齿牙的齿轮与链条相啮合，目的是带动后轮。飞轮组由一排不同尺寸的飞轮组成。

◆ **内柱**：减震前叉的上部零件，可滑入到下腿内部，并容纳所有的减震附加设备，包括弹簧、阻尼杆和阻尼油。

◆ **标准内胎**：对于那些不需要无内胎系统的车手，该标准的内胎用来安装于标准的轮（外）胎内。

◆ **花芯螺母（星形螺母）**：该螺母被压入到转向管的顶部。顶帽螺栓拧在该螺母内，用把立向下推，用转向管向上拉。

◆ **固定垫**：在具有单活塞的碟式刹车上面，活塞将刹车垫推顶到刹车盘片上面，接着刹车垫将刹车盘片推顶到固定垫上面，从而将刹车盘片限制在运动的和固定的刹车垫之间。

◆ **转向管**：这个单管穿过车架从前叉的顶部延伸出来，并且在顶部具有把立螺栓。

◆ **把立**：将车把和前叉顶部连在一起的零件。

◆ **STi变速手柄（手变）**：一个公路车用的将刹车杆和变速手柄结合在一起的装置。

◆ **僵硬连接**：链条的两个链板被紧紧地挤压在一起，而平顺地穿过飞轮，并且它们是跳过牙盘片，而不是与盘片齿牙之间的链条槽相啮合。

◆ **跨座吊线**：通过刹车线上的跨座吊钩将吊刹的两个装置连在一起。

◆ **应力释放**：在组装车轮的时候，可以通过挤压辐条将它们放置就位，以此来实现应力释放。

◆ **摆臂**：该零件是减震车架的尾部，而后轮连接在它上面。

◆ **拉力轮**：后变速器两个导向轮的下部小轮，其上施加了压缩弹簧力，所以始终向后退，从而抵消了由飞轮和牙盘片不同齿轮比组合造成的链条松弛部分。

◆ **趾夹**：今天，这类零件仅存在于记忆中，它是从锁踏上消失的夹套。附带的趾扣带的消失更是一个不幸的损失，它偶尔是一个重要的应急物品。（参见扎带。）

◆ **"内八字"**：为了防止发出吱吱的响声，将车圈刹车设置成刹车块的前部比后部早一瞬间接触车圈。

◆ **顶帽**：该安装在把立顶部的圆片，被拴接在转向管内的花芯螺母上。假设把立螺栓出现了松动，可以调节顶帽将把立向下压入到转向管中，从而压紧车头碗组轴承。注意始终要在最后重新紧固把立。

◆ **自行车拖车**：这类拖车具有一个独轮，并夹固在普通自行车的后面，从而将普通自行车转化成一辆迷你双人自行车。拖车部分有其自身的脚蹬，并且有时候还具有传动齿轮。

◆ **行程**：行程指的是前叉或者减震器的总移动量。行程越长，前叉或减震器必须制造得更加沉重和结实。

◆ **扳机式变速手柄**：这类变速手柄每个都具有一对扳柄，一个用来拉线缆，另一个用来松线缆。

◆ **车轮校正**：调节每根辐条上的张力，以阻止车圈在车轮转动时侧向晃动的过程。

◆ **无内胎真空胎**：在这种轮胎减重设计上，轮胎缘锁入到车圈内，从而形成了一个不需要内胎的不透气密封空间。

◆ **转把**：这类变速手柄通过骑车人扭动握把套来工作。向一个方向转动拉曳线缆，而向另一个方向转动释放线缆。

◆ **轮胎贴**：贴在轮胎的内侧，这个补丁能够防止内胎从大的外胎裂缝中凸出来。

◆ **URT**：一体式后三角。在这种减震车架的设计上，中轴、牙盘和前变速器共同位于摆臂（自行车尾端）上，所以摆臂的运动永远不会影响链条的长度。

◆ **UST**：无内胎真空胎的通用标准。这是一份经过协议的标准，适用于车圈和轮胎缘的精确尺寸。不同制造商生产的UST轮胎和车圈能够恰好锁固在一起，形成不漏气的密封空间。

◆ **V型刹车**：在这类车圈刹车上，用两个通过刹车线连接的竖直（呈"V"字形）刹车臂来固定刹车块。

◆ **虚拟中枢轴**：在减震器上，该术语指的是当摆臂由一系列的连杆组成时，它们所绕着旋转的位置。它不是一个车架上实际存在的位置，如果是一个简单的摆臂，可能会绕着该位置的点转动。

◆ **车轮夹具**：在校正车轮期间用来固定车轮的架子，其具有可调节的指示器，可以设置到临近车圈位置，使你能够判断车圈的圆度和准直度。

◆ **扎带**：无论何时，需要将一个物体和另一个物体捆在一起时都可以使用的工具。